英语民族史

卷一

不列颠的诞生

[英] 温斯顿·丘吉尔◎著

吴昊 罗丁紫 李学华◎译

新 华 出 版 社

图书在版编目（CIP）数据

英语民族史.不列颠的诞生 / (英) 温斯顿・丘吉尔著；吴昊，罗丁紫，李学华译.
北京：新华出版社，2016.12
ISBN 978-7-5166-3037-2

Ⅰ.①英… Ⅱ.①温… ②吴… ③罗… ④李… Ⅲ.①世界史
Ⅳ.①K1

中国版本图书馆CIP数据核字（2016）第303749号

英语民族史.不列颠的诞生

作　　者：［英］温斯顿・丘吉尔　　**译　　者：**吴　昊　罗丁紫　李学华

责任编辑：张　程　雒　悦　　**责任印制：**廖成华
特约编辑：陈卫倩　林致君　何江鸿　　**封面设计：**臻美书装

出版发行：新华出版社
地　　址：北京石景山区京原路8号　　**邮　　编：**100040
网　　址：http：//www.xinhuapub.com
经　　销：新华书店、新华出版社天猫旗舰店、京东旗舰店及各大网店
购书热线：010－63077122　　**中国新闻书店购书热线：**010－63072012

照　　排：臻美书装
印　　刷：三河市君旺印务有限公司
成品尺寸：170mm×240mm
印　　张：23.25　　**字　　数：**300千字
版　　次：2017年3月第一版　　**印　　次：**2022年 7 月第三次印刷
书　　号：ISBN　978-7-5166-3037-2
定　　价：62.00元

前 言

最初酝酿此作，已是二十年前的事了。二战爆发时，本书已近完成五十万字。当然，在 1939 年 9 月 3 日我往海军部走马上任之际，书中仍有大量篇幅尚待校对，此作遂因公事而被搁置一旁。六年的世界大战以及更为漫长的回忆录撰写更是耽搁了时日，直到现在，一切归于平静之时，这部《英语民族史》才最终得以面世。

如果说这部书籍是应运而生的话，当然现在也并不过时。在本世纪（20 世纪），大英帝国与美利坚合众国第二次携起手来共同面对人类最大的战争灾难。在战火硝烟平息之时，我们也更深刻地认识到英美两国对全人类所肩负的共同责任。语言、法律以及民族历程已为我们提供了一个团结一致的独特基础，描绘了一项共同的任务。我动笔时就曾这样想到，这种团结一致可能会极大影响整个世界的命运。虽然二十年时光一晃而过，我对此却仍深信不疑。

恰恰相反的是，团结之诣变得更加现实和深入人心，人类的思维也开阔起来。大西洋两岸和英联邦成员国的人们更深地体会到了一种同胞之谊，一个崭新的时代就在眼前。我们革故鼎新，继往开来。考察英语民族整体决不意味着狭隘，也并不意味着主导世界潮流，抑或为组建欧洲联盟或其他世界组织设置障碍。相反，它能为这些组织注入真理和生命力。人们也许能够越来越深地感受到，英语民族能够引导真理之路，即便身处逆境，只要一息尚在，便定要捍卫自己不受侵害。

此书并非意在与历史学家们的专著媲美，它只是以个人视角来阐释全世界英语民族的独特地位及品性，我记述了我所认为的重要历史，对当今所经所历的重大事件也一一叙述。我使用“英语民族”一词，是因为没有其他合适词汇能够阐述不列颠岛住民，以及那些作为不列颠后裔的独立国家的共同特质，这些国家在语言及国家制度等方面与英国一脉相承，而今仍在将此维系、发展，同时也走出了独具特色的发展道路。

第一卷追溯了英语民族从萌芽阶段到新大陆发现前夕的这段历史，为英国动荡的中世纪画上句号的博斯沃思之战亦是本卷的终结点。博斯沃思之战结束的1485年，一个新的王朝在不列颠曙光初露。七年之后的1492年，哥伦布踏上了美洲大陆，自此，人类历史进入了新的纪元。

不列颠岛是本书内容的中心，该岛与欧陆仅一水之隔，西部与北部群山起伏，南部和东部地势相对平缓，丘间谷地开阔，幽峪丛林丰茂，河流潺湲。这种地理条件为外族入侵提供了便利，无论是和平或战争年代，无论是海盗、商人、征服者还是传教士都可轻易踏足此地。不列颠岛住民对权力的更迭、信仰的变换甚至欧陆的时尚潮流并非无动于衷，他们对外来的每一种习惯和信条都进行了独具特色的改造，烙上自身的印记。不列颠岛曾是罗马帝国的行省，后与欧陆割裂，在剧烈动荡的中世纪中兀自沉浮。它重新融入基督教世界，却几乎又被野蛮的丹麦异教徒迫离此道。它再得胜利，归于一统，却又精疲力竭，在诺曼征服者面前毫无还手之力。它似乎淹没在封建天主教严苛的教条之内，但终又独具创设，星火复燃。其文化和语言既非带有纯粹拉丁色彩，也未被日耳曼所同化，它拥有自身独特的习俗框架，无论是海之彼岸的丹麦人和先前的撒克逊人带来的民权传统，还是罗马法典中析出的律令箴言，都被融入了英国人的习惯法之中。正是在十三世纪的英格兰，《大宪章》问世了，最早的议会也诞生了。

透过时光的暮霭，旧石器和新石器时代燃起的文明之火仍依稀可见，未曾淡忘的，还有那宏伟巨石遗迹的建筑者，以及带着酒器和青铜工具的莱茵兰移民。在多佛绿草茵茵的山岗之上，他们中的一人可能会指着脚下的山谷告诉子孙："小湾中的海水比我年轻时高涨了许多。"而其子孙一辈，在有生之年也许能有幸目睹那潮起云生，沧桑变幻，风驰白浪滔天，漫卷海湾山谷，将绿草山坡雕琢成为海岸的陡崖峻峭，将北海与英吉利海峡相互连接。势单力薄的探险者再无法趁平潮之时驾独木舟驶入狭窄的水湾，欲往此地者必须要乘大船前来，除此，他们还要面对海峡的迷雾，驾驭海峡的潮汐，应对前方的种种困难和挑战。

突然间云雾散去，历史的光芒一度普照英伦诸岛。尤利乌斯·恺撒对不列颠的入侵仅仅是一段无结局的插曲，但它却表明了大西洋海岸并不能阻挡罗马和地中海世界文明的力量。恺撒在迪尔（Deal）的登陆弥合了天然形成的鸿沟。在一个世纪的时间里，罗马世界在内战中支离破碎，或者说以一种新的帝国形态缓慢复苏，英国仍然惴惴不安，与欧陆若即若离，然而，通过贸易与和平交往，英国吸收了西方文化的些许共同特质。最终，罗马军团奉令扬帆而来，不列颠因此成为罗马行省长达四百年之久。在这段漫长的时期内，不列颠大部分时间都处于平和安逸的状态之中，因而相关的历史记录也甚为稀少。她安定、繁荣而宁静，那么给人们留下了什么呢？留下的是藤蔓虚掩的宏伟罗马大道，支离斑驳的雄壮罗马城墙，还有堡垒、市场和乡村住宅遗迹，足可使驻足于此的参观者们顿生敬畏之情，而至于罗马的语言、律法、制度在此却难觅踪迹。但是，如果我们因此低估了罗马帝国带来的影响，那就大错特错了。罗马的统治为基督教信仰的巩固提供了充裕时间。在遥远的西方，因野蛮人入侵而与世隔绝的土地，一个极小的基督教王国，虽然身单力薄，但得益于群山屏障，终究得以留存。先是爱尔兰皈依基督教，之后，基督教信仰又跨越海洋重回苏格兰之地，如此一来，新的入侵者们反倒陷入了旧文明的包围之中。此际，罗马人也记起了不列颠曾是基督教世界的一员，或许将重回基督教的怀抱。

无论如何，不列颠并非与欧洲大陆完全隔绝，其东南部地区始终与海峡彼岸的法兰克同胞保持着一定联系，罗马传教士因而可以来此布道，给他们带来了全新的信仰，虽然频频受阻，坎坷犹多，但新的宗教仍以惊人的速度广布全国。他们还引入了新的政治秩序，即拥有自己的首脑和官员，独立召开会议和制定法律的教会机构，所有这些都需嫁接在不列颠住民古老的习俗传统之上，继而生根发芽。他们为政教关系这一重大问题撒下种子，即使在一千年之后，这颗种子仍在生长，几乎将政教的共同基础一分为二，但这已是后来之事了。在当时颇为重要的是，在宗教的宣召之下，英格兰再次成为了西方世界的一员。英格兰的传教士们很快就将在欧陆执行使命，英国的朝圣者们也将翻越阿尔卑斯山脉，参拜古罗马的众多遗迹。一些王室子孙也同样随行前往，他们在尘世的工作即将完结，希望长逝后能够安睡在使徒们的陵墓旁边。

不仅如此，英国人而今拥有了自己的机构，它超越了纷杂语言、各地习俗甚至国家主权的各种限制，无论各个王朝如何相争不休，基督教会却是统一而不可分割的：各地区举行相同宗教仪式，教士牧师同样备受尊崇。肯特王国可能会由盛而衰，诺森伯利亚会被默西亚王国所取代，但坎特伯雷和约克却长存不衰。在世代所遗的年鉴中，俗世之人所记载的多是枯燥乏味的拓展和单调残暴的杀伐，其与英国教会的辉煌成就形成了鲜明的对照。在基督教世界，最伟大的学者是诺森伯兰郡的一位修士，最受欢迎的文学家是西撒克逊的修道院院长，最早到德意志传教的是德文郡的博尼费斯(Boniface)，查理曼帝国文化复兴的领军人是约克的阿尔克温(Alcuin)。

然而，不列颠朝气蓬勃、欣欣向荣而又略显稚嫩的文明却一直缺乏强有力的军事保护，继而北方烽火再起，丹麦海盗在波罗的海及挪威峡湾之间横行无忌，丹麦人的船只再次一拥而来，他们抢掠财物，并为其拥挤的人口寻找新的土地。既没有舰队保护，也没有号令全国的领袖组织抵御，不列颠储藏于教堂和修道院中的丰裕财帛，精巧器皿，珍贵刺绣，遂成为了野蛮人们的垂涎之物，它们毫无防备，唾手可得。英格兰平原上那些宽阔而平缓的河流使海盗船得以长驱直入，直捣中心地带。他们行动迅速，训练有素，一旦登陆，那些从当地乡村中匆忙召集的武装力量又如何与之匹敌？这场突如其来的风暴在英格兰北部、中部、东部肆虐逞威，倘若韦塞克斯也最终不支，那么英格兰就会全部沦于敌手。不管怎样，一个明显的现象是，入侵者的行动逐渐从抢掠发展为定居。

在这场风暴最终平息之后，人们可以估量一下所受的损失。东部海岸的中心的狭长地带以及深入德比那（Derby）的广大地区已被丹麦人占据，那些丹麦海员业已转职为农民，但却依然保持着军队的建制。然而，已崛起成为北欧重要港口的伦敦城以及整个南部地区幸免于难，此处是英国皇室所在地，亦是其力量之源，而其与欧陆的联系也未曾中断。阿尔弗烈德王朝披荆斩棘，初创基业，历经无数漫长和谈和流血战斗，最终一统全国。阿尔弗烈德王朝功勋卓著，它使得丹麦人的短暂统治仅在英国历史上留下淡漠的痕迹。阿尔弗烈德本人也是一名基督教徒，曾经前往罗马朝圣。这个短暂的插曲之后，英国王朝依然按旧的模式继续运转，王位或许可以世代相传。然而，在1066年10月到12月圣诞节这短短的三个月间，又发生了惊天动地的事件。法国的一名公爵——其所拥有的领地既非最大也非最强——渡过了英吉利海峡，登上了英格兰的王位。

诺曼底人用武力征服了这个王国，它是英语民族的最高权威代表，同时对威尔士和苏格兰也拥有一定主权。大体上讲，它由国王通过政务会进行统治，政务会由教俗两界的智者们组成，其中包括主教、修道院院长、大地主和宫廷官员。所有的这些表明，它同那些在罗马帝国废墟上建立起来的其他王国并无异处。在最后一位强大的国王去世之后，它甚至还出现了国家分裂、王权削弱以及地方割据等危险倾向。但这仅仅是一种趋势而已，国民大众秉持一种普遍的价值观念，认为王国是一个不可分割的整体，王权之下的和平（King’s Peace）高于一切。在此种社会秩序之下，纷繁复杂的权利和义务使人与人紧密相连，这些权利和义务在全国各地大相径庭，甚至连村庄与村庄之间也迥然不同。但英格兰人所尊奉的总体原则是，自由人可以自己选择领主，战时随他出征，平时为他工作，另一方面领主则须保护他们免受强邻侵害，在法庭上给予其相应支持。此外，自由人也可以投奔新的领主，并从其手中获得土地。领主们是统治阶级的代表，正如我们所看到的那样，大领主们端坐在王国政务会，地位稍低的较小的领主承担地方之责，当自由人在地区法庭之上对是非曲直争论不休之时，领主的话语就能起到举足轻重的作用。此际，我们仍无法将贵族与绅士划分开来，由于撒克逊人的贵族和农民之间有着明显的鸿沟，因此便挤压了中产阶级的产生空间。但是，这些绅士此刻正在孕育之中，他们终将兴起，成长壮大为新的阶级。

在诺曼底统治者初登王位之时，英格兰正是处于这种状态下。征服者继承了前代国王的一切特权，但其政务会却是由土生土长的，讲法语的法国人组成。割据倾向被抑制了，国王治下的和平无处不在。然而，传统的权利义务关系却由繁化简，这种转变更加适应了新时代的需要，更加合理，也更符合诺曼底人的治理模式。自由人对领主的依附不仅停留在道德和法律意义之上，也变得更加现实。对于佃户而言，每个人的地位都通过土地及对领主的依附关系而固定下来，对于领主而言，他则可以对佃户发号施令。与撒克逊时代相比，诺曼底人统治时期的统治阶级是更纯粹的地主阶级。

在暴力的推动下，英格兰再次与欧洲大陆联合起来，并汇入了西方封建制度的大潮之中，但是，英国依然保留着自身积极的个性，这种积极个性，体现在其五六百年独立发展时期所逐渐形成制度之中，无疑是引人瞩目的亮点。英格兰旧贵族被忠诚而富有土地的诺曼底新贵所取代，平民们默默无闻，终日繁碌。在这样的社会形势下，英格兰和诺曼底贵族很快融合，他们中涌现出了伟大的大陪审员、王室法官、地方的骑士，如果抛开权力和地位不谈，他们的名望甚至高过了贵族甚至国王本身，这已然是过去之事了。同时，我们也可以简要勾勒出亨利二世时期的英国政治状况：强有力的王权，通过法官和行政官员将影响散布到全国每一个角落，势力同样可观的教会与国王达成和解，将教俗之权划分开来，各安其职；对于富有而刚愎自用的贵族群体，国王依然按照习俗与其商讨国家大政。参与地方管理的绅士各尽所能，王室的雇员也是精于法律与财政之人。必须提及的是，持续增长的财富使城市发展欣欣向荣，和平得以维持，社会秩序稳定，海陆交通通畅，贸易繁荣兴旺。

据此展望未来，我们看到王权对国家发展的重要作用。在诺曼底征服的一段时期内，英国先后出现了三名强大的统治者：征服者威廉残酷无情，意志坚定，他将诺曼底的制度植入英国本土。他的儿子亨利一世目光远大，处变不惊。亨利的孙子亨利二世同样是一位伟大的政治家，他深深地认识到，国家统一和国王权力唇齿相依，若想二者兼得，只有将法治公正渗透到全国各个角落，他利用王权，不遗余力将此执行和推进。在金雀花王朝时期，某些关系呈现出紧张的态势。国王对贵族施加压力，王室也开始剥夺顾问大臣的权力。国家法律需要强有力的王权来保障，一位治世明君更能借此令国民大众广为受益，而非谋求私利。约翰国王登基后，一场政治改革实践轰轰烈烈地拉开了序幕。

许多人自童年时代就对著名的《大宪章》有所耳闻，但是，如果我们把不久之前，纽约所收到的一份珍贵副本拿起阅读的话，就又会难免大失所望。他或许会认同一些历史学家提出的观点，那就是将“自由大宪章”这一标题改译为“以国家利益为代价的贵族特权名录”。造成这一问题的原因是当前我们的法律概念已大不同于先前。随着时代的发展，我们对它的看法与时俱进，如果政府在通过法案时行动迟缓，我们就要责备抱怨。中世纪环境的变化是一个缓慢渐进的过程，社会模式是由习惯或神圣的法令决定的。人们通常将法律视为确定权利义务，以及处理争端和不当行为的标准尺度。

因此，《大宪章》并不是我们所认为的，现代意义上的立法或宪法法典。它是国王与贵族之间对法律意义的共同声明，其中许多在今人看来微不足道的条款，却恰恰显示了王权对贵族古老权利的侵犯。从另一角度而言，获得胜利的贵族也同样设法对王权加以抑制。在那时，没有人将《大宪章》视为解决所有问题的工具，它的重要性并不取决于内容细节，而是主张了一个基本的理念，那就是律法高于王权。“国王在众人之上，但却在上帝与法律之下”，至少这种理念已十分明确。国王有自己的行动权限，仅在这个范围之内，他凌驾于众人之上。一旦跳出圈外，他就必须被拉回原地。如果国王藐视政务会，拒不纳谏，独揽大权，刚愎自用，重用宠臣，那么其所作所为就必然超越了法律规定的权限。

换句话说，国王的专制统治，包括潜在的压迫和专横任性都是法所不容的。但要防止这种现象也并非易事，王权的力量之强是其他任何显贵所不可比拟的，甚至也远远超过了大贵族们的联合力量。如果要真正限制王权，仅仅依靠传统的贵族特权是远远不够的，必须依靠更广泛的抑制力量。就在十三世纪中期，“议会”这一新的词汇出现了。它的概念十分模糊，那些最先使用“议会”一词的人们，如能预见它在后世所具有的重要意义之后，定然会震惊不已。然而，一种新的观念在此后逐渐出现，那就是国王不能仅是同政务会商讨问题，因此，从另一角度而言，贵族同样不能接受他们仅在资政会议中占有一席之地。虽然贵族们总是宣称“为家国大计畅所欲言”，但实际上他们只是代表自己的利益，两名国王反倒更多地代表了人民。那么，为什么不任用地位较低的绅士和市民呢？他们常常在地方事务中发挥自身作用。为什么不让这些人进入国家权力的中枢呢？将他们召集至威斯敏斯特，每个郡选出两名绅士，每个自治市选出两名商人。那么他们在威斯敏斯特究竟做了哪些工作，人们便不得而知了。也许是倾听贵族们的讲演，向贵族诉说民众疾苦，私下商讨一些事宜，或是了解君王在苏格兰和法国问题上的动向，并为此而欢欣鼓舞。这正是议会的萌发时期，它随意生长，可能曾像可有可无的试验品那般被弃之一旁，但是，它最终还是牢牢地扎根于此。两三代人之后，一名谨慎的政治家可能会更深刻地意识到，在英格兰，议会甚至比国王更为重要。议会所拥有的实际权力一言难尽，概括地说，它为一切国家机关授予“合法权力”：对习惯法的重大修改只有通过议会批准方能实现，想要开征新税必须要得到议会支持。至于它还将拥有何种权力，时间将会最终揭晓答案。但毫无疑问的是，在一系列事件之后，议会的权威终于确立起来。爱德华三世需要为对法战争筹措资金，亨利五世需要获得支持以攫取王位，而在红白玫瑰战争中，交战双方都意图为己方行为获取公众认可。而真正能满足他们欲望和野心的，只有英国议会而已。

到十五世纪，贵族势力在派系斗争和内战中消亡殆尽，只有王室犹存。此时的议会已分为了两个部门，上议院代表贵族利益，下议院则代表郡和市镇。到目前为止，一切仍旧有序进行。但是，旧贵族势力在接连不断的战争中被摧毁，这就打破了上下两院原本的实力平衡。由骑士和市民等人组成的下议院，代表了那些在社会动乱中饱受疾苦，希望能在强大王权治下安居乐业的社会阶层。这样一来，国王和下院便形成了天然的同盟。 下议院支持国王，通过打击贵族势力拓展自身权力。他们支持国王在英格兰北部及威尔士地区成立地方议会，支持国王设立“星室法院”（Star Chamber）争夺司法权，以保护小人物免受贵族侵害。另一方面，国王也愿意将地方的行政管理交给那些“太平绅士”（Justices of the Peace），他们忠于王室，乐于帮助国王去镇压暴民乞丐，希望能够在和平的大局下安稳致富。1937 年，国王加冕仪式上的祝祷文中还提到了都铎王朝的政府理想，愿国王治下皆是“忠诚的贵族，尽职的绅士，以及诚实、友爱及忠顺的人民”。也许有一天，平民们也会询问政府，除了忠于王室之外，他们还能为国家做些什么。

到十五世纪末期，英语民族的主要特征和制度业已成型。盎格鲁—撒克逊入侵者们的粗俗日耳曼语随着时间的推移及教会拉丁文的影响，到了诺曼底征服之前就已有所改观，此外，古语中也融入了许多不列颠及丹麦语中的新词汇。在诺曼底人的法语进入该岛后，英语宽泛和渐进的发展过程便大大加速了。两种语言开始迅速融合同化。十三世纪早期遗存下来的文字在今人看来，即使不能全懂，也能略知其意。到十四世纪末，即杰弗里·乔叟（Geoffrey Chaucer）生活的那个年代，连高官显贵也不再使用法语，而改将英语作为最基本的日常语言。语言只是划分英语民族的标志之一，英国与其他西欧国家的不同之处在于，英国摒弃了传统的罗马法和罗马制度体系，至本卷所述历史时期结束之时，英语民族已经建立了独具特色的法律体系，并在法国和西班牙革命的影响之下，创制出颇具民主精神的若干原则。在格里斯多弗·哥伦布（Christopher Columbus）向着美洲扬帆远航之时，议会、陪审团、由市民负责管理的地方政府，以至新闻出版自由，都已从英格兰的土地上破土萌发。

每个国家和地区都有着自己独特的历史，了解人类探索实践，艰苦奋斗的创业历程对所有人来说都十分重要，它有助于我们理解问题，化解风险，应对当今的机遇与挑战。我们并非是要煽动新的争霸，或是以历史研究为借口以世界和平为代价迎合民族之野心。它是实实在在的精神力量，可以使我们的思维得到持续扩展。通过回顾先辈实践创业的艰辛历史，我深深地希望，该部书籍不仅可以为今天的英语民族增添力量，还将对全世界的民族团结有所助益。

温斯顿·丘吉尔

1956年1月15日

于肯特郡韦斯特哈姆

目 录

CONTENTS

第一部

岛上民族

第一章　不列颠尼亚

罗马纪元 699 年夏，即公元前 55 年，高卢总督盖厄斯·儒略·恺撒将目光投向了不列颠岛。在与高卢和日耳曼人作战之时，恺撒就注意到了这片孤悬海外的巨大岛屿。该岛已成为其征服计划的一大障碍，这同样也激起了他的斗志和雄心。他知道，岛上居民与反抗罗马的日耳曼人、高卢人、西班牙人本属同族，不久之前，这些岛民还曾在高卢北部海岸的战斗中为当地军队提供支援。他们同样拥有凯尔特血统，长期独守海岛的闭塞生活或多或少加重了他们的民族情感。一年之前，不列颠的志愿者们在布列塔尼亚海岸与威尼蒂人并肩作战，但不幸遭到了失败。那些从暂时沦陷的高卢地区出逃的难民，在不列颠尼亚受到了欢迎和庇护。在恺撒看来，无论是对其个人的北征方案，还是对罗马帝国扩张计划来说，不列颠岛都是必不可少的组成部分。这片土地上没有森林和沼泽，但却有如茵的绿草和富饶的土地。虽然岛上气候并不温暖，却也平和舒适。虽然土著民智未开，但若是用作奴隶，令其在田间矿井中从事劳作或是房屋大院中洒扫庭除，还是不无价值的。民间常有传言，称该岛盛产珍珠，黄金盈野。“即便是征伐的季节已过，恺撒仍然考虑前往该岛打探情况，若能了解当地居民状况，熟悉地形、港口和登陆点，对他而言无疑是大有裨益的。对于这些，高卢人几乎一无所知。”[1] 另一个事件是，恺撒的同僚和竞争对手，三巨头之一的克拉苏在对美索不达米亚的远征激起

1 引自恺撒所著的《征服高卢》。

了元老院和民众的无尽遐想，这样一来，不列颠在恺撒的战略布局中就更显重要了。就在此地，欧洲大陆的尽头之处，罗马人野心勃勃地开启了冒险事业。罗马士兵对海洋既恨且怕，他们曾与航海民族迦太基人作战，前后耗费了200年时间，艰苦卓绝，历经险阻，才最终将罗马旗帜插上了地中海的彼岸。但此际，罗马军队要远征孤岛，前往大洋北部那片陌生而神秘的土地，这对罗马帝国各个阶层的人士来说，都将是新鲜且令人兴奋的话题。

此外，不列颠是督伊德教的中心所在，这种宗教形式多样，对高卢和日耳曼人的生活都产生了不同程度的影响。恺撒曾经写道："对那些想研究督伊德教的人士而言，不列颠是其首选之地。"督伊德教奉行以活人祭祀的邪恶教条，其残酷令人发指。森林中神秘的宗教祭司通过生命献祭将自己和信徒结为一体。正是此地，在阴暗岛屿的木质祭坛之上，或许安置着高卢部族的一大秘密，这是令人敬畏、激动、团结一心的神秘力量。那么，这些丑恶的习俗究竟从何而来？或许是那些迦太基人，在被罗马彻底剿灭之前向西方世界传达的部分讯息？更重要的是，恺撒其人颇具时代意识和战略眼光，他为所征服的地区带来了文明的契机。

因此，公元前55年夏，恺撒从日耳曼尼亚撤回军队，拆毁了科布伦斯地区横跨莱茵河上的各色精美木桥，转而剑锋西指。在整个七月，罗马大军马不停蹄向高卢海岸，也就是今天的加来和布伦地区浩荡挺进。

恺撒将不列颠人视为被其征服的高卢凯尔特人同宗，认为他们强硬且粗俗。他率领十个罗马军团，不到五万士兵，来对抗一个拥有五十万勇士的英勇好战的种族。在恺撒军队的侧面有日耳曼人出没，这些人正迫于压力从东向西迁移。恺撒的策略是，一旦他们的大队人马越过莱茵河，就一鼓作气将其赶进河里。在当时的所有战争中，交战双方都只拥有淬过火的铁制武器，胜败往往只取决于军队纪律及将领才干，然而，恺撒依然觉得自己和士兵可能会创造奇迹。对他来说，突袭不列颠在他所历经的艰难险阻之中仅仅是一个小的插曲。但是，当大军抵达海边时，就出现了新的问题。与他们熟悉的地中海不同，该处的潮水变幻莫测，暴风呼啸，巨浪翻涌，惊涛拍岸，这使罗马战舰和他的船长们饱尝了北海风暴的威力。然而，仅仅一年之前，在与勇敢的航海民族威尼蒂人的海战中，罗马人还曾取得辉煌的胜利。在战斗中，他们用尖端处绑着刺刀的长杆割断威尼蒂帆船上的索具，并屠杀威尼蒂船员，摧毁了全部敌船。此时，罗马人已经控制了不列颠与欧陆之间的英吉利海峡，海洋应是罗马征伐的通途而非障碍。恺撒承认，他对天气、潮汐、洋流等情况知之甚少，但其仍然对入侵该岛信心十足。此际，不列颠还没有二千年后那样的，坚实的远洋战舰固守海峡，用以阻挡科西嘉征服者和他的世界野心。所有的安排只不过是在气候宜人的 8 月，选择一个风和日丽之日，将几个军团送上最靠近欧陆的不列颠海岸，看看这片陌生的海岛有何独特之处。

恺撒大军从莱茵河流域出发，横跨高卢北部，或许还穿过了兰斯和亚眠，直奔西欧海岸。恺撒首先派出一名军官乘坐军舰在海岛附近打探情况，而当恺撒率军抵达布伦附近或者索姆河口的时候，这位军官正在此地迎候，他与智者、商人、凯尔特王子及不列颠叛逆者们共同欢迎恺撒的到来。恺撒命令那些打败威尼蒂人的，富有战争经验的军队在距不列颠尼亚最近的两个港口（或者说入海口）处集结，只等合适时日开拔远征。

不列颠岛将首次与伟大的世界连接起来，它的真实面貌是什么样的呢？当代考古人员曾在天鹅谷（Swanscombe）的碎石瓦砾中发掘出了一个人类头骨，距今已有二十五万年历史。生物学家指出，其与现代人的头骨有着显著的区别，但我们却不能以此认为这位旧石器时代的远古先民不会像今人那样犯罪或做出荒唐之事，或具备人性的种种弱点。显然，在这个几近停滞的漫长时期里，男女赤身裸体以兽皮蒙身，茹毛饮血，潜藏于原始丛林寻觅食物，在广袤的沼泽中奔走呼号，同类相残，捕猎鸟兽，像历史学家特里威廉所描绘的那样[1]，在百鸟争鸣中寻找乐趣。据说在那时，整个不列颠南部地区只有七百户人家，这真是一块伊甸园般的乐土。七百个家庭享用着富饶的土地，不受劳作之苦，除了游戏和格斗之外别无烦事。人们已经发现使用燧石工具比徒手更为高效，他们的后世子孙在白垩岩和砂砾中挖出深穴，打造大小适宜、品质优良的战斧，并以此提高生存能力。但到目前为止，他们也仅仅学会了

1 引自《英国史》。

用削磨后的石块打造粗糙的工具。

在冰河时代末期，气候的变化导致了旧石器时代狩猎文明的衰落。一段相当长的时间之后，新石器文明伴随着入侵的狂潮闯入了西部的森林地区。初来定居的入侵者们带来了原始的农耕文化，他们开垦土地，播下了可食用的草子。他们开凿或挖掘穴居洞穴，这样一来，一大家人便可以共同居住，老幼相依，安全性也因此得以大大提升。不久，他们在小山顶上建起围墙，一到晚上就把家畜关在里面。在临近埃夫伯里（Avebury）的温德米尔山（Windmill Hill）上，现在依然保存着这些古代遗迹，见证着这些远古工匠为保护人畜而做出的努力。此外，新石器时代的居民们还采用新的方式打磨石器，把石块处理成适于杀生打猎的完美工具。这无疑是一个很大的进步，但目前为止仍有许多方面有待完善。

这一时期，似乎“整个西欧地区都居住着一种长颅种族”，他们的外表和肤色都略有不同。通常，北方的人群肤色偏白，而南方的则略黑，但大部分体貌特征都非常相近。后来，来自东方的，被人类学家称作“阿尔卑斯种族”的圆颅人挤入了长颅人的居住地，将他们驱赶开去。曾经入侵不列颠岛的大部分人都属于西欧长颅种族，其体貌与该岛的土著虽然略有差异，但却十分类似。结果是，在种群的发展趋势中，不列颠的人一直保持比较纯正的长颅特征。[1]

在英国发现的绝大多数人类头骨，无论老幼均为长颅或是中等长颅头骨。但众所周知的是，毕克人（Beaker people）及其他圆颅种族也同样来此而居，并发展成为了一个独特的元素。在青铜器时代后期普遍存在的火葬制度，几乎焚毁了长颅与圆颅人种混合的所有证据，但毫无疑问它是确实存在的。后来的罗马时代，人们摒弃了火葬而重新采用墓葬，一些旧学派的人类学家们声称他们已能断定此时英国出现了一种典型的“罗马－布立吞人种族”。但事实上，这类人群可能在罗马入侵之前就已早有分布了。随着人类学的发展，我们发现早期对人种的划分是不够确切的。

---

1 引自柯林伍德和迈尔斯所著的《罗马时代的不列颠》。

在早先，不列颠曾是欧洲大陆的一个部分，它与荷兰相连，中间是一块宽广的平原，泰晤士与莱茵河在此平原之上汇合，然后流向北方。在一些轻微的地壳变动中，这块平原下沉了数百英尺，北海与波罗的海的海水因此得以涌入。另外一次地质运动更是产生了极大影响，它劈开了多佛和格利斯纳茨之间的峭壁，在大洋潮水的冲刷及海潮涨落下逐渐形成了多佛海峡和英吉利海峡。这些沧桑巨变究竟发生于何时？不久前的地质学家们仍然认为这些变化产生于新石器时代之前。但是，对地层黏土及挪威冰川沉积物的剥离研究，却向人们展示了年复一年的气候变幻，江海沧桑。同时，现代科学也已发展出了新的时代考证方法。通过类似种种手段，人们可以更精确地描绘出史前时期气候随时间变化的大致轮廓。借此我们可以确定，在气候回暖之时，众多橡树逐渐取代了原来的不列颠松树林，遗留的植物化石向我们详细展示了这一变迁过程。渔民从北海海底网捞起的树木残枝，如果用气候变化理论加以分析，我们就能够得知，在波涛翻涌，水深六十寻的大洋之底，距今九千年前，一片橡树林正在此蓬勃生长。当金字塔初建，学识渊博的埃及人在不辞辛苦地探索萨卡拉遗迹之时，不列颠依然是欧洲大陆的一个岬角，或与欧陆仅有一衣带水之隔，正是这条分隔两地狭窄的水道，最终扩大成为多佛海峡。

在不列颠岛与欧洲大陆相连之时，人类改造自然的手段又有了极大提升。他们绞尽脑汁，从地表开采出了锡和铜。但是，对制造工具而言，金属锡太软而铜又太硬，但是，人类的智慧是无穷的，他们创造性地将这两种金属融为一体，开启了新的青铜器时代。在条件相同的情况下，人们利用青铜武器能够轻易击败手持石器之人。这真是一项伟大创举，青铜器时代随之来临了。

青铜武器和工具从欧洲大陆的侵入和渗透历经了多个世纪，二三十代人之后，人类生活才出现了显著的变化。柯林伍德教授曾为我们勾勒出一幅青铜晚期的社会图景，他写道："不列颠与欧洲大陆相比是一个落后的地区，其文明还停留在史前时代，人们过着呆滞而被动的生活，绝大部分先进的文化都从大洋彼岸传播而来。人们要么待在孤立的农场内，要么住在草棚屋子的村庄之中，这些村子多坐落在河岸边的沙砾地，或是布满白垩岩及鱼卵石的高地之上。在那时，原生的灌木几乎已被清理完毕，各个定居之处都被小块田地所环绕，耕作工具多是原始的人力木犁，这种工具在不久之前还被赫布里底岛上的农民们所使用，除此还有一种轻型牛犁，只能划开土地而不能翻动草皮。人死后进行火化，骨灰用坛子装起来，埋在普通的墓穴之中。岛上的居民是坚韧而勤劳的农民，依靠耕作及驯养家畜为生，这无疑是渔猎方式的进一步发展。他们在没有转轮的条件下制作粗糙的陶器，并依然使用石制的弓箭箭头。但是，一些行走江湖的铜匠偶尔会到达此地，这些铜匠善于制作刀剑、长矛、斧子，还有各式各样的生活用具，例如镰刀、木匠工具、车轮的金属部件、水桶以及大锅。”从缺乏军事要塞及防御工事的情况来看，当地人的战争还处于无组织状态，而政治活动也是简单和落后的。人们之间确实已出现了贫富分化，这一时期出现的种类繁多的金属器皿，皆向我们展示着富裕人家的财富与奢华。

对多数权威人士而言，不列颠南部青铜时代晚期是在公元前 1000 前至公元前 400 年间。

在这一时期，一个新的进步再次为人类社会带来了新的契机，人类学会了开采与冶炼铁矿石。装备着铁制武器的入侵者从欧洲大陆闯入不列颠，杀死那些还处于青铜器时代的人们。此际，透过千年时光，我们可以更清楚的审视这些人类群体。这些两条腿的动物，用铁器残忍杀戮着如今被我们视为手足兄弟的人类同胞。想要打碎敌人的头骨，无论是长颅人或圆颅人的，铁器无疑是最有效的武器。

青铜与铁器时代重叠交错，并由此发展形成了一种更完善、更高级的社会形态。但是其对当地居民的影响却是一个缓慢渐进过程。那些在远古时期就已形成的习俗和传统，也只在一点一滴地改变。可以肯定的是，在基督诞生前的那个世纪，一些不列颠人仍在使用青铜工具，尤其在英国北部地区，这种现象尤为突出。

恺撒将目光投向该岛之前，不列颠正处于铁器与青铜时代的交汇时期。在公元前500年之后,欧陆人的接连入侵逐渐改变了该岛南部地区的社会形态。柯林伍德教授指出：“总体而言，从肯特到科茨沃尔德及沃什湾的广大南方地区，居民们都能够制造陶器。与青铜器晚期时代相比，许多居民的生活都没有出现显著改变。人们住在位于河岸或高地的农庄、村落之中，周围环绕着小块的田地，通常不设防御工事。人死后大都火化。他们将粮食储藏在地下的坑窖内，并利用原始的手推石磨——并非是上层石块可转动的那种磨盘，对谷物进行研磨加工。人们饲养牛、羊、猪等家畜，由于铁器十分稀少，他们仍然使用铜制工具甚至打磨石器进行劳作。通过陶器形态的变化我们可以推断其所处的大致年代，但这些陶器依然不是在转轮工具上制作而成的。”[1]

铁器时代移民的到来使山顶营地得以复兴，这种营地在新石器时代时就已停止建造了。公元前三至四世纪时，这种营地在不列颠岛盛极一时。人们在营地周围建起一道壁垒，壁垒有时用石块建成，但多数情况下是用木土建造，外围处挖掘壕沟加以保护。

壁垒的规模并不宏大，尽管考古发掘显示有些壁垒的入口处建有木质岗楼，但入口设计却是十分简单。这些营地不仅仅是避难之所，其中通常还建有私人住宅及永久居住点。它们并非是为抵御外来入侵而建，相反，仿佛是在铁器时代外来移民成倍增加的背景下应运而生的一种部落体系，而这种部落体系正是日后部落战争的根源所在。

公元前一世纪初，凯尔特人最后的入侵浪潮终于平息下去，它预示着铁器时代的初临。“比利时的部落民到达肯特，散布在埃塞克斯、赫特福德等地和牛津的部分地区，这个种族的其他分支……后来……广泛分布于汉普、威尔特、多塞特和苏塞克斯的部分地区。”[2] 毫无疑问的是，已经深入海岛中部的比利时人是迄今为止最开明的入侵者，他们是驾车和驯马的能手，而且对当地人所仰赖的山顶要塞不以为意。他们在山谷中建造新的城镇，有时甚至将居所建于山顶的老旧堡垒之下。同时，他们还首次引入了银和铜制的货币。

比利时人征服了当地土著，使自己成为了贵族阶层。他们在东部建立起惠特汉普斯特德、韦鲁勒姆（圣奥尔本斯）和卡姆勒多纳姆（科尔切斯特），在南方建起了卡里佛（西尔切斯特）和文塔比尔格拉姆（温彻斯特）。他们是

1 引自柯林伍德和迈尔斯所著《罗马时代的不列颠》。

2 引自达比的《英国历史地理》，第 42 页。

高卢人的近亲，与高卢人同样激情洋溢。无论所到何处，这个活跃，机敏，不停地进行征服和统治他人的种族都能快速且轻而易举地站稳脚跟，巩固自己的地位，甚至还可能建立起长久的统治。但是，罗马大军进犯的脚步声已经日益临近，这些人们必须立刻奋起作战，去抗击比他们更为强大，更有组织的战争机器，以捍卫他们的劳动果实。

在当时的罗马，无论是政府还是社会上流人士，对这个远在西方的岛屿均只有模糊的印象，“最早的地理学家认为整个世界被海洋环绕，对其中的岛屿却一无所知。”[1]公元前445年前后，历史学家希罗多德曾听闻西方遥远的海岛上出产锡矿，他将这个海岛称为卡西特里德（Cassiterides），但对岛屿是否真实存在，希罗多德仍持谨慎态度。公元前四世纪中期，历史上最伟大的航海家马赛人皮亚西斯两次出海，真正地围绕着不列颠岛航行。他宣布，亚里士多德所言的“普列坦群岛（Pretanic Islands）——阿尔比恩岛和勒尼岛”都是确实存在的。皮亚西斯的话被那时的人们视为笑话，直到他去世多年之后，他的发现才被世所瞩目。但是，早在公元前三世纪，罗马人就确信在世界边缘有三个岛屿——阿尔比恩、勒尼和图勒岛（冰岛），那皆是巨大且奇特的土地。自然，岛上所出口的锡制品是人们所关注的焦点。在公元前140年，波里比阿的著作中就曾提到，锡制品贸易已被当时的商业著述广泛论及。

当然，恺撒从布伦出发时，并不像我们那样对所有情况了然于胸，他所收集到的情况仅仅如此：

“在不列颠内地居住着当地土著，他们拥有口耳相传的习惯传统，并以此以原住民身份自居。在沿海地区，则居住着为抢掠和战争而来的比利时移民。他们几乎全都保留着原来的部族名字，从部族初兴到落地生根一直未改。不列颠人口众多，与高卢地区一样，房屋星罗棋布，牛羊漫山遍野。他们的货币是固定重量的铜、金或铁锭。内陆出产锡，沿海则藏有少量铁矿，所用的铜则需从外部进口。该岛像高卢一样盛产各种木材，但没有山毛榉和冷杉。当地人将食用兔子、鸡、鹅视作违法行为，饲养这些动物仅用于消闲玩乐。

---

1 引自《古代》，第一卷，第189页。

气候比高卢地区温和，并不太冷。”

“据目前所知，住在肯特（一个纯粹的沿海地区）的居民最为开化，其生活方式也与高卢人大致相同。内地的大部分部落都不事农耕，他们以牛奶和肉类为生，身上包裹着兽皮。所有的布立吞人都用靛蓝染料涂身，使皮肤变为蓝色，以图在战争中用这种可惧的外表来威慑对手。他们蓄着长发，除头发和胡须外全身剃得精光。十至十二名男人，特别是兄弟父子之间共同占有妻子，但在群婚制下所产生的后代，则算作孩子母亲与同居的第一个男人的子嗣。

公元前 55 年 8 月底的一个午夜，恺撒率领两个军团乘坐八十艘运输船扬帆出海，驶往不列颠岛。清晨时分，他的船队已到达了多佛的白色悬崖旁边，初露的晨曦中，全副武装的当地居民依稀可辨。恺撒认定此处“非常不适合登陆”，因为他们很可能会遭受悬崖上方的箭雨袭击。于是恺撒下令船只抛锚，直到潮水转向时，才继续开出七英里远，并在位于迪尔与沃尔默之间地势较低的阿尔比海岸停泊。布立吞人密切注视着恺撒军队的一举一动，跟随着他们沿海岸移动，最终被罗马军队发现了行踪。紧接着便出现了一幅史上鲜有战争场景，岛民们随着战车和骑兵蜂拥涌入海潮之中，准备迎头痛击入侵者，恺撒的运输船和军舰泊于深水之中，罗马士兵不熟水性，在敌人雨点般的标枪和石块中一时乱了阵脚。在这种情况下，罗马第十军团的掌旗者手持鹰旗，毫不畏惧地跃入水中，恺撒也率领战舰用弹弩和火箭攻击不列颠人侧翼。罗马人受到鼓舞，士气大振，他们跳下舰船，竭尽所能组织队形冲向敌军。双方在浪涛之中进行了短暂而激烈的交锋后，罗马军队获得优势，抵达了海岸，他们列好阵势，将不列颠人打得狼狈而逃。

登陆受阻仅是恺撒军队困难的开端，乘坐十八只运输船的骑兵部队是三日之后出发的，他们在即将抵达目的地，已能远远望见恺撒大营的时候，却被突然袭来的狂风吹离了英吉利海峡，幸好后来飘回了欧洲大陆。由于不知天象，月圆时的潮汐使停泊于海岸的运输船严重受损。“一些船只被潮水打碎”，恺撒写道，“余下的那些也失去了它们的缆绳、船锚及其他索具，不能使用了。毫无疑问，这使整个军队产生了恐慌情绪，以致军心动摇。失去了船只，士兵们便无法返回母国，况且也没有任何修船的工具。此外，按照原来计划，罗马军队要返回高卢度过冬季，因此士兵们也没有携带在不列颠岛越冬的粮草。”

海滩之战后，布立吞人本已决定求和。但当他们看到恺撒军队的窘境之后，便又心生希望，中断了谈判。他们凭借人数优势袭击罗马的征粮队，但罗马军方面并也非毫无准备，又一次，严格的纪律和精良的铠甲给予了布立吞人沉重的教训。仅是营地附近农田的粮草，就足够罗马军团两个星期之用，这足见不列颠岛的粮食何等之多。布立吞人再次屈服了，他们的征服者只提出了一些名义上的条件，通过拆毁许多船只修补好了其余舰船，然后便带着人质和俘虏欣然返回本土。恺撒从未将此次远征视为一场辉煌胜利。为取得更好战绩，第二年他再次率军前来，这些军队由五个军团和一些骑兵组成，他们乘坐八百艘舰船驶抵不列颠岛。

岛民们被这支庞大规模的军队惊得目瞪口呆，恺撒军团得以畅通无阻地登上不列颠海岸。然而，大海却再次捉弄了他们，在恺撒率领罗马军团向内陆挺进了约二十英里时，他被紧急情报召回了海岸，一场巨大的风暴横扫了罗马舰队，摧毁了大部分船只。恺撒被迫花了数十天时间待在海岸，将所有舰船拖上海滩，并把先前筑好的营垒再次加固一番。在这些工作结束之后，他再次踏上了征伐之路。罗马军不费吹灰之力捣毁了布立吞人栖身的木棚栅栏，并在布伦特福附近横渡泰晤士河。然而，布立吞人找到了一位名叫卡西威劳努斯的人做他们的新领袖。这个人了解当前的战争形式和战争技法，他令大批缺乏训练的步兵和农民解甲归田，依靠战车和骑兵与入侵者步步周旋。恺撒曾对布立吞人的战车战术做过细致描述：

“在车战中，布立吞人率先出击，他们的战车奔驰而来，投掷的标枪呼啸作响。一般而言，仅是满山遍野的战马嘶鸣及车轮的辚辚之声就足以让敌人心惊胆战，溃散而逃。当不列颠战车在罗马方阵冲出一个缺口之后，士兵们便跳下车来，徒步作战。与此同时，驾车者脱离战斗，退后一段距离，把车子停在一个合适位置上。这样一来，当士兵们寡不敌众时，就能够轻而易举撤回己方阵列。通过这种方式，布立吞人将机动部队的灵活性同步兵的稳定性结合起来，通过夜以继日的训练而达到精熟的效果，即使是在陡峭的山坡上，士兵们也能驭马狂奔，急停转向皆能操控自如。他们能够沿着车辕奔跑，或站在车轭之上，并能迅疾如电地返回车里。”

卡西威劳努斯正是利用这些机动力量与罗马人周旋，他避免与罗马军团正面作战，通常派兵去突袭敌军或切断他们的粮道。即使如此，恺撒依然夺取了他的第一个坚固营垒。部落居民开始向罗马求和，一个摧毁罗马人肯特海岸大营的周密计划也随之流产了。在这个紧要关头，卡西威劳努斯这位在政治与军事上皆富有才干的领导者，通过一系列的让步最终同恺撒达成合议，不列颠交出更多人质，承诺归顺并纳贡。作为回报，恺撒大军再一次撤离该岛，满意而归。四周一片静谧，“他在深夜时分扬帆启程，黎明之时所有舰队皆平安抵达了西欧大陆。”此次恺撒骄傲地宣称，他已成功征服了不列颠岛。恺撒凯旋而归，不列颠战俘们垂头丧气地跟在后面，穿过罗马的各个街道。但是，在之后的约一百年间，再没有入侵者踏足不列颠岛。

对于卡西威劳努斯其人，我们知之甚少。我们只能期盼今后不列颠岛的守护者们都能取得同样的光辉成就，他们的所作所为同样能够适应时代需要。谨慎精明而又才华出众，这是卡西威劳努斯给我们留下的印象。如果这一幕不是发生在这个偏僻的舞台之上，卡西威劳努斯或许可以与费边·马克西姆·康克迪特相媲美。

第二章 征 服

在恺撒军队离开后的一百年时间里，不列颠岛的居民一直过着无忧无虑的生活。居住在城市的比利时人发展出了自己的生活方式，一些好斗的部落在两败俱伤后也会心生些许快慰，认定再不会遭受入侵者的袭击了。但是，他们与欧洲大陆及罗马帝国的接触却大大增加了。外贸商品种类多样，商品市场繁荣兴旺。许多罗马商人在此地站稳了脚跟，在其返回故土时，则向罗马人诉说不列颠的繁华与富庶。如果建立一个稳定的政府，那么不列颠的潜质可以得到充分发挥。

公元 41 年，罗马帝国皇帝卡里古拉遇刺，此后，一连串的意外事件将卡里古拉的叔叔腐儒克劳多斯（Claudius）推上了帝国王位。这位新君主的征服野心无可比拟，但是此时罗马的大政方针还掌控在核心政府部门的官员手中。一系列的因素促成了兵戈再起。征伐之策在许多方面得到了社会各个阶层的支持，公众呼声日益强烈。德高望重的元老院议员发表了赞成意见，重要的商业和财政利益业已协调完毕，而上流社会也找到了新的闲谈话题。在这个胜利的年代，新皇帝总会面临着多方选择，这些经过深思熟虑，且符合罗马惯例的行动计划，无论哪一个都能令这位新统治者欣喜不已。由此我们发现，那些通过偶然机缘登上尊位的皇帝们无不具有共同特点，那就是肆无忌惮，刚愎自用。他们的皇室难免贪淫无度，昏庸无能。而在颁布重大的征伐命令，以及审批益国利民的长效法案之时，皇室往往会被谋士和宠臣玩弄于股掌之中。

征服桀骜不驯的不列颠岛对罗马帝国大有裨益，种种好处被一一罗列在帝国的新君主面前，这使他激动万分，垂涎不已。为获得这份军事殊荣，皇帝下令继续筹划这个颇受瞩目且有利可图的征服大业。公元 43 年，大约在恺撒撤离不列颠的一百年之后，两万名准备充分，训练有素的罗马士兵为征伐不列颠岛而组织起来，蓄势待发。“士兵们一想到要前往未知的海外作战，就觉得愤愤不平。”而当皇帝的宠臣，解放的奴隶纳西苏前来安抚军心时，士兵们更感觉受到侮辱。眼下，一个先前的奴隶竟然站在指挥官的位置上要求他们尽职尽责。于是，士兵们开始奚落纳西苏的奴隶出身，同时戏谑般地高喊“农神节”口号（在农神节里，奴隶们会身穿主人的衣服主持节日活动）。但无论如何，他们依然决定服从当局的命令出征。

然而，由于耽搁了时日，远征大军在季末才得以动身启程。由于害怕单一部队可能会在登岸时受阻，大军于是分为三路进发。第一次的航程并不顺利，罗马军队的舰只被风吹了回来。然而，当一道闪电由东向西刺破天际，指向出征之路时，罗马人再度振奋起来，他们一鼓作气，驶向海岸，在没有遇到任何障碍的情况下成功登陆。根据情报，罗马人得知布立吞人对他们的到来并不知晓，因此事先并未召集军队来抵御入侵。[1]

岛上形势对入侵者甚是有利，库诺比莱纳斯（Cunobelinus）——也就是莎士比亚笔下的辛白林，已在不列颠岛的东南部建立了一个封建王国。首都设在科尔切斯特。但在国王晚年，国家内部纠纷已开始削弱他的权威，在他死后，王国由他的儿子卡拉克塔克斯和德哥杜姆尼共同统治。此二人的地位并未得到普遍认可，自然而然，他们也没有时间在普洛提乌斯和他的罗马军团到来前统一部落王国。倒是肯特人重新采用了卡西威劳努斯的战术，给搜索他们踪迹的普洛提乌斯带来了很大麻烦。然这位罗马将军最终还是发现了他们的行踪，罗马人率先击败了卡拉克塔克斯，后来又在肯特东部击败了他的兄弟德哥杜姆尼。而后，普洛提乌斯率军沿着恺撒曾经的进军路径一路开进，到达了他前所未闻的麦德威河之畔。

1 引自迪奥卡苏原作，第九章，第 19-20 页。

“野蛮人曾认为，由于没有桥梁，罗马人根本无法渡河。因此，他们满不在乎地将营垒设于河流对岸。”但是，这位罗马将军派出了一支“日耳曼人分遣队，这些人熟知水性，能够在全副武装的情况下轻易泅渡最湍急的河流，将敌人打了个措手不及。日耳曼人的首要攻击目标并非是敌军士兵，而是那些拖拉战车的马匹。在紧随其后的混战之中，即便是敌军的战车驭手也难逃此厄运。”[1]然而次日，布立吞人再次组织起来，与罗马军对阵。由于韦斯帕芗——他在后来成为了罗马帝国皇帝——在上游发现了可涉水而过的浅滩，罗马军队从侧翼出击，才最终击败了布立吞人。这场胜利打乱了原本的战略布局，普洛提乌斯在一个错误的地点过早地取胜，这使罗马皇帝不得不迅速采取行动，他决意前往不列颠，以展示其御驾亲征对胜利的必要作用。因此，一直在法国等待时机的克劳多斯立即亲率大军，浩浩荡荡渡过海峡。他的军队中除人、马之外，还有包括有许多战象。一场战役之后，罗马人获得胜利。克劳多斯心满意足地返回罗马，去接受元老院授予的“不列颠征服者”称号，并获准举办胜利庆典。

但在不列颠的战争仍然继续，布立吞人改变了策略，他们避免与罗马军发生近战，而是潜藏在灌木与森林之中，以此方式消磨对手实力。在恺撒入侵时期，这种作战方式曾令罗马军队空手而归。卡拉克塔克斯逃往威尔士边界，在那里重整旗鼓，组织部落民抵抗长达六十年之久。公元 50 年，卡拉克塔克斯再次被一名新任罗马将军击败。这位将军名叫奥斯特瑞斯（Ostorius），是一位精力充沛且能力出众的将领，在他的领导下，罗马人征服了从瓦什河到塞文河之间的广大土地。卡拉克塔克斯在西部的战争中全军覆没，只身而逃。他前往北方，企图挑唆当地的布里甘特人反抗罗马，但反而被该部落的女王出卖，引渡给了罗马人。苏维托尼乌斯写道：“此时，这位布立吞王子的名望已经传遍了高卢与意大利的各个行省。在他到达罗马首都的时候，民众从四面八方蜂拥而来，一睹他的真容。入城仪式举办的十分隆重，在靠近罗马大营的平原之上，军事执政官的军队列队而立，皇帝和他的大臣们在队伍之

1 引自迪奥卡苏原作，第九章，第 19-20 页。

前就位。他们身后，是山呼海啸的人群。位于游行队伍前列的，是罗马人在不列颠战争中夺取的各类战利品，接着就是这位王子的兄弟和妻儿。他们身披锁链，眼神和举动间流露着悲哀与恐惧。”但卡拉克塔克斯却并不这样，他脚步沉稳，面带无畏之色，昂首挺胸大踏步地走到皇帝所坐裁决席之前，并发表了这样一番讲演：

“除了高贵的出身和显赫的地位，如果我还具有谦恭而温顺的性格，那么我就会成为罗马的贵客而非囚虏。你也必不会拒绝与一位家世显耀，统治着众多部族的王子携手联合。我的不幸成就了你的荣耀，也成为了我的耻辱。我曾拥有武器、兵员及战马，也曾积金累玉，锦衣玉食。我不愿放弃我的所有，这有什么可奇怪的呢？只因罗马怀有征服世界的理想，我们就要恭顺听从，屈膝投降吗？我曾长期抗争，阻挡罗马军队的前进步伐，但倘若我不战而退，屈从强权，你还能赢得征服者的荣耀，我还能博得勇敢无畏的美名吗？如今，我的命运掌握在你的手中，如果你意欲报复，那么人们将很快忘却我的人生，但是，你的功勋也同样不能长久。保全我的性命，那么你的仁慈宽大将会成为我们记忆中永恒的丰碑。”

王子的演讲刚一结束，克劳多斯立刻宣布他已重获自由，他的家人们也同样获释。这些王族成员皆向皇帝表达了最诚挚的感谢。锁链一经解开，他们就向坐在较远处的阿格里皮娜（Agrippina）走去，向她表达同样的尊重和感激之情。[1]

布立吞人的一次激烈反抗同样给罗马的征服者们带来不小的麻烦。据塔西佗所述，“公元 61 年，不列颠蒙受了沉重的灾难。”新任总督苏维托尼乌斯，一直在着手处理西部问题，他将罗马军队的大营由罗克塞特迁到了切斯特，准备进攻“人口稠密，已经成为逃亡者庇护所的摩纳亚岛（安格尔西岛）”。他建造了一支平底船队，以适应那里的暗礁与潜流。

步兵们在船上拥挤着，骑兵由浅水处涉水而过。遇到水深的地方，骑兵

1 引自苏托尼斯的《十二帝王传》。

就随着战马一起泅渡。岸边排列着敌人的队伍，他们全副武装，虎视眈眈。中间还混杂有身着黑衣的女人，她们披着长发，手持火把，像复仇女神一般立在那里。在这周围还有督伊德教士，这些人将双手伸向苍天，口里发出可怕的诅咒之声。罗马士兵们被这些诡异的景象吓坏了，他们像木偶般呆立着不动，任凭敌人砍杀。终于，在罗马指挥官的鼓舞下，他们还是振奋起来，相互告诫着不要在野蛮的异教女人面前畏缩不前。罗马人高举旗帜，粉碎了所有抵抗，平息了叛乱之火。

“苏维托尼乌斯派出一支驻军来管辖被征服的地区。罗马人砍倒了暴民们用来进行残忍宗教仪式的小树林，就在此处的圣坛上，这些野蛮人曾用俘虏的鲜血献祭。他们还会挖出人的内脏用以揣摩神意。”

在威尔士边界地区（按照现在的区域划分方式）所发生戏剧性事件却拉开了一场悲剧的序幕。东安格利亚的艾希尼国王逝世了。为使他的王国和家族不受外来侵扰，他指定尼禄——此人已继承克劳多斯之位，成为罗马的新皇帝——与他的两个女儿共同继承王位。塔西佗写道：“然而，事情的发展却不遂人愿。他的王国被罗马的百人队大肆劫掠，王室的私产也像战利品般地沦于奴隶之手。他的寡妻博阿迪西亚（也被尊称为布迪卡女王）遭到鞭打，女儿们惨遭凌辱。艾希尼酋长们的世袭财产被抢劫一空，王室的成员也沦为了奴隶。罗马人仿佛将这个王国当成了一件意外收获的礼物。”[1]这正是这位罗马历史学家所记录下来的。

博阿迪西亚所在的部落，这个曾经最为强大，也是迄今最为温顺的部落，终于对罗马人的暴行忍无可忍了，他们怒不可遏，纷纷武装起来，疯狂地反抗罗马侵略者。博阿迪西亚发现自己已成为了庞大军队的统领者，附近几乎所有的布立吞部落皆聚集到她的麾下。对罗马人种种暴行的愤怒，都化作了仇恨的火焰，从压抑的内心之中喷涌而出。这是布立吞人对罗马人征服压迫及文化压制所发出的愤怒吼声。兰克写道：“博阿迪西亚其人不拘小节，热

1 引自塔西佗的《编年史》。

心诚恳、强大且令人畏惧。”[1]她的纪念碑矗立在泰晤士河的路堤之上，与大本钟遥遥相对。它提醒我们不要忘却那些自由或死亡的悲壮呼喊之声，它们今日依然在我们心中回荡。

驻扎在不列颠的罗马军队总共只有四个军团，计两万人左右。第十四和第二十军团正跟随苏维托尼乌斯征伐威尔士，第九军团驻于林肯，第二军团在格洛斯特。

起义队伍的首个进攻目标是卡姆勒多努姆（科尔切斯特），这是一块防御松懈的罗马移居地，居住着罗马化了的布立吞人。刚刚来此定居的退役军人，在同样贪得无厌的军队协助之下，将当地的居民们赶出了家园。一些征兆的出现使布立吞人颇受鼓舞：

胜利女神的雕像突然栽倒下来，仿佛是要逃出敌阵；海水变成了红色；地方公会及剧院中传出了奇怪的哭声。罗马官员、商人、银行家、高利贷者以及那些卖国投敌，参与分享罗马权力和利益的布立吞人，都发现自己与少量残兵一起，被“野蛮人的汪洋大海”所包围了。苏维托尼乌斯需要一个月才能返回，而第九军团距离此地也有一百二十英里之遥。在没有怜悯，也没有希望的野蛮人洪流之中，这座小城被烧为灰烬。城中只有一座庙宇，凭借坚固的墙壁阻挡了火势，在熊熊烈火之中挺立了两日之久。城中一切居民，无论是罗马人还是罗马化的布立吞人，都难逃杀戮之厄运。所有东西都被捣毁。

当罗马第九军团赶来救援时，获胜的布立吞人便从科尔切斯特的废墟之中冲出迎敌。依靠绝对的人数优势，布立吞人压垮了罗马方阵，将步兵们杀得片甲不留。军团指挥官皮迪雷斯·塞雷里斯带着他的骑兵仓皇逃走。苏维托尼乌斯此时正在安格尔西岛，得知消息后，他立刻意识到，由于时间仓促，他的军队已无法迅速回防，控制事态发展。但是，按照塔西佗所说，他“无所畏惧，穿过这片危机四伏的国土，匆匆向伦敦赶去。当时的伦敦还只是一座普通的城市，虽然没有荣膺移居地的称号，但还是一个繁华的商业中心。”从这里，“伦敦”一词首次出现在文学史料之中。尽管在这里发现了罗马征

1《英国史》，第一卷，第 8 页。

服时期的，来自高卢或意大利的许多陶器碎片，但却仍然能够肯定，直到大量军事承包商和行政官员跟随克劳多斯来到泰晤士河畔的桥头堡之后，这个地区才真正繁荣起来。

苏维托尼乌斯仅带领一支骑兵卫队来到伦敦。他下令驻扎在格洛斯特的第二军团来此与他会合。但是，这个军团的指挥官被第九军团的覆灭吓乱了阵脚，拒绝奉命。

伦敦是一个规模较大的、毫无防备的城市，城中住罗马商人、他们的不立吞同事、家人和奴隶。城中建有一个防御强化的军事仓库，其中藏有珍贵的物资，有少量的禁卫军负责保卫工作。伦敦的市民恳求苏维托尼乌斯保护他们。但当这位将领听说正在追逐赛雷里斯的博阿迪西亚军队已掉头南下时，他便做出了残酷但正确的决定：撤离该城，让居民们听天由命。罗马第二军团的指挥官违背了他的命令，他已经没有力量来阻挡滚滚而来的叛军洪流。目前唯一的希望就是让第十四和第二十军团重新会合，这两个军团正沿罗马大道——也就是现在的华特林大街由威尔士急速赶往伦敦。苏维托尼乌斯对居民们的哀求无动于衷，他下令部队出发，愿意撤退的民众皆可随他而行。

伦敦城中，前所未有的屠杀之祸降临到了。男女老幼皆无幸免。起义者的满腔怒火，在那些不禁诱惑而屈从敌寇的布立吞人鲜血之中得到了充分发泄。近些年来，不列颠的建筑越建越高，地基越打越深，挖土机在许多地方都发现了层层废墟，这充分说明伦敦曾在布立吞人的战火之中毁于一旦。

随后，博阿迪西亚转向维鲁拉米恩城（圣奥尔本斯），这里是不列颠的另一个贸易中心，等级较高的城市。它同样难逃屠杀和毁灭的厄运。根据塔西佗所述："在这三个城市中，至少七万居民与他的同盟者们惨遭杀害。""野蛮人从不抓捕和买卖俘虏，也不进行任何的战争交易，他们所做的只有杀戮，用剑、十字架、绞架以及烈火毁灭所有生命。"这些恐怖的词汇向我们展示了战争的惨烈，就像两个世纪前，迦太基人与反叛雇佣军之间的战争那样，交战双方势如水火，怨愤难平。现代的一些学者认为这些死伤人数被夸大了，但我们也有理由相信，当时的伦敦确实可以容纳三到四万居民，

而圣奥尔本斯和科尔切斯特的人口数也大致相同。如果再加上农村死于

兵乱的人口，塔西佗估计很有可能是正确的。这可能是有史以来不列颠岛所经历的最可怕灾难。我们看到，一个更高级的文明被当地土著以残暴手段完全抹杀了，这是一个野蛮堕落的开端。当然，人们为自己世代生活的土地而献身杀敌，严惩卖国求荣，投靠侵略者的叛徒内奸，这也是一项基本权利。

“目前，苏维托尼乌斯手中掌握着第十四军团，第二十军团的部分退伍老兵，还有随行的一些辅助人员。他们被编成一支全副武装的军队，共计有一万人左右。苏维托尼乌斯决心……一决雌雄。他将决战地点选在了一条在被树木包围的峡谷之中，他得到确切情报，除了前方的一块并不适合伏击战的空旷平原外，还没有敌军到达此处。他下令军团组成密集阵型，将轻装步兵布置在侧翼，而骑兵则分列在两翼的最外围。”这是无比血腥残忍的一天，也是决定双方成败的关键一天。野蛮人大军约有八万之众，与日耳曼和高卢人相类似，他们用拉着长长队伍的笨拙马车载着妻子儿女，让其尾随大军前行。他们摆开阵势，意图与罗马人决一死战。双方皆没有与敌和解的打算，所有人都在以命相搏。在一番激烈的搏杀之后，罗马人凭借组织纪律及战争技巧最终锁定胜局。他们将敌人屠戮殆尽，连女人也难逃此劫。

“这是一次能够媲美先人荣光的辉煌胜利。有人估算，罗马军队杀死了近八万名布立吞人，自身损失约四百人，受伤人数稍多。”这些都是胜利者的虚构罢了。博阿迪西亚服毒自尽。罗马第二军团的指挥官皮尼乌斯·波斯杜穆斯（Poenius Postumus）违抗了上级命令，没能分享到胜利的荣耀和果实。在听闻第十四和第二十军团获得大胜之后，这位军团指挥官便拔剑自刎了。

苏维托尼乌斯现在只考虑着复仇，确实要让布立吞人付出代价。尼禄从日耳曼增派了四五千人的援兵，所有抱有敌意或受到怀疑的布立吞部落都饱受兵燹之苦。对布立吞人来说，最糟糕的是食物不足。他们曾自信地认为能够从罗马人那里抢得食物，因此将从事耕作的所有年富力强之人全部投入了战场。然而即便如此，他们的精神依然坚不可摧。若不是新任的行政长官在罗马财政大臣们的支持下提起抗议，古老的布立吞民族可能会面临灭种的危险。这些官员认为，如果放任不理，罗马占领下的将是一片沙漠而非行省。苏维托尼乌斯是平息叛乱的最高指挥官，他的军事决策也并无过错。但是，罗马人却有一种吹毛求疵的习气，这并不能仅仅归结于大人物们的嫉妒心理。舆论认为，苏维托尼乌斯狂妄轻敌，贪功冒进，而且对该省的叛乱四起全无察觉。“他的失败归于自身荒唐，成功则全赖运气”，罗马必须另派一位总督，“能对归附的敌人宽怀大度，不因敌意或胜利而心绪不宁，惊慌失措。”财政长官朱利叶斯·克拉希斯阿努——此人的墓碑至今仍然存放在不列颠的博物馆中，一再向罗马上书进谏，希望能够全力周旋，与抵抗部落和解。这些部落民依然坚持与罗马作战，他们不愿退让，也不求怜悯，宁愿在森林和沼泽地中忍饥挨饿，或受冻死去。最终，罗马决定与布立吞人和解。由于罗马境内的莱茵河一带遭受着日耳曼人的侵扰，就连罗马军界也反对将宝贵的军队送至遥远的边区。此外，苏维托尼乌斯在风暴中损失的一些舰船，为罗马高层提供了撤换统帅的时机和口实。在这种情况下，尼禄向不列颠派遣了一名新总督。新总督与那些陷入绝境的部落民们签订了合约。这样，他们的血统得以保存下来，最终汇入了不列颠民族的大家庭中。

塔西佗曾对这个新的省份做过一番有趣的描述：

“加勒多尼亚省（他对该省的称呼）居民的红色头发和修长的四肢很清楚地表明他们拥有日耳曼的血统。而西卢尔人肤色较黑，头发通常卷曲，其居住的地方与西班牙隔海相望，这也恰恰证明了早先伊比利亚人曾跨越海洋，占领了这些地区。距离最近的高卢人与他们同样相似，或是原初血统产生了长久的影响，抑或气候环境塑造了类似品质……高卢人的宗教信仰或许带有英国迷信（督伊德教）的强烈印记。语言虽有不同，但却大体类似。二者皆敢于挑战危险，但当危险临近时，他们同样又胆怯萎缩。然而相比之下，布立吞人的民族精神更为强大，长期的和平生活并未使他们变得消沉和软弱……他们的天空阴郁晦暗，且总是阴雨连绵，然而气候相对温暖。白天要比我们这里更长，夜晚更加明亮。特别是在最北端，夜间很短，黄昏和黎明之间只有一线之隔……除了橄榄、葡萄，以及通常生长在温暖气候之下的各类植物外，岛上盛产各类农产品。由于土壤和空气湿度很大，这里的农作物生长很快，但成熟却需要一定时间。”

公元78年，一位才华横溢，精力充沛的总督阿格里科拉被派往不列颠岛。在其就任的第一年，他并没有按照惯例举行巡回庆典，而是征伐那些桀骜不驯的当地部落。一个大型部落曾经屠杀了一支罗马后备骑兵中队，现已被阿格里科拉连根拔除。莫纳岛，这个前总督苏维托尼乌斯因博阿迪西亚的起义而放弃的岛屿，而今也落到了罗马人手中。

阿格里科拉既有军事才华又富政治能力，据塔西佗（他娶了总督的女儿）所言："阿格里科拉曾宣称，如果在征服之后还进行残酷压迫，那么征服者就会一无所得。"他减免了部民的粮草纳贡，鼓励并协助修建寺庙、法院和住宅。他使酋长的儿子接受教育，并宣称："与呆头呆脑的高卢人相比，他更偏爱天赋异禀的布立吞人。"他因此博得了不列颠上流阶层的好感，这些上流人士也开始乐意穿着罗马式外袍并接受其他罗马风尚。"他们一步步适应了高雅的休闲生活，诸如在长椅上躺卧、用浴盆洗澡和优雅的宴会等。他们把这些不懂的新事物叫作文明。即便如此，他们仍处于半奴隶的角色之中。"

虽然，罗马的元老院及政界宣称他们始终遵循奥古斯都大帝的政策，固守疆土，不求扩张。但阿格里科拉依然得到批准，在不列颠发动了六次扩张领土的战役。第三次战役中，他抵达了泰思河。他的军团每前进一步，都需要依靠运输船队运送给养。在第五次战役中，他将战线扩展到福思河和克莱德河一线。这是一块狭长的地带，易守难攻。他本可以掘壕固守，然而，如果他不去征服北方那些强大部族，制服那些被赶到北边去的大批狂躁的野蛮人，那么罗马治下的不列颠行省必然会永无宁日。其实，除了在海岸边短暂停留外，阿格里科拉根本没有停下扩张的脚步。在第六次战役中，他再次亲率全部人马前往北方。而这一次，罗马军面临着严酷的形势，这是因为，布立吞人已经从过去的不幸中吸取了经验，认识到了团结的重要意义。

根据阿格里科拉女婿塔西佗的记述：

"在曾经荣誉的鼓舞之下，我军士气高昂。士兵们叫嚣着要直捣加勒多尼亚地区中心，在一连串的攻势中，一鼓作气直达不列颠最远的边缘地带。然而，罗马士兵的勇猛，将军的才能出众并未使布立吞人感到惶恐和困扰。他们依旧骄傲自信，不屈不挠。布立吞人将青年人武装起来，把妻子和儿女送到安全的地方。所有部落聚在一起，通过一个神圣的仪式组成联盟，决意共同抗敌。”

决定性的战役发生在蒙斯格劳匹乌山上（Mons Graupius），其具体位置至今仍不可考。但也有人认为是在奇里克朗基的山坡。塔西佗详细叙述了这场著名战事的经过，但所述的一些细节之处却仍有待考证。在未被征服的整个喀里多尼亚地区，一大群背井离乡、饱受迫害的土著民，怀着不自由毋宁死的决心，以四比一或五比一的人数优势直面训练有素的罗马军团和它的辅助部队。在罗马军队之中，自然也混杂着许多不列颠的变节者。毫无疑问的是，塔西佗将土著军队的人数明显夸大了，这支军队虽然规模可观，但也远非十分庞大。而且，荒野之中的野蛮人也没有什么像样的军械。就像众多古代战争那样，失败者显然错估了形势。在他们中的许多人还未意识到自身所面临严峻事态时，战斗的结果就已注定了。布立吞人的预备队冲下山来想要挽回战局，却正赶上与先前的部队同归于尽。就这样，最后一支有组织的不列颠抵抗力量全军覆灭了。据罗马史书记载：“一万名敌兵被杀，我军损失三百六十名士兵。” 18 世纪时，克莱夫在普拉西战役中的胜利使大英帝国最终在印度站稳了脚跟，这同样是一场以少胜多之战。

整个不列颠岛的征服之路现已畅通无阻，如果当初阿格里科拉得到帝国支持，或至少受到政府些许赞助，那么历史的进程很可能会被改写。对于罗马人而言，加勒多尼亚留给他们模糊印象，其真正挑战来还是来自于莱茵河和多瑙河之畔。罗马人最终还是决定谨慎行事，将那些幸存的布立吞战士留在北方迷雾之中，任其自生自灭。

一个世纪之后，狄奥卡西乌斯在其作品中写道，这些人给南方的居民们带来了沉重负担，成为了困扰当地人的主要一个问题。

“在不列颠，卡尼多尼亚和密阿蒂这两个部落人口众多，密阿蒂部落坐落于那段将海岛一分为二的横墙附近，卡尼多尼亚人则住得更远些。两支部落民皆处于蛮荒状态，他们在荒芜的群山，孤独泥泞的沼泽中艰难求存。没有城墙、村镇和农场，仅仅依靠放牧及采集的坚果为生。那里鱼类丰富，但部落民却并不食鱼。他们栖身于棚屋之中，赤足裸体，群婚群育。部落民大体上实行原始的民主制度，对劫掠之事十分热衷……他们可以忍饥挨饿，对寒冷和各种困难也无所畏惧。他们可以匿身于沼泽之中，只露头部在水面呼吸，以这种方式坚持数日之久。他们也会依靠树皮和草根在深山密林中长期度日。”

在荒僻的北部和西部地区，自由部落只能栖息于群山之中。而在其他地方，罗马的征服和绥靖大业业已完结。不列颠成为了罗马帝国的四十五个省份之一。奥古斯都大帝曾经宣称，罗马帝国的目标是建立一个自治省联邦。每一个省都是一个单独的行政单元，拥有独立的财政大权，而省域内的自治城市也拥有特许权利。那些暴露于蛮族野心之下，时常被侵略和叛乱所困扰的省份，帝国需要派军保护，其他省份则无须如此。

有驻军的省份处于皇帝的直接监管之下，受保护的省，至少形式上是隶属元老院管辖。但是，所有省份都遵循这样一个原则，那就是根据各自情况而采用不同的政府形式，在罗马帝国开放包容的政治环境中，各地区皆没有种族、语言或宗教方面的歧视偏见，唯一存在的只有阶级差别。在秩序稳定的大局之下，这种阶级差别也并未引起多少争议。在这里，生活着罗马公民，大量的非罗马人，还有为数众多的奴隶，但奴隶中的幸运者也能有机会跻身公民行列。正是在这种制度之下，不列颠逐渐发展起来了。

第三章 罗马行省

在近三百年的时间里，不列颠一直是罗马帝国的一个行省。从许多方面来看，在罗马统治时期，岛上居民度过了他们最快乐、最舒适，也是最开明自由的一段时光。由于边界局势不稳，部分罗马军队仍留驻于此。城墙由辅助部队守卫，约克驻扎的一个军团负责提供支援。威尔士由分驻切斯特和卡伦昂阿斯克的两个军团负责守卫。罗马驻军总人数不到四万，而在几代人之后，驻军士兵已全部由本土招募，军队几乎由清一色的不列颠人组成。与伊丽莎白一世的统治时期十分类似，此时不列颠的上流阶层享受着最为惬意的生活，除维多利亚末期的之外，英国历史中很难找到这样的历史场景。从公元 400 年到 1900 年间，不列颠根本没有集中供热系统，很少有人能用热水洗澡。但在罗马时代，富裕的不列颠—罗马居民所建造的乡间住宅中，先进的火坑供暖系统却是必不可少的。此后的一万五百年，这些不列颠人的后代只能住在冰冷房屋之中，为一时的温暖而燃起大火——这也被视作一种奢侈行为。即使现在，能够享受集中供暖的人口比例也仍低于当时水平。至于浴缸，直到十九世纪中期之后才被再次引入生活。在这段漫长而单调的中间时期，即便是最幸运最显耀的岛上居民也难逃肮脏和寒冷之苦。

在文化和知识领域，不列颠人总是单纯地模仿照搬罗马的成果，不像高卢人那样将其灵活运用，融会贯通。但是，法律、秩序、安定、温暖、食物以及长期形成的风俗习惯已然造就了不列颠人的和谐生活。虽谈不上奢侈和悠闲，但人们已不再遭受野蛮人的劫掠之苦。文明习惯流行开来，甚至连村寨居民也深受影响。罗马的生活方式渗入不列颠人的生活之中，使用罗马餐具的人越来越多，罗马语言也逐渐流行起来。不列颠已将自己视为了罗马世界的一员。事实上，在罗马帝国境内，没有任何一个身份能像不列颠那样将众多的罗马体制加以吸收，融会贯通。不列颠军团和辅助部队实力与帝国最精锐的伊利里亚军团不相上下。生活在这样一个强盛和辽阔的帝国中，人们普遍怀有一种自豪之情。罗马的公民可以说是世界的公民，毫无疑问，这种身份要比那些奴隶和野蛮人显得更为尊贵。道路出行方便快捷，与维多利亚女王登基时英帝国的交通一样四通八达。无论是边界、法律、货币，还是民族主义情绪，都不会对交通构成阻碍。

在诺维奇有一座纪念碑，这是居住在不列颠的一名叙利亚人为他的妻子所立；西罗马帝国皇帝君士坦提乌斯·克洛鲁斯在约克去世；来自不列颠的哨兵守卫着莱茵河、多瑙河和幼发拉底河沿岸；小亚细亚的军队透过迷雾警惕注视着苏格兰入侵者的一举一动；罗马墙一带依然保留着密特拉神信仰；波斯人的太阳祭祀在罗马世界广泛流行，吸引了许多士兵、商人和管理阶层人士。在整个公元三世纪，密特拉教仍是基督教的强大的竞争对手。1954 年在沃尔布鲁克地区发现的一座寺庙给人留下深刻印象，它向我们显示，那个时代的密特拉教可能拥有大批的信众。

罗马上层的政治斗争与激变并不会给普通人的日常生活造成显著影响。战争和内乱频繁，皇位你争我夺，兵变四起，群雄割据。不列颠人对罗马世界的政治十分关切，对帝国权力变动或首都的民心士气都持有强烈的观点。其中也有许多野心勃勃之人，试图在罗马帝国你死我活的政治的博弈中一试身手，他们或是飞黄腾达，或是一败涂地。但是，社会生活依然遵照罗马模式进行，他们拥有法律，拥有自己的生活，即便是遭遇短暂的变动，但也仍可照常度日。如果在四世纪进行一次问卷调查，那么结果定是希望罗马统治能够世代维系下去。

当前，我们正身处一个狂热、动荡且风雨飘摇的时代。一切变化无常，一切饱受争议。我们必须怀着敬意去审视那个年代：在只有三十万名士兵的土地上，人们却世代享受着大范围的和平。同时，刚刚勃兴的基督教以触动灵魂的教义激发人们的探求和思考，它引导人们摆脱世俗的限制和束缚，营造一个崭新和谐的新环境。

市政和政治是罗马文明赐予不列颠的两大礼物。城镇像棋盘一般设计成方格形状，居民社区得到合理有序的规划。城镇所有建筑物都按照罗马的标准化模式建造。每个城市都建有广场、寺庙、法院、监狱、浴室、市场和下水道。在公元一世纪，那些建设者们显然对不列颠的资源和发展前景抱有乐观看法，所有的城镇设计都迎合了未来人口增长的需要。这是一个充满希望的时代。

对于罗马时代的不列颠人口数量，专家们意见纷纭，各持己见。他们所估计的数目在五十万至一百五十万之间。但似乎可以肯定的是，士兵、文职人员、市民、上流人士以及他们的家属总共就有三四十万。在当时的农业水平之下，要为这些人口提供粮食，应该需要两倍于此的农民。因此我们可以估算，罗马统治地区至少拥有一百万人口，而且很可能更多。但是，没有任何证据表明不列颠人口在罗马时代出现大幅增长。在超过两个世纪的和平年代，不列颠的居民人数仍与卡西威劳努斯时代相差无几。由于无法供养更多人口，不列颠社会普遍存有一种失落和抵触的情绪。征服者虽然轻易地征服了当地居民，并将其纳入了罗马世界的生活轨道，但除了制止部落战争外，并未给他们带来提升农业产出的更好办法。这个新的世界建构优美，典雅高贵，拥有华丽的浴室、热闹的酒会、华贵的长袍、良好的教育、灿烂的文学、激情的讲演。与其奢华外表形成鲜明对照的是，不列颠农业水平仍旧停留在史前时代。

旧时，不列颠的丰富物产能够极大地满足当地居民需求。但如今，只能在一定程度上适应外表光鲜的罗马式生活需要。大部分耕地仍分布在光照充足，易于耕种的高地上，依然采用几千年前的原始耕作手段。带有轮子且效率更高的高卢犁虽然广为人知，但依然没有取代挖地不深的原始笨犁。除少数地区外，大部分的森林尚未砍伐，沼泽还没开垦，积满重质黏土的谷地也没有垦殖，这些为数众多的肥沃土地都被闲置一旁。铅和锡的开采和熔炼也皆依靠原始方式进行，只是在一种程度上受到政府管理。在物质领域，没有出现新的科学，也没有新动力和新知识。在这种状况下，经济基础也必然是一成不变的。不列颠变得更加文明和优雅，但却并不能说变得富裕。不列颠人生活在一个小圈子内，一切照章进行，日复一日地继续。新起的大厦庄严宏伟，令人惊叹，但又是脆弱不堪，摇摇欲坠。

经济基础薄弱的窘况很快为大规模的城市规划蒙上了一层阴影。城镇设计者发现，周边地区的农业产出不够满足城镇居民的需要。通过几次挖掘，我们得知，一些城镇的周边根本无人居住，有的即使有些农场，但也随着城镇的衰落而变得荒芜。这说明，贫乏的物质尚不足以支撑社会的发展。虽然如此，人们的生活还是安静的，他们的财产受到严格的法律保护。不列颠的城市生活不能称之为失败，只不过是没有发展。一些大主教区城市和衰落的省级城市依然继续运转，孤独、落后甚至衰退缩水，但却仍旧维持着它们的风度和尊严。

在罗马的统治下，伦敦才真正兴旺发达起来。克劳多斯麾下的军事工程师们，负责军队的供给的官僚机构，以及尾随而来的众多商人，将伦敦变成了一个喧嚣繁闹之城。随着公路体系的建成，贸易也逐渐发展起来。一座精心设计，宏伟宽广，由坚固围墙包围环绕的大城取代了公元 61 年，只拥有木屋交易所的小型商业中心，它取代了比利时人的重镇科尔切斯特，迅速崛起成为罗马不列颠省的中心城市。到了公元三世纪末，流通的货币都在伦敦的造币厂铸就，该城一跃成为了不列颠的财政管理中心。虽然并未获得直辖市的地位，但不久之后，伦敦城又仿佛成为了政治中心之所在，与军事中心的约克旗鼓相当。

罗马风化在不列颠广为传布，从郊区所建的别墅就可窥见一斑。举止端庄的乡村绅士将别墅建在风景最优的旷野之中，四周森林环绕，流水潺潺。这种周边围绕着自家土地的舒适乡间住所，在不列颠广泛涌现，发展兴旺。仅在不列颠南部地区，就至少发现了五百座别墅遗址。但在约克郡以北及格拉摩根郡近海平原以西地区，此类别墅却难觅踪迹。相对单调乏味的城市生活促使上流社会的罗马 – 不列颠人迁往乡间定居，乡间别墅因此成为了罗马统治全盛时期不列颠行省的一个重要特色。在公元三世纪后城镇日渐衰落的情况之下，乡间别墅仍然保持着繁荣，甚至到了四五世纪还兴盛不衰。

在弗拉维安王朝的边疆政策下，罗马帝国的疆域几乎达到极致。图密善皇帝率先为帝国构筑了一道相互连贯的完整防御工事。先是公元 89 年，黑海沿岸筑起了宏伟的泥土壁垒，随后而起的另一个工事则连接着莱茵河和多瑙河。到公元一世纪末，一个标准的边界屏障就已逐渐形成。但是，在不列颠北部阿格里科拉的工程没有完工，施工人员因故被匆忙召回了。这为帝国的防御体系留下了一丝缺憾。而当图密善在苏格兰站住了脚跟之后，这道防御工事也逐渐荒废下来。由于工事未完，驻军后退至斯塔尼盖特（Stanegate），由卡莱尔向东的公路沿线上。在随后的几年中，不列颠的边防弱点渐渐凸现出来。在哈德良皇帝即位时，一场严重的灾难突然降临。在与不列颠北方反叛部族的一次战斗中，罗马第九军团永远消失在了历史之中。防御体系变得一塌糊涂，各个行省也处在了危险之中。公元 122 年，哈德良亲临不列颠，开始了重整边防的行动。

在此后的五年中，泰恩河与索尔威之间逐渐筑起了一道长达七十三英里的军事屏障。工事由八英尺到十英尺厚的石墙组成，其中建有十七座要塞，每座要塞都由辅助步兵团的军士守卫。此外，还有八十余座堡垒，双倍数量的烽火台。石墙前面有一道深达三十英尺的壕沟，后面也有一条沟渠，似乎是要用作关境，可能由财政部门负责掌控。整个工事需要驻军一万四千人，这还不包括沿墙执行巡逻任务的五千多名要塞守备部队。军队由当地居民纳粮供养。每个要塞都建有谷仓，能够容纳一年所用之粮食。

二十年后，安东尼庇护皇帝在位时期，罗马军队再次向北推进，抵达了阿格里科拉曾经的征服之地。罗马人沿福斯 – 克莱德地峡（Forth–Clyde）建起了一道三十七英里长的新壁垒，其目的是为了控制东部和中部低地的当地部落。但是，在不抽调哈德良长城西部驻军的情况下，军队很难抽出人手来守卫这道工事。公元二世纪中期，不列颠在军事领域面临着众多问题。186 年前后，安东尼墙最终被废弃了，防守部队被集中至原先防线。在当地部落与苏格兰的不断袭击之下，北部边界的防御体系几近崩溃。在许多地方，防御工事和驻军军营都已被完全摧毁。

直到 208 年西弗勒斯皇帝驾临不列颠，竭尽所能重整防御，不列颠才再度安定下来。防御工事受损极其严重，修复工程十分浩繁。因此许多年之后，人们总将西弗勒斯误认为墙壁的建造者，事实上他只扮演了维修人的角色。211 年，这位皇帝死于约克，在此后的一百年里，罗马墙沿线一直保持着和平。

在时常发现的罗马公路里程碑上，通常可以找到发起工程的皇帝姓名，借此我们可以对罗马时代的筑路工程有一个大致的了解。这些漫长而笔直的公路像极粗的线条穿越了整个不列颠岛。普通的路面是用大型石块铺就，石缝中填满细砂，表面再铺上一层夯实的碎石，整个路面的平均厚度为十八英寸。在某些特殊路段或者多次修补过的地方，路面已达到了三英尺厚。穿越黑石角（Blackstone Edge）地段的公路建在了泥煤土层上，宽约十六英尺的路面由大块的方形粗砂岩铺成，另有街石矗立两侧。路面之上还留有深深辙痕，这是旧时沿陡坡急行的马车刹车时所留下的印迹。[1]

在克劳多斯入侵后的半个世纪里，道路建筑十分活跃。我们可以发现，在公元二世纪，大部分的道路工程都集中了在军区的边境地带。三世纪时，公路体系业已形成，余下的只是一些保养工作了。事实上，在已出土的公路里程碑中，至少有四块都是设于君士坦丁大帝时代，表明当时的公路体系又有了新的扩展。到公元 340 年，所有的新工程都已结束。虽然保养修补工作一直继续进行，但在此之后我们再没发现新的里程碑，公路修筑再没有出现新的进展。

公元 350 年以后，高卢的公路情况也同样如此。这些历史资料枯燥乏味，但却是反映罗马帝国兴衰的一个重要指标。

如果罗马时代的一名不列颠切斯特土著现在复活的话[2]，他就会发现当今的许多法律与罗马律法一体相承。他还会看到，当年在各地渐渐流行的，新兴的基督教而今已遍布各个角落，每个村庄的都有教堂和牧师。在他看来，基督教的场所及其设施已远远超过了信众的需求。他也会不无得意地注意到，

---

1 引自《古罗马的经济研究》，第三卷，第 24 页。

2 写于 1939 年。

这些后人如果想进入最著名的学府深造，就不得不去学习拉丁文。此外，今天的英语发音也可能给他带来相当的麻烦。他能够发现，公共图书馆中所藏的众多古代经典著作都是用相当廉价的纸张印制的，而且印刷数量惊人。他得以了解到，这里有一个稳固的政府，人人皆怀有世界帝国的归属之感。他可以饮酒，可以去巴斯泡澡。如果觉得巴斯太远，那么他也能在任何一个城市中找到蒸汽浴室或洗浴场所。他同样能够发觉罗马时代存在的诸多问题，如货币、土地制度、社会公德、礼貌礼仪等，在今天已略显不同，但争议却依然存在。他一样会担心自己身处乱世之中，或者生活在一个衰颓的政权之下，一样害怕野蛮人会突然闯入，手持与当地军团类似的武器，对人们进行大规模屠杀，也一样会对北海彼岸的人们心存恐惧。他可能会从别人口中得知，莱茵河一带是他们的边界线。他所看到的最显著变化莫过于快捷的通讯，方便的印刷及迅即的广播，所有这些都会令他困惑不已。除此，他还能接触到氯仿，防腐剂，以及更加科学的医药知识。他能够读到更长篇的历史，获知那些比塔西佗和戴奥所言更为可怕的故事。他能够通过设备，观看到许多“连恺撒也闻所未闻的地区”，或许，他会为这些奇异之事惊异或伤怀。他发现前往国外旅行并非易事，虽然交通迅速，但每一步都会遭遇颇多阻碍。如果想去罗马、君士坦丁堡或是耶路撒冷，只要不走海路，就必然会面临一大堆的边境检查。他可能要响应号召，将许多部落和民族视作仇敌，但在过去，他与这些民族毫不相干。他对 3 世纪后的历史越是了解，就越是庆幸自己没有过早复活。

如果罗马人能够谨慎保管帝国的人力和物力资源，那么其疆域可能会一直保持稳固状态。但是，这些珍贵资源却常常被皇族间的内战所消耗。公元二世纪中期，帝国政治混乱，财政崩溃。然而，在这种状态下，帝国却仍保持着一定活力。伊里利亚的军队中相继涌现出许多杰出的战士和行政人员，在他们的努力之下，帝国恢复了统一，边防也得到了巩固。到了 二世纪末，罗马看起来与先前一样强大和稳固，但是在光鲜的外表之下，帝国的根基正在土崩瓦解，许多新思潮和新团体也应运而生。各处的城市日趋衰落，贸易、工业、农业在严苛的税收之下萎靡不振。道路交通变得危机四伏，一些省份盗贼四起，破产农民也加入了劫掠行列。庞大帝国逐渐瓦解成为不知名的小块区域，以致最后寿终正寝。但是，这些小块区域有朝一日也会再度联合起来，组成新的封建基督教世界。在封建时代，新的专制力量竭尽所能，确保道路畅通无阻，推进土地开垦耕种，镇守疆土驱除蛮夷，然而，这已经是数百年之后的事情了。

无论如何，罗马帝国都是旧时代的丰碑。它的肌肉和血管承载了一个古代帝国所能历经的一切磨难。罗马世界就像一位垂暮的老人，希望在和平与宁静中安度余生，希求以超脱的态度来享受生活给予幸运阶层的赠礼。但在帝国内部，这种保守主义情绪却被新兴思潮打乱了阵脚，而在帝国之外，大批饥肠辘辘，残暴成性的野蛮人对防守严密的边界虎视眈眈。罗马和平的实质在于对所有宗教保持宽容态度，在于能够接纳不同类型的政治体制。但在二世纪中叶之后，这种宽宏的政治氛围却在日渐消退，宗教的统一趋势反而得到不断加强。罗马世界已经解决的，或是未曾想过的一切问题，现在被基督教教义重新提了出来。在这几百年里，各种各样的身份地位及其所带来的不良影响已被人们安然接受，即使是那些深受苦难之人，也理所当然地认为这是自然法律的安排。罗马社会三分之一的人口被奴隶制度所束缚，在基督教进步思想的有力冲击下，这种老旧体制终将会陷于崩颓。新继位的罗马皇帝们总在肆意的挥霍和过度的节欲中左右摇摆，权力机构的道德标准与广大归附地区大相径庭，其所引发的一系列问题导致了社会动荡不安。在人类业已解决世俗间的众多难题，而政府又向精神领域开放无限自由之时，内忧外患仍未止息。“这里没有永恒的城市，但我们在努力寻求它的到来。”冷酷的末世降临了，和平和秩序遭受了破坏，致使民心思乱。在罗马世界陷入衰退、丑恶、屠杀和混乱的泥潭前夕，漫漫长夜已悄然降临到了这个世界。

帝国外部，蒙昧粗俗的野蛮人敲打着罗马的边界。就在欧洲大陆上，这些天生的战斗动物联合起来，将最勇敢善战之人奉为世袭的首领。这些混乱无章的蛮族联盟，皆是罪恶如山，恶贯满盈。但相对于赫赫辉煌的罗马帝国来说，他们却遵循着更加灵活的生活准则。

可以想见，汹涌的荒野之潮从各处席卷至此，疯狂地冲击着罗马帝国早已千疮百孔的堤坝。不仅是从堤坝上方漫过，而是渗入了堤坝的每一个孔隙之中，并一点一滴渗漏出来。当人们认识到罗马大厦已岌岌可危时，一股新的洪流又从亚洲奔涌而来，他们不断向西挺近，驱赶着沿途各个民族，由此引发了一连串的连锁反应。要对付他们，没有优良的武器是难以成功的。人们唯一指望的，就是用精良兵器，严格纪律，及少量资金将军队组织调动起来，组成一道独立的防线。如果英勇卓越的罗马军团尚不能取胜，那么一切就将化为泡影。其实，从公元二世纪中叶开始，这些破坏性的力量就已充分地显露出来。但是，世代生活在不列颠行省的那些人们，却以为他们已经破解了斯芬克斯的谜团。其实，他们误解了她的笑容。

第四章　失落的海岛

如果不将漫长的历史时期与我们短暂的生命联系起来，我们就很难去了解历史。对大多数人而言，五年光阴十分漫长，二十年时光十分遥远，五十年就已是逝去的古代了。想要了解命运对每代人的影响，就必须首先想象他们的处境，然后运用自己生活的时间尺度进行衡量。因此，生活在每个时代的人们，反而对当下所发生的变化所知甚少，只有在那些编年史家们将每一时代的特点提炼概括出来时，人们才能窥得全貌。利用历史研究的望远镜，我们可以透过两千年的迷雾，遥观那些模糊昏暗的时代场景。公元二世纪及三世纪的某些时期，毫无疑问是英国历史上的一个黄金时代，与之后的大部分时期形成了鲜明对比。然而到了 4 世纪早期，阴影便降临到这个虽不完美但尚可容忍的社会。罗马治下的不列颠人渐渐失去了安全之感，居民们能在日常的生活当中感受到罗马的庞大体系日渐倾颓。他们步入了一个混乱不安的时代。

考古者的发现纠正和拓展了历史学家的研究成果，对废墟、石头、铭文、硬币和骸骨的发掘和研究，以及新兴的航拍摄影胶片，都为我们铺开了真实的历史画卷。虽然没有颠覆当代人们对历史的总体认知，但却使我们有了更真实、更精确、更深刻的了解。维多利亚时代的作家所重点描述的原因、事件及年表已被新近发现改写。尤其在第一次世界大战爆发后，他们的剧本都被大幅修改或推翻了，留下的是一系列层次分明而又精练生动的作品。我们的步伐较小，但却坚实平稳。许多著名作家的毕生之作现在被视为过时的书籍。

这些新结论与其说是出自新的观点，不如说是出自于新的发现。虽然有许多作品观点相近，但它们却都建立在传统主流观念的基础之上。

三世纪末期，不列颠的罗马文明，以及罗马统治面临的威胁都已达到了一个顶点。来自欧陆及荒岛的野蛮人开始向西进犯。苏格兰人（现在我们称其为爱尔兰人）和皮克特人开始对哈德良长城施压，并以越来越大的规模从海上进犯，向两个侧翼发动攻势。同时，撒克逊人划着长船穿越北海，沉重敲击着从纽卡斯尔到多佛的整个东部海岸沿线。从这个时候起，不列颠的乡村居民也像现代国家遭受空袭那样，饱受了突袭者的海上威胁之苦，受尽了血腥暴力之厄。近年来出土的许多证据，都指向了相同结论。罗马占领时期的众多不列颠乡间别墅，眼下也处于危险之中。我们可以看到的，是恐慌之情在整个地区蔓延的痕迹。除了东部和南部海岸沿线的军事堡垒，和以此为基地的众多战舰，我们还可以看到许多新构筑的防御工事。伦敦的城墙上添置了棱堡塔楼，工程所用的石块都是从居民住宅上拆来的。由于城市人口不断减少，这些住宅早已是人去楼空。在各个城镇，原来宽阔的罗马城门都被石块阻挡起来，使其宽度缩减了一半。这是社会的不安全感持续增加的一个铁证。在全国各地，我们都能找到大量罗马钱币，但铸成年代晚于公元400年的却是非常罕见。在这肥沃、安宁、秩序井然的土地上，一系列灾难已悄然降临。

与其他正在衰亡的政权相同，罗马帝国在元气大伤之后依然维持了数百年之久，大约在一百年的时间里，不列颠岛上演了另一番场景——一个垂死挣扎的文明与精力充沛，饥肠辘辘的野蛮人的殊死对决。公元300年之前，罗马驻军依托坚实的哈德良长城挡住了北方的野蛮人的脚步，但在此之后，他们又不得不重新开辟一条新的防线。“北疆公爵”必须与“撒克逊海岸伯爵”并肩战斗。在这种情况下，在东部和南部沿海的全部海岸线上，从沃什湾到南安普敦海湾，一道堡垒防线被费力地建造起来，其中的八座堡垒现已被考古人员所发现。里奇伯勒堡垒是当中最主要的一座——第一次世界大战时，英国曾将此用作重要渡口，为法国军队运送补给品，它也因此被世人所熟知。

在修筑堡垒的战略考虑上，学者们普遍存有争议。许多人对堡垒的价值并不认同，认为当时的政策不过只是想通过这八个堡垒来保护四百英里长的海岸线。这些评价显然有失公允。显然这些限制是不公平的。这些海岸堡垒只有被用作不列颠－罗马舰队的海岸基地，才能充分发挥它的价值和意义。

实际上，从公元一世纪开始，不列颠就驻扎着这样一个“不列颠尼亚的舰队”。刻有海军标志的瓦片显示，舰队在多佛和林普尼拥有长期基地。整个海岸地区都设有防御工事，在相当长的一段时间里，这些防御工事发挥了相当显著的作用。韦格提乌斯（Vegetius）在撰写四世纪的战争艺术时，提到了不列颠舰队配备有一种特殊的轻型帆船。这些船只的船体、风帆、海员的军装甚至面部都用漆涂成海绿的颜色，以便于隐蔽。韦格提乌斯告诉我们，按照海军的说法，它们被称为“漆船”。由于罗马帝国和不列颠舰队的实力日渐衰落，野蛮人在斗争中占了上风，在这个过程中，海岸的要塞越建越高，舰队的效用却是越来越低。由桨帆船组成的小舰队很难在距基地五十到一百英里的地方拦截入侵者。而对于具有强大威力的远洋舰队来说，其舰只虽然能在被今人称为荷兰、德国、丹麦的地区游弋数月之久，但要对付那些行动迅速的小型敌船，却是心有余而力不足。

这些罗马化的不列颠人是整个帝国之中最活跃、最鲁莽的成员。他们秉持着排他主义观念，但却又希望插手地区事务。随着时间的推移，驻扎不列颠的罗马军团士兵逐渐被当地人所取代。到公元三世纪末，军队就显现出强烈的不列颠民族特征。不列颠人沐浴在罗马公民身份的荣誉感之中，他们并不渴望独立。但是这也并不妨碍民众和军队对帝国政府抱有批判态度。无论哪个皇帝忽略了不列颠的意见，或牺牲了不列颠的利益，都会遭到批评怨愤成为众矢之的，相对于那些忽略了行省防务的皇帝来说，这种批评要来得更为猛烈。一系列的骚乱和抗议，使每况愈下的局势变得更加危机重重。

没人想到罗马的军事重镇切斯特、约克或卡伦昂阿斯克会突发叛乱，要是没有当地舆论的支持，这些野心勃勃的驻军士兵是绝对不敢觊觎王位的。这并不仅仅是一些不满士兵的反抗行动，而是几千人的军团试图控制罗马帝国的大胆尝试。这些士兵人数虽少，但却表达出他们对所处社会的情绪、情感和野心。他们试图离开当地的小剧场，登上世界的大舞台，这种心态，与那些希望离开家乡到首都发展的演员们十分类似。不幸的是，他们的失败使不列颠损失了众多宝贵的人力资源，这些人本是保卫不列颠堤坝的重要力量。

戴克里先皇帝曾以早期基督教徒的迫害者身份被载入史册，虽然他重拓边境，恢复了古代罗马帝国时的疆域，但其卓越功勋却仍被宗教的阴影所掩盖。他首创了“四帝共治”制度，即一个帝国拥有两个皇帝和两个皇储，他自己则居于四人之首。皇帝可以在适当的时候退位，传位于皇储，同时再任命一位新的皇储。这样，皇位就可代代相传，不致中断。公元 285 年时，帝国另一位皇帝马克西米安被派往高卢地区，同时负责处理不列颠行省事宜。他对撒克逊海盗袭击事件给予了深切关注，下令加强海峡舰队力量，并任命来自西北欧低地的卡劳修斯担任舰队指挥官。卡劳修斯坚韧果敢，雄心勃勃，做事雷厉风行，他在布伦海军基地放出话语，引诱海盗们前来劫掠。然后，在海盗满载而归的途中，这位将军率领舰队发动了突袭，擒获大批俘虏，之后毫不留情地将这些盗众斩尽杀绝。

卡劳修斯的成功并没有让不列颠民众心满意足，舆论指责他与海盗贼寇同流合污。他解释说，这是伏击计划的一个部分。但事实上，他私藏下来的众多战利品使他陷入了十分不利的境地。马克西米安下令将其处决，但这位将军已先行一步登上了不列颠岛，并且称帝登基。他赢得了岛上驻军的支持，还在一次海上战斗中击败了马克西米安。至此，罗马当局只得采取权宜之计，与这位顽固的反抗者达成和议。公元 287 年，卡劳修斯的皇帝身份获得认可，他所管辖的地域包括不列颠岛和高卢北部地区。

这位掌控着海权的冒险家统治不列颠岛达六年之久，似乎也较好地维护了地区的利益。但是，戴克里先皇帝和他的谋臣们却也并未心灰意冷，他们一直在静待时机。在 293 年，罗马人终于揭开了虚伪的面具，将友谊的说辞弃之一旁。作为新王储之一的君士坦提乌斯一世包围并攻陷了卡劳修斯在欧陆的主要基地布伦城，卡劳修斯本人也很快被属下军官暗杀。这位新来的竞争者也想登上皇位，但他却没有获得不列颠民众的支持。在这种状况下，整个不列颠岛陷入了一片混乱之中。皮克特人借机卷土重来，他们突破了边界的防御壁垒，令整个北部地区陷于一片刀光火海之中。君士坦提乌斯一世以拯救者的身份跨过了不列颠海峡。他的同僚率领一部分军队在朴次茅斯附近登陆，他本人则乘船沿泰晤士河继续前行，激动不已的伦敦民众对君士坦提乌斯的到来表示了热烈的欢迎。这位不列颠的拯救者不负众望，很快恢复了当地秩序。1922 年在阿拉斯地区发现的一枚金质奖章向人们展示了他的功绩：他率舰队沿泰晤士河北上，将北方入侵者赶回了老家。同时，他还着手修筑防御工事，恢复并改进了整个防御体系。

罗马－不列颠人抗击蛮族的努力在持续不断地进行着。在二三百年的时间里，他们的小舰队时常在海岸反击敌舰，而步兵团及辅助部队也得匆忙奔走，各处救急。罗马帝国的衰落持续了很长的时间，但不列颠的灾难却是一步步地加深。我们必须了解这样一个史实，公元 367 年，一场前所未有的大灾难突如其来，降临到不列颠人身上。在这不幸的一年，皮克特人、苏格兰人、撒克逊人似乎在联手行动，这些蛮族一同席卷而来，将不列颠搅成一团糟。帝国军队英勇抵抗，北疆公爵和撒克逊海岸伯爵在战斗中不幸牺牲。不列颠的防线被打开了一大缺口，大批蛮族蜂拥而入。这些贪婪暴虐的野蛮人闯入宁静美丽的乡村别墅和房舍，涂抹掉一切文明的痕迹。现在，这些遗留下来的废墟还在向人们讲述着当时骇人的场景。在大英帝国博物馆中保存的米尔登霍尔银餐具，就是当时蛮族闯入居舍时，惊慌失措的居民所埋藏起来的贵重物品。显然，餐具的主人再没有机会将其挖掘出来了。不列颠人的别墅生活遭受了灭顶之灾，虽然之后有所恢复，但却一直没能缓过气来。城镇虽然衰落了，但至少还有高大的城墙屏障，因此可以作为人们的庇护之所。

历史画幅也同样向人们展示了罗马帝国政府为保卫不列颠所做出的努力。尽管当地居民一而再地起义和背叛，但帝国方面却一如既往将官员和士兵派往此地，以维护秩序或驱除蛮夷。公元 367 年的灾难之后，狄奥多西将军受罗马皇帝瓦伦提尼安一世的派遣，率领大军前往救急。狄奥多西顺利完成了任务，而我们也又一次在沿海防御的工事遗址中发现了加固与重建的痕迹。但是，当地人并未从接二连三的危险中接受教训，383 年，不列颠民众和驻军的居民再次背叛罗马，心甘情愿地臣服在了一名西班牙人——马格努斯·马克西姆斯的脚下。这位西班牙人在不列颠握有军政大权，不久便私自称帝。他将自己麾下的，包括要塞守备军在内的全部军队纠集起来，匆匆渡海赶往高卢，并在巴黎近郊击败了现任罗马皇帝格拉提安。之后，格拉提安在里昂地区被自己的军队谋杀，于是马克西姆斯便成为了高卢、西班牙和不列颠的主人。五年以来，马克西姆斯一直为捍卫他的伟大领土而努力抗争着，但格拉提安的继任者，罗马皇帝狄奥多西最终还是击败并杀死了他。

就在此时，罗马的防御壁垒再次被突破了，不列颠面临着北方和海上之敌的双重威胁。七年之后，狄奥多西皇帝终于派来了援军，一位名叫斯提里科的将军登上了不列颠岛。在这位伟大统帅的指挥下，罗马军驱逐了入侵者，修复了工事。御用诗人克劳狄安曾洋洋得意地描述了公元 400 年时，不列颠人从撒克逊、皮克特和苏格兰入侵者的枷锁中解脱出来的情景。他详述了那些逃出生天的不列颠人对拯救者的无比感激之情，并以此来庆贺斯提里科首任执政之职。但这种感激之情很快就被忘却了。

斯提里科返回了罗马，同年，西哥特王阿拉里克率军入侵意大利，斯提里科再次以罗马军队统帅的身份指挥抗敌。为捍卫帝国的核心区域，他被迫召回了罗马在不列颠的大部分驻军。公元 402 年，他在伟大的波伦提亚战役中击败了阿拉里克，将其赶出了意大利。但是，胜利之后不久，一大群野蛮人在首领拉达盖苏斯的领导下再次滚滚而来。405 年，斯提里科取得完胜，彻底消除了蛮族对罗马中心的威胁。意大利战事平息后不久，由苏维汇人、阿瓦尔人和勃艮第人组成的联合大军就越过了莱茵河边界，攻入高卢北部地区。斯提里科毫无畏惧，准备再度引兵出征，痛击来犯之敌。然而，不列颠行省此时却又生波澜，

当地军队抱怨该省遭受忽视，因而举兵叛乱，一位名叫马库斯的人被拥立为帝，但不久之后即被暗杀。随后，一名格拉蒂安的本地人继位，但却同样遇害。四个月后，叛乱士兵再度选择了一位名为康斯坦丁的人承继大统。然而，这位新皇帝并没有试图保卫不列颠，而是忙着赶去大陆争夺官爵。与马格努斯·马克西姆斯所做如出一辙，康斯坦丁召集了不列颠的所有军队，带着他们前往布伦冒险。他在欧陆战场与斯提里科角力了三年之久，取得了

众多胜利，但最终还是功亏一篑，被罗马军所擒杀，而随他出征的士兵们也再也没能返回故土。在这纷乱的年月里，罗马治下的不列颠地区政局动荡不安，朝代更替频繁。群雄继起，或是欲扶助帝国，或是欲与之为敌。

到了五世纪初，所有的军团都被派往各地救火，朝中空虚，皇帝手中已无可用之兵。410 年，面对雪片般飞来的告急文书，罗马皇帝荷诺里无计可施。他唯一能做的，只能向求救者们大声疾呼："各省应该采取措施来保护自己。"

在罗马的保护力量撤回之后，第一位到访不列颠的著名人士是圣曼努斯主教。他于 429 年由奥赛尔渡海前来，此行目的是铲除贝拉基教在此地的影响——尽管基督教的影响甚深，但一些异端邪说还是在不列颠发展起来。贝拉基学说过分强调自由意志的重要性，并以现世作恶之说来反对原罪论。它认为，自由是人的重要特质，不能因为亚当的原罪而被剥夺。曼努斯主教和他的一位同事一起抵达圣奥尔本斯，可以肯定的是，他们很快说服了那些迷惘的信徒，将引导他们误入歧途的异端连根拔起。然而，他在不列颠又看到了什么情况呢？据他所述，这是一片富饶的土地，岛上物阜民丰、牛羊成群、粮草充沛，学校、教俗机构、集会广场应有尽有。但是目前正处于战乱之中。一支入侵者大军正由北方和东方直逼而来，据悉，这是撒克逊人、皮克特人和苏格兰人组成的邪恶联盟。这位主教先前也曾是一名杰出的指挥官，因此便着手组织起当地防御。他先是对周围的地区进行了侦查。他注意到，敌人的必经之路上有一个群山环绕的谷地。因此，他命令部队埋伏起来，静等凶残的野蛮人前来。当敌人进入包围圈之后，"教士们突然向敌人连喊三声'哈利路亚'……洪亮的叫喊声随之涌起，在山谷中久久回荡。敌人被叫喊声吓得魂飞魄散，由于害怕会有石块从头顶上方砸落下来，他们使尽吃奶的力气全速奔逃。他们丢掉盔甲武器，只求逃得性命。在渡河时，惊慌失措的蛮族士兵争先恐后相互践踏，这与其前来时的秩序井然形成鲜明对比，许多士兵因此被溺毙河中。不列颠军队大仇得报，兵不血刃取得全胜，同时还拾获无数战利品……不列颠人在战斗中轻易获胜，他们所依靠的是信仰而非武力……曼努斯主教在打理好岛上事务后，便启程返回了奥赛尔。他在精神和世俗领域皆获完胜，也就是说，他战胜了异端贝拉基教派和来袭的撒克逊人，这无疑是一个双重的胜利。”[1]

又是十二年过去，一个高卢的编年史家于公元 441 年（或 442 年）忧郁地写下了这样一句话：“近来，遭受着各种天灾人祸的不列颠已逐渐沦于撒克逊人之手。”究竟发生了什么事？原来，这一时期，北日耳曼地区的蛮族人开始了大规模迁移，这远比四世纪的入侵劫掠来得可怕。从这时起，黑暗时代降临了。

我们可以通过四个“窗口”来审视这一黑暗时代，虽然每个窗口都装有模糊或彩色的玻璃，但却不能因此而否认它们的价值。我们拥有智者吉尔达斯写作的一本小册子，它成书于公元 545 年，此时，距离罗马人撤离不列颠已有一百年了。又过了大约二百年，一位写作不列颠教会史的散文家——可敬者毕德（Venerable Bede）在宗教的主题之外，给我们留下了一些关于不列颠居民的珍贵资料。此外，在一部名为《不列颠史话》（Historia Britonum）的著作中，作者收录了许多早期的历史文件——这些史料比毕德书中的那些还要古老。最后，公元九世纪时，可能是在阿尔弗雷德王的授意下，保存在不列颠各个修道院中的各类编年史资料被集中起来，汇编成为一部《盎格鲁 - 撒克逊编年史》。将这些史著进行相互的对比印证，再结合考古发现的一些成果，我们便可以勾勒出这样一幅图景：

公元 450 年，不列颠的统治者模仿罗马人的做法，试图通过招募一批海外雇佣兵来增强力量。但事与愿违，这一举措却给不列颠招致了无妄之灾。一旦国门洞开，蛮族的船队便闻讯而来，他们沿着河流一路前行，从亨伯河到朴次茅斯，野蛮人的船只比比皆是。但是，只要蛮夷们一离开，不列颠人就重新加固海岸防线，此外，不列颠人在巴顿山战役中的辉煌胜利也使野蛮人的扩张脚步停滞了近五十年之久。如果我们在地图上画一个 V 型线，一条边从切斯特指向南安普顿，另一条从南安普顿到亨伯，那么我们就能发现，这条线上仍生活着大量的信奉异教的撒克逊人，那些以 ing 或 ings 为结尾命名的地区多是位于第二条线以东，此处便是撒克逊人的最早定居地。V 字中

---

1 引自里昂的康斯坦丁之作，此人是圣日耳曼主教的撰记者。

间的地域是敌我双方对峙争夺的土地，第一条线以西则仍在不列颠当地人的控制之下。这就是公元 500 年左右不列颠地区的形势图。

目前，编年史家们的叙述已从历史和地理两个方面得到了证实，吉尔达斯很可能是从关系密切的长辈们那里听得了雇佣兵的故事，而对生活在九世纪的编年史家内尼厄斯而言，其笔下历史的真实性就更是确定无疑的了。有人认为，为残暴入侵者敞开了大门的昏庸首领正是一位名叫沃蒂根的人，毕德对此表示认同。在不列颠北部史中，常会出现亨吉斯特的大名，其人好似那种中世纪的雇佣兵，谁为他提供土地，养活他的人马，他就为谁卖命。后来出现的肯特王国，就是在他所获土地的基础上建立起来的。

吉尔达斯向我们讲述了一段悲惨的历史：

“他们(不列颠人)回到家园不久，大群皮克特和苏格兰蛮夷就乘着小圆舟呼啸而至……皮克特与苏格兰人的不同之处在于行为习惯，相同点在于二者皆是嗜血成性，披发裸身之辈。野蛮人攻占整个北方地区，其兵锋直抵罗马大墙。驻守罗马墙的只有一个不列颠兵团，戍卒皆是些未经战阵，胆小怯懦之人。眼下，那些赤身裸体的蛮夷们正手持钩子模样的武器，将那些可怜的公民们接二连三地拖下大墙，摔在地上。我还有什么补充的？民众们抛弃了高墙和城镇，在前所未有的绝望中争相奔逃。敌人又一次追上了他们，屠杀比之前来得更加残酷。无比哀怨的人们在野蛮人手中绝望挣扎，就像屠夫刀下待宰的羔羊一般。野蛮人仿佛是荒野中游荡的野兽，仅为谋得一些食物争抢杀戮。内部的纷争加剧外来的祸患，由于灾祸频发，当地的粮食早已颗粒无存，那么野兽们只好通过猎杀来充饥了。”

这些苦难深重的幸存者再一次向罗马当政者阿提纽斯致信，书信的标题为《致连任三届执政官的阿提纽斯——不列颠人的呻吟》，信中这样写道：“野蛮人将我们赶向了大海，大海又将我们赶回野蛮人那边，摆在面前的，只有两条死亡之路，要么被杀，要么溺亡。人们深陷无助和绝望之中。同时袭来的可怕饥荒迫使很多人向蛮夷屈膝投降……但是，也有些坚贞不屈之人，他们藏身于群山、洞穴、关隘及浓密的灌木林中，以游击的方式袭击敌人。这些人信仰的是上帝而不是凡人，因此才敢于第一次拿起屠刀，冲向多年来一直蹂躏他们家园的暴徒……虽然掠夺者的野心暂时受阻，但民众的憎恶之情却丝毫未减：敌人离开了我们的家园，但他们的罪恶却不能被人们忘却。”

内尼厄斯的著述对吉尔达斯所遗漏的史实做了极好的补充，他写出了在巴顿山战役中获得至高荣誉的不列颠士兵姓名。正是这个名字，使我们走出昏暗的历史迷雾，步入了浪漫的阳光之下。这是亚瑟王和圆桌骑士们的经典传奇，朦胧、宏大、虚幻、昏暗，但却又光辉闪耀。我们看到了，在岛屿某处，一位伟大的指挥官带领着他的罗马－不列颠战士投入疆场，与野蛮人奋勇拼杀，直至生命最后一息。他的身上、他的名字、他的功绩皆流溢着文学和诗歌所赋予的浪漫光彩。然而，在亚瑟王的传奇中，只叙述了他历经十二场战斗，但真正场景却无处找寻，只叙述了敌人是一群异教徒，但具体情况却不为人知。而在内尼厄斯的拉丁文著作中，这些细节都得到了一一说明。但其他权威人士却认为：“根本没有亚瑟其人，至少不能证明此人存在。”直到六百年后，当杰弗里·蒙茅斯讴歌封建制度及军事贵族的光辉成就时，侠义、荣誉、基督教信仰、身穿盔甲的骑士及为之倾心的贵妇形象，才被引入胜利的光环之中，腾起辉煌的火焰。后来，天才马洛里，斯宾塞，丁尼生等人又对杰弗里之作进行了改写和修饰。无论是真是假，这些传奇已成为了人们心中不朽的经典之作。很难相信，这所有的一切都一位威尔士作家幻想虚构而成的，如果真是这样，那他一定是一名了不起的幻想家。

现代研究也相信亚瑟其人确有存在。眼下，最保守最顽固的研究者已经与他最前卫最开放的同行达成了一致，公开承认了他的真实性。但是，对于亚瑟所处黑暗年代的具体时间、其生活和战斗的具体地点等问题，还有待于进一步的考证。然而，研究者们都愿意相信，他是不列颠的一名伟大战士，在狂暴风浪中高举着文明之光的火炬，用他的剑保护了那些忠诚的思想和记忆，使之得以流芳后世，不致消亡。居住在高原山地的四个凯尔特部落都为亚瑟王的传奇而欢欣鼓舞，他们争相宣称，自己居住的地区就是亚瑟曾经建功立业的地方。在康沃尔到坎伯兰的广大地区，人们都曾寻找过亚瑟的领域或足迹。许多学者由于害怕研究成果遭到反驳而使自身陷入了全面的困境之中。他们的论断含糊保守，闪烁其词，这种现象在现代盛极一时。下面这段话就是一个典型的例子："大体上可以断定，可能是在南威尔士地区，确实曾有一个名为亚瑟的小首领。他也很可能握有一些兵权，并将凯尔特部落或高原部族的一部联合起来抵御那些入侵者或强盗(这些人并不都是日耳曼人)。至于传说中其所经历的众多战斗，亚瑟或许真的参与了部分或全部。但从另一方面来说，这些战斗也或许是后人所为。"

此论断并未给人们提供多少有价值的信息，唯一的贡献在于，它或多或少地指明了亚瑟的传奇是以真实历史为基础的。我们更希望相信，杰弗里笔下的，触动十二世纪欧洲民众灵魂的那些爱情故事并非是空穴来风。[1] 如果我们得以亲眼目睹历史，就能够发现自己置身在了那些有事实依据，又颇具创造性的文化旋律之中，与《奥德赛》、《旧约全书》等人类文化遗产息息相通。这一切都是真实的，也应该是真实的，甚至比我们知道的真实更为壮丽。无论是对抗野蛮、专制或大屠杀，还是为自由、法律和荣誉而战，这些人们都值得我们永远铭记，即便是肉体消亡，其精神也将永存于世。让我们向世人宣告，亚瑟王和他的高贵的骑士们，曾坚定守护着基督教的圣火和世界秩序的宗旨，他们凭着无比的勇气、骄人的体魄、精良的铠甲及优良的战马横扫了无数蛮族军队，为后人们树立起了一座永恒的丰碑。

据说，亚瑟本名为杜克斯·贝劳鲁。五十年前，不列颠人就曾对阿提纽斯呼吁派遣总督保护他们，在如今这个紧要关头，又有什么能比一位众望所归的不列颠领袖更加重要呢？亚瑟曾作为不列颠野战军的指挥官，率领人马转战各地，当地民众携手抗敌，一旦认可了这些史实，那么对于斗争细节、战争场面的描述就大可各抒己见了。此外，在公元四世纪，骑兵的战斗作用显著上升，甚至已成为了战场的主力军种。步兵战术业已过时，而军团作战的时代也一去不复返了。然而此际，入侵的撒克逊人却仍以步兵为主，打仗也主要凭借剑和矛等武器，也没有什么像样的铠甲护身。这样的敌人，只要一支小规模的常备罗马骑兵就足以应付了。如果有哪位地方首领，能像亚瑟这般组织一支武装骑队，那么他大可在整个不列颠横行无忌的率众迎敌，所

---

1 引自《英格兰民族简史》，第 4 页。

向披靡。亚瑟王的传奇在苦难深重的黑暗岁月广为流传，因为他的形象承载了人们对救星的期冀。亚瑟被称为“最后的罗马人”，他了解罗马的精神和理念，并以此服务不列颠的苦难大众。柯林伍德教授曾言：“罗马的传统，仍以各种形式继续留存下来。但是，亚瑟却是罗马传统的最后创造者，他的离世，标志着罗马－不列颠时代落下了帷幕。”

内尼厄斯写道：“亚瑟的第十二次战斗发生在巴顿山，战争持续了整整一天，仅亚瑟一人，就杀死了九百六十名敌军士兵，最终敌人全军覆没。他所向无敌，战无不胜。敌人屡遭失败，迫不得已向日耳曼人求援，同时还持续不断地扩展军队人数。”

人们曾努力寻找过巴顿山战场的遗迹，但却都以失败告终。多项调查研究工作也未取得预期结果。但是，战斗如果（且极有可能）是发生在两军对峙区域，而作战目的是要阻挡蛮族西进的话，那么位于温斯登附近，能够俯瞰巴德伯雷的利丁顿坎普无疑是最有可能的地区。另一方面，我们能够较准确地推算出战斗发生的时间。吉尔达斯曾在著作中写道，战争发生在他写作之日的四十三年零一个月前，他同时声称，他能清楚地记住那个日子，因为那一天刚好是他的生日。从他的书中我们同样得知，北威尔士国王梅尔格温在他写作的时候依然在世，而根据威尔士编年史记录，这位国王在公元 547 年罹患鼠疫去世。据此可以推断，吉尔达斯著书的时间不会晚于 547 年。那么上溯 43 年，就能得出这场战役很可能发生在 503 年。此外，我们还可通过爱尔兰编年史进行多方验证。据史书所载，吉尔达斯逝于 569 年或 570 年，因此，他的出生之日不可能早于 490 年。那么巴顿山战斗的时间就可定位在 490 年到 503 年之间。

在一个更为宽泛的问题上，人们也存有强烈争议。那就是：入侵者究竟是消灭了当地居民，还是在两族并存的情况下，最终与土著们融为一体了呢？这就有必要将两个时段划分开来，一个是疯狂的劫掠时期，另一个则是相对和平的移居时期。吉尔达斯在文中所描述的场景，与三百年之后的丹麦人入侵不列颠岛情形如出一辙，无疑属于第一个时期。但是到了移居时期，在以土地的开发耕种为主要职业的社会生活中，劫掠之事就仅仅成为一段小的插曲。而且，在农业发展中，劳动力和土地都是十分宝贵的资源。从英国的一些地名当中，我们就能够看出一些端倪。在苏塞克斯，灭绝性屠杀是蛮族所秉持的原则。而在该地以西地区，许多的迹象显示了有大量当地居民幸存下来。公元 694 年颁布的，最古老的西撒克逊法典详细规定了各阶层“威尔士人”的各项权利，这些权利主要是依据土地占有数量来划分的。此外，法典中还提到了“骑着马为国王履行公务的威尔士人”，这些充当公差的当地人骑术精良，对大街小巷耳熟能详。即便在那些不需要当地居民作为劳动力的撒克逊农场，我们也仍然怀有希望。或许，少女们的哭泣哀求，美貌女子的吸引力能与野蛮人的欲望产生某种微妙的联系，使当地人的血缘得以保存下来。时光荏苒，在几代人之后，残酷的压制屠戮色彩便慢慢褪去了，大范围种族灭绝做法遭到了所有人的憎恶，也被彻底毁弃。即便是再没有同情心的征服者，也会因现实环境或欲望诱惑而安于现状。因此，一些严谨的作家认为，对大部分不列颠人而言，盎格鲁 – 撒克逊征服是一个改朝换代事件，蛮族人成为了当下的统治者。在这个过程中，富人被屠戮殆尽，大批勇敢而不屈的人撤退到了西部的群山。此外，还有许多人及时逃到了布列塔尼。虽然这些人漂泊海外，背井离乡，但有朝一日，他们的后裔还会重返不列颠。

撒克逊人喜欢在河谷地带定居。他们的理念是，最经济最理想的地方莫过于河流边的草地，平缓之处可做农田，陡峭之地可以放牧。但是在许多地方，单是清除杂草，排干农田就要花费很长时间。那么在此期间，除了依赖高地上不列颠田庄的农产品外，他们还靠什么来维持生计呢？最可能的做法是，在河谷清理尚未完成之前，他们用本地人作为农奴，让其在已开辟的河谷土地上耕种。这样一来，许多古老的不列颠田庄日渐荒废了，所有人都集中到了河边或溪旁的村子里。此外，与相对孤立的“山地耕作者”相比，聚族而居的河谷居民在语言方面获得了优势，撒克逊语逐渐成了当地的主导性语言。现代的地名研究表明，英语中的高山、森林、溪流等词汇大多是源于凯尔特语。甚至一些地区的部分村庄仍然保留着盎格鲁 – 撒克逊名称。这样一来，在排除种族灭绝的前提下，不列颠语的消亡之谜便获得了解答。甚至在不列颠人的聚居之地，他们的语言也依然没能留存下来。对此我们可以做出如下解释：不列颠人必须学习主人的语言，但主人却无须学习不列颠语。最终，拉丁语和不列颠语完全被新来者的语言所取代，甚至在最早的文字记录中，也很难找到二者的踪迹。

但岛上的情况也不尽相同。有证据显示，在肯特地区，新移民定居在了当地人的村落旁边，并采用“坎蒂”（Cantiaci）一词作为他们的部落名称。在诺森伯利亚，当地法律明显带有凯尔特法律的痕迹。在汉普郡和维尔特郡，像丽丝、德威瑞尔这样的不列颠语名字在当地广泛存在，屡见不鲜。这似乎表明，当撒克逊人开辟山谷耕地之时，这里的不列颠土著们仍在他们古老的田庄继续耕作。两民族间并没有种族歧视，在体貌方面，他们也十分相像，想必在许多地区，大量的不列颠元素已融入了撒克逊人的血脉之中。

蛮族入侵者们也同样期盼获得安全的栖身之所。他们忍受着严苛法律和困苦生活的折磨，中亚游牧民族的大规模西迁给他们带来了巨大压力，使他们陷入了困顿之中。外出劫掠半年后返乡的蛮族武士，自然也希望能有个舒适之居。他们对眼下的艰难生活并非毫不在意，也不是不想加以改进，但这个难题着实令首领和长老们大伤脑筋，到底何处才是安居之所呢？公元五世纪时，东方民族西迁的压力日益加剧，而在另一方面，他们每年前往不列颠劫掠小队都可满载而归，同时还对那里的物阜民丰赞许有加。蛮族人的内心因此升起了希望的火焰，他们认为，与其费心尽力登上海岛，不如鼓足干劲将其占据，为民族挣得一块栖身之地。或许在此处，这座波涛拍岸的小岛上，人们得以定居下来，享受生活的美好时光，既不必整日担心强敌来犯，亦不用遭受军乱、兵燹及杀身之险。对于那些在刀光剑影中求生的野蛮人而言，这个海岛正是一处绝佳的庇护所。在野蛮人侵入不列颠后，便逐步制定了移居规划并付诸实施。如此，在前方有无限希望，后面是无比绝望的情况下，移民不列颠岛的蛮族人越来越多，其领地也在一年年地扩大。

在所有的日耳曼民族中，最为残暴的当属撒克逊人。撒克逊人的大名，在北方部落之中广泛流传，据说是得自于他们所使用的，一种名为“赛克斯”

的短剑。虽然根据传说和可敬者毕德的说法，征服不列颠的是盎格鲁、朱特、撒克逊人所组成的同盟军，各具特色的定居地也遗留有不同部落的痕迹，但极为可能的是，撒克逊大军主力在离开荷尔斯泰因之前，就已将另外两个部落兼并了。

我们儿时所读的历史书中，就大胆地罗列着全部重大事件的确切日期。449 年，汉吉斯和霍萨两人受沃蒂根之邀，在原住民的尸体上建立了朱特人的肯特王国。477 年，艾拉和他的三个儿子到来，继续袭扰不列颠。495 年，策尔迪克和坎里克出现了。501 年，海盗波特建立了朴次茅斯港。514 年，西撒克逊人斯塔弗和威特格加入了袭击者行列，赶跑了不列颠人。544 年威特格被杀害。547 年，诺森伯兰王国的创始人艾达抵达不列颠。我们只能说，书上所载的这些日期与历史事实大致相符。这些接连不断的入侵浪潮之后，一大拨的移居者登上了这座多灾多难的岛屿。

还有一些作家为我们描绘了另外一番场景，据 J.R. 格林所述：

"……这些人都是自由民或社会底层人物，在他们中间，底层人以及那些虽具高贵血统，但却被原先部族所抛弃的部落民又占到了绝大多数。率军作战的将领和和平时期的首领都从他们中间选出。但这种选举只是纯粹自愿的活动。这里人人平等，拥有高贵血统的人不享受任何特殊权利。"

如果真是如此，那么说明我们可能早就拥有了"民众团结和贤者当政"的理想。毫无疑问，日耳曼部落中的许多观念和原则至今仍令人钦佩。这些观念原则构成了一个共同理念，在英语民族向世界所传递的信息中占据了重要地位。但事实上，这些不列颠征服者的所作所为，却与他们的美好的理念相距甚远。他们的社会体系，皆建立于肮脏和丑恶的根基之上的。其所引入的制度，也是日耳曼部落民所公认的法则，即通过金钱力量来协调人与人之间的法律关系。他们所谓的平等，其实只在每个社会阶层之间存在。他们所谓的权利，其实是富人们的专利。社会中的任何犯罪行径都能够依靠钱财获得解决。在这里，除了拒绝响应征伐命令外，最大恶行就要属盗窃了。

他们精心设计了一部法律，以"先令"和"赎罪金"为标尺，规定了每个人的确切价值。一位首领或王子价值一千五百先令，一位贵族价值三百先令，乡下人，也就是下层自耕农，价值一百先令，农奴值四十到八十先令，奴隶则一文不值。就是在肯特地区，一先令可以买到一头牛，在其他地区能买到一只羊。如果一位自耕农杀死了贵族，就要偿付贵族杀害农民的三倍赔款。所有这些法条都将逻辑和数学运用到了极致了。该法适用于所有的家庭。杀人者可依靠赎罪金逃脱惩处。这里，有钱人大可无拘无束，逍遥法外，没钱人只好接受惩罚或失去自由。当然，如果犯罪，就连身价一千五百先令的首领和王子也要认罚。例如，对诽谤者的刑罚是割去舌头。如果是首领犯罪，其舌头的价值将是贵族身价的五倍，自耕农价值的十五倍。想要保住舌头，就只能缴纳罚金。当然，那些卑贱之人的舌头就更加便宜了。然而，就像日后阿尔弗雷德所评价的那样，这种赎罪金制度至少比世仇的杀戮要好很多。

日耳曼的社会体系建立在血缘和宗亲之上，以家庭为单位构成部落整体。然而，当他们在不列颠定居之后，其生活方式经历了一系列激烈的转变。以血亲为纽带的社会结构日趋瓦解，逐渐被以土地所有制为基础的地方社团和贵族制度所取代。这种变化，与许多新生事物一样，都是人们为适应战争需要而做出的改变。对每一个开疆辟土的部落而言，想要在战争中求得生存，或是在巨大压力之下站稳脚跟，都必须有一个最勇武，最权威，最幸运的人来担任领袖，而部落大权也难以避免地落到了领袖的手中。现在，整日地劫掠或连年的征战已然成为了过去，定居点被建立起来，新的土地也开辟和耕种了。但是要保卫这些土地，除了那些曾浴血沙场，胆识过人的部落领袖外，还能有什么更合适的人选吗？在这种情况下，定居英格兰的日耳曼人社会结构发生了改变。由于战乱频繁，那些势力单薄的“农民殖民者”被迫屈从于更强力的当权者。早期的日耳曼部落中并不存在国王，只是在不列颠定居之后，他们才从那些自称神祇后裔的首领中推举出一位登上宝座。之后，国王的地位日渐显赫，而他的跟从者们，也随之发展成为一个新的阶级。新阶级孕育着封建制度的胚胎，逐渐成为社会权力的掌控者。封建贵族是领主，也同样是属民的保护者，他必须站在属民一边，为他们在法庭上作证，在饥荒时给予赈济。反过来，属民们要为领主耕种土地，战时要随领主出征迎敌。

起初，国王只是一个世袭的军事首领。但是，一旦大权在握，他便拥有了个人的利益、需求，以及对其自身安危的考量。如此一来，维护地位稳固，确保自身安全便成为国王执政的首要目标。“除了安全稳固之外，一切都不值一提……” 那么怎样才能达到这一目标呢？唯一的办法是，国王招募一批英勇善战之士，鼓励他们为国开疆扩土。而国王则将土地赐予他们作为回报。在此之前，等级制度就已经成型，国王身边必定围绕有大批特权阶层，他们凭借着战功享受着国王的恩赐。战利品会很快消耗掉，但是土地却能够长存。国王手中掌握着大量的，各种类型的且质量不一的土地，但是，向每位战士分封土地的做法，却有悖于日耳曼部落的传统。在多次激烈战争和拓荒行动之后，越来越多的土地成为了私有财产。在国王的推动下，一个新的地主贵族阶级应运而生。这一新生阶级起初十分弱小，但在七世纪时开始迅速崛起。此际，不列颠人的抵抗仍时有发生，他们与日耳曼人开展了长期斗争，持续抗争达二百年之久。在此期间，这种由高贵的军事首领实行个人世袭统治的新制度，已经在盎格鲁 – 撒克逊部族当中深深扎下根来。

然而，当新的社会结构和法治政令正在形成之际，一些小的割据势力相继诞生，它们互相倾轧，各自求存。 由于当时交通闭塞，文化不兴，各个地区如荒海上的孤岛般相互隔绝， 因此在蛮族占领之地，群雄并起，割据称王者甚众。日耳曼人有许多根深蒂固的缺点和恶习，其中突出的一点就是他们喜欢独占领地，但又无力兼并他人。因此在很长的一段时期，不列颠岛一直处于众多小国并立相争的混乱状态中。尽管在移居时代初期，亨伯河以南的大部分地区都处于一个日耳曼部族的管辖之下，但他们却始终没有推选出国王。这些日耳曼人仍然依靠劫掠为生，但是对他们而言，保护这些战利品无疑是一件更棘手的事情。

有相当多的著述，都曾写道罗马统治在不列颠的衰减过程，介绍了人们是如何在罗马帝国的舒适环境中逐渐变得慵懒消沉且不图进取的。无疑，吉尔达斯的作品使读者获得了一个直观的印象，那就是当罗马制度衰落后，一系列的机能不全，混沌愚昧，都在不列颠的社会和体制内持续发酵。这种印象确有其客观之处。但是，如果要公正地评价这个消失的时代，我们就必须要承认一点，那就是当时的不列颠人同我们现在所称的英格兰人持续战斗了将近二百五十年。而在罗马统治时期，他们就已在帝国的庇护下与入侵者进行了百年的斗争，在之后的一百五十年里则全凭一己之力进行战斗。这场斗争旷日持久，波澜起伏。不列颠人也曾多次获胜，甚至在长达百年之久的时间里成功阻挡了入侵者的步伐。到战争末期，在罗马大军也曾望而却步的群山地带之中，不列颠民族再次建起了坚不可摧的战斗堡垒。

第五章　英格兰

一抹殷红的夕阳消退在苍茫的暮色里，随之而来的是漫漫长夜。待夜幕淡去，氤氲朦胧的雾气中便诞生了黎明。但是，当清晨的阳光再度洒落大地之时，远隔数千年时光的人类后裔才惊讶地发现，一切都发生了翻天覆地的变化。睡去的是不列颠，醒来的却是英格兰。它卑微、贫穷、野蛮、落后且四分五裂，但却洋溢着勃勃生机。不列颠曾与文明世界紧密相连，英格兰却是蛮荒孤僻的海岛。它曾经是基督教的乐土，现在却是野蛮人的王国。它的居民曾经拥有精心设计的城镇，寺庙、市场、学校一应俱全。它也曾孕育滋养了为数众多的工匠、商人、文学家和修辞者。四百年里，它秩序井然，法律严明，财产权受到尊重，文化繁荣发展。但现在，一切都已化作了尘埃。普通的木头房屋取代了辉煌的大理石建筑，艺术家也完全丧失了创作的灵感。对于普通人而言，粗鄙的日耳曼文字成为了他们传递思想和表达期冀的唯一手段。野蛮人的统治混乱不堪，甚至连日耳曼部落借以起家的严格军事原则也冰消瓦解了。混乱和冲突之中，许多无赖之徒闻风而动，他们自立为王，攘权夺利，蹂躏着大好河山。那些割据之地根本算不上是真正的国家，甚至以部落相称都勉为其难。然而，十九世纪的学者们却都异口同声地宣称：这一时代是人类前进的阶梯。我们从一场可怕的梦境中醒来，然而，这场噩梦在当时却显得无休无止。罗马的文化已被野蛮人破坏殆尽，新的文明还尚未播种，人们能做的，只有继续在无止境的肮脏和卑劣中盲目地翻滚摸爬。但事实上，一股新的力量正在海之彼岸激烈地涌动着，它在文明的废墟中慢慢地、费力地前行，终于通过各种途径到达了这座忧伤的海岛。拜占庭历史学家普罗科比厄斯曾言，大陆上的亡魂被冥河的摆渡人运送到了不列颠。

在罗马人占领不列颠之后的最初两个世纪，基督教并没有被帝国立为国教。由于罗马帝国秉持宽宏和包容的宗教政策，包括基督教在内的许多宗教都得到了勃兴。不列颠岛上也建立了基督教会，并且还曾派出主教参加早期的宗教会议。而我们先前所提到的贝拉基教派，也在自身的灵魂探索中获得了顽强的生命力，逐渐发展壮大起来。在不列颠人与撒克逊入侵者长期抗争的黑暗岁月里，基督教会随其他幸存者一道撤往不列颠的西部地区。两个交战民族仇深似海，因此不列颠主教们从未想过劝导入侵者皈依，或许，他们也根本没有机会劝说撒克逊人改变信仰。一段时间之后，一位杰出的主教（即后来的圣戴维主教），成功地使整个威尔士地区（今称）的民众都皈依了基督教。圣戴维的光辉业绩只是昙花一现罢了，事实上，偏安一隅的不列颠基督教会此时已经陷入了衰颓境地，要不是一位魅力非凡的圣徒挽救了它的命运，它可能早已奄奄一息了。

圣帕特里克是一位出身良好的罗马化不列颠人，其居住地可能位于塞汶河河谷一带。他的父亲是一名基督教的执事，同时也是罗马公民，市议会的成员。五世纪早期的一天，他的家乡遭遇了一伙爱尔兰人的袭击，入侵者烧杀抢掠无所不为，年轻的帕特里克被他们掳走，卖到爱尔兰某地为奴。有人说他被卖到康诺特省，也有人说是阿尔特斯省，意见双方争论不休，但是皆言之有据。很有可能，这两种说法都是真实的，两个省份都曾获得过这份殊荣。但不管怎样，他在此地养了六年猪倒是确有其事。在此期间，孤独和失落感促使他从宗教当中寻求慰藉。六年后，仿佛是冥冥之中受到了指引，帕特里克奇迹般萌生了想要逃跑的念头。尽管他所处的地方与海边相距遥远，但他依然走到了港口。在这里，他幸运地遇到一艘船，并说服了船长带他出海。经过长时间的海上航行，帕特里克到达了马赛附近的一座小岛。当时，这座小岛正是由东地中海向西扩展的新修道运动的中心。到此地后不久，他便跟随奥赛尔的曼努斯主教修行。他胸怀以德报怨的强烈愿望，将其在爱尔兰当俘虏时的所见所闻告诉世人。经过主教十四年的精心教导，帕特里克为再次孤身冒险做好了思想准备。432 年，他乘船回到曾经逃离的蛮荒之地，并很快取得了卓越的成就。他将现有的基督教会组织起来，说服那些异教王国，特别是西部地区王国皈依基督教，同时，还帮助爱尔兰与西欧教会建立了联系，使其正式成为了基督教世界的一部分。此外，他将蛇蝎爬虫之物从爱尔兰驱逐出去，这虽是一件小事，但也同样值得铭记。为此，他的名字被人世代铭记，永不褪色。

因此可以说，在黑暗中闪烁的基督教之火，正是从爱尔兰而非威尔士燃起的。而基督教的福音书，也正是从爱尔兰传布至不列颠北部，它第一次使皮克特入侵者感受到了上帝的恩典。圣帕特里克去世半个多世纪后，他的门徒高隆继承了他的事业，在帕特里克魅力和精神的感召下，高隆接过了基督教的旗帜，成为了新一代的教会旗手。高隆在苏格兰爱奥那岛上建立了修道院，他的众多门徒怀揣信仰奔赴不列颠各地传教布道。在斯特拉思克莱德的不列颠王国，北方的皮克特族部落，诺森伯利亚的盎格鲁王国中，都有高隆门徒的身影。高隆是苏格兰基督教教会的创始人，他将圣帕特里克送至爱尔兰的福音带了回来，使其穿越波涛汹涌的海洋，传播到苏格兰的广大地区。圣高隆传往英格兰的基督教，与欧陆世界的基督教有所差别，它以修道院的形式，从爱尔兰东部向北部传播，最后抵达苏格兰并扩散至各地，在这个过程中，它没有与罗马基督教中心产生丝毫的联系。因此，凯尔特教会都是以一种松散的结构形式组成，这种相对自由的组织方式，赢得了当地一些修道士、牧师小团体的支持。在宗教传播的重要早期年代，它几乎与罗马教廷毫无关联。

尽管这一年代交通落后，信息闭塞，但在高隆传教之初，罗马教皇就已获知此事，并一直密切注视着高隆的努力成果。教宗所关注的，除高隆的传教布道外，还有那些任何偏离正途之事。他对偏远岛屿北部轰轰烈烈的宗教活动倍感欣慰，但也对其游离于罗马教廷之外而深感忧虑。在这些日子里，教皇最为关心的问题，就是如何将所有的基督羔羊聚集在自己的管理之下。不列颠北方洋溢的宗教热情显而易见，但这种宗教热情却似乎来得有些尴尬，看上去，它就像是脱离大众的一场自娱自乐活动。

为传播福音及应对其他各种问题，到六世纪末期，罗马教廷决定派遣一名宗教导师前往英格兰，除传教布道，引导世人之外，他还担负着将不列颠基督教会同罗马教廷主干结为一体的重要使命。为确保这一神圣使命能够顺利执行，被后人称为“伟人”的格里高利教皇召集各地神职人员齐集罗马，选出了学识渊博、诚实可信的奥古斯丁修士担当大任。这位名垂史册的圣奥古斯丁于596年启程，怀揣人们的厚望前往不列颠执行使命。不列颠岛的肯特向来与欧陆联系甚密，此外，也历来是文化最为发达的地区。肯特国王的妻子正是法兰克王克洛维的后裔，巴黎公主贝尔塔。虽然肯特国王仍沉迷于托尔和沃登的日耳曼传奇，但他的妻子却早已开始向廷臣们宣传基督教义。同时，她向一位认真诚恳，热情洋溢的教士弗兰克授予了传教的全权，肯特民众原本就对来自欧陆的基督教十分敬仰，一旦获得推动，人们的宗教热情就像草原烈火一般迅速扩散开来。当奥古斯丁到达肯特之时，发现有许多工作已经提前完成。他的到来进一步加深了人们的信仰。在王后的帮助下，奥古斯丁最终成功说服了国王埃塞尔伯特改变信仰，出于政治考虑，这位国王对此曾犹豫了很长时间。在不列颠圣马丁古教会的基础上，奥古斯丁在坎特伯雷恢复了基督教生活，这一地区后来也成为了英格兰的宗教中心。

肯特王埃塞尔伯特是英格兰最具实力的统治者，有力控制着南部和西部的一些王国。他极富政治手腕，同时又野心勃勃，他改信基督教，在某种程度上也是为了迎合世俗的目标。作为英格兰唯一的基督教君主，他可以借宗教之名插手不列颠诸国事务，并以基督教信仰为纽带建立一个广泛的联盟，从而在整个地区树立起自己的权威。毫无疑问，这也与奥古斯丁的宗教使命不谋而合。因此在七世纪时，埃塞尔伯特与奥古斯丁召集了一个全不列颠基督教主教会议。会议地点选择在塞汶河河谷，这是撒克逊与不列颠人辖地的边界地带，距离肯特王国十分遥远。这次会议号召大家以基督的名义团结起来，为各民族实现普遍和持久和平创造契机，而埃塞尔伯特及其后人们也必会因此大受裨益。但令人遗憾的是，这种基于睿智和仁慈政治之下和平期冀并未得到实现，其失败原因有二：第一，英国主教们的孤僻和嫉妒心理；第二，奥古斯丁性情傲慢，应变不足。

会议召开了两次，期间有一段短暂的间隔。会议仅在表面上讨论了一些有趣的非争论性问题，例如今人仍在争议的复活节日期，以及剃头的方式等等。奥古斯丁力劝人们按照罗马方式把头顶剃光，但英国主教却要模仿督伊德教的方法，从头顶剃到耳朵，只留额头上的一缕头发。这真是一个荒谬可笑的选择。但是，通过商讨来解决问题的方式，为后期的会议打下了良好的基础，同时，也为关键问题的讨论创造了一个相对轻松的氛围，或者为会议之后各国缩小分歧提供了便利。

但是，不列颠主教们根本无心投入罗马教廷的怀抱。他们曾经在残酷的形势和压力之下长时间地捍卫着基督教信仰，为何事到如今，反要听从撒克逊肯特国王这一新信徒的摆布呢？尽管他的政治设计是如此蛊惑人心，但野心还是昭然若揭。在这种情况下，第二次会议最终以彻底破裂告终。奥古斯丁发觉自己陷入了不合理的偏见和深深的敌意，且他阵营中的几位不列颠主教也被一些与会者视作激进或叛逆分子，为此，他立刻采取了恐吓手段：如果不列颠基督教会拒绝接受他的劝告，整个罗马基督教世界就会站在英格兰一方，以强大的影响和威望来反对他们。撒克逊军队将得到罗马教廷的祝福和召唤，得到所有正统基督教会的支持，他们将在新入教的英格兰国家领导下，割断顽固不化者的喉咙，此时，这些曾长期信教的不列颠基督徒们，根本无法得到丝毫怜悯。这位圣徒声称：“如果你不从朋友手中接过和平，就要从敌人那里领受战争。”但是，与不列颠所历经的二百年战火硝烟相比，这根本不值得一提。谈判最终还是在剑拔弩张的气氛中破裂了，留下的是难以弥补的裂痕。在这之后，罗马人又进行了多次努力，试图通过埃塞尔伯特和肯特王国与不列颠基督教会建立哪怕是一丝半点的联系，但却都以失败告终。

奥古斯丁此行虽然取得了辉煌的业绩，但也留下了不小的缺憾。在圣保罗教堂遗址处的一座新圣堂里，他主持了梅里塔斯就任东撒克逊主教的祝圣典礼，但除此之外，他便再没有做出任何行动，到肯特之外的地区去传播信仰。他被授予了“英格兰传道者”这一模棱两可的称号。几个世纪以来，人们一度将不列颠以基督教名义重回罗马怀抱的伟大功绩记在奥古斯丁名下，直至近代，这个光环仍旧在他的头顶闪耀。

又过了不到一百年，罗马教廷的使者又开始进入英格兰北部，向当地人民传播上帝福音，而后，不列颠的政治格局也发生了改变。东盎格鲁国王雷德瓦尔德在战斗中取得一系列胜利，在英格兰中部的伊迪河到亨博河之间的广大地区建立了统治，在雷德瓦尔德的协助下，一位名为爱德温的流亡王子登上了诺森伯利亚的王位。此后，爱德温凭借自己的才能在英格兰站稳了脚跟，并一步步取得了主导地位。在盟友雷德瓦尔德逝世前，除肯特外的所有英格兰王国都已经承认爱德温为该地区的最高统治者。连安格尔西岛和马恩岛也被他的舰队收入囊中。爱德温娶了一位信仰基督的肯特公主，并保证会尊重这种信仰。因此，当625年公主由坎特伯雷前往诺森伯利亚王国首都约克时，她的随从者中就有一位名为保林的罗马传教士。二十四年前，奥古斯丁还在世的时候，保林就曾作为罗马教廷公使到访过不列颠，他也是第一位到达英格兰北部的罗马传教士。

爱德温为我们描绘了一幅美好和谐的图景："在爱德温国王统治时期，英格兰一片四海升平，国泰民安的景象，直到现在，民间还流传着各种赞美之声。比如说，一个女人可以带着刚出生的婴儿走遍全岛，不必担心受到伤害。国王为治理国家尽心尽力，在一些地区，凡是路边涌出泉水的地方，爱德温都下令安装一个固定木桩，木桩上挂着合适的饮水器皿，以方便旅人们取水解渴。出于对这位国王的敬畏和爱戴之情，没有任何人胆敢将这些器皿移作他用。他恢复了罗马时代的大国威仪："在他引兵战斗时，总要有兵士在前面高举战旗，即便是平常城市、镇区巡视，也会有随从掌旗开道。无论他走到哪里，都会依照罗马的风格布置仪仗，总有一群旗手高擎旗帜，威风凛凛地走在队伍前列。

爱德温王子就是这样一位威武不凡之人，正是在王朝的鼎盛时期，保林找到了爱德温，并成功地说服其皈依上帝。这样一来，版图与英格兰大致相当的诺森伯利亚王国就随之成为基督教国家。然而，这件原本令人愉快的事件却很快招致了一场灾难。诺森伯利亚王国的霸主地位，引起了英格兰中部默西亚王国的不满，国王彭达对爱德温十分嫉恨，一场命运沉浮的剧目拉开了帷幕。公元633年，异教徒彭达与信奉基督教的北威尔士国王凯德沃伦一反常态地结成了同盟，目的是要携手推翻爱德温统治，毁灭诺森伯利亚王国。这是有史以来不列颠人和撒克逊人第一次并肩作战。此时，政治利益超越了民族和宗教，将原本敌对的两个国家连在了一起。在唐卡斯特近郊的一场血腥战斗中，爱德温国王战败被杀，其首级被悬挂在沦陷的约克城城墙上示众。约克城以前由一个罗马军团驻守，依然保留着一些罗马时代的传统，这个被征服地区的人们像罗马人一样尊敬强者，他们向获胜的不列颠军队表示了热烈欢迎。英格兰迄今为止最伟大的国王突然逝去，这一重大事件传开后迅速招来了一系列的报复行动。不列颠的凯德沃伦国王战胜了诺森伯利亚，这为不列颠人报复撒克逊仇敌提供了最后良机，在这里，不列颠人如愿以偿地讨还了累世血债，我们几乎又一次看到了博阿迪西亚女王的战斗精神。

诺森伯利亚的内在精神力量十分巨大。爱德温虽然被杀，但其威名已经传遍了整个海岛。他的继任者是伯尼西亚世家的奥斯瓦尔德，这位新国王发现自己已然成为了新基督教国家的首领，他的麾下，有许多与其同仇敌忾的撒克逊的战士。爱德温·奥斯瓦尔德阵亡一年之后，奥斯瓦尔德与凯德沃伦在罗马墙沿线展开了一场艰苦的对决，奥斯瓦尔德最终获胜，剿灭了凯德沃伦而他的不列颠支持者，而这也成为了撒克逊与不列颠人之间的最后一次激烈较量。必须承认，此战中不列颠人运气欠佳，策略欠妥。他们为一己之利与中部的异教徒撒克逊人携手作战，同时也利用英格兰势力挑起了各国间的争端。作为基督教世界的一员，他们的行为不仅破坏了教义信条，也为基督教统一全岛的光明前景蒙上了一层阴影。最终，他们四面楚歌，被弃置一旁。虽然与入侵者进行了长期的斗争，但却招致了如此悲惨的结局。而今，唯一值得庆幸的是——它终于结束了。

在撒克逊人消灭凯德沃伦，并将不列颠人及其同盟者驱出诺森伯利亚后，便开始联合起来对付彭达国王。撒克逊人认为，彭达与宿敌结成可耻的同盟，使撒克逊同胞遭受了无穷的苦难和杀戮。但无论如何，彭达的默西亚王国也曾兴盛一时，他竭尽全力地捍卫着日耳曼宗教，使托尔、沃登这些神祇在默西亚享受祭祀达七年之久。他打败了奥斯瓦尔德国王，就像对待前任国王爱德温那样将其枭首断肢。然而数年之后，奥斯瓦尔德的弟弟奥斯维向其讨还了血债，彭达战败，死于刀剑之下。诺森伯利亚王国终获全胜，在经历了严峻的考验和苦难之后，它变得日渐强大起来。

由于埃塞尔伯特统一英格兰和撒克逊基督教会的努力最终归于失败，这一重任理所当然地落在了诺森伯利亚王国肩上。由于其最有希望使全岛教会归于一统，罗马教廷便将视线由坎特伯雷转向了约克，由不列颠人转到了英格兰人身上。先前，在诺森伯利亚王国陷入灾难之时，主教保林就已乘船逃回了坎特伯雷，他与奥古斯丁一样，都在残酷的战争面前望而却步。虽然他们曾受到罗马教会的精心培养，在宗教教义、利益和政策方面颇有建树，但却缺乏以身殉教的勇气及坚定不移的精神。但是，保林的助理詹姆斯教士却忠于职守，他在不列颠人的猛烈进攻之下，在劫掠和屠杀的混乱之中，坚持工作不息，传教布道或主持圣礼。

圣艾丹带领着凯尔特教团在诺森伯利亚进行着更为重要的工作，他们使东安格利亚和默西亚的大部分地区像诺森伯利亚一样重新皈依了其所领导下的基督教派。这样一来，两种宗教教派又一次在英格兰相遇了，二者随即展开了激烈的竞争。

彭达国王战败身亡后，各民族被压抑的情绪很快爆发出来，盎格鲁－撒克逊人控制的英格兰已全部皈依了基督教。各种异教偃旗息鼓，信奉沃登[1]的人也几乎销声匿迹，在各个王国之中，基督教俨然占据了全部江山，整个不列颠岛都已基督化了。这本是件利国利民的好事，但却因撒克逊和不列颠两族间的新分歧而被搅得一团糟。原本的世仇再加上宗教的不和，几乎造就了一幅基督教与异教对立般的，水火不容的场景。自此以后，矛盾的焦点已经不再是基督教与异教你死我活的对立，而是罗马教廷与凯尔特教团争夺主导地位的博弈。两教派的分歧延续了好几个世纪，双方一直争吵不休。

664年召开的惠特比会议，是旨在解决两教派分歧的一次卓有成效的尝试。会议讨论的关键性问题是，不列颠的基督教教义究竟应与基督教世界的基本

---

1 北欧神话中的最高神祇，亦称奥丁、沃坦。

原则保持一致，还是允许由北方的凯尔特教派独立做出诠释。双方各执一词，争执不下。但是，在经过多次真诚的沟通交涉之后，诺森伯利亚终于下定决心加入罗马教廷，成为基督教世界的一员，而默西亚王国不久也做出了相同的决定。凯尔特教团领袖及其门徒愤然退到爱奥那岛，爱尔兰教会也依然拒绝屈从，但这已是无足轻重了。而今，英格兰教会已经脱离了那些在偏远荒僻之地，过着苦行生活，且目光狭隘的修道院长的控制，广阔的基督教世界图景向每一位英格兰基督徒开放。在加入了罗马基督教会之后，诺森伯利亚王国也迎来了辉煌的鼎盛时期。不列颠岛六分之五的地区第一次在信仰、道德和宗教方面实现了统一，在精神领域迈出了决定性一步。现在，整个海岛都已是基督教的天下了，那些疆域广阔，实力较强的王国都已和罗马教皇建立了直接联系。

罗马方面对奥古斯丁和保林十分不满，认为他们有辱使命。教皇意识到，通过肯特王国来引导不列颠基督教会是一个绝对错误的决策。因此，教皇着手制定了一个体现宗教普遍性特征的新计划。668 年，两名新挑选的使者携带着信仰之光，步入了北方的迷雾之中。其中一名使者是来自小亚细亚的希欧多尔·塔苏斯，另一个名叫哈德良，是非洲迦太基人。在性情方面，他们比奥古斯丁等先驱者更加坚韧和诚恳。当他们到达坎特伯雷时，整个英格兰只有三位主教赶来迎接他们。但是，当他们完成任务时，英格兰教会已然是赫赫辉煌，草木知威。公元 690 年，希欧多尔·塔苏斯去世，在此之前，他已将英格兰主教的人数由七人增加到了十四人，同时，他出色的管理才能也赋予了教会新的凝聚力。虽然塔苏斯未被追封为圣徒，但他却无愧为英格兰最早的政治家，他以自己的智慧心血为英格兰指引了发展方向。

在英格兰教会归于一统后，接踵而至的，是盎格鲁－撒克逊各王错综复杂的争霸斗争，这些斗争贯穿了七、八世纪，绵延二百余年，虽然在当时略显漫长，但对历史发展却是微不足道。所以这里仅是数笔带过。诺森伯利亚王国的领导地位遭受了威胁，由于地理位置不佳及综合国力不强等内在原因，最终被推下了霸主宝座。这个王国地处兵家必争之地，很容易受到侵犯。王国北方是皮克特人的领地，西部是不列颠的斯特拉思克莱德王国，南方有占据英格兰中心的默西亚王国——彭达国王之死以及兵败将亡之痛仍然令其怀恨在心。诺森伯利亚王国四面受敌，疲于应付。虽然也曾举全国之力应对入侵，也曾在敌酋间纵横捭阖并屡次奏捷，但最终还是不可避免地衰落下去。

然而，诺森伯利亚王国仍是幸运的。在它的黄昏时代，一位著名的编年史家诞生于此，将长期尘封的历史讯息传递到了我们身边。这个人就是才华横溢的修士毕德。当年他深居教堂，默默无闻地工作，而今却站到了时代前列，为不列颠岛那段模糊不清的历史时期，做出了最具权威且独树一帜的代言。与吉尔达斯不同，毕德书写的是真正的历史。中世纪时代的人们将吉尔达斯尊为“智者”，但“圣徒毕德”的称号至今依然蜚声四海。其独一无二的历史撰述，尽可能地展示了盎格鲁－撒克逊时代初期英格兰的各种景象：基督信仰流行，群雄割据争锋，疆域四分五裂。一位伊丽莎白时代的文物学家将这一时期称为“七国时代”，七个号称是基督教的王国竞相逐鹿，实力此消彼长，在731年到829年近乎一百年的时间里征战不休，同在基督教的大旗下进行着掠夺和杀戮。

七国相争，霸主之位逐渐归于了默西亚王国。在将近八十年的时间里，默西亚两代国王——埃塞尔博德和奥法控制着亨博河以南的所有英格兰地区，分别统治了四十年之久。埃塞尔博德在获取王位前曾被流放过一段时间，在流亡时期，他常同僧众隐士相处，也曾和神职人员来往。在掌握大权后，虽然沉迷于世俗的各种诱惑，但却仍然以基督徒身份自居。在他穷困潦倒之时，圣古思拉克曾前往安慰过他，但圣博尼费斯却对他后来的伤风败俗行为予以申斥。

那时，对性生活的道德约束已经很强。肆意妄为的国王可能会被神职人员打上“放荡”的标签。来自日耳曼尼亚的博尼费斯指责埃塞尔博德利用国王之位，在女修道院寻一己之欢，做出人所不齿之事，因而犯下“双重罪孽”。史著中很少有关于埃塞尔博德国王的记述，能了解到的，只是他曾赈济贫民，严肃法令，此外，在公元733年，他突袭了南部的韦塞克斯王国，又在740年趁诺森伯利亚与皮克特人相争之际，将该王国的部分地区据为己有。在两次胜利之后，他为自己冠名为“南英格兰国王”和“不列颠国王”。在亨伯河以南地区，这些称号倒是名副其实的。

埃塞尔博德最终被他的卫兵谋杀，取而代之的是一位更伟大的人物，他就是鲜为人知的奥法国王。奥法在位二十四年，但他的统治不仅在英格兰，而且在欧洲大陆都留下了痕迹。奥法与查理曼大帝生活在同一时代，其治国理念与欧陆国家政策相互交织、呼应，同时，奥法治下的英格兰还与欧陆国家发生了自罗马时代以来的第一次冲突。由于功勋卓著，奥法被尊为是第一个“英格兰之王”。

查理曼大帝希望，他的一个儿子能够迎娶奥法的女儿为妻。这是奥法具有极高声望的一个重要证据。奥法提出，他的儿子必须也与查理曼大帝的女儿结婚。最初，这位神圣罗马帝国的创始人对这种平起平坐的建议甚为恼火，但经过一段时间的思度后，还是决定以此权宜之计来重塑与奥法的友谊。这是由于，“英格兰之王”对一项出口大陆的商品实施了禁运，这项惩罚性措施为欧陆带来了种种不便，同时也迅速平复了查理曼所有的骄傲和愤慨。很快，奥法便成为了这位皇帝“最亲爱的兄弟”。看起来，查理曼大帝同意了奥法的建议，两国“依照两国的传统惯例”对从事互惠贸易的对方国家商人给予特别保护。当时提到的互惠贸易是 指大陆方面用“黑色石头”（大概是煤炭）换取英格兰的斗篷。同时两国还商讨了难民和引渡方面的问题，查理曼大帝将一位在大斋节期间违规吃肉的苏格兰人遣返回国，同时还向英格兰皇帝赠送了一柄古剑和一件柔软的披风。由此可见，欧陆实际上已极大认可了奥法与之拥有平等地位。很明显的是，这一时期，不列颠岛在西欧拥有举足轻重的地位。任何一个强大帝国都不会同比下有余的国家结为姻亲并与之签订详细的贸易条约。

默西亚两位国王不仅营造了一个欣欣向荣的繁盛王国，也恢复了不列颠岛的世界性地位。据说，奥法不仅自称英格兰国王（rex Anglorum），同时还自称为“全英格兰国王”。“英格兰国王”称号的出现，被历史学家恰当地视为英国历史上的一座里程碑。这位国王统治着不列颠岛的大部分地区，控制着关键性的贸易，还与查理曼大帝结成了姻亲。我们对奥法其人的了解，几乎完全是从其对邻国的影响中获得。这些邻国的史料清楚地记载着，他扫除了塞文河流域的割据势力，击败了牛津的西撒克逊人，征服了伯克郡，杀死了东英吉利国王，控制了伦敦地区，剿灭了亨吉斯特在肯特建立的君主王朝，并残酷地镇压了肯特人的起义。从那时起，他便在肯特发号施令。奥法将该地的造币厂据为己有，把自己的名字铸在了坎特伯雷大主教发行的硬币上。在其中的一枚硬币之后，还有一个奇特的故事。这是一个以阿拉伯钱为模板而铸造的第纳尔金币，上面印有“奥法国王”的字样。坎特伯雷的造币厂显然将币上的阿拉伯文字误认为一种装饰，如果当时的人们能够看懂阿拉伯文的话，他们肯定会大吃一惊，因为币面上所印之语是：“只有一个神，穆罕默德是他的代言者。”奥法同教廷建立了融洽的关系，罗马教皇称其为“英格兰国王”。公元 787 年，教皇的使者在英格兰王宫受到了热情款待，并得到了奥法尊奉圣彼得的承诺。为履行誓言，奥法每年都向教廷供纳少量贡品，贡品中就包含那种“不经意间”宣扬了异教信仰的硬币。

研究奥法国王仿佛是在进行地质探索，没有找到化石，反而却发现了非自然形成的空洞，由此断定有一种体形庞大且力量惊人的生物在此居住。查理曼大帝宫廷中有少数历史学者，阿尔克温便是其中之一。他曾对奥法这样评价道：“你是不列颠的光荣，悬挂在敌人头顶的利剑。” 法奥曾下令修筑了一道巨大壁垒，将信仰基督教的撒克逊英格兰和尚未征服的不列颠人分隔开来。这道壁垒也成为了铭记法奥功绩的一座丰碑。现在，不列颠岛的局势发生了翻天覆地的变化，那些住在贫瘠的山区，尊奉旧的信仰并坚持独立的人，反倒失去了人们的尊重，而曾经的侵略者却能够潇洒阔步，尽享尊荣。这道壁垒翻山越谷，劈林开道，从塞汶河口一直延伸到默西河附近。它向我们展现了奥法时代英格兰的强大国力。每当我们想到国家艰难图存的场景，供养黎民的重任晨，便总会情不自禁地惊叹，一个人毕生的意志和精力竟然可以造就这样一个如此壮丽的奇观。我们也同样能够想见奥法王国的幅员辽阔与繁荣强盛。如果没有稳固坚强、行之有效的政治力量，这项浩大的工程是必然无法完成的。“奥法墙”是当时帝国政治、人力资源的真实映射。在许多地段，奥法墙的修建都考虑到了不列颠人的利益，历史学家据此得出结论，认为这座壁垒与其说是防御工事，不如说是依据有利于双方的协议而划定的边界。这不是安东尼或哈德良式的，分隔文明与野蛮的罗马墙，而是基于庄重协议之下的界标。协议的签订使法奥在很长一段时间内免受不列颠人的侵扰之苦，使其可以腾出手来应对欧陆方面的谈判和斗争。

得益于稳定的社会秩序，艺术和文化逐渐发展起来。撒克逊人祖先从大陆带来了热情洋溢的原始艺术和诗歌，在他们定居海岛之后，这种艺术在构思和风格方面都受到凯尔特元素的影响。凯尔特元素曾长期受到罗马风格的压制，一旦解脱束缚，就立刻焕发出了生机。

此外，在基督教精神的装点下，撒克逊艺术也拥有了更为广阔的主题，涌现出许多类似北英格兰的《林迪斯法恩福音书》[1]（Lindisfarni Gospels）及十字雕碑那样的旷世杰作。根植于修道院的艺术和文化也发展起来，但却只有极少部分流传下来。毕德是当时人所公认的最伟大学者，在他的影响下，基督降生之年后来被用做了公元元年。马尔梅斯伯雷的奥尔德海姆是欧洲最负盛名的作家，在欧洲大陆修道院所翻抄的著作中，其作品之多无人能比。方言诗歌盛行起来，在西塞克斯，人们开始进行散文创作。著名的博尼费斯教士同样来自西撒克逊，他生于埃克塞特附近的克莱底顿，是日耳曼地区的最初传道者。八世纪时，英格兰文化确实堪居西方之首。

这是一段混沌不堪的历史，对几乎所有经历过的人来说，都是一段徒劳无益的时光，这个黑暗世纪终将过去，新的目标正在稳步形成。拥有独立性格和气质的英格兰，虽然没能像罗马时代那样成为世界文明一部分。但是，它的面貌确已焕然一新。它具有与生俱来的天赋，与先前任何时候相比，它都更趋近于民族统一。自此以后，英格兰的精神经久不衰，万世瞩目。

---

1 《林迪斯法恩福音书》是大英图书馆保存完好的千年古书，素有“世界上最美丽之书”的美誉。

第六章 维京人

罗马帝国衰落之后，获胜的野蛮人同样对基督教福音着迷不已。尽管他们不能像今天的男女信众那般抛弃邪恶欲念，但却拥有了共同的精神和宗旨。基督教信仰像一条纽带将欧洲各个民族连接起来，而基督教组织也是一个世界性的体系，它遍布各国，权尊势重，历史绵长。罗马的主教是宗教首领，他在精神领域，或者至少以教职的形式，延续着罗马皇帝业已失落的权威。此际，基督教会是学问和知识的唯一庇护所，教堂的走廊和回廊中，保藏着所有留存下来的历史遗产。它为在争斗和罪恶中苦苦挣扎的人提供安慰，“人间悲哀的唯一慰藉，尘世权力的最后防线。”当异教文化的火焰尚未熄灭之时，新的宗教之光便已辉耀在蛮荒的土地之上，不仅是这座孤独的海岛，整个欧洲都沐浴着基督教的光芒。神祇的启示使野蛮人变得温和顺从，充满愉悦。从幼发拉底河到博因河的各个地区，旧的宗教冰消瓦解，新的信仰声名远播。远足的基督教士能够在任何城镇找到自己的教众同胞，通常情况下，还会受到朴素但却殷勤的款待。

在罗马衰落的动荡和愚昧时期，所有士人学者都会将教会作为首选的避难之所，之后，知识和智慧的力量便从教堂中传递出来。这里是培养政治家的学校，教士们垄断了知识和写作技巧，成为傲慢专横的君主身边不可或缺的人才，牧师当上了王朝的官员，有些还成为了政治家。宗教人士开始自然而然且不可避免地出入行政公所，他们身穿罗马式的官员长袍——现代的教士还将这种长袍穿在身上。获得胜利的野蛮人不知不觉地屈服在了一种机构之下，在无休止的权力争夺之中，这种机构为他们带来无数获取胜利的良机。在无序纷乱的黑暗时代终于结束，黎明的微光笼罩不列颠岛的时候，世界又一次发生了深刻的变化。但是，不列颠既未减当年的雍容，也不失旧日的尊严，同时，海岛上的习习微风更加令人心旷神怡。

基督教徒的狂热之情为新灾害的发生埋下了隐患。基督教通过反复灌输和善、仁慈的精神理念将信众结为一体。在宗教热情和利益驱使下，教会必然要想方设法巩固自己的权力结构。很快，那些入侵者的谦卑和虔诚的后人们，就在宗教面前显示出了脆弱的一面，甚至还受到教会组织的盘剥。在六七世纪的许多王国中，教会都坐拥大量的财产和土地，其财富的增长，已超过了自身可控的范围。当时，基督教界虽然虔诚可嘉但却刚愎自用，虽能慑服四海但苦于俗界的纷争，虽然标榜仁慈恩典但却不免利欲熏心。

然而，这个刚刚苏醒，睡眼惺忪的松散社会，却又迎来了两股域外的凛冽寒风。一股风来自东方的阿拉伯半岛，在那里，穆罕默德展开伊斯兰教的军旗和圣旗。公元 622 年，穆罕默德从麦加逃到麦地纳，这一著名的事件被称为“哈吉拉”或“徙志”，标志着穆斯林纪元的开始。之后的数十年里，穆罕默德和他的继承者哈里发们很快掌控了阿拉伯半岛的全部土地，波斯，以及拜占庭帝国的部分领土，同时还控制了整个北非海岸。八世纪初，伊斯兰教跨越直布罗陀海峡在西班牙广泛传播，直到八百年后才被驱出伊比利亚半岛。而法国此刻也几乎沦于阿拉伯人之手，所幸公元 732 年，查理曼大帝的祖父查理·马特在普瓦捷打败了他们，将其赶了出去。可以说，那些从麦加长途奔袭而来的伊斯兰大军，距不列颠岛仅一水之遥。

不列颠面临的，还有第二股即将入侵的寒潮。这次入侵来自北方，斯堪的纳维亚半岛的维京人备好了长船蓄势待发。阿拉伯异教徒和北欧海盗的双重夹攻使欧洲国家疲于应付，狼狈不堪，这种乱局一直持续了近 300 年。直到十一世纪，那些身穿铁甲的中世纪基督教骑士们——他们当中的许多人是皈依基督教的维京人后裔，才阻挡住了阿拉伯人前进的步伐，他们也成为了基督教阵营中强有力的武装力量。

一报还一报，撒克逊海盗曾经对不列颠人所做的一切，四百年后落到了他们后代的头上。八世纪时，一股猛烈的征服力量从斯堪的纳维亚半岛上奔涌而出，在挪威、瑞典和丹麦等地，一群群可怕的维京战士蜂拥驶向大海。除骁勇善战之外，这些维京人最大的优势在于能够熟练地驾驭波浪，在风急浪高之时依然可以出海航行，肆意劫掠。维京人侵略欲望迸发的根源，要归于该民族迅速增长的人口和实力，对冒险活动的热情，以及王室之间错综复杂的斗争。这些北欧人并非是受亚洲民族的压力而被迫西迁的，他们是自愿外出抢掠。这些北欧战士骁勇绝伦，其中一股劫掠队伍从瑞典挥戈南进，兵锋直抵君士坦丁堡城下，同时还在那里播下了影响俄罗斯历史发展的种子。另一路队伍由挪威出发，乘长船抵达地中海，在沿岸各个地区大肆劫掠，在与西班牙的阿拉伯王朝和北非沿海各国进行了激烈较量后，最终败下阵来。第三支远征船队搭载着斯堪的纳维亚的海盗直奔不列颠岛、诺曼底和冰岛，之后又穿越大西洋到达了美洲大陆。

丹麦人与挪威人的关系错综复杂，反复无常，二者时而狼狈为奸，时而相互残杀，但对撒克逊英格兰而言，二者却都是苦难和灾祸的象征。他们极端残忍，虽然不吃人肉，但却有在尸体上烧饭聚餐，以此庆祝胜利的习俗，有时还将锅灶直接立在敌军的尸群当中。挪威人和丹麦人曾在爱尔兰地区交战，北欧人的此种恶习令保持中立的爱尔兰土著民深恶痛绝，爱尔兰人曾向其追问缘故，得到的回答是，“为什么不呢？敌人若是获胜，也会这样对待我们的。”据说，这群来自斯堪的纳维亚的狩猎者从不会为自己的罪孽而哭泣，也不因同伴的死亡而垂泪。但无论如何，劫掠者们一旦在某处定居下来，就会很快沾染上奢侈放纵的生活习惯，洗澡或穿着丝绸礼服。他们的船上携带有帐篷和床铺以备上岸后居住之用。在他们占据的各个地方，其军事首领都践行着多妻制的原则，在东方地区甚至还直接采取了宫妃制。据说，他们的一名首领坐拥妻妾竟达八百余人，但这种说法很可能是《圣经》中的一面之词。936年，爱尔兰人从海盗们手中夺回了利默里克城。在掠夺者的住宅中，他们发现了众多女子佳人，大量的丝绸织物及各色刺绣装饰，诸多奢侈华贵之物令爱尔兰人目瞪口呆，神魂颠倒。当然，这些爱尔兰人很快便又神态自若了。

维京人主要依赖一种长船进行海上活动，在公元八、九世纪，维京长船已经发展成为完美的航海工具。该船吃水较浅，能够驶入河口逆流而行，也可以在条件各异的溪流或港湾中停泊，它拥有漂亮的圆弧船身，能够在狂风巨浪之中自如航行。

我们对这种船只十分了解。目前，六艘较完整的维京船已被发掘出土。其中最著名一艘是 1880 年在挪威格科斯塔德墓冢中出土的，船只几乎还保持当年的模样，甚至连舱中水手的锅灶和跳棋板都完好无损地保存至今。1944 年时，尽管内外诸事纷杂，学者们仍然再次对船只进行了精确测量。该船中等长度，首尾全长七十六英尺六英寸，宽十七英尺六英寸，舯部深度仅二英尺九英寸。船体采用瓦叠式构造法，两侧各用十六块橡木板拼接，并以木钉和铁栓固定，捻缝之处则用兽毛编成的绳索堵塞起来。甲板是一块无铆钉的松动木板，用树皮纤维固定在龙骨上的，这使船体结构具有了很强的柔韧性。海上补给品无疑是存放在专用的储物柜之内，但这些储物柜却未能留存下来。船的桅杆立在一个巨大的基座上，柯林伍德教授曾对这种船桅设计赞赏有加，他说："树立的桅杆坚实且稳固，同时不会使轻便灵巧的船体结构受到拉力影响。"船体两侧各有十六支划桨，长度为十七至十九英尺不等。较长的船桨安置在首尾两侧，这是由于此处的船舷上缘据水面较远。所有划桨的样式都十分优美，它们穿过船板两侧的圆形桨架，与船身连接起来，桨架外侧覆有百叶窗似的木帘，在收桨后可以将孔洞遮蔽。船舵位于右舷的四分之一处，是一个像网球拍一般的粗大短桨，装有活动式的舵柄，它以一种巧妙的方式固定在船上，使舵叶拥有充分的活动空间。桅杆高四十英尺，又长又重的帆桁之上挂有一块方帆。该船还能携带小艇或舢板，共有三艘小艇随母船被挖掘出来。此外，格科斯塔德的维京船能够装载五十名船员，必要时还可另带三十名战士或俘虏，除此，它能在任何气候环境下持续航行一个月之久。

正是这些大小各异的维京船，载着北欧海盗们乘风破浪，在文明世界四处奔袭。进攻君士坦丁堡，围困巴黎，建立都柏林，发现美洲。这是一幅明亮鲜活的场景：精雕细刻的船身，龙形船首，高耸的弧形船尾，侧舷齐列的黑黄颜色相间护盾。船体流淌着铸铁般的冷然之光，显得杀气腾腾。用于远洋航行的长船建造得更为坚固，具有更高的干舷。1892 年，人们仿照格科斯塔德船建造了一个复制品，它由一位挪威船员驾驶，仅用四周时间就横渡了大西洋。

当然，先进的维京船若是没有熟练的船员来掌控，就依然毫无用武之地。当年，北欧船员都是从自愿者中挑选的，由一个经验丰富，能力超群的人担任头领。北欧传奇《萨迦》对这些“头领和属下们”做了描述：船员无疑是从许多申请者中精挑细选出来的，“掌舵划桨像使刀用剑一般精熟”。海员从十六岁到六十岁之间的人中选拔，都必须接受力量和灵活性测试，一旦获准加入，就必须遵守严格的规矩，或可以称为早期的“军事法规”。出海或征战期间，船员不得发生争吵或心怀旧怨。不准携带女人出海，遇事只向船长一人汇报。所有缴获战利品都集中到一根大柱子前，按规定统一变卖或分配。根据斯堪的纳维亚的法律，配给的战利品只归个人所有，也就是说，船员所得物资不得转赠或遗留给亲属，但却有权将这些东西带入坟墓。

奥曼曾言：“面对同等数量的敌人时，维京人总能占据优势。但是，当整个乡村、郡县的人都奋起反抗，前来打击入侵者之时，他们就要十分小心，以免被人数众多的敌人压垮。”因此，北欧人只有在拥有强力支援的情况下，才敢与敌人正面交锋。与作战相比，他们更善于东抢西劫，如果岸上驻有更强大的军队，他们就会迅速撤回到船上，驶往防御薄弱的地区再行劫掠。海盗们很快学会了如何在陆地上快速行动，一旦登岸，他们就会将附近所有马匹搜罗一空，带着掠夺品骑马东奔西窜。这些马匹并不为作战之用，仅是为了便于机动。这种作战方式于公元 866 年首次出现在不列颠岛：“野蛮人大军降临东盎格鲁的土地，这是一支乘着马匹的军队。”[1]

当我们反思这些北欧海盗的野蛮和可耻习惯，愤慨他们的破坏与残忍行径时，我们也同样应该记住他们的纪律、坚毅、友谊和军事美德，正是凭借这些优点，他们得以横行四海，成为当时最强大的和最勇敢的种族。

1 引自《盎格鲁 – 撒克逊编年史》，公元 866 年。

大约是在789年的一个夏日，“无辜的英格兰人在自己的田原中忙碌，他们悠然地将犁铧套上了牛背”，此时，王国官员里夫·多尔切斯特突然接到了一个情报，称三艘船已经抵达海岸。里夫以为来船是商人而并非外敌，于是“跳上马背，与几名随从快速向港口（可能是波特兰港）奔去。他以长官的身份下令，将这些人送至城镇，但是，到访者却当场杀死了这位官员和所有随从。这是一个血腥的预兆，维京时代自此拉开了它的序幕。随之而来的便是胜负难料的残酷搏杀，维京人带来的灾难，蹂躏英格兰长达二百五十年之久。

793年1月的一个清晨，诺森伯利亚海岸林迪斯法恩岛(或圣岛)上的一座富裕修道院突然遭遇了丹麦海盗的袭击。他们扫荡了整个地区，宰杀家畜，屠杀僧侣，之后便载着黄金、珠宝、圣物等战利品扬长而去。他们同时带走的还有许多修士，以期在欧洲奴隶市场上卖个好价钱。 海盗的劫掠行动提前经过精心策划，他们在隆冬十分出其不意地发动攻击，在英格兰救兵抵达之前就已呼啸而去。这一事件不胫而走，很快传遍了英格兰甚至整个欧洲大陆，惊恐的基督教会向各方发出警报，高声求援。诺森伯利亚人阿尔克温从查理曼大帝的宫中写信，安慰本国同胞：

看吧，我们祖祖辈辈都生活在这片美丽的土地上，至今已近三百五十年了。有史以来，不列颠从未遇到如此恐怖的事件，我们刚刚遭受了野蛮的袭击，我们未曾预见他们从海上降临。圣卡斯伯特教堂遭遇无妄之灾，上帝的仆人血洒祭坛，圣物祭品被掳掠一空……保林主教离开约克后，正是这座教堂将神圣信仰的火种继续散播开来，而这却成为了悲哀和灾难的开始……惨案之前出现了不祥的征兆……大斋节期间约克城的血雨腥风又意味着什么呢?

第二年，海盗们卷土重来，在贾罗登陆时，他们遭到了暴风雨的袭击以及当地人的坚决抵抗，伤亡惨重。海盗“国王”被捕，之后被残酷地处死。幸存者逃回丹麦，将惨败的消息带回了本土。之后的四十年，英格兰海岸平静了许多，维京人大规模入侵行动在这一时期鲜有发生，他们所做的，仅是凭借海上优势袭扰苏格兰东部海岸和一些岛屿。在此之前，这些小岛曾是修道院的理想处所，但事到如今，修道院的修士僧侣们却发现自己正身处战争前沿，成为脆弱且易受攻击的目标。他们财帛丰盛且与世隔绝，是海盗们眼中最理想的猎物。公元 802 年，爱奥那岛遭到抢劫和破坏，爱尔兰教会机构也成为了贪婪的维京人施暴的目标，自此以后，这些宗教场所的灾难便未有止息。当教堂被虔诚的人们修复之时，维京人也就有了新的行动目标。因此海盗们在袭击某地之后，总会间隔一段时间，待其有所恢复再行劫掠。爱奥那岛遭遇过三次洗劫，而基尔代尔的修道院受难已不下十四次。

海上劫掠已经成为一项固定的职业，而教堂则是海盗们永不匮竭的宝库。查理曼大帝的御用学者艾因哈德写道，海盗劫掠持续不断，这使整个基督教界都笼罩在恐惧的阴影之中。没有什么有效的应对措施，斯堪的纳维亚岛上的人们皆对这种收益颇丰的职业趋之若鹜。根据一位苏格兰词人的描述："这些姿态优美，勇敢刚毅，个性爽朗的北国先生们"，每年都驾着船只破浪而来，带着胜利扬帆而去，他们往来的人数也在逐年增加。劫掠者的辉煌业绩激励着家乡的老老少少，使更多人投身到这项事业中来。另外几路维京船队活动更为广泛，它们甚至突入了地中海地区。在纳尔博纳的附近的小镇中，查理曼大帝透过窗户看到，这些可憎的船只正在海岸边萦绕，这便是灾难即将到来的预兆。

公元 835 年，风暴终于降临到人们头上。维京船队——有时达到三、四百艘船只，在英格兰、法兰西和俄罗斯等地驶入河口，逆流而上，有史以来规模最大的劫掠行动就此展开。此后三十年，英格兰南部不断受到攻击，巴黎数次遭到围困，君士坦丁堡时常招致侵犯，爱尔兰港口城镇也屡屡沦陷。此时，很多入侵者都已在征服领土上定居下来，维京人奥拉夫和部下们就在爱尔兰修建了都柏林城，瑞典人也渗透到了俄罗斯的中心地区，他们统治着沿河城镇，征收贸易赎金。生长在严酷气候环境下的挪威维京人发现，苏格兰诸岛是更适宜的居住地点，于是，他们纷纷在设得兰、法罗群岛和爱尔兰建立了殖民地。此外，他们到达了格陵兰岛和斯通兰德(拉布拉多半岛)，驶入了圣劳伦斯河，并且还发现了美洲大陆。但是，他们对这些成就根本不屑一顾。

在相当长的一段时间内，维京人没能在不列颠岛或法兰西获得永久的立足之地。直到 865 年，欧洲大陆的抵制行动得到了暂时加强，丹麦人才转而开始大肆侵入英格兰东部和诺森伯利亚地区。

入侵的时机业已成熟，撒克逊英格兰此时就像一只待宰的羔羊。维京海盗突入了岛屿东部的整个沿海防线，当年“撒克逊海岸伯爵”曾负责防守这一地区，但是而今，罗马帝国的要塞早已化为了废墟，埋没地下已有数百年了，再没有罗马船队荡桨巡视海岸，也再没有强大的帝国政府派来杰出的指挥官或救援的军团。英格兰现在所有的，是无处不在的修道院、礼拜所和大教堂，即便是在饥荒年月，这些宗教场所中也储藏着诸多金银财宝，还存有大量食物，酒类和各色奢侈品。虔诚的英格兰信徒早就接受了通过施舍钱财来免除罪孽的理念，于是，他们的罪恶越多，忏悔越频繁，教会就越繁荣兴旺。在这里，拥有利剑者最容易赢得财富。

除过分服从教会之外，英格兰人的军事防御体系也存有诸多缺陷。他们所设立的防御体系，仅是为了将古老的不列颠人限制在贫瘠的山区，或者是防止邻近的撒克逊同族的入侵。此外，当时的地方贵族一旦接到上级或国王的诏令，就可征召当地青壮农户临时服役，但是，规定的服役时间十分短暂，只有四十天左右，而且也不是自愿进行的。期限一到，军队立刻解体。关于敌人是否跟进，或战役目的是否达到，也就无人过问了。而今，他们面前的敌人与以往不同，这些丹麦和挪威海盗不仅长期掌握着海上优势，而且在陆地上也采用了机动灵活的战术。他们学会了像罗马人那样构筑营垒，同时也会运用谋略出奇制胜。“诈败”是他们经常采用的一种战术手段。从历史文献中我们一再看到这样的场景：异教徒在英格兰人的打击下溃逃而去，但是晚些时候，丹麦人却又重新守住了阵地。还有一次，维京人对一座小城进行围攻，他们的首领宣称自己已生命垂危，恳请当地主教按基督教方式为其举行葬礼。这位诚实的主教对海盗的改节易操倍感欣慰，于是欣然允其所请。但是，当首领的尸体被抬入城中里准备葬礼时，披麻戴孝的送葬随从突然摇身一变，成为了全副武装的骁勇武士。他们二话不说，即刻开始了抢掠和屠杀。这种关于维京风俗习惯的杂闻侧记数不胜数。实际上，维京人是有史以来最胆大妄为且足智多谋的盗匪，对于撒克逊人而言，由于当时的条件限制以及军事防御、组织方面的种种缺陷，他们很难阻止北欧人的巨大野心。北欧人取得的丰硕成果足令任何的海盗同行自惭形秽——当时也确有许多效仿维京人行为的盗伙。

这一时期的维京传说中，最声名卓著的莫过于被称为“毛马裤”的朗纳尔·洛德布罗克了。毛马裤出生在挪威，但拥有丹麦王族的血统。他从青年时代就开始出海劫掠，其足迹遍奥克尼到白海的广大区域。“跨海征西”是其所奉持的座右铭。845 年，他率领一支海盗舰队溯塞纳河而上进攻巴黎，但却被守军击溃，同时一场瘟疫突然来袭，使海盗蒙受了严重损失。此后，他将矛头指向了诺森伯利亚，但却时运不济，兵败被俘。根据斯堪的纳维亚人的传说，他被诺森伯利亚的国王艾利扔进蛇窝中处死。在无数卷曲盘绕且面貌憎恶的蝰蛇中间，他引吭高歌，迎接死亡。朗纳尔有四个儿子，当他躺毒蛇堆中时，就曾留下一句强硬的威胁：“小猪们现在如果得知公猪的遭遇，一定会哇哇乱叫起来。”古代的吟游诗人向我们展示了朗纳尔四子收到噩耗时的场景：“勇士”比约恩愣在那里，手里紧紧抓着一根长矛，由于太过用力，他的指痕深深印在了矛杆之上。维特塞克此时正在下棋，他狠狠捏住一枚棋子，鲜血顺着指尖流了下来。“蛇眼”西格德不停地用刀削着指甲，直到手指露出了白骨。而素有“无骨者”之称的老四伊瓦尔，则叫人讲述父亲遇害的具体细节。只见他的脸色忽红，忽绿，忽白，浑身的皮肤都因愤怒而肿胀起来。[1]

按照当地习惯，儿子们要对杀父仇人进行血腥的报复。这种复仇方式被形象地称为“血之红鹰”。仇人的身体和肋骨要被砍剁成一只鹰的形状，然后由孝顺的儿子伸进手去，掏出正在悸动的，血淋淋的人肺来祭祀亲人。据传，艾利国王正是落得了这种不幸的下场。然而，海盗们给英格兰带来的灾难要更为惨重，“无骨者”伊瓦尔是一位有勇有谋的指挥者，他是 9 世纪末斯堪的纳维亚人入侵英格兰的幕后主使，同时也策划了对东英吉利、诺森伯利亚德拉和默西亚的大规模征服行动。此前他一直在爱尔兰征战，但 866 年突然出现在了东安格利亚。他所率领的庞大军队原是在海员队伍基础上组建的，

1 引自哈默顿主编的《世界通史》，第四卷，麦克卡伦·斯科特所著的《维京人和他们的旅行》。

但867年春，所有士兵却都乘着马匹沿罗马古道向北方挺近。就像前文所述，维京人乘骑马匹并非是为作战之用，而是为了快速机动。

伊瓦尔率军围困了约克城。此时的诺森伯利亚正陷于一场两王争权的政治风波之中，它的民众分裂为两个阵营，为各自所支持的王者打得不可开交。当他们意识到当务之急是携手对敌时已经太迟了。他们在约克背城一战迎敌，一开始取得小胜，将异教徒驱离了城墙。守卫者随之冲杀过去，但却在惨烈搏杀之后一败涂地，两位国王阵亡，所有抵抗力量全军覆没。

这就是诺森伯利亚城的最终结局，经此一战，英格兰北部再也没能恢复往昔的繁荣。

据霍奇金所言：

“学校与修道院数量锐减，甚至最终归于湮没。这个国度曾哺育了毕德和阿尔克温，创造了石制大十字架这样的艺术瑰宝，也留下了西德蒙的作品和《基督受难见证》的著名诗篇。但是，在867年战败之后，一切都重归荒芜，被野蛮的痕迹所掩盖……王朝覆灭，宗教窒息，文化消亡。”[1]

在约克惨案发生的一百五十年后，米西恩·达勒姆对当时的悲惨场景进行了描述：

“军队四处烧杀抢掠，每个角落都充斥着鲜血和悲伤。无数教堂和修道院在剑与火中化为尘埃。大军所过之处，除残垣断壁之外别无他物。破坏程度如此惨烈，以致很多遗迹至今都无从找寻，昔日的繁华盛景也消失得无影无踪。”[2]

但诺森伯利亚一地已不能满足伊瓦尔的野心，他又将目标指向了默西亚。众所周知，在将近一百年的时间里，默西亚都是英格兰力量的代表。当伊瓦尔陈兵诺丁汉城下时，默西亚国王立即向韦塞克斯国王请求援助。这时，韦塞克斯的老国王业已去世，他的两个儿子埃塞雷德和阿尔弗雷德答应救援，于是即刻提兵前往。但是，当韦塞克斯人提出一同发起攻势的时候，默西亚

---

1 引自《盎格鲁－撒克逊史》，第二卷，第525页。

2 引自霍奇金著作，第二卷，第524页。

却退缩了，他们准备优先与敌军和谈。除军事斗争外，伊瓦尔同时发动了政策攻势，他不再破坏约克和里彭的教堂，并答应扶植埃格伯特为诺森伯利亚的傀儡国王。868年，伊瓦尔与默西亚国王签署合约，确立了伊瓦尔对诺丁汉的宗主地位，战斗宣告结束。之后，他返回约克过冬，让军队休养生息，补充实力。

丹麦人推行强有力的扩张计划，他们的势力已在东安格利亚延伸开来，默西亚已被征服，诺森伯利亚惨遭蹂躏。而正在此时，韦塞克斯国王和他的弟弟阿尔弗雷德已悄无声息地强化了自己的力量。这时，敌我两军便形成了势均力敌的对峙态势，但是，这同样是一种微妙且不稳定的平衡，即使是最轻微的压力，也可能会对一方造成致命的损害。因此，当伊瓦尔破坏诺丁汉条约，并杀死东安格利亚国王埃德蒙之后，突然悄然撤离了英格兰。根据阿尔斯特编年史记载，北欧人的两个国王——奥拉夫和伊瓦尔于870年由苏格兰返回都柏林，“大量的英格兰、不列颠和皮克特人俘虏也被带到了爱尔兰。”关于伊瓦尔的最后一个记载是：“872年，伊瓦尔，爱尔兰和不列颠境内的北欧人之王，结束了生命。”他业已征服了默西亚和东安格利亚，攻克了斯特拉思克莱德王国的主要据点敦巴顿。他满载着战利品，以不可战胜之傲人姿态在都柏林定居下来，两年后死于此地。虔诚的编年史家称他“沉睡在了基督的怀抱里”。看起来，无论是北欧人还是英格兰人，都对伊瓦尔尊崇有加。

现在，丹麦劫掠者在不列颠逗留的时间更长了。虽然每逢夏季，他们依然前来掠夺和破坏，但对这片环境宜人，芳草葱翠土地的喜好之情也在逐渐增长。这些武士曾长期在外漂泊劫掠，而眼下已经获得一片安家乐业之地。因此，在袭击抢掠之外，北欧人也开始了移居行动。然而，丹麦人建设的移居点与先前撒克逊人的有所不同，新的移居点以军营为中心，其边界就是战斗的前线，周边围绕着数座防御强化的城镇作为支撑。斯坦福、诺丁汉、林肯、德比、莱斯特等地都曾是这些新移民的基地。十几年之后，驻守在边境后方的北欧士兵就成为了新的殖民者和地主。英格兰的丹麦移居点基本是军事性质的。他们用武力开路，然后使自己深深扎根于这片土壤之中。从一开始，这些战士型农民就要求获得比普通农人更高的地位。撒克逊人已在英格兰居住了四百余年，貌似更有资格成为土地的主人，但是，他们没有统一的国家组织，无力将这些陌生的海上入侵者驱逐出去，现在，几乎每一个地区都屈服在了丹麦人的刀剑之下。撒克逊人之所以气数未尽，是因为历史的转折点上总有幸运之事降临。在混乱与衰落的节骨眼上，突然出现了一个伟大的身影，正是这个巨人给奄奄一息的英格兰带来了希望的光芒。

第七章　阿尔弗雷德大帝

我们从阿瑟尔的作品中，了解到了阿尔弗雷德大帝的详细情况。阿瑟尔是圣戴维修道院的一名修士，后来荣升为舍伯恩的红衣主教。在阿瑟尔主教笔下，阿尔弗雷德理所当然是一位宗教和道德品质兼备的英雄人物，但是我们也应该知道，阿尔弗雷德尽管健康状况不佳，却是一位声名卓著的军事巨人。阿尔弗雷德幼年时曾跟随父亲到过罗马，从此，他对这个伟大世界有了一个真正的领悟。在他的哥哥埃塞雷德继任国王之后，阿尔弗雷德便开始承担辅佐之职，协助兄长打理朝政。两兄弟之间没有猜忌，但却具有明显不同的气质。埃塞雷德倾心于宗教，认为信仰和祷告是战胜野蛮人的主要途径。阿尔弗雷德虽然也是虔诚的基督徒，但却更加相信政策和武器的力量，认为它们才是真正的立国之基。

早些时候，默西亚的霸主地位并未获得公认。它的几代国王都犯下了严重的错误，与坎特伯雷大主教争吵不休。825 年，默西亚军队入侵韦塞克斯，被阿尔弗雷德的祖父，埃格伯特国王在斯温顿附近的艾兰敦地区打得落荒而逃。南部和东部的所有王国立刻见风使舵，争相与胜利者修好。如此一来，大主教所驻的肯特联盟与英格兰霸主韦塞克斯就共同撑起了不列颠的南部江山。这不但实现了西撒克逊人世代的奋斗目标，还为抵御北方海盗入侵奠定了团结的基础。从战略角度来看，韦塞克斯十分强大，它拥有直面北方锋利的山脊，却没有流速缓慢的长河。因此在这个地区，北欧海盗就无法像在默西亚那样，依靠长船直捣中心地带。 此外，韦塞克斯独创了一种地方体制，使它在遭受攻击后能够迅速恢复实力。在这种体制下，一郡之长可以自主决策。国家被划为固定军区，每个军区的军民事务都由一名德高望重的指挥官或总督负责管理。与先前部落制国家的国王专权相比，这无疑是不小的进步，其优越性日后也逐渐显现出来。在肯特、诺森伯利亚、默西亚的王朝覆灭之后，所有的目光都转向了韦塞克斯王国。从撒克逊人定居之始，该国的王位就世代相承，从未中断。

丹麦人占领了伦敦。当时，伦敦还不是英国首都，只是默西亚王国的一个小镇。丹麦军队在雷丁驻垒设寨，并继续向前推进。不久，他们遭遇了驻守伯克郡的西撒克逊的军队。871 年 1 月，阿什当之战在此拉开帷幕。交战双方都将各自部队分为两路。埃塞雷德因祈祷驻足不前，而维京人一方则持着色彩鲜亮的盾牌和旗帜，身着华丽服装，戴着金质手镯，与朴素的西撒克逊人形成了鲜明对比。维京人慢慢靠近西撒克逊的队伍，边走边用武器敲打盾牌，同时拉长音调发出阵阵挑衅的吼声。弓箭没有发挥多大作用，只有众多标枪攒射飞来。 西撒克逊国王还在祈祷——“上帝是第一位的”，对那些告诫他快速出击的将领，国王如是说道。阿瑟尔主教根据当时“真实见证者”之言做了如下记述：

“外邦人来势汹汹，准备战斗……无法再忍受敌人的攻击，他（阿尔弗雷德）要么选择撤退，要么不管兄长，直接投入战斗。最终，他率领基督徒军队，猛兽一般地冲入敌阵……而国王仍然没有抵达。在上帝的帮助和指引下，他下令手持盾牌的士兵排成阵列，在‘盾墙’的掩护下与敌拼杀。”[1]

战斗漫长而艰巨。埃塞雷德国王此时已完成了祈祷，迅速率军加入了弟弟阵线。“这些异教徒”，阿瑟尔主教写道，“已经占领了高地，基督徒军队举步维艰。在视线所及之处，有一棵枯瘦矮小的荆棘树，正是在树的周围，敌我双方开始短兵相接，吼叫声惊天动地，震耳欲聋。一方作恶多端，野心勃勃，一方守土有责，奋力图存。最后，丹麦人力不能支，败退下去，西撒克逊人紧追不舍。到夜幕降临，到晨光初升，再到日暮黄昏，丹麦人马不停蹄地向

1 引自霍奇金著作，第二卷，第 544-545 页。

雷丁奔逃。广阔的阿什当（指伯克郡群山）遍布着敌人的尸首，这些尸首中，还包括一位维京国王和五名首领。

这次胜利并没有摧毁整个丹麦军队，两个星期之后，他们再次兴师前来。但是，由于阿什当之战的胜利具有重要意义，它仍不失为史上最伟大的战役之一。如果西撒克逊人在此战中失败，那么整个英格兰就会陷入一盘散沙的状态。相反，如果他们获胜，那么基督教文明的希望之火就依然能在不列颠岛上熊熊燃烧。侵略者首次遭受如此重创，最后的撒克逊王国在狂风巨浪之中依然屹立。阿尔弗雷德的胜利使撒克逊人重获自信，他们可以在两军对垒中傲然迎接敌军的进攻。阿什当大捷被后来的撒克逊作家奉为经典而代代传颂。这是阿尔弗雷德生平的第一场战斗。

公元 871 年，敌我两军展开了殊死之战。不久，埃塞雷德王病逝。虽然他也有子嗣，但阿尔弗雷德却无疑是更加合适的继任者。二十四岁的阿尔弗雷德登上了王位，接过了这份沉重且岌岌可危的遗产。双方的拉锯战仍在进行，局势动荡，胜负难分。丹麦人获得了所谓“夏季军队”的海外增援，他们“为数众多”，“渴望与撒克逊人一决雌雄”。双方进行了七八次交手，据说，丹麦人每次都能掌控战局。阿尔弗雷德国王登基一个月后的夏日，他的军队在威尔顿——这个国家中心地区遭遇了大败。在此战前，病亡和脱逃就导致撒克逊军队人数锐减，而在战斗中，维京人再一次使用了诈败的诡计。

遭遇溃败之后，阿尔弗雷德认为，最好趁自己实力尚存时与敌人达成协议。协议内容我们现已无从知晓，但有一点是十分肯定的，那就是撒克逊人付出了沉重的代价。编年史中简洁地记载着：“撒克逊人与异教徒讲和，条件是异教徒撤军。他们这样做了。”他们花了三到四个月才撤到伦敦，似乎在等待撒克逊人支付赔偿金。然而，所有这些战斗也向维京人展现阿尔弗雷德令人敬畏的力量。这个不光彩的条约和顽强的抵抗斗争，为阿尔弗雷德赢得了五年时间来加强和巩固自己的力量。

关于丹麦人同意讲和的原因，我们今天已不得而知。他们当然相信，只有通过漫长和血腥的战斗，他们才能最终征服西撒克逊人。双方热衷战争，因此长期搏杀在所难免：见于史册的除了伤疤和尸体之外别无他物。但是，阿尔弗雷德也一直寄希望于入侵者的内部分裂，从维京军队自身的紧张局面来看，阿尔弗雷德的猜度是有道理的。

丹麦人撤回了业已征服的英格兰中部，但仍然控制着伦敦。“默西亚人与他们签订了合约”，国王伯格雷德于874年被驱至海外，在罗马教皇的庇护下虔诚地死去。阿瑟尔指出，“国王遭到驱逐后，外邦异教徒掌控了整个默西亚王国。”他们扶植了一个当地傀儡做国王，新国王要向侵略者交付人质，同时发誓“绝对服从，有需必应”。这种扶立傀儡的做法亦常被后世所效仿。

然而到了九世纪末，“异教徒大军”中出现了微妙而深刻的变化。“阿尔弗雷德和韦塞克斯人眼中的坚硬骨头此时已变得脆弱起来。”部分丹麦人希望在已有的土地上安家落户，其余之人则愿意继续征战，直到完成征服大业。两者的做法大概能够相辅相成，前者提供坚实的基础和保证，后者则成为远征力量。因此，在击败斯特拉思克莱德王国并将当地农具牲畜抢掠一空之后，将近一半的海盗在诺森伯利亚和东安格利亚定居下来。自此以后，他们开始“依靠土地维持生计”，这无疑是一个伟大的转变。我们知道，维京海盗极富组织和纪律性，在海上一起谋生，在陆上共同作战，所有定居点都带有浓厚的军事色彩。水手们转职为士兵，士兵又转职为自耕农。他们在思想上保持独立，在至关重大的问题上团结一致，遵守纪律。团结和纪律曾是海上维京人的生命线。

因此，整个英格兰东部就出现了一个新的自耕农群体。除了共同防御的需要，他们不必承担任何义务。他们曾用刀剑赢得了土地，现在也只需忠于他们的军事组织以维护既得利益。这些强健有力、体态优美的北欧人在各处扎下根来，从约克到诺福克的广大地区，都能看到新移民的身影。随着时间的流逝，他们渐渐忘记大海，忘记了军队，留在他们心中的只有自己的田园，这也是他们所喜欢的生活。尽管他们都是熟练的农民，但也没有什么可以教给原来的居民。虽然对新的耕种方法十分陌生，但他们可以通过学习解决。

新移民并不是完全依靠自己劳动，他们需要利用原有居民和他们的农奴。周围的土地被划分开来，一块土地可以供养一个家庭，在特定条件下，以八头牛在一定时间内所能翻耕的土地为一个单位。但是，当今学者在此问题上还存在颇多争议。北欧人辛勤劳作，但显然也会使用当地劳动力。

因此从许多方面来看，丹麦人与四百年前的撒克逊移居者不尽相同。北欧移民并不想将当地居民斩草除根。两个民族在语言方面有共通之处，生活方式与耕作方法也近乎相同。北欧人已经成为了殖民者，他们举家从斯堪的纳维亚岛迁至此处。可以肯定的是，他们与失去土地的英格兰当地人建立了地缘和血缘上的人际关系，将英格兰血统融入了这个精力充沛，骄傲勇猛的战斗民族之中，使其拥有了持久的力量和勃勃的生机。好比现代的钢铁，如果冶炼时加入少量的特殊金属，那么硬度就能得到大幅提升。这种基于土地私有制的强烈的个体主义，对英格兰的发展产生了深远影响，不仅在血缘关系方面，在政治领域也是如此。亨利二世在位时，曾经力排众议，突破重重阻碍，颁布了伟大的法律，开设了皇家法院。这些坚强移民的后人们——不光是佃户和独立农民，还包括许多小农——也仍然保持着祖先所赋予的高傲和自信。定居后的三百年里，痛苦和磨难并未使其丧失与生俱来的坚定个性，也未曾割裂其对这片征服之地的深厚情感。在英国历史上，北欧民族的特质至今仍在闪耀着光芒。

这些改造和驯化的海盗移民带来了许多丹麦的习俗。他们采用与众不同的计数法，这就是今人所称“十二进制计数系统”——如果他们听到这种叫法，没准会大吃一惊。北欧人在计算时用十二代替十为底数，直到现在，在东英吉利某些集市上还存在“长百”的说法，“长百”代表数字一百二十。

北欧人对社会公平的看法不同于生长于采邑制度下的撒克逊人。毫无疑问，在社会生活中逐渐发展成型的北欧习惯法要比撒克逊人的制度更为先进。

在东安格利亚，我们仍然能够找到丹麦文化的影响痕迹。早在诺曼征服之前，这里就形成了独具特色的乡村社会，同时也保留着斯堪的纳维亚的种种特性。在这种社会形式下，自由农民能够充分掌握土地，这就成功抵制了当时的土地庄园化趋势。[1]

斯堪的纳维亚移民形成了庞大的自由农民群体，这对赋税和国防重担之

1 引自斯坦顿所著的《丹麦人在英格兰》，1927 年，第 13 页。

下的默西亚和韦塞克斯王国来说，无疑是望尘莫及的。这些自由农民与当年的海盗入侵者联系十分密切，学者们在十一世纪的《末日审判书》中发掘材料，试图找出九世纪海盗军队规模的相关数据。近期的研究表明，即使是最终获胜之后，撒克逊王朝也依然向丹麦人移居地——“丹麦法区”提出了公平且恭敬的条件。通过使丹麦人改信基督教，最终将其融入英格兰民族的灵魂和身体之中。阿尔弗雷德以奋战和合约方式换来了五年喘息之机，在此期间，他或许也在深深思索着这些问题。这一时期，北欧国王哈夫丁像伊瓦尔那样离开了人世。对于他的死亡，饱受摧残和掠夺的基督教会做出了报复式的回应：他将永世受到上帝惩罚，他会受尽折磨，散发出常人难以忍受的恶臭。

林迪斯法恩隶属于多灾多难的诺森伯利亚王国，这里流传着一个哀伤的故事。落魄的修士们离开了他们千疮百孔，几经摧残的圣所，肩上扛着圣卡斯伯特的身体和圣艾丹的骨头。他们颠沛流离，陆海兼程，七年之后，终于在切斯特勒斯特里特找到了栖身之地，他们凭借单薄之力在此建起了新的圣地——圣卡斯伯特教堂。英格兰北部民众对圣卡斯伯特的崇拜使教堂获得了巨大财富。公元 995 年，教堂主教开始在达勒姆岩石上兴建一个新的大教堂，并将圣卡斯伯特的骨骸转送至此。主教的威望非常之高，是握有政教大权，执掌僧俗两界的“皇家主教”（Prince-Bishops），在英格兰东部和北部拥有极大权力。这种状况一直持续到十九世纪。

阿尔弗雷德重金购得的停火协议已经失效。丹麦快速部队的新领袖古瑟罗姆制定了一个庞大军事计划，试图一举征服韦塞克斯。他兵分陆海两路进犯，陆上部队直逼波特兰海角附近的韦勒姆，并在普尔港与海上部队会师。他们在普尔港补充了力量，然后从四面猛烈攻击阿尔弗雷德的王国。精明的国王希望通过赔款来寻求和平，而此时撒克逊军队似乎也在韦勒姆附近遏制了丹麦陆军的攻势。丹麦人接受了黄金，并“向神圣的戒指发誓”他们撤军并信守和平承诺。然而，谁都未曾料到，丹麦人突然调转兵锋，夺取了埃克塞特，这种背信弃义的行径真是不堪言状。阿尔弗雷德率领步兵紧随其后，但还是来得太迟了，“他们坚壁清野，大军很难接近”。但是，那些失信的异教徒们可要当心了！一场可怕的风暴正在向海上部队袭来。这些丹麦援军此时正由海路赶往前线，他们在斯沃尼奇遭遇了暴风雨袭击，一百二十艘船只沉没，五千多名军士葬身鱼腹。在当时，这场天灾被认为是全能上帝的旨意，丹麦人的下场实属罪有应得。丹麦人的计划全面泡汤，阿尔弗雷德也不断对埃克塞特进行监视和攻击。877 年夏，丹麦人终于有心重启和谈。他们一本正经地庄严宣誓，但其誓言也仅维持了五个月左右。

878 年 1 月，阿尔弗雷德的命运发生最令人惊讶的逆转。他的指挥部和王宫设在威尔特的切本哈姆。在主显节前夕，经受数日战火摧残的撒克逊人在教廷的宴会上尽情欢愉，他们放松了警惕，全身心投入宗教庆典之中，甚至喝得酩酊大醉。敌军突然来袭，大军横扫韦塞克斯地区。王国的全部军队这时都集中在英格兰南部的泰晤士河一带，在敌军攻势之下立刻陷入了混乱。撒克逊人尸横遍野，大部分人趁乱溜回了家里，还有少数人直接逃往了海外。逃亡的难民来到法国，恳请法王给予援助，但却归于徒劳。此时阿尔弗雷德身边只有少数得力官员和随从，他们藏身于萨默塞特的森林以及沼泽地中的阿塞尔内岛上，才最终幸免于难。这是阿尔弗雷德命运最黑暗的时刻，直到几个月之后，他才能勉强组织起一支游击队继续作战。他与王国的“领主与封臣都在动荡不安的生活中饱受磨难……他一无所有，走投无路，只能时不时突围出去，从北欧的野蛮人或王国的基督徒子民那儿明里暗里抢些东西维持生计。他像舍伍德森林中的罗宾汉那样生活着。

这一时期的历史犹如闪闪发光的玩具，装点了每个时代的儿童生活。我们知道阿尔弗雷德国王的许多故事，比如勇者国王伪装成吟游诗人打探丹麦军营，还有国王作为伙计为撒克逊主妇帮厨。著名的要数阿尔弗雷德和蛋糕的故事，它始见于最新版的《阿瑟尔主教生平》一书，故事大概是这样的：阿尔弗雷德住在一位牧人家里，有一天，牧人的妻子准备烤面包，而阿尔弗雷德正坐在火炉边摆弄他的弓箭和其他武器。不久，这位主妇发现她的面包烤焦了，于是赶紧跑来将面包移开，并狠狠责骂这位勇敢的国王（奇怪的是，主妇的话最早是用拉丁六步格诗的形式记下的）：“喂，你为什么不把面包翻一下呢？眼睁睁看它燃烧起来，特别是你很喜欢趁热吃呢。”这位主妇根本没有意识到，坐在她眼前的正是那位鼎鼎大名，身经百战，杀敌无数的阿尔弗雷德国王。此际，曾经暴戾残忍的英格兰人正陷于命运的低谷，而那些居于深山之中的古代不列颠人后裔大可哂笑不已了，阿尔弗雷德虽然过着孤独而落后的生活，但却并未被北欧人所征服。

丹麦大军的领袖确信已经稳操胜券。韦塞克斯大势已去，军队瓦解，政权崩溃，其国王即使仍然活着，也不过是一个不敢见光的逃亡者。但是，即使在这样的困境之中，阿尔弗雷德却仍然能够行使大权，并与臣民保持接触和联系。这正是阿尔弗雷德国王雄才大略的最好证明。

当大斋节临近尾声的时候，丹麦人遭受了意外之灾。一批丹麦士兵在威尔士为非作歹之后，便分乘二十三艘船只前往德文，准备进攻阿尔弗雷德设在埃克斯穆尔的一个坚固据点。这个地方易守难攻，但是包围据点的丹麦人却简单地认为，由于没有水源供应，守军很快会因饥饿和干渴弃城而降。

在弹尽粮绝之前，驻守据点的基督徒们得到了上苍的启示，他们一致认为，要么沙场战死，要么光荣胜利。因而在拂晓时分，他们突然冲出据点杀向敌阵。在一鼓作气的攻势中，守军撂倒了包括丹麦的首领在内的大部分敌人，只有少量残敌逃回了船上。[1]

在这场战斗中，撒克逊守军杀死了八百名丹麦士兵，并缴获了一面被称为“魔鸦”的旗帜。据说，郎纳尔·洛德布罗克的三个女儿用了一天时间将这面旗帜编织完成。每次战斗时，“魔鸦”旗都飘扬在军阵之前。如果旗帜中央的乌鸦活灵活现，振翅欲飞，那么就预示着胜利的降临。然而这次，旗帜并没有迎风招展，而是无精打采地打卷低垂着。事实证明，丹麦人是不可能在这种情况之下获胜的。

胜利的喜讯使阿尔弗雷德深受鼓舞。他决心重整旗鼓，再度扬威疆场。除继续游击作战之外，到5月末，国王又派出一名信使去召集地方武装，即“英格兰民兵”。国王深受民众的钦佩和爱戴，听说他依然在世且一直坚持战斗，

1 引自霍奇金著作，第二卷，第565-566页。

全国各界欢欣鼓舞，响应国王征召者纷纷赶来，络绎不绝。所有军士都再次集中起来。但无论如何，现在仍是生死存亡的关键时期，国王只是一个英雄，他们还有随时解散回家的可能。按照命令，萨默塞特、威尔特、汉普的军队在塞尔伍德附近集结起来。这个集结点位于三郡的交汇之处，从中我们可以看到阿尔弗雷德所肩负的战略重担。不过，国王终于拥有了一支军队："在看到劫后余生的国王时，士兵们都将其当作了死而复生之人，他们满心欢悦，同时又万分惊喜。"

趁现在士气正旺，阿尔弗雷德必须努力寻得战机。丹麦人依然在切本哈姆烧杀抢掠，阿尔弗雷德于是率军向伊桑顿（现在的埃丁顿）挺近。在一片开阔的丘陵地带，两军发生了大规模激战，这是阿尔弗雷德生平所经历的最大、最激烈的一次战斗，事已至此，只能全力以赴，孤注一掷。只见双方战士皆跳下马来，持盾列成阵势，然后便凶猛地冲向对手，展开白刃战。数小时之中，战场上斧剑交加，血光飞溅。最终，背信弃义的丹麦人失去了上帝的眷顾，在诸多不利的条件之下，他们一败涂地，转身逃离了满是刀光剑影的血肉屠场。这一次，阿尔弗雷德的追击可谓是卓有成效。维京国王古瑟罗姆尚未坐稳韦塞克斯的宝座，就被阿尔弗雷德大军困在了营地。阿瑟尔主教写道："那些异教徒们遭受着饥饿、寒冷和恐惧的折磨，在深深的绝望中祈求和平。"他们接受阿尔弗雷德的全部要求，尽可能多地交出人质，只希望赶快离开这个是非之地。

然而，阿尔弗雷德并未就此罢休。他产生了一个古怪的想法，认为这些野蛮的维京人应该皈依基督教。洗礼仪式或许是另一场没有硝烟的胜利，能够改变维京人的顽劣品质。精神力量极其神奇，但我们也不能因此指望这些凶悍的劫匪盗众能够立地成佛。从事实上看，这种大规模的洗礼仅仅是流于形式，根本无法成为对付海盗的有效手段。据说，一名维京老水手宣称他已接受了不下二十次洗礼，同时还抱怨说，所提供的洗礼布袍十分劣质，甚至还比不上普通的长袍。阿尔弗雷德意图与古瑟罗姆首领达成永久和平。他本已经大局在握，掌控着维京人的命运。他本可以断绝水粮，逼其就范，也可以冲杀过去，将他们屠戮殆尽。然而阿尔弗雷德并没有这样做。他提出与丹麦人划分土地，让两民族忘记过去的伤痛，在这片土地上和谐共处，繁衍生息。国王在军营中接待了古瑟罗姆首领及其下属的三十名海盗头目，并亲自担当古瑟罗姆的教父。他将这位维京首领从洗礼盘前扶起，称其为自己的儿子。之后，他又在军营中连续十二天大设宴席，招待维京来使，并向他们赠送了昂贵的礼物。

阿尔弗雷德的崇高人格魅力使战争的惨烈场景黯然失色，他能以平常之心对待胜败之事，能以坚强毅力跨越千难万险，能以冷静头脑迎接回归的荣耀，同时，他也能将信赖的目光投向再三背叛的仇敌。阿尔弗雷德站上了崇高之巅，成为野蛮战争，时代乱局中的一块不朽丰碑。

伊桑顿大捷之后的十四年中，丹麦人没有发起任何像样的攻势。尽管小规模侵扰仍然存在，但按照当时的标准来说，已经算作和平年代了。阿尔弗雷德仍然马不停蹄地加强王国力量。虽然丹麦人在东安格利亚定居的消息令国王十分欣慰，但他仍需要与难缠的默西亚国保持良好的关系。虽然默西亚的大部分地区并未被丹麦人所占领，但它现在仍然是丹麦属国。886 年，阿尔弗雷德将自己的长女嫁给了默西亚执政者埃塞雷德，埃塞雷德在前任国王伯格莱德流亡海外后，就竭力挑起了国家和民族的重担。默西亚与韦塞克斯的皇室间已经有过数次联姻，此次韦塞克斯公主的下嫁更推进了两国在南部和中部地区的合作。

新联盟获得的第一个成果是 886 年伦敦光复。伦敦一直都是英格兰基督教的中心。在古罗马时代，伦敦就是泰晤士河的桥头堡，所有陆路与海上航线的交汇点，也是岛上最大的商业和军事中心。现在，这座城市开始成为了国家首都。我们从编年史中读到："阿尔弗雷德国王收复伦敦，所有摆脱丹麦桎梏的英格兰人都投身到了他的麾下。他任命埃塞雷德为郡长，负责管理这个自治市。"据悉，阿尔弗雷德军队经过了激烈的战斗，付出了血腥的代价，这才最终占领了伦敦城，但史册中对此却鲜有记述。显而易见的是，伦敦光复后，阿尔弗雷德建立了民兵组织，并使之发展成为一个有效的防御力量，同时还按最高的标准加固了城墙。

阿尔弗雷德国王的主要任务有二：一是重建防御体系，二是提高撒克逊军队的战斗力。他重组了“英格兰民兵”，将其分为两队，实行轮换服役。虽然国王的军队规模较小，但士兵们知道他们土地有另一队的民兵照料，因此会全心全意投入到漫长的战斗中去。为使改革稳步推进，阿尔弗雷德克服了重重阻力，这证明了即便是在和平时期，想要长期维持一支英格兰军队也是十分困难的。国王通过设立自治市来强化全国防御，他将这种制度推广到英吉利海峡沿线，跨越塞文河口直至泰晤士河谷的广大地区，每个自治市都有自己附属辖地，这样一来，它们就有充足的人力来修建城墙及其他防御工事。他看到了海上力量的重大意义，认为要确保不列颠岛的安全，必须先要掌控海权。他一改船舶设计常规，试图依靠大型船只对抗数量占优的维京船队，他的部分主张直到近代也未过时。

阿尔弗雷德国王下令建造军舰以对付维京长船。新造船舶的长度几乎是普通船只的两倍。部分船舶配有六十支划桨，有些甚至更多。它们兼具快速和稳定的特性，在高度方面也比其他船只占优。其样式不同于丹麦人的长船，也不像佛里斯兰人的船只，但在阿尔弗雷德本人看来，这些大船是相当有用的。[1]然而，撒克逊水手却缺乏驾船的经验和技巧。在一次海上行动中，英格兰九艘大船对阵六艘海盗船只，据编年史记载，几艘大船“极其笨拙地”撞到了岸上，只有两艘敌船被英格兰人俘获。阿尔弗雷德大为不满，下令将敌军水手吊死在温彻斯特。不过，英国海军的诞生永远与阿尔弗雷德国王之名连在了一起。

886年伦敦光复之后，尽管局势仍然一片混乱，但交战双方还是签订了一项明确的和平条约。条约中的用词十分考究，阿尔弗雷德一方被称为“英格兰国家的代表”，而古瑟罗姆首领一方则被称为“住在东安格利亚的人”。丹麦法区完全以北欧军队和被征服居民为基础，还未形成正式的国家机构；而英格兰方面则早已经出现了“国王与贤人会议”的政治体制，而这种体制的推动者也正是阿尔弗雷德国王。条约划出了一条政治疆界，界线沿泰晤士

1 引自霍奇金著作，第二卷，第584页。

河而上，直达利河源头，之后穿过贝德福德地区，过奥斯抵达华特林大道，后面就没有定界了。这条疆界并非依据自然边界划定，而是在承认双方战线的基础上从无人区域划分出来的。

条约的第二部分十分奇特，但却颇有现实意义。签约双方都熟知“偿命金”一词的含义。为了应对无休止的杀戮和伤害，所规定的条款必须无条件加以执行，偿金数额必须无保留地进行缴纳。一直以来，丹麦人对撒克逊人的杀戮无休无止，反之亦然，而“偿命金”协议的达成却为双方实现真正意义上的停战提供了有力保证。丹麦和英格兰的每一位自由农民都价值二百先令，杀死地位较高的人则要赔偿一定数量的黄金。古瑟罗姆接受了这一条款，承认了在偿命金方面，丹麦人与英格兰人具有同等地位。阿尔弗雷德收获了一份沉甸甸的果实，同时也见证了他的非凡实力。

阿尔弗雷德颁定的律法在肯特、韦塞克斯和默西亚的现行法律中依然留有痕迹。阿尔弗雷德试图将摩西法典、基督教原则与古老的日耳曼习俗结合起来。他颠覆了原有的金科玉律，将“己之所欲，施之于人”，改为更加温和的“己所不欲，勿施于人”。他对此评论说：“只要牢记这一准则，那么法官就可以普施正义，而他也不再需要其他的法律书籍了。法官应该设身处地为原告着想，考虑什么样的判决能令他心服口服。”在法典序文中，这位国王谦逊地写道：“本人亲自制定的许多法律，都未敢将其收入法典，这些法律能否获得后世认同，我对此一无所知。”阿尔弗雷德的法律经过后人的不断修订和充实，逐渐发展为圣爱德华（忏悔者）法典，也成为英格兰各郡及几百家法院采用的一种普遍法则。诺曼底贵族对此也十分推崇，经过无数封建律师修正改进之后，成为英国习惯法的根基。

阿尔弗雷德尽其所能，推进宗教和教育的发展。普及教育被国王摆在了首要位置，他写给伍斯特主教的一份书信至今依然留存：

“吾常回首过去之事，自古以来，英格兰民族人才辈出，无论教廷俗世，有为者彬彬济济。回首盛世之时，君王礼敬上帝，广纳贤臣。对内恩威并施，不欺四邻，仁德广布天下；对外开疆辟土，仁育义征，有平定四海之功。文武并重，垂拱而治……外邦悦服，聆听教化者络绎不绝…… 时至本朝，文运衰颓，古籍经书鲜有人识，胸无点墨者遍及朝野。至于博古通今，经纶满腹之人，而今已是寥寥无几。”[1]

除此，阿尔弗雷德还力图改革宗教生活，因为此时的修道院已陷入了一片混乱的境地。

“未经国王或主教允许，任何人不得将修女带出修道院。如有违者，罚款一百二十先令，罚金一半归国王，另一半归主教所有……被诱拐的修女不得继承丈夫遗产，所生子女同样不能享有继承权。”[2]

最后，阿尔弗雷德还醉心于研究历史。他着手发起《撒克逊编年史》的编译工作。事实上，早期的词目并没有经过编纂者的润色，皆是些断断续续的只言片语。但从阿尔弗雷德时代开始，这些词目都变得内容丰富，细致入微。不少地方还措辞深刻，颇具历史眼光和独到见解。

穿越历史的长河，展现在我们眼前的是一个雄姿英发，文韬武略的王者。他一手握住勇气的刀剑，一手拿着真理的天平，以文治武功成就了赫赫功业。即便是在险恶逆境之中，也依然心怀宗教，敬仰上帝，重视教育和文化的发展。他消除了纷争与仇恨，缔造了统一的国家，使和平之光再度普照英格兰的国土之上。

据说，这位国王是智者中的奇才。阿瑟尔写道：“从摇篮时代起，他就满怀对智慧的热情。” 阿尔弗雷德的宫廷中充溢着基督教文化气息，这与维京人的野蛮生活形成了鲜明的对比。文明的种族驯服了海上的勇者，教导他们和平的真谛，向他们展示和谐共处的意义。我们看到了一个统一国家的新生。在阿尔弗雷德的努力之下，撒克逊人与丹麦人水乳交融，携手铺就了英格兰基督王国的未来之路。

在诺曼底人统治的暗淡时期，民族英雄阿尔弗雷德像灯塔一般高高矗立，闪耀着撒克逊民族的辉煌成就。在维京怒涛之中，这位伟大的国王曾鼓励士

---

1 引自霍奇金所著的《盎格鲁撒克逊史》，第 609 页。

2 引自霍奇金所著的《盎格鲁撒克逊史》，第 612 页。

兵保持勇气，教授民众自立的真理。他以对民族、宗教的赤子之心教化和激励众人，带给人们法律、德治及编年史册中民族英雄的丰功伟绩。阿尔弗雷德的赫赫功勋被诗人和作家写成文字，世世代代传唱不衰。

等待阿尔弗雷德的，还有最后一战。对维京海盗而言，此战无异于一场灾难。885 年，四万维京大军分乘数百艘船只驶入塞纳河口，将攻城器械摆在了被围困的巴黎城墙之下。攻守之战持续了一年有余，由于法兰克人在河上架设了一座防御森严的桥梁，丹麦人的攻势遭受挫折。恼怒之下，丹麦人将长船拖上陆地，推入地势高处的河段之中，虽然未能攻入巴黎，但却将河流沿岸夷为了平地。勇者奥托伯爵守卫着巴黎城墙，奋勇抵御无耻海盗的进犯。朝野内外一致恳请法兰克国王前来救援他的首都。但是，这一时期的法兰克国王却未能继承祖先查理大帝的资质，从其获得的绰号就能看出此辈只不过是碌碌庸流。秃头查理已经去世，此时在位的是胖子查理。这位孱弱不堪的法兰克君主因形势所逼，被迫聚集了大量军队前往救援巴黎。虽然他的行动收效甚微，但巴黎仍在奥托伯爵的领导之下顽强屹立。维京人的进攻已是强弩之末，最后终于惨淡收场。对此细节之处，各种史著众说纷纭。据说，他们与日耳曼军队也进行了几次交手，其中的一次战斗十分惨烈，阵亡者尸体填满了河堤。显然，维京人的扩张行动在西欧各处都遇到了阻力。虽然不甚强大，但足以令他们举步维艰。六年来，维京人一直蹂躏着法国的北部地区，而饥荒也追随他们的脚步蔓延开来。最丰饶的地区已经被海盗们所吞噬，他们还将去往何方呢？不出所料，维京人再次将目光投向英格兰：经过了一段太平岁月，此处或许积累了一些财富。在欧洲大陆，他们的收获正持续下降，那么不列颠也许是更有价值的猎物。霍奇金在他的传世名作中写道：“一只饥肠辘辘的野兽盯上了英格兰，只为食物，只为抢掠”。这是一群拥有严密军事组织和先进海军武器的暴徒和盗匪，他们的部下野蛮凶狠，人数众多，他们不得不为这些人提供口粮，对其加以管理，同时还得为其提供杀戮的机会。制定计划的是维京首领们，他们对英格兰的袭击行动经过了最细致的考量和最精心的准备。在这个黑暗年代，罪恶横行无忌。

古瑟罗姆首领于 891 年去世，他与阿尔弗雷德达成的，未被严格遵守的和议宣告终结了。次年秋，一支由二百五十艘船只组成的庞大舰队突然出现在林姆尼港，带来了“大帮异教徒军队”。他们不久前还在法兰西逞强施威，如今又将矛头对准了英格兰。他们登上岸边，在靠近森林的阿普尔多尔构筑了堡垒。另外八十艘维京船紧随其后赶来，将第二波异教徒从欧陆运至不列颠岛。他们驶入泰晤士河，在锡廷伯恩附近的弥尔顿南岸建立了自己的据点。这样一来，肯特就落入了腹背受敌的窘境。阿尔弗雷德面临巨大的压力，他必须为了生存而战，而这已经是第三次了。西撒克逊人和默西亚人的联盟——我们可以将其称之为英格兰人——已经在十四年的和平时期里巩固了防御体系，许多南部城镇增设了防御设施，“英格兰民兵”组织虽然还存在一定缺陷，但也比以往更趋成熟。稳固的政治体制已经建立，财富和食物也再度囤积起来。阿尔弗雷德众望所归，民心所向。更重要的是，与查理曼大帝不同，他有一个勇敢的儿子。其子爱德华年方二十二岁，但已能够率领着父亲的人马冲锋陷阵，征战疆场。默西亚人同样有一位埃塞雷德王子，他是韦塞克斯王子的合适搭档。阿尔弗雷德国王身体欠佳，因此很少亲临战场。很多情况下，只有年轻一代的身影纵横驰骋在沙场之上。他们是理所当然的新领袖。

在第三次战争中，英格兰人击败了维京海盗。入侵者从南北方两面夹击肯特半岛。阿尔弗雷德通过利诱收买的方式迟滞了维京人的全面攻势。他游说维京首领黑斯顿，使他同意让两个小儿子接受洗礼。之后，他以重金相赠，与黑斯顿缔结了和平条约。但是，维京人根本不想遵守协议。几乎是在同一时间，丹麦人发动了无情的突袭。阿尔弗雷德试图唤起英格兰人的士气，让军队立刻采取行动。公元 893 年，定居在东安格利亚和诺森伯利亚的丹麦老兵组成了第三支远征军，他们绕过南部海岸线，登陆并包围了埃克塞特。年轻的英格兰将领们立刻展开了猛烈反击。英格兰人显然装备精良，他们骑着马匹，虽然算不上真正的骑士，但也能够快速灵活地应对战斗。他们在奥尔德肖特（今称）附近袭击了一队入侵者，将他们打得溃不成军，之后又马不停蹄地追击了二十英里，直将他们赶进了泰晤士河及科恩河对岸的避难所。

遗憾的是，王子们的军队还不够强大，无力再次发起进攻，而部队的给养也几乎消耗殆尽，因此只能眼睁睁地看着敌人落荒而逃。

丹麦人已在伦敦泰晤士河畔的本伏利特修筑了防御工事，据说今天人们还能够找到这些工事的遗迹。这些异教徒一直躲在那里，直到恢复元气，才开始继续抢掠。他们几乎倾巢而出，据点中只留了下小部分守卫人员。年轻的王子们趁机对丹麦人的据点发起攻势，在冷兵器年代，要攻下一个防御坚固的堡垒谈何容易，但是，阿尔弗雷德的儿子和女婿从伦敦调来了强大的军队，对本伏利特发动了强攻。他们“打跑了敌军，扫荡了堡垒，将老幼妇孺及一切可带走的物品都运回了伦敦城。所有缴获的船只要么焚毁或打成碎片，要么拖到伦敦或罗彻斯特。”——《撒克逊编年史》中正是这样记述的。在十九世纪本伏利特铺设铁路时，人们在此挖掘出了许多烧焦的船只碎片和人体骨骸。

英格兰人在攻克的丹麦据点中发现了黑斯顿的妻子和两个儿子，这些人都可以作为宝贵的人质。然而，阿尔弗雷德国王却大发慈悲，将他们送还给了黑斯顿。国王的做法在当时招来了许多批评之声，而后世之人也对此多有质疑。他释放黑斯顿的妻子是出于博爱的人道善举，而黑斯顿的两个儿子曾经都接受过洗礼，阿尔弗雷德和默西亚的埃塞雷德分别是两个孩子的教父。正是基于宗教的情感和怜悯之心，阿尔弗雷德保护了黑斯顿的子嗣，使他们免受 父辈不义战争的牵连。9 世纪的人们很难理解阿尔弗雷德国王的义举，尤其是王国与掠夺者殊死搏斗之时，国王竟然如此善待敌人眷属。但是，这位伟大国王之所以被后人称为“阿尔弗雷德大帝”，其原因之一正在于此。战争仍在继续，但自此以后，史册中再也没有出现黑斯顿参战的记载。由此可见，阿尔弗雷德的慈爱和仗义精神最终使得“金石为开”。

在这场残酷的战争中，维京人总共动用了三支军队：一支由黑斯顿从欧陆带来；另一支在林姆尼港登陆；最后一支来自丹麦法区。在经历了长期的血腥战斗之后，他们最终被来自韦塞克斯、默西亚和威尔士的基督徒军队打得一败涂地。

《撒克逊编年史》中的一个插曲值得关注：

“冬天到来之前（公元 894 年冬），丹麦人……船只溯泰晤士河和利河而上…… 于伦敦上游二十英里处修建了一座堡垒……秋天（895 年秋），国王大军一面在伦敦附近安营扎寨，一面抢收庄稼，以防丹麦抢粮者下手为强。有一天，国王骑马沿河而行，他想巡视河道，看看哪里能设置障碍，以阻止敌船脱逃……他在河两岸增设了两座炮台……丹麦人随后发现船只退路受阻，于是只得弃船穿越城市而去……伦敦人缴获了船只，带走了所有有价值的物品，不便拿走的只好就地销毁。”

公元 896 年后，战事逐渐平息。维京人的实力似乎已在衰落，他们分散开来，一部分人在丹麦法区定居下来，还有部分人返回了法兰西。《撒克逊编年史》对战争的总结充满了感慨之情：“由于上帝的怜悯，(丹麦)军队没有给英格兰人带来太多困扰。”阿尔弗雷德有力地捍卫了不列颠岛家园，他用政策和武器守住了英格兰的基督教文明，他解放了伦敦，缔造了英格兰南部的强盛王国，使这片疆土成为不列颠及后世大英帝国的重心区域。尤为庆幸的是，他养育了杰出的子孙后代。正如我们所看到的那样，国王的后人们勇敢挑起了国家的重担，成就了辉煌的业绩。

阿尔弗雷德于 899 年与世长辞，但是英格兰与北欧人千回百转的斗争还将持续下去。他的血脉造就了一批英雄的英格兰统治者，他的精神鼓舞着所有基督教军队的士气。其子爱德华立即登基继位，这时的爱德华王子早已成长为三军敬仰的杰出统帅。他的堂弟埃塞瓦尔德与其发生争执后逃往丹麦法区，挑唆诺森伯利亚和东英吉利的北欧人再次入侵韦塞克斯。公元 904 年，埃塞瓦尔德与丹麦首领一道，跨过克里克莱德附近的泰晤士河，蹂躏了维尔特郡的部分地区。作为回敬，一支由肯特和伦敦人组成的军队在爱德华的命令下攻入了东安格利亚。

他们成功扫荡了东安格利亚的中部地区，然而，肯特军团由于撤退稍缓，被怒不可遏的丹麦追兵赶上，不得已只好应战。这一次，丹麦人占了上风，对肯特军团展开了大屠杀。也是命中注定，虽然丹麦人一战获胜，但其首领埃里克国王与叛徒埃塞瓦尔德却在战斗中双双殒命。新首领古瑟罗姆二世继位后，同意与爱德华国王讲和。新的和平协议以阿尔弗雷德 886 年签订的合约为基础，同时又增加了一些新条款。新增条款表明了当前形势已经有所转变，条款中规定，丹麦人属于基督徒，必须向教会缴纳什一税，教区的牧师如果误导信众或在宗教节日上渎职，就要被课以罚金。到了910年，这个条约又被丹麦人破坏了，默西亚王国战火再起。爱德华派遣韦塞克斯和肯特的主力部队走水路前往支援。敌我两军在斯塔福德郡的泰特豪地区展开激战搏杀，这次，丹麦军遭到了决定性的失败。

英格兰人的辉煌胜利是长期斗争之路上的一座里程碑。诺森伯利亚的丹麦军队从此一蹶不振，而丹麦治下的英格兰中部和东安格利亚从此也门户洞开。到目前为止，默西亚和韦塞克斯的捍卫者已经度过了最艰难的时光。而今形势逆转，英格兰人转守为攻，现轮到丹麦人在营帐中瑟瑟发抖了。

据悉，爱德华的妹妹嫁给了默西亚的埃塞雷德伯爵。埃塞雷德于911年去世，他的遗孀埃塞弗莉达成功继承了他的事业，甚至比他更有建树。在野蛮时代，能够成为统治者的女性必然拥有非凡的魅力和品质。被尊为“长者”的爱德华国王与他的妹妹“默西亚夫人”共同领导英格兰军队作战，取得了远超父辈的光辉业绩。两个王国的政策因血缘和现实的需要相互融通，两国的军队以高昂的士气轻松地粉碎敌军的一次又一次进攻。锁定胜局之后，两国领袖开始审慎策划收复丹麦法区及其下属的五个自治市。兄妹二人在各自战线上相互配合，协调一致地向前推进，每攻下一处地方，就构筑起坚固的堡垒。就这样，国王兄妹整整用了十年时间才完成这一大业。918年，爱德华军攻入贝德福德附近的坦普斯福德，古瑟罗姆国王被杀，东安格利亚的全部丹麦军队崩溃了。丹麦所有指挥官向爱德华国王请降，将爱德华奉为他们的保护者和主人。爱德华则允许他们拥有田产，并赋予其按照丹麦习俗生活的权利。同时，“默西亚夫人”也征服了莱斯特，英格兰人军威浩荡，就连约克城也急急送来了降书。就在这奏凯之时，埃塞弗莉达逝世了，爱德华闻讯赶到塔姆沃思，在默西亚贵族的邀请下登上了国王之位。

爱德华——阿尔弗雷德的儿子，现在是亨伯河以南英格兰无可争议的国王。威尔士南部和北方的诸侯也急忙宣誓永久效忠。在此后两年里，爱德华继续北上，在曼彻斯特、柴郡的塞沃尔以及贝克韦尔高原都建立了据点。诺森伯利亚的丹麦人末日临近，王国的统一大业即将实现。在胜利后的祥和宁静之中，爱德华王朝度过了五年岁月。公元 925 年，爱德华国王溘然长逝，第三代统治者继承了他的基业，并继续将祖父和父亲的未竟事业推向前进。

第八章　撒克逊的黄昏

阿瑟尔斯坦是西撒克逊人的第三代国王，即位之初，他秉承祖先传统，与尚未被征服的丹麦法区和平共处。但是，由于双方纷争再起，国王于926年率军开进了约克郡，并在此建立统治。诺森伯利亚投降，苏格兰和斯特拉斯克莱德的国王都承认阿瑟尔斯坦是他们的“父亲和主人”，威尔士王子甚至同意按期朝贡。但其中也有不如人意的插曲，933年时，阿瑟尔斯坦出兵讨伐苏格兰，937年，所有被韦塞克斯征服的地区联合起来发动叛乱，又一次点燃了战争之火。不列颠岛的整个北方地区，无论是凯尔特人、丹麦人还是挪威人，无论是异教徒还是基督教徒，都聚集在了阿瑟尔斯坦的劲敌——苏格兰国王康斯坦丁和都柏林奥拉夫的大旗之下，挪威的海盗也驾船前来增援。这一次，交战双方皆未在运筹设计方面耗费心力，而是直接刀兵相见了。冰岛传奇和英格兰诗歌中都有对战斗情况的描述。根据北欧《萨迦》记载，阿瑟尔斯坦向敌人发起挑战，要求两军列阵对战，甚至还提出了战斗的具体地点，敌人欣然同意。在那个人力贫乏的冷兵器时代，双方庞大的军队各就各位，像参加奥林匹克运动会一般摆出阵势，同时还进行了一些交涉谈判。对阵双方皆士气高昂，在狭小的战场上，士兵们挥舞着盾牌和刀剑，对敌方进行嘲弄。没过多久，诺森伯利亚人与冰岛维京人联军便同撒克逊军队展开了激烈的对战。虽然诺森伯利亚人的指挥官在混乱中逃离了战场，但撒克逊人还是败下阵来。第二天，真正的考验到来了，双方以威武华丽的军阵奏响了战斗的序曲，然后精神饱满地冲将过去，用长矛，斧头、刀剑杀得昏天黑地。整整一天都沉浸在刀光剑影之中。

布鲁南博流传的古代凯歌洋溢着原始着粗犷和勇武好战之情，使我们得以窥见盎格鲁－撒克逊精神的冰山一角："阿瑟尔斯坦君主，高高在上，四方列国，共尊为王。埃德蒙王子，国之贵胄，武勋盖世，辟土开疆。王者荣耀，浴血沙场，劈开盾墙，砍断敌矛。众酋惊慄，四散而逃……勇士云集，船队浩荡……血染疆场，与日同光。圣星高悬，俯照下土，光华四射，一世辉煌。蛮夷中箭，僵卧于野，虽经百战，我军巍然。渡鸦盘旋，豺狼漫山，亡者甚众，尸骨未寒。"

英格兰人的胜利势不可挡，据胜利者所言，"伪证者"康斯坦丁逃回了北方，奥拉夫率领残部撤到了都柏林。从此，阿瑟尔斯坦，这位阿尔弗雷德的子孙成为了名扬西欧的最显赫统治者之一。在王国发行的硬币和颁发的特许状上，赫然印着"全不列颠国王阿瑟尔斯坦"的字样。

阿瑟尔斯坦的不列颠国王称号得到了欧陆国家的承认。他的三个姐妹分别嫁给了三位君主：加洛林王朝的"笨蛋"查理，卡佩王朝的"伟人"休，还有未来的神圣罗马帝国皇帝，撒克逊人奥托。他还拥立了一位挪威王子，让其在约克受洗并发誓效忠。看起来，多年的争斗似乎已近尾声，然而事实却并非如此。布鲁南博之战两年后，阿瑟尔斯坦逝世，他的异母兄弟，年仅十八岁的埃德蒙王子继位。在这种情况下，那些被压服的敌对势力再次开始蠢蠢欲动。埃德蒙秉承祖先精神，顶住了敌人的攻势。他在位仅六年时间，于公元 946 年逝世，但在他治下，王国未失寸土。埃德蒙死后，"长者"爱德华的儿子，他的幼弟埃德烈德登上了王位。与先人一样，他勇敢地抵御外敌，捍卫国之疆土。他打垮了作乱的敌人，彻底平息了诺森伯利亚人的反叛之念。

历史学家认为，对于不列颠而言，公元 954 年是维京人之乱的一个终结点。整整一百二十年时间，维京人的铁蹄踏遍了不列颠岛。前四十年，英格兰基督教社会为自身生存苦苦挣扎，后八十年，阿尔弗雷德、爱德华、阿瑟尔斯坦、埃德蒙、埃德烈德为民族大业英勇奋战。

历经艰难险阻，重重磨难，英格兰人对整个不列颠岛的统治终于重新确立起来。同时，在王国东部的广阔平原地区，来自北欧的移民也深深地扎根在了土壤之上。维京人的血统和习俗，在英格兰国王的统治下极好地保存下来。

埃德加王统治下的英格兰呈现出一派欣欣向荣的盛世场景，王权达到了前所未有的高度。与北欧人斗争的同时，英格兰一步步重建了国家管理机构，其对英格兰制度体系的影响至今犹存。英格兰人重划了各郡版图，每郡设立郡长和总督，他们直接对国王负责。郡下划分出区、市，每个城市都设有完善的防御工事。一套严密的司法体系覆盖了全部郡、区和城市，由法庭负责维护律法，追凶捕盗。税收制度也重新恢复了。此外，随着军、政体制的复兴，宗教和学术也重获新生。虽然起初发展缓慢，但从本世纪（参照上下文时间段）中叶开始，宗教和文化就快速勃兴起来，与欧陆的文艺复兴运动相互呼应。坎特伯雷大主教邓思坦、年轻的伍斯特主教奥斯瓦德以及温切斯特主教阿特沃尔德都致力恢复修道院严格的管理制度，由于有越来越多的修士升任主教，他们还间接对主教团进行了改革。

还有一个偶然的可喜之事，许多用拉丁语写作的宗教书籍，都被用英文重新誊写，这不但极大地推动了学术的发展，还产生了一大批欧洲急需的珍贵手稿。据说，安莎姆修道院长的天主教布道书是就是以英语为书面语，它是最早享誉欧洲的英文经典著作。在十世纪是决定英格兰命运的关键时期，尽管埃德加死后，君主政治出现了衰落趋势，但英格兰的政治制度和民族文化已经在这片土地上根深蒂固。在不到百年的时间里，不列颠岛遭受了两次外来入侵，但制度与文化依然留存。

公元 973 年，一场在极其奢华的加冕典礼在巴斯举行——自此以后，所有的加冕礼都依照这个程序举行。在当时人看来，这标志着英格兰作为统一的国家已经尘埃落定。郡、区、市的所有地方的司法机构都开始正常运转，货币和度量衡业已实现统一，建筑的艺术和装饰流行起来，教堂内的学术氛围也日益浓厚，受过教育的人都会用国内通行语言，即标准英语写作。在不列颠岛上，文明已经复兴。但在这时，为不列颠文明提供给养的政治结构却岌岌可危，在此之前，王国当政者皆是英明神武之人，但是，埃德加之后，一个弱不禁风、优柔寡断、缺乏信仰且不负责任的孩童登上了原属于勇者的宝座。英格兰人已经享受了二十五年的和平，但这种华丽的生活之下暗藏着压力和危险。英格兰人曾在勇者的领导下战无不胜，然而在长期的和平环境中，他们逐渐放松了警惕。这就是"寡断者"埃塞雷德的统治时期。称这位国王为"寡断者"并不为过，按照字面理解，埃塞雷德就是一个不听劝谏，好恶无决的人。

公元980年，维京人再度袭来，展开猛烈攻势。爱尔兰的切斯特首当其冲。那些来自斯堪的纳维亚或丹麦的掠夺者，几乎将南安普敦的居民屠戮殆尽。萨尼特、康沃尔和德文郡也同样遭到了屠杀和掠夺。曾一部英雄史诗记载了991年代"莫尔登之战"：丹麦人聚集在莫尔登的诺西岛上，不列颠人黑水河口的南岸与他们遥相对峙。战场的中心是诺西岛与本土相连接的堤道，在涨潮的时候，它就会被海水淹没。维京人开始讨价还价——这是他们的典型做派："把值钱的东西拿来换你性命，付些代价好过刀兵相见，你可免尝战争苦果……金钱能开启和平之门……拿到报酬我们就止息兵戈，启程返航，并与你和平共处。"[1]

埃塞克斯郡长布里塞洛夫回应道："流浪的盗匪们，你听见民众的呼喊了吗？他们会给你送去无数的长矛，致命的飞镖，刀剑……站在你们面前的是高贵的伯爵和他的部属，这片土地的守护者，他们将保卫埃塞雷德王的国家，国王的子民和田地。在我看来，你们这些野蛮之徒必败。不战就企图获利是可耻行径，谁也别想轻易夺走我们的财富：用刀枪说话，与我军决一死战。"[2]

事实证明，郡长仅是口出大言而已。正在交战双方相互嘲弄之时，潮水慢慢退了下去，露出了战场中央的堤道。英格兰人天真地同意让维京人越过堤道，在南岸排好阵势后公平开战。然而战斗刚一打响，英格兰人就处在了下风，布里塞洛夫的人马开始溃逃，只有一群地方领主，知道大势已去，在绝望中奋战至死。战斗之后，就是一段向丹麦人称臣纳贡的最可耻岁月。

据前文所述，阿尔弗雷德在位时期，从未在金钱方面有所吝啬，他应对敌人的良策就是武力和钱财并用。而埃塞雷德国王却以金钱代替武力讨敌欢

---

1 引自肯德里克所著的《维京史》，第259页。
2 引自肯德里克所著的《维京史》，第259页。

心。他消耗的金钱不断增加，而所得的回报却日益缩水。991 年，他送给敌人一万磅白银作为贿赂，还为敌军提供给养。994 年，资敌数额达到一万六千磅，然而，国王所换得的，只有短暂的喘息机会，及敌酋奥拉夫的受洗。1002 年，他以二万四千磅白银，买来了一个休战协议。但这一次，打破了这个协议的却是埃塞雷德国王自己。王国根基已经腐坏不堪，大量的丹麦雇佣兵进入英格兰军队服役。埃塞雷德怀疑，这些危险的雇佣兵在阴谋反对他，于是便在惊慌失措之中，制定了一个屠杀英格兰南部所有丹麦人的计划，无论是丹麦雇佣兵还是移民，全部处死。这个罪恶的设计在 1002 年的圣布莱斯节被真正执行了。屠杀计划的受害者中，包括维京首领帕里格的妻子，暨丹麦国王斯韦恩之妹甘赫尔德。 斯韦恩发誓要无情地进行报复，此后两年，可怜的不列颠岛民深受其害。埃克塞特、威尔顿、诺维奇和塞特福德都留下了大屠杀的记录，可见丹麦人的报复范围之广。无辜者的鲜血未能抚平复仇者的愤怒，只是由于占领区田地荒芜，大军无以为继，这才于 1005 年撤回了丹麦。1006 年的历史记录显示，斯韦恩于当年卷土重来，扫荡了肯特、雷丁和瓦林福德。最后，埃塞雷德以相当于三或四年的国民收入的三万六千磅白银，购得了另一个短暂的停火协议。

英格兰人想不惜一切代价建立一支舰队。他们就如同曾经的迦太基人，在绝望中爆发出了最后的能量。穷人、饥民、破落户被压榨到了骨头，终于组建起了庞大的舰队。1009 年，新舰队聚集在东南部的桑德威奇。《编年史》中写道：“好运没有降临在我们头上，那些海军根本没派上什么用场。”海军将领间发生了内讧，继而同室操戈。部分船只在战斗中沉没了，另一些迷失在风暴中，还有的则被将领们无情地抛弃了。幸存的船只载着官兵们回到伦敦， 整个国家的辛劳血汗就这样付之东流。1012 年，国王最后一次向维京人缴纳钱财，整整四万八千磅重的白银。入侵者洗劫了坎特伯雷，劫持了大主教阿尔菲奇，以此向王国勒索赎金。由于阿尔菲奇拒绝向民众筹款，最终在格林威治被杀。据《编年史》所载：“我们之所以蒙受灾难，是由于国家政策的失败。我们贿赂入侵者的时机不当，也未进行任何像样的抵抗。但是，他们依然无恶不作，又从无恶不作的行径中收获和平。他们携带着王国奉送的巨款横行无忌，继续杀戮和掠夺我国同胞。

对于之后的那些悲惨场景，我们无须赘言。由于没有详细的历史记录，我们很难了解早先人们受难的全貌。然而，无数闪烁的历史微光打向了这个地狱般的场景，使我们设身处地感受到了无比的血腥和绝望，无尽的悲惨和荒凉。值得注意的是，在1013年，斯韦恩带着他的小儿子卡纽特再次回到英格兰，征服了约克郡及其他五个丹麦律区，成为诺森伯利亚和丹麦治下默西亚的霸主。他率军对牛津郡和温彻斯特郡进行了惩罚性的袭掠，尽管未能攻下伦敦，但仍被尊奉为英格兰国王，而埃塞雷德则逃往妻舅诺曼底公爵处避难。带着胜利光环的斯韦恩于1014年去世，给了英格兰人一个喘息的机会。他们再次将目光转向埃塞雷德，宣称："再没哪个领导人比埃塞雷德更加名正言顺——当然，如果他能改进治国方式的话。"

然而很快，年轻的丹麦王子卡纽特宣布对英格兰王位享有继承权。这时，阿尔弗雷德的血液在埃塞雷德的儿子埃德蒙身上复活了。二十岁他很快在王国声名鹊起，被冠以"勇士"称号。埃德蒙桀骜不驯，曾被其父埃塞雷德称为逆子，但在战争到来时却亲率一彪人马，取得了一系列漂亮的胜利。王子运筹帷幄，解伦敦之围，平息内乱，抵御外敌，成为了万民敬仰的人物。在英格兰的土地上，一颗新星正在升起。埃塞雷德死后，英格兰最后的希望——埃德蒙王子登上了宝座。尽管敌我力量悬殊，英格兰军还刚刚遭受惨败，但新国王还是信心十足。他重划了王国区域，然后重整军备投入战斗。但天不佑人，在1016年，年仅二十二岁的"勇士"埃德蒙突然逝世，他的死亡使整个王国陷入了绝望之中。

在王国政治中占有重要地位的宗教贵族早就实践了圣邓斯坦所预言的灾难。甚至埃德蒙仍然在世时，英格兰的宗教和世俗领袖就曾聚于南安普敦，一致同意不再承认埃塞雷德后代的君主地位，转而尊奉卡纽特为永远的英格兰国王。在丹麦人面前，王国所有军事与道义上的抵抗都已土崩瓦解。埃塞雷德家族被驱除了王室的队列，韦塞克斯家族的末代子孙流亡国外。年轻的丹麦王子欣然接受了英格兰人卑微的投降，虽然通向帝王之路充满了暴力和血腥，但他终于如愿以偿，取得并巩固了自己的王座。他很好地履行了承诺，在国家宗教和世俗方面履行了国王的职责。英格兰旧贵族试图用重金收买丹麦军队，让这些异教徒撤回北欧。但丹麦新国王却在首领们的支持下以“他的灵魂起誓”，要护国佑民，普度众生。于是，丹麦和英格兰的上层人士庄严地签署了条约。正如兰克所言：“在撒克逊民族移民初期，王室家族就奠定了他们的权利和地位。他们统一了英格兰，拯救黎民于水火之中。然而，在这道德沦丧，国家蒙难之时，他们却被盎格鲁－撒克逊和丹麦教俗界的首脑弃若敝履。”[1]

君王的产生一般有三种方式：一是征服，这种得位方式一般没有争议；二是继承，享受祖先的荫庇之荣；第三种是选举，是两种势力间达成的妥协。卡纽特就是通过最后一种方式获得王位，并开始了他的统治。或许是罗马皇帝图拉真的榜样作用，阿尔弗雷德和卡纽特都被视为早期英国国王的楷模典范。格里高利教皇——正是他向不列颠岛派来了第一位传教士——对图拉真皇帝十分尊崇。有证据显示，教堂在礼拜时会大声颂扬图拉真的美德和功绩。

卡纽特也许曾研究和模仿过奥古斯都皇帝的风范。他坐在海边阻止潮水涌入时教训阿谀者的典故已被人们广泛传颂。他特别注重遵守法律，依法办事。甚至以军人身份服从王室军队的规章制度。早在登基之初，卡纽特就解散了赖以起家的丹麦大军，转而对卑微的英格兰军队信任有加。他娶了埃塞雷德的遗孀——诺曼底的艾玛为妻，这就避免了诺曼底公爵因家族利益站在埃塞雷德后人一方，对他采取报复行动。

卡纽特成为英格兰北方的统治者，其治下有五或六个诸侯国。在征服英格兰之前，他已经是丹麦国王，不久又实现了成为挪威国王的夙愿。苏格兰向他表示敬意，主动屈从于他的统治。虽然北欧海盗的力量已经衰颓，但仍然可以横行世界，从挪威驶向北美大陆，或穿越波罗的海前往东方。但是在维京人的所有领土中，卡纽特独独选择了英格兰建都立业。据史册所载，他喜欢盎格鲁－撒克逊的生活方式，希望被视为“埃德加的继任者”，因为与后世相比，埃德加十七年的和平统治仍然显得光彩夺目。他依照法律管理国家，

---

1 引自《英格兰史》，第一卷，第 25 页。

同时还晓谕人们，国家法律必须得到严格执行，司法与国王的行政权力相分离。

卡纽特建造了教堂，宣称绝对忠于基督教信仰和教皇的神权。他对圣埃德蒙，及被其丹麦同胞所杀的圣阿尔菲奇表示敬意，为纪念他们，国王将二人的遗骸送到坎特伯雷隆重安葬。1027 年，卡纽特在罗马朝圣时给臣民写了一封信，信中洋溢着热情和慷慨。他承诺公平公正地治理国家，特别强调向教会缴纳捐税的重要性。他的女儿嫁给了康拉德皇帝的长子，后者最终在石勒苏益格至艾德河畔的广大地区建起了自己的帝国。除上帝和命运的眷顾外，卡纽特主要凭借自己的才能创造了辉煌功业。我们再次看到一个伟人止息兵戈，一统河山，治乱扶危的英雄业绩，同时也深深地了解，如果没有这样的雄才大略之人，世间将会有多少生灵涂炭。

一些早期的历史记录生动地描述了卡纽特其人的情绪和性格："在隆重的欢迎式上，国王走进修道院。他谦逊地迈着步子，用满含崇敬之情的目光盯着地面，热泪潸潸而下，不，甚至可以说泪如泉涌。他的虔诚有若圣徒一般。当他供奉神圣的祭品时，哦，多少次，他满含泪水的眼睛久久凝视地板，多少次，他捶打自己高贵的胸膛，多少次，他低声长叹，多少次，他向上帝祈求宽恕！"[1]

但是，不久后的北欧传奇却展示了国王的冷酷一面：卡纽特国王和乌尔夫伯爵对弈。国王一步失误，让乌尔夫吃掉了一个"骑士"。国王悔棋，重新把"骑士"摆上棋盘并要求伯爵另走他子。伯爵十分生气，推翻了棋盘拂袖而去。国王喊道："滚吧，胆小鬼乌尔夫。"走到门口的伯爵转过身来回敬道："当初在黑尔格河，瑞典人像打落水狗一般追赶你，我急赶来援助你时，你怎么不称我为胆小鬼？"伯爵径直而出，回家睡觉……第二天一早，国王披上衣服，喊来了内侍："去杀了乌尔夫伯爵。"

内侍领命而出，不久复返。

国王问道："你杀死伯爵了？"

内侍答："我没能杀他，他到圣卢修斯教堂去了。"

宫廷中有一人名叫伊瓦尔·怀特，他出生在挪威，现为国王的侍从和廷臣，

---

1 引自《赞颂艾玛女王》。

国王将他喊来："去杀了伯爵。"

伊瓦尔走进教堂，在唱诗班面前，将利剑刺向伯爵，伯爵倒在血泊之中。随后，伊瓦尔提着血淋淋的佩剑回宫复命。

国王问："你杀死伯爵了？"

伊瓦尔："我已经杀了他。"

"做得好"，国王说。

伯爵被杀之后，修士们赶忙关闭并锁住了教堂大门。然而不久，修士们接到了国王的命令，要他们开门并高唱弥撒曲。修士们只好照做。国王来到教堂，赐予其大笔钱财和大片土地，教堂因此声誉日隆。所得土地至今仍属该教堂所有。[1]

与此同时，在英吉利海峡彼岸，一支新兴力量正在崛起。公元十世纪时，维京人开始在诺曼底安家落户，随着时光推移，维京定居者逐渐建起了法兰西最具实力的军事强国。在不到一百年的时间里，这个海盗国家就步入了封建社会。由于许多历史记录都淹没在了五光十色的传奇之中，我们甚至对诺曼底公国创始人罗洛的原籍都不甚了解，他究竟来自挪威、丹麦还是瑞典，始终都是难解之谜。诺曼底公国的历史始于《埃普特河畔圣克莱尔条约》，该条约是罗洛与西法兰克国王"笨蛋"查理签订的，它肯定了法兰克国王的宗主地位，同时划定了诺曼底公国的疆域。

诺曼底公国出现了一个骑士和贵族阶级，他们通过服役从领主那里换取土地，之后再以同样方式将土地分给附属。诺曼底人讲求规则和逻辑，他们建立了基本的社会结构，很快，一支卓越的军队由此脱颖而出。他们极力维护等级秩序，除了诺曼底公爵之外，任何人不得建设城堡或私设防御工事。公爵的宫廷或"元老院"中有本族官员、高级教士和地方封臣。封臣不仅承担兵役，还要参与宫廷事务。宫廷是全国的行政中心。诺曼底公爵的决定和要求由下属的子爵监督执行，他们除为公爵征收地产税之外，还与教廷有着

---

1 引自斯诺里·斯蒂德吕松的《挪威王列传》。

密切联系，同时，他们也是地方长官，管理着一郡大小的土地。诺曼底公国与教会建立了良好关系，甚至成为了中世纪欧洲和谐政教关系的楷模。国家为辖区内教会提供保护，并对宗教活动给予资助。他们对十世纪的宗教复兴表示欢迎，并向宗教领袖提供赞助和支持。与此同时，诺曼底人也极力确保主教和修道院长的任命权掌握在公爵手中。

英格兰未来统治者正是来自这个极具活力且组织有序的公国。1028 年到 1035 年间，在维京本能的驱动下，诺曼底公爵罗伯特开始策划一场入侵行动。然而不久，罗伯特中道去世，而且也没有留下合适的继任者来袭承爵位，原本的入侵计划便暂时搁浅——当然，仅仅是暂时而已。

诺曼底公爵之妹艾玛在英格兰历史中扮演着重要角色。埃塞雷德国王之所以迎娶艾玛，是为了通过联姻手段与强大的诺曼底公国建立关系，并以此弥补战场上的失败。卡纽特娶她也是为了统一英格兰着想。我们对她的个人品质和行为所知甚少，但无论如何，这种处于巨大权力漩涡中心的女性的确是世所罕见。事实上，艾玛有两个丈夫和两个儿子，他们都是英格兰的国王。

卡纽特在 1035 年逝世，王位争夺随之开始。他留下了三个儿子，其中两个是北安普顿的艾尔吉娃所生，另一个是艾玛之子，名为哈迪卡纽特。儿子们都是维京后裔，遗传了祖先的无知和粗鲁。在这种情况下，许多人都倾向于恢复原有的西撒克逊宗室，将埃塞雷德和艾玛的儿子阿尔弗雷德和爱德华重立为王。此时，这两位末代王子正在诺曼底流亡。《编年史》将老大阿尔弗雷德称为“无辜的王子”，他于 1036 年匆匆赶回英格兰，宣称是为了看望他的孀居母亲艾玛。韦塞克斯伯爵古德温是英格兰的丹麦领袖，他握有大权并具有极高政治影响力。冒险而来的阿尔弗雷德很快被古德温抓获，他的随从皆遭杀害。不幸的王子也被弄瞎了双眼，很快死于伊利修道院。这是古德温所犯下的罪行。王子一死，王位继承问题就被大大简化了，卡纽特的儿子们瓜分了父亲的遗产。斯韦恩在挪威统治了一段时间，他两个兄弟先后继任英格兰国王，但却都英年早逝。仅仅不到六年，英格兰王位就再度出现了空缺。

古德温仍掌控着不列颠岛的大权，主宰国家事务。西撒克逊的爱德华王子——阿尔弗雷德的弟弟，埃塞雷德和艾玛所剩的唯一儿子依然在诺曼底流亡。在这段时间，处于无政府状态下的英格兰人一直希望建立起稳定有序的国家机构。或许只有君主制能做到这一点，而在王位方面，阿尔弗雷德大帝的杰出后人无疑是独一无二的人选。撒克逊王室的五、六代君主都在抵抗丹麦的战斗中身先士卒，顽强不屈，而他们也是欧洲最古老的王族。两代人之前，卡佩王朝只据有法兰克岛和巴黎地区，诺曼底公爵也只是四处游荡的海盗。伟大国王的后裔仍然能给人们带来一种神圣和敬畏之感，无论是阿尔弗雷德大帝的子孙，还是埃及和远古王朝的后代，都能令人肃然起敬。古德温看到了这一点，于是便想通过拥立爱德华来巩固他的权力，赢得两族民心。他对流亡者讨价还价，软硬兼施。他威胁爱德华说，若不满足他的条件，他就要扶植侄子卡纽特继位。他开出的一个重要条件，就是限制诺曼底国家对英格兰事务的影响，爱德华爽快地答应了。于是，王子在欢迎声中回到故土，登上了英格兰王位。在之后的二十四年中，古德温家族在大多数时间里都把持着英格兰的大权。佛罗伦萨人伍斯特所编纂的《编年史》中提到："他手握重权，无比尊荣，仿佛自己就是英格兰的国王，统治着整个王国。"

爱德华性格安静，对宗教虔诚。不喜欢战争或打理政务。由于诺曼底的长期流亡经历，他愿意在古德温伯爵的允许范围内，谨慎低调地发挥诺曼底人的影响力。诺曼底人开始在英国教堂里担任主教，在王宫内担任职员，并获准在郡、区拥有地产。为维护大局，爱德华被迫迎娶古德温年轻端庄的女儿为妻。但根据当时的学者所述，这种联姻只是一种形式而已。 据说，国王是一个善良、软弱、胖乎乎的白化病患者。后世的一些作家声称，国王能够应对处理身边盎格鲁-丹麦武士的种种关系，这说明他拥有一种潜在的力量。无论如何，国王的最主要兴趣还是在宗教方面，随着年龄的增长，他越来越多地用宗教眼光来看待问题。在艰难时局中，他的许多作为与玫瑰战争中的亨利六世如出一辙，此二人在性格方面也具有相似点。一段时间之后，他因虔诚和恭敬受到人们的尊崇，各种缺点则被渐渐忘却了。

同时，一人之下万人之上的古德温家族也继续保持独裁统治。在这一时期，裙带关系并不仅仅是家族内部成员的相互扶植，而是统治者培植亲信的唯一途径。家族纽带虽然并不牢靠，但至少保证了利益的协调一致。虽然没有确切的统计数据，但历史事实却给人们留下了一个总体印象——在那个时代，人们总会认为自己的兄弟、妻舅或儿子要比陌生人更为可靠。我们不能因为伯爵与家族成员分享国家权力而对其加以谴责，也不必为其他领袖抱怨权力分配不公而感到惊奇。在英格兰的宫廷中，诺曼底、撒克逊和丹麦人的暗中角力已不是一朝一夕的事了。

1051 年，英格兰发生了一场政治危机。英格兰宫中的诺曼底势力成功地迫使古德温流亡海外。据悉，在古德温离开的时候，诺曼底公爵对英格兰进行了正式访问，他向英王忏悔者爱德华提出，让自己充当英格兰王位的继承人，而爱德华很可能答应了他的要求。然始料未及的是，1052 年，古德温在儿子哈罗德的积极帮助下，带着在弗兰德斯召集的军队返回了英格兰。古德温父子逼迫英王给他们官复原职，国内的许多诺曼底显贵也被其驱逐出境。古德温的家族又在英格兰重塑了自己的权威，从沃什湾到布里斯托尔海峡沿线以南的广大领土，都在古德温家族的直接控制之下。

古德温在 1053 年，也就是他重回英格兰的七个月后便撒手人寰。从受到卡纽特提拔，进而崭露头角开始，古德温已在政坛上摸爬滚打了整整三十五个年头。他所留下的儿子中，要数哈罗德年龄最长，因此，身为长子的哈罗德理所当然地继承了父亲的大片领地。不仅如此，哈罗德还想方设法扩展势力。在此后危机四伏的十三年中，英格兰的统治者只是这个维京家族的傀儡而已。尽管面对着盎格鲁 - 丹麦的强大势力，朝中的诺曼底人反对派却仍然与忏悔者爱德华保持着密切关系。古德温父子在今天颇为流行的“君主立宪制度”下维护家族的统治。哈罗德的二弟成为了默西亚伯爵，三弟托斯蒂格因向诺曼底人大献殷勤而受到爱德华国王的青睐，并因此成功霸占了诺森伯利亚伯爵爵位。但是，古德温家族的关系并不和睦，哈罗德和托斯蒂格很快成为了冤家对头。哈罗德的能力、气魄和城府对维护王国统一大有裨益。但尽管如此，其诸子间的争斗还是为王国的未来埋下了隐患。殊不知，海外的敌人已对英格兰这块肥肉虎视眈眈。

忏悔者爱德华统治末年，英格兰存在普遍的政治衰弱。手稿、雕塑、金属制品、建筑等艺术品仍然不断涌现，宗教活动依旧活跃，法律基础牢不可破，司法工作也在有序进行。但是，对于此时的王室而言，阿尔弗雷德家族的优点与活力业已耗尽，撒克逊王朝处在了衰落的边缘。王子们弱不禁风，大多早夭，且身后无嗣，甚至连子嗣众多的埃塞雷德二世也差点断了香火。他的子孙很快凋零殆尽，只留下羸弱的王子和幼小的公主支撑门面。这个勇武的王朝曾经击败了海盗，再次征服了丹麦法区。然而现在，大权在握的地方伯爵都纷纷竖起了独立的大旗。

虽然英格兰仍是欧洲唯一由国王掌管财政大权的国家，全国地方长官都必须将地方捐税上缴中央，但现在，中央对地方的控制已经大大放松了。这时的国王主要靠自己的私有财产过活，并依靠宗室成员勉力支撑朝政。实际上，君主仅存的微弱权力也受到了一小撮撒克逊–丹麦贵族的严格制约。一个不足六十人的“贤人会议”历来是英格兰的重要政治机构，是支持王室的基础力量。“贤人会议”的成员其实就是朝臣、乡绅和高级教士，他们似乎将自己视作了全国的代表。然而此时，这些“贤人”已经不能为国家发展推波助澜了。他们削弱了王权，自己也未能获益。“贤人会议”的优势和特质在普遍衰落的大势下不复存在，豪强大族逐渐掌握了会议的控制权。中央权力的削弱导致诸侯并起，群雄割据。自私的地方首领为追求个人和家族利益纷争不断，全国各地狼烟四起。本国民众除在地方冲突和骚乱中饱受苦难外，撒克逊地区和丹麦法区不同风俗也使他们受到了严重制约。一些反常现象和矛盾事务妨碍了司法行政。从西塞克斯的完全采邑制，到东、北部的丹麦法区的自由地制，全国土地制度也不尽相同。贵族与土地没有明确的联系，无论拥有多少土地，他们都须为国王服役。不列颠岛在欧洲的地位已经衰落，国家发展停滞不前。沿海和城镇的防御被人们所忽视，在未来的征服者眼中，英格兰国家的一切，包括社会、道德、政治、军事等都是一盘散沙，脆弱不堪。

我们对忏悔者爱德华只有一种模糊不清的印象。他所笃信的基督教会对中世纪传记进行了细心的裁剪，将他的形象渲染得十分高大。撒克逊英格兰的火光暗淡下去，逐渐融入黑暗之中。一位性格温良，头发花白的老人预言了末日的到来。在爱德华弥留之际，他仿佛受到神启，喃喃说出了这样的话语：一个罪恶的时代即将来临，邪恶将横扫这片土地。这种恐怖的言语使在场之人惊悚不已，但只有忠于古德温的大主教斯蒂甘德无动于衷。这位主教对哈罗德轻声耳语，说国王是因病痛折磨而丧失了理智。1066 年 1 月 5 日，最后一位撒克逊国王寿终正寝。在这艰难的岁月中，英格兰人的民族情感与教会对国王的感激之情为爱德华国王笼罩了一层神圣的光辉。随着时间的流逝，具有精神感召力的爱德华成为了人们所崇拜的偶像。前往威斯敏斯特国王陵墓朝拜的民众络绎不绝。1161 年，国王被封为圣徒。几个世纪以来，他一直活在撒克逊民族的记忆中。诺曼底人也对其十分推崇，认为诺曼底公爵的成功继位，有赖于爱德华国王的睿智之举，因此两岸民众皆对爱德华心存感念。忏悔者圣爱德华一直被视为英格兰的守护神，直到百年战争时才被圣乔治所取代。事实证明，圣乔治显然更能迎合不列颠民众的需要、情绪和性格。

第二部

国家的形成

第九章　诺曼底人的入侵

长久以来，英格兰都被国内的派系纷争搅闹得疲惫不堪，引得国外势力对其王座垂涎不已。北欧的斯堪的纳维亚人试图重现卡纽特王朝的辉煌，诺曼底人则声称他们的威廉公爵血统纯、历经磨难，且得到过表弟爱德华以王位相传的承诺。对这两个如狼似虎的强权来说，英格兰是一块足以满足各自野心的大蛋糕，因此他们几乎同时动手，试图分享目标。

一天早上，诺曼底公爵罗洛的第四代子孙罗伯特骑马前往他的都城法莱兹。路上，他看到正在小溪边洗亚麻布的皮匠之女阿丽特，心中顿时涌起爱意。于是，公爵把阿丽特带回都城。彼时，尽管他已与一位名门闺秀成婚，但仍坚持与阿丽特白头到老。到1027年，二人浪漫但不合贵族常规的结合有了结晶，生下了后来名扬四海的威廉公爵。

威廉7岁时，罗伯特公爵去世。对年幼的威廉来说，要想在虎狼环伺之中保住爵位继承权几乎不可能。随着他的贵族监护人接二连三地暴毙，觊觎爵位者开始在诺曼底搅起不安分的暗流。他们能甘心接受一个私生子的统治吗？难道一个皮匠的孙子能成为众多将门世家的君主吗？答案显然是否定的。自威廉出生以来，私生子这个污点一直缠绕着他，并且深深地烙印在他的性格中，让他心里充满怨恨和冷酷。多年后，当他率部围攻阿朗松时，当地居民粗鲁地把兽皮挂在城墙外并大喊："这是给皮匠的兽皮！"被激怒的威廉报复性地摧毁了这座城镇，砍掉了城内居民领袖的四肢，或者活剥了他们的皮。

就在威廉的爵位遭到严重威胁时，法国国王亨利公开宣布了承认和维护罗伯特幼子继承人地位的政策，并成为小公爵的保护人和领主。如果不是这样，威廉恐怕很难活下来。1047 年，已经二十岁的威廉终于遭到算计，一场可怕的阴谋席卷而至。叛乱者计划瓜分诺曼底公国，并准备推举出一人成为象征性的公爵。不过当暴乱发生时，威廉正在公国中部地区打猎，幸运地逃过一劫。当叛乱者纠集人马准备抓捕他时，他的一位宠臣突围而出，及时向他发出了逃命的警报。到天亮时，威廉已经骑马跑出了 40 英里，在忠于他的法莱兹城暂时安顿下来。他知道靠自己的力量已无力回天，于是又马不停蹄地前去向自己的领主法国国王求援。威廉的请求得到了亨利的应允。法国国王立即发出援兵，威廉也趁机将忠诚于自己的贵族和仆人们集结起来。在瓦雷杜尼，威廉与反叛者展开了一场骑兵大战，结果以后者的溃败告终。在这之后，威廉首次巩固了自己作为诺曼底公爵的地位。

在当时的社会条件下，世仇纷争随处可见，有些领地甚至会爆发家族战争。但国家大权一旦统一于强势的君主手里，这些纷争就会受到约束，并不会影响与他国交游广泛的军事社会迅速发展。各级领主之间的亲近感、土地与武力的结合以及在精神领域对教皇权力的拜服等因素，使身披铠甲的骑士与权势日隆的贵族紧密团结起来，欧洲的版图在他们手中日渐扩大。与此同时，军事贵族的雏形也开始在信仰基督教的势力中逐渐显现。在骑士思想刺激下，形成了以土地所有权为基础的军事力量。随着新势力的诞生，披坚执锐的骑士主宰了战争，成为一种上马能征杀、下马能统治的新兴力量。

在当时的封建社会里，没有一处新兴势力在战斗力上能与诺曼底公国一较高下。威廉是一位战争大师。30 年前，英格兰曾在强力而英明的卡纽特统领下享受过崇高的荣耀；30 年后，诺曼底这个小公国部分重现了当年英格兰的辉煌。在威廉统领下，公国的骑士们正用充满无畏和冒险精神的目光环视着世界。这群好战分子已经盯上了英吉利海峡的对岸。和父亲一样，威廉与英格兰的撒克逊王朝保持着密切的关系，并关注着以戈德温及其子哈罗德为首的盎格鲁—丹麦势力的一举一动。

令人称奇地是，好运气竟直接砸在诺曼底公爵头上。大约在 1064 年的时候，哈罗德在某次巡视途中遭遇大风，船队被刮到法国海岸。统治那里的蓬蒂厄伯爵将流落滩头的哈罗德一行及其物品视为天赐的宝藏加以扣留，并索要与其相应的巨额赎金。此时，诺曼底公国与英格兰王朝之间的关系紧密而友好，故威廉公爵要求蓬蒂厄伯爵释放爱德华国王的臣属。他起初试图通过行政手段达成目的，后来又采取了军事威胁手段。蓬蒂厄伯爵最终被迫放弃了发一笔横财的想法，将哈罗德转交给诺曼底公国，威廉与哈罗德之间自此建立起亲密友谊。抛开政治不谈，二人确实惺惺相惜。人们经常看到他们架鹰携犬外出游猎；哈罗德还帮助威廉对付布列塔尼人，并在危险的争端中为威廉出谋划策。威廉册封哈罗德为爵士，但前者却志在继承英格兰王位。对威廉来说，荣登英格兰王位确实是可能的，哈罗德的母系有些许王族血统。不过与之相比，威廉的王族血统来自于父系，他更有权利和理由获得王位。他决心坚持自己的这一权利。他清楚地知道哈罗德在忏悔者爱德华[1]宫中拥有的影响力，也知道如果哈罗德恰巧在爱德华驾崩时在场，会轻而易举地把这种影响力转变为王权。为了避免这种情况的发生，威廉公爵邀请哈罗德达成协议，未来英格兰国王的宝座归自己，同时保证哈罗德受封伯爵，领有富庶的韦塞克斯为封地。为了让哈罗德安心，威廉还以未来英格兰国王的身份把自己的女儿许配给他。

一幅挂毯生动地描述了威廉与哈罗德协议签订的经过。这幅记载了威廉王朝编年史的挂毯据说出自威廉之妻马蒂尔达王后之手，但实际上是英格兰艺术家们在威廉同父异母的弟弟、贝叶教区主教奥多指导下设计的，描述的当然是诺曼底人的一面之词，但其后世数代史学家都据此声称威廉入侵英格兰是正当的。可见在那么早的年代里，入侵者就需要为自己的侵略行为寻找借口了。撒克逊人则坚称诺曼底人的说法只是一种宣传手段，而且后者出示的证据中也有颇多矛盾之处。不过，哈罗德当年确实可能向威廉郑重发誓，放弃继承英格兰王位的权利或打算。如果不这么做，他不仅很可能会丢掉英

---

1 这位英国盎格鲁－撒克逊王朝君主（1041 年至 1066 年在位）因对基督教信仰有无比的虔诚，故被称作“忏悔者”或称“圣爱德华”。

格兰王位，而且还会丢掉返回英格兰的机会。

随后，威廉方面又想出了一个新花招，更增添了双方因这则誓言而产生的怨恨。据说在哈罗德当年发出誓言的圣坛或桌子下面隐藏着神圣遗骸——后世著者多称其为圣埃德蒙德的遗骨。于是，他的誓言就有了一丝被整个基督教世界认可的神圣意味，成为一个非常特别的誓言。尽管誓言中包含的义务并不为外人所知，但却多多少少对哈罗德有些约束力。

不过，也不能说两个人的交易不合常理，也许当时的哈罗德从中看到了有利于己的前景。

当时威廉已经击溃了他的政敌和野心勃勃的亲戚率领的叛军，巩固了自己在公国内的地位，稳定了与布列塔尼接壤的西部边界，并在西南方向从法国北部强大的安吉文王朝手里夺取了曼恩。迫于他的所作所为，那些曾在他幼年时给予其保护的巴黎强权人士不得不转换脑筋，把他当作有成就的成年人而给予应有的尊重。到他与佛兰德斯公爵的女儿马蒂达尔成婚时，威廉又在公国的东面赢得了一个有用的盟友。

与此同时，哈罗德获释回到英国主持政务，受到衷心的拥戴并取得越来越多的成就。1066 年 1 月，忏悔者爱德华与世长辞，终于从时时诱惑他的罪恶中解脱出来。据说他在咽下最后一口气之前不顾对威廉许下的诺言，向贤人会议[1]推荐年轻而勇敢的顾问哈罗德作为国王的最佳人选。最终，哈罗德获得伦敦、英格兰中部和南部地区的支持，于 1066 年初在威斯敏斯特大教堂隆重加冕为王。

哈罗德的加冕将战争之门再次打开。法国历史上不是没有非王室成员成为国王的先例，比如开创此先例的休·卡佩[2]。但这种做法很容易引起贵族的强烈不满。后者的自尊、情感和共通的思想正日益成为支配欧洲西部地区的

1 盎格鲁－撒克逊时期英格兰的一个重要政治机构，是一种由国王主持召开的、会期不定、人数不等的高层会议。与会者主要有被称为“贤者”或“智者”的高级教士和世俗贵族，包括国王的近臣、王族宠幸和地方长官等。

2 公元 987 年成为西法兰克国王。事实上，此时的法国王室还有男性后嗣。卡佩只是母系祖先来自王室。

法律。每一位听到哈罗德加冕消息的领主都觉得受到了侮辱，并意识到才能和刀剑又有了用武之地。更重要的是，封建社会的整个结构都是以神圣的誓言为基础的。对违背誓言的人，骑士和教会两个团体会联合起来予以毫不吝啬的打击。祸不单行，为哈罗德主持加冕礼的坎特伯雷大主教施蒂根德是从一位支持教会分裂的教皇手中得到大主教披肩的，身份不被罗马认同，因此哈罗德的国王身份也不被罗马认可。

恰在此时，高高在上的上帝做了一个模棱两可的手势。哈罗德举行加冕礼时，天空出现了一颗长尾巴彗星（当时的人们也称其为“毛毛星”，现在的天文学家已经确定其为哈雷彗星）。此前，这颗彗星曾预示过耶稣的诞生。显然，这种神秘的天象变化可以被巧妙地解释为哈罗德的吉兆。但掌握话语权的征服者们却声称，这是一个告诉人们亵渎神灵的暴发户即将倒台的预兆。

两份入侵计划被争先恐后地制定出来。第一份来自斯堪的纳维亚，挪威卡纽特王朝的继承者们决心夺回他们传统的英格兰王位。正当他们忙于组建远征军时，哈罗德同父异母的弟弟托斯蒂格被从自己的诺森伯利亚伯爵领地驱逐出来，满怀复仇之心逃到挪威，一字不落地透露了不列颠岛上的危机和防御弱点，这促使挪威国王哈罗德·哈德雷达终于定下出征决心，誓要夺取英格兰的王冠。他首先乘船前往奥克尼群岛[1]，在那里招募来自苏格兰群岛和马恩岛的新兵。1066 年夏末，哈德雷达国王与托斯蒂格一起，率领庞大的舰队和军团杀向英格兰东北部海岸。

英格兰国王哈罗德一时面临着腹背受敌的可能：东北面是来自挪威的大军，南面则是蓄势待发的诺曼底公爵威廉。哈罗德的作战才能此时显露出来。他坐镇伦敦，等着看哪股入侵者首先向自己发起攻击、从哪里攻击。1066 年 9 月消息传来：挪威舰队在哈德雷达国王和托斯蒂格指挥下沿亨伯河溯流而上，击败了埃德温伯爵和莫卡伯爵集结的地方武装，在约克附近的斯坦福桥安营扎寨。于是，哈罗德率领自己那支由丹麦人组成的王室禁卫队，沿罗马大道

---

1 苏格兰北方沿海 30 余公里处，当时属于挪威。1486 年丹麦和挪威国王克里斯蒂安一世将女儿嫁给苏格兰国王时，由于无法拿出嫁妆，不得不将该群岛抵押给对方。之后该笔嫁妆一直未能偿付，奥克尼群岛遂于 1472 年割让给苏格兰。

向北驰奔约克，沿途不断召集地方武装，行动之迅捷完全出乎北方入侵者的意料。埃德温和莫卡败退后仅五天，哈罗德的军队便进至约克，并于到达的当天上前迎击距约克城十英里的挪威大军。

大战一触即发，英格兰人发起了冲锋。起初，没有穿戴盔甲的挪威人仍能保持战阵阵形。但随后就中了当时惯用的佯攻之计，撤掉盾牌围成的防护圈四处出击。此举正中哈罗德下怀，英格兰国王遂下令全力攻击，战场上兵器的撞击声一时震天动地。混战中，哈德雷达国王喉部中箭，托斯蒂格接过指挥权，代替受伤的哈德雷达站在"大地破坏者"的大旗下，双方的激战也趁此时机进入短暂停顿。此时，哈罗德向自己的兄弟提出罢战，并允诺放过所有还活着的挪威人。但"所有挪威人齐声呐喊，声称他们宁愿战得堆尸如山，也不愿苟活于英格兰人的饶恕之下"。于是，哈罗德麾下有北欧维京人好斗血统的骁勇禁卫军一声呐喊，齐齐向敌人猛冲过去，双方在厮杀声中重新开战。此时，入侵者留在船上的部队起来增援。尽管这支援军身披重甲，但急行军让他们变得气喘吁吁、筋疲力尽，不得不解开身上的锁环甲，与先前陷入困境的伙伴一起浴血奋战，结果几乎伤亡殆尽。战前，哈罗德曾以轻蔑的口吻向哈德雷达国王许下诺言，要将战死的他埋在英格兰的七尺黄土之下；战后，获胜的英格兰国王履行了诺言，同时留了挪威国王的儿子奥拉夫一条性命，放他带着残存的追随者平安离去。托斯蒂格则为自己没有休止的怨恨付出了生命的代价。尽管斯坦福桥之战比不上后来的黑斯廷斯战役，但却也被认为是英国历史上的决定性战役之一。从那时起，再也没有一支来自挪威的军队能真正威胁到英格兰国王的王权和英格兰王国的完整。

就在取胜斯坦福桥的同时，哈罗德得到南方传来的消息："私生子威廉"在佩文西登陆了。

征服者威廉入侵英格兰的计划制定得如同企业的冒险扩张。很明显，诺曼底拥有的资源并不足以支持它完成夺取英格兰的使命，但威廉公爵的名字在封建世界里如雷贯耳，他与其他国家的军事贵族一样，梦想夺取并瓜分英格兰。在利尔邦会议上，公爵的梦想遇到阻碍，诺曼底公国的大小爵士们拒绝支持他的冒险行动，声称那只是公爵的一己私念，而不是公国官方行为。但与此同时，他们当中的大多数人却口不应心，纷纷报出能派出的骑士和船只的数目。布列塔尼派出了一支规模庞大的军队。应该牢记的是，罗马征服时期曾有一些优秀的不列颠人逃到布列塔尼避难，他们在当地繁衍出一大群仍保留着古典时代和不列颠种族特点的子孙。与诺曼底人不同，所有法国人都对入侵英格兰非常感兴趣，大批雇佣军从佛兰德斯甚至阿尔卑斯山之外远路而来；意大利南部和西班牙的诺曼底贵族和骑士听到消息后也赶来，以骑士和船只为"股份"加入威廉公爵的"冒险公司"。威廉与他们明确约定，夺取的英格兰土地将根据股份大小进行分配，作战有功者当然还能得到奖励。1066 年夏天，这群好战成性、渴望夺得土地的无耻强盗们喧哗着聚集在索姆河口的圣瓦莱里。自当年春天以来，法国的所有港口就开始建造船只，到8月初，近七百艘船只和约七千人（其中大多数出身高贵）集结完毕，随时准备追随伟大的诺曼底公爵出征，瓜分英格兰的土地和财富。

但风向一直不遂人意，接连六个星期都没有刮过南风。威廉手下这支既没有封建盟约束缚也没有爱国心或士气做支撑的杂牌军开始变得急不可耐，争吵和牢骚在营地内随处可见。要不是慑于威廉作为"总经理"的威望以及对大肆抢掠的期待，这支拼凑起来的军队恐怕早就分崩离析了。不过，是该对天气做点什么了。于是，圣埃德蒙德的遗骨被从圣瓦莱里教堂取出来，以庄严的军事和宗教仪式在海边巡游。这一招竟真的灵验了。巡游的第二天风向就开始变化，虽然不是正南风而是西南风，但威廉公爵认为已经足够了，于是出发的号令终于被传达下去。所有船只满载给养、武器、铠甲和众多马匹扬帆出海。为保证舰队能聚集在一起，威廉做了专门的安排，指定索姆河口为集合点，同时夜晚还在自己的座船桅杆上点亮一盏异常明亮的灯。第二天早上，威廉的舰队开始向英格兰海岸进发。公爵乘坐在一艘快船上，很快便发现自己已经一马当先，单枪匹马地来到了英吉利海峡中间。于是他下令顶风停船，"就像在自己的大厅里一样"与船上的部下吃起了早餐。饭后，喝了不少葡萄酒的威廉用激昂的语气讲述了自己这次伟大的事业，以及所有参与者即将得到的收获和好处。

9月28日，舰队内所有船只安全抵达佩文西湾，威廉的征服大军开始登陆，期间没有遇到任何反抗。一年来，当地的英国民兵已经 四次奉命警戒海岸，但每次都没能看到入侵者露面。因此他们以英格兰人特有的方式推断出已经平安无事的结论，所有人打道回府了。据传说，威廉刚一下船就摔了个四肢伏地。不过他觉得这是个好兆头。“看，”他说，“我已经用双手抱住了英格兰。”登陆后，威廉一直忙于组织自己的军队、到苏塞克斯夺取给养以及构筑防御工事以保护自己的舰队和基地。两星期时间就这样在忙碌中过去了。

与此同时，哈罗德正率领在斯坦福桥一役中损失惨重的禁卫队，骑马沿华特林大道奔向伦敦。昼夜兼程之下，他们只用了七天时间就赶了二百英里路程。到达伦敦之后，英格兰国王召集了所有能召集的军队，韦塞克斯和肯特的贵族们也带着家仆和民兵聚集到他的旗下。五天后，短暂休整的哈罗德便再次率军离开伦敦，杀向佩文西。10月13日傍晚，哈罗德军在一座控制着直通首都道路的小山上构筑起阵地。

现代和过去的军事评论都认为，哈罗德孤注一掷式的速战速决战术是错误的。埃德温和莫卡两位英格兰北方的伯爵忠诚程度值得怀疑。尽管他们正火速带兵南下增援，但连哈罗德都不能确定他们最终会站在哪一边。战斗打响后，他们果然“临阵脱逃”了。也有些人认为，哈罗德应该仿效1100年前卡西维罗尼斯对抗恺撒时用过的战术。但这些人忽略了这样一个事实，即当年罗马的军队只有步兵，不列颠人则拥有车兵和骑兵。而今，哈罗德面对的威廉大军主要是配有弓箭手的骑兵。哈罗德自己的军队则全是步兵，马匹只是他们的交通工具。对骑兵来说，追踪和骚扰步兵很容易；但反过来，让步兵用同样的战术对付骑兵则很困难。不过，哈罗德国王对即将到来的战斗并不担心，因为他的军中有一支令人胆寒的战斧兵。10月14日上午，英格兰国王心情轻松地在阵前安排了一道盾墙。直到今天，人们依然对当年这场战斗的参与人数有争议。一些现代权威人士估计，参与战斗的诺曼底骑士和士兵有五六千人，另外还有数千名弓箭手；英格兰方面参战的则有 八千到一万名手持战斧和长矛的士兵。双方参战的人数或许会比这个估计少些。但这些已经不是重点了。当第一缕晨曦刚刚露出时，威廉公爵已经率军从设在佩文西的营地中出击。他准备投入全部兵力，毕其功于一役；八英里外，哈罗德已经严阵以待。

战斗一开始，诗人骑士伊沃·泰利佛便一马当先向山上冲去。战前他曾向威廉提出过请示，一定要参与发起第一波冲锋。冲锋途中，这位骑士将自己的标枪和利剑抛向空中然后再接住，看得英格兰人惊讶不已，骑士趁机杀入敌阵。但可惜的是，他很快被杀死了。紧随其后冲锋的是威廉公爵的骑兵。这些身披重甲、行动笨拙的骑士们向英格兰战阵奋力砍杀，但毫无效果。英格兰士兵队列密集而整齐，威廉大军冰雹般的箭雨和凶猛的骑兵冲击都无法撼动其根本，反倒是自己的左翼骑兵阵脚大乱，迅速退下山来。见此情景，哈罗德的右翼部队（多数是民兵）顾不上保持阵形，试图衔尾追杀。坐镇中军的威廉命令手下训练有素的部队予以阻击，结果贸然出击的民兵们都被砍成肉泥。随后，诺曼底人重整旗鼓，向英格兰军发起第二波攻击，并在攻击的间歇用弓箭猛射。后来经常有人认为，这个战斗场景与滑铁卢战役的那个下午非常相似。当时，内伊的骑兵因不断冲击英国人的方阵而筋疲力尽，在攻击的间歇又饱受敌方袭扰。在这两次战斗中，表现最出色的都是步兵。尽管他们处境艰苦，但却没有被打垮。据说诺曼底的骑士们从未遇到过如此顽强的步兵。后者躲在令骑士们一筹莫展的坚固盾墙后面，不断用战斧、标枪或棍棒打击靠近的敌人，因此伤亡的诺曼底人不在少数。不过，威廉大军如雨的弓箭也对英格兰人造成了严重杀伤。但哈罗德的战阵并未因此松动。英格兰人仍密集地靠在一起，连伤员都无法撤走，死者甚至不能倒下。

这个秋日的下午注定是漫长而残酷的，战斗直至夕阳西下时才有了进展。彼时，威廉公爵指挥军队佯装撤退。早些时候，当诺曼底的骑兵第一次败阵时，威廉公爵就注意到哈罗德的右翼为追杀而快速离开了阵地。于是，他一边指挥部下做溃不成军之势假装败逃，一边命令一支生力军做好出击准备。这虽是一招常用的伎俩，但仍骗过了哈罗德的军队。哈罗德身边纪律严明的禁卫军没有因为看到威廉大军的撤退而轻举妄动，但其他缺乏训练的部队却未能控制住冲动。这些经过长时间战斗的部队看到敌人呈现败势如释重负，在胜利冲动的刺激下杀下山去。但不幸的是，威廉的骑兵在半山腰就截住了他们，一场屠杀就此开始。到夜幕降临时，只剩下为数不多的禁卫军还聚集在哈罗德国王身边和王旗下继续战斗着，就连国王的兄弟格斯和利奥弗文都已经阵亡了。此时，威廉命令手弓箭手把箭高高射向天空，以便箭矢能落到盾墙后面。哈罗德因右眼中箭而受了致命伤，心有不甘地倒在王旗之下。现在，这场惨烈的战斗胜负已定。英格兰最后一个军阵被威廉大军攻破，残兵逃入后面的森林，一直冲杀在前并损失了三匹坐骑的威廉公爵几乎可以宣布胜利了。但恰在此时，命运狠狠捉弄了一下追击中的威廉大军。一条深沟突然出现在黑斯廷斯山的另一侧山坡上，许多收不住脚步的诺曼底骑兵坠入其中，被埋伏在森林里愤怒的英格兰人砍杀殆尽。

包裹在紫袍之中的哈罗德国王遗体被藏在海滩的礁石中。他的母亲请求用同等重量的黄金换回国王遗体安葬在圣地之下，但威廉没有应允。公爵说，哈罗德把自己的生命奉献给了自己守卫的撒克逊海岸，把他葬在这里更为合适。后来，国王的遗体被转送至威廉亲手建立的沃尔瑟姆大教堂。虽然英格兰人再次接受了被征服的现实并在新的命运前低头，但哈罗德和他率领的禁卫军为保卫不列颠岛血战到底的英勇事迹却无法抹去，他的名字应该被永远怀念。

第十章　征服者威廉

入侵军队在战场上扎下营寨，威廉公爵知道自己的工作才刚刚开始。为了入侵英格兰并夺取王位，他亲自筹划了一年多的时间。现在刚刚登陆不到一个月就消灭了不列颠岛上唯一一支撒克逊正规军，并杀死了自己的竞争对手，进展不可谓不顺利。但征服之路并未因此成为坦途。近年来岛内的纷争搞得英格兰四分五裂，要征服它无疑会面临更多新的障碍。也就是说，威廉公爵利用英格兰的分裂很容易取得战术上的胜利，但很难从战略上征服整个国家。西部和北部的撒克逊贵族可能会发动长期的、无休止的地方斗争，切断与欧洲大陆的联系。于是，威廉向伦敦的进军变得更加小心翼翼。

威廉很喜欢通过血腥而无情的场面制造大范围恐怖，这种做法被今天的文明社会称为“恐怖政策”。起初，当他率领手下那支由诺曼底人、法国人和布列塔尼人组成的联军横穿肯特郡向首都行进时，没有一个当地人到他的营中表示忠心。然而，随着罗姆尼民众因杀死一队诺曼底骑士而遭到严厉报复的消息传开，英格兰当地人“就像叮在伤口上的苍蝇一样”，争先恐后地前来表示归顺，以免遭到同样命运。类似的事情深深地刺痛了英格兰人的心。

威廉大军抵近伦敦后，先沿着一条环形路线绕城一周，制造出一片凄凉的荒芜地带来，伦敦就此被完全孤立。随后，威廉率部从南沃克进入沃林福德，再穿过奇尔特恩到达贝克哈姆斯德。在那里，撒克逊贵族和教会中的重要人物低声下气地赶到威廉的营帐，请求他黄袍加身。圣诞节那天，约克的大主教奥尔德雷德在威斯敏斯特大教堂为他举行了英格兰国王加冕仪式。很快，诺曼底公爵就控制了亨伯河以南的所有英格兰地区。征服英格兰不到两年，威廉出征期间暂时统治诺曼底公国的公爵夫人马蒂尔达也跨海而来，于1068年降灵节这天威廉在威斯敏斯特举行了自己的加冕礼。同年晚些时候，他们的儿子亨利在英格兰降生，成为这个王朝趋向稳定的标志和预兆。

此时，英格兰北方仍处于撒克逊贵族埃德温和莫卡伯爵控制之下。二人均为桀骜不驯之辈，对威廉国王表现出公然的蔑视，国王于是召集军队予以讨伐。威廉北征的暴行在当地乡村、幸存者及其后辈口中代代相传。整个地区，从东海岸到西海岸都变成了一片焦土，被追杀的人们躲入约克郡森林密布的山谷，最后不是在饥寒交迫中死去，就是卖身为奴以换取一点可怜的食物。直到多年后，当时断壁残垣以及饿殍遍野的凄凉景象还经常挂在人们嘴边。1069年，威廉在约克度过了圣诞节，盛宴过后追捕继续。此时，全英格兰只有切斯特一座城镇还没有屈从于征服者威廉的意志。1070年深冬时节，威廉挥军直指切斯特。最终，这座城镇不得不接受投降的命运，并同意在那里建筑城堡。

亨伯河以北地区现在也纳入了诺曼底人的版图，辽阔的里士满伯国在那里建立起来，约克郡和邻近数郡的大片土地都成为伯国的一部分。杜伦教区也被重新设立，并拥有当地的行政大权。事态发展到现在已经很明朗了：诺曼底完全有能力和魄力同化本属于撒克逊人的英格兰；但威廉是否有能力保护自己征服的所有地区免受外来侵扰，直到他的晚年才略见分晓。征服英格兰的时期充满危险。自入侵后至少二十年，诺曼底人的军队在英格兰仍受到敌视，不得不靠建立在要点地区的城堡对当地民众进行压制。撒克逊人的反抗非常顽强。流传至今的传说和史书描述了“觉醒者”赫里沃德在伊利周围广阔的沼泽地带对诺曼底人做最后抵抗的场景。1071年，即黑斯廷斯之战五年后，赫里沃德的反抗终于被镇压下去，随之倒下的还有大批撒克逊乡绅，他们是唯一能产生新反抗领袖的阶层。随后建立的伊利城堡更成为他们的力量消亡的标志。

撒克逊人的反抗镇压下去后，诺曼底人中又出现了内部争斗。1075年，一些心怀不满的诺曼底骑士在英格兰中部、东盎格利亚以及威尔士边界地区发动大规模叛乱。一名幸存的撒克逊领袖、已经与威廉议和的沃尔西奥夫加入叛乱的行列。身在诺曼底的威廉国王不得不匆促赶往英格兰平叛。出乎意料的是，撒克逊人竟然站在威廉一边，支持征服者平息乱局，战场上因此出现了大批民兵的身影。最终，报复只落到沃尔西奥夫一个人头上。他在温彻斯特城外的一座小山上被处死，支持撒克逊人的编史僧侣记录下了当时刑场上的感人场景。中世纪的传说认为，威廉晚年多灾多难，概因对沃尔西奥夫判处的死刑。沃尔西奥夫之死同时也意味着英格兰最终的归顺。诺曼底城堡守护着城镇，诺曼底贵族掌握着土地，诺曼底教堂佑护着人们的灵魂。征服英格兰的事业已经完成，全英格兰拥有了一位共同的君主，下面开始的就是重建工作了。

被征服者的日子是多灾多难的。诺曼底人圈占了他们的土地、掌握了他们的财富；来自安茹、曼恩、布列尼塔甚至阿尔卑斯山和比利牛斯山之外的武士按品级高低和战功大小获得了相应的庄园和郡县，并开始想方设法保证自己的安全。于是，新建的城堡在各地如雨后春笋般冒出来。起初，这些城堡并不是后世修建的那种巨大的石头建筑，而只是由土墙和木桩构筑起来的简单的军事堡垒，中间是圆木搭建的要塞。骑兵们以这些堡垒为中心四处游荡，对周围地区进行统治和剥削。对自己的事业满怀兴奋的威廉坐在统治金字塔最高处，活跃而无情，要求部下招之即来，忠于职守者能获赐大量战利品。

在最初的统治岁月里，诺曼底人对不列颠岛上的生活方式和风俗习惯一概不予接受。法兰西文化被尊为唯一文化，幸存的撒克逊贵族不得不把他们的子嗣送到法国修道院接受教育。英格兰人重复了古代布列吞人[1]的经历。所有有条件的人都开始学习法语，就像过去波狄希亚时代的人们被迫学习拉丁语一样。开始时，征服者们对不开化的英格兰人持轻视态度，认为他们粗野而笨拙，只配被锋利的刀枪统治。但很快，他们就以自己特有的方式与本地自由民通婚，并逐渐与英格兰人融为一体。

---

1 古代凯尔特人的一部分。公元前 1 世纪中叶至公元 5 世纪中叶受罗马人统治。5 世纪后曾长期抵抗来自欧洲大陆的盎格鲁人、撒克逊人的侵略，后被迫退入不列颠西部山地，逐渐形成近代威尔士人。部分渡海迁居高卢的阿尔摩利卡（今法国布列塔尼半岛）。

尽管威廉在英格兰取得了令人瞩目的成就，但也一直保留着诺曼底公爵的头衔。回到诺曼底，他就会被卷入与法国国王之间无休止的阴谋诡计和冲突争斗中。尽管相对诺曼底来说，英格兰的价值更高，但威廉和他的儿子们对那块坐落在欧洲大陆上的土地情有独钟。对法国国王来说，削弱诺曼底公爵的力量 逐渐成为当务之急，因为后者已今非昔比，其边界距巴黎只有二十英里多一点了。如此一来，双方便展开了一场旷日持久的争斗，直到约翰国王 1203 年丢掉诺曼底才罢休，前后历时多年。在鲁昂，马蒂尔达王后扮演了合格的摄政者角色，但她的功绩却因儿子们的作乱而被抹杀殆尽。她的长子、十字军骑士罗伯特像他父亲那样喜欢战争和冒险，但却鲁莽无谋、奢侈无度，缺乏父亲的才干，也不像父亲那样目标明确。罗伯特迫不及待地想要继承诺曼底公爵之位，因此对父亲的老而不死怨恨不已。威廉不得不一而再地渡过英吉利海峡去惩罚那些叛乱的城镇，先发制人地出手粉碎自己的儿子和法国王朝共同策划的阴谋。最终，罗伯特被逐出父亲的领地，前往法国国王菲利普[1]的城堡避难。愤怒的威廉紧追不舍，父子二人最终顶盔贯甲在城堡墙下决斗。罗伯特将父亲的手打伤，并把他打落马下。此时，一位英格兰人及时赶到，抢在罗伯特杀到之前把倒在地上的威廉重新扶上马。如果不是这位来自沃林福德的托基格出手相救，威廉也许真的会被自己的儿子杀死。事后，父子二人都因这次事件而清醒，并达成了暂时的和解。

在马蒂尔达死后的若干年中，威廉的性情变得越来越暴躁。在法国人袭扰的刺激下，怒火中烧的威廉挥师越过边界，一直杀到芒特，身后留下一路废墟与灰烬。诺曼底人的兵临城下令芒特人措手不及，前者开始大肆抢掠，城内一片恐怖。恰在此时，威廉在满街燃烧的废墟中穿过时马失前蹄，重重地撞在前鞍上。随即，痛苦不已的威廉被抬到鲁昂的圣热瓦兹小修道院。在 1087 年的炎热夏天，他就那么躺在城外的高地上，在剧烈的伤痛中挣扎。在最后时刻，他的儿子威廉和亨利赶到他身边。孝顺的威廉被指定为征服者在英格兰的继承人，没规没矩的罗伯特成为诺曼底的统治者。年龄最小的亨利

1 也译为“菲力”，即菲力一世。

则只得到价值五千镑的白银，以及有朝一日统治统一的撒克逊—诺曼底国家的空头支票。不过后来的事实证明，这张支票并不是空的。

得知征服者即将死亡的消息后，他的子民们陷入了惶恐。一位强大统治者去世后会引起什么样的麻烦呢？1087 年 9 月 9 日，星期四，当鲁昂大教堂的晨钟开始在山间回荡时，威廉咽下了最后一口气，随之而去的还有他的滔天权力。卑劣的仆人们剥光了他的衣服，抢劫了停放他遗体的厅堂。鲁昂的教士们把他的遗体运到圣斯特凡教堂，这座位于卡昂的教堂是威廉亲自下令建造的。在这里，他走完了十分不安宁的最后一程。在墓地，一个叫阿斯林的人喊叫着称这块地是亡故的公爵从他父亲手里夺去的，并要求惊愕的教士当着众人的面给自己一个说法。支付了六十先令后，征服者才最终入土为安，只把功绩留给后世评说。据史书记载：

“他是一位非常严厉而暴烈的人，无人敢忤逆他的意志。那些不按他的意志行事的伯爵们最终都镣铐加身，不少大乡绅也被他投入监狱。他还把多位主教和修道院院长驱逐出各自的教区和修道院，连他的兄弟奥多也没能例外。在诺曼底，奥多是一位很有权势的主教，并且在英格兰领有一处伯爵封地，地位仅次于国王陛下。但最终，威廉国王还是把他关入监狱。另一方面，威廉在这个国家做出的功绩也没有被遗忘，至少他治下的英格兰恢复了良好秩序，任何一个怀里揣满金币的诚实人都能毫不担心伤害地在全国旅行；没人敢殴打他人，不管对方做了多少对不起自己的事；如果有男人敢违背妇女的意志与其交合，等待他的将是毫不迟疑地阉割。”

“他精明地对自己统治下的英格兰做了细致的调查，知道全国任何一处土地的主人和价值，然后把这些记录在案。威尔士也归他统治。他在那里建立了许多城堡，对当人进行了彻底的控制。借助强大的力量，他还令苏格兰臣服。他继承了诺曼底的土地，统治着被称为曼恩的县郡。如果能再多活两年，他的深谋远虑也许还会助他兵不血刃地征服爱尔兰。当然，民众在他统治期间受到了残酷的压迫和数不胜数的伤害。”

写到这里，编史者赋诗一首：

国王建造城堡，

欺压穷人。
国王冷酷
对部下也无情
肆意掠夺金银
他不顾人民疾苦
堕落贪婪
他钟爱狩猎
并立法保护猎物
违法猎鹿者
盲其双眼
他禁猎雄鹿雄猪
对牡鹿亲如生父[1]

诺曼底人将以兵役为基础的土地租赁制引入英格兰,并执行军事等级制度。英格兰的巨变不止发生在军事领域，整个上层社会也被纳入其中。威廉的目标首先是打造一支高效善战的军队。相比封建领地的复杂社会关系，他更注重士兵的服役表现和各地封臣应出的人数。在英格兰的诺曼底人虽然人数不多，但却摧毁了整个撒克逊统治阶级并使英格兰人彻底臣服。但是人民大众也只是间接地受到改革的影响，一段时间内，封建政府的上层结构也只是留给人们一些模糊的印象。英格兰的新统治者们在土地瓜分以及如何使其符合盎格鲁撒克逊的法律和习俗的问题上存在着很多分歧。大教区和修道院也对政府怨声载道，王室大臣不得不频繁召集各郡法庭开庭解决这些争端。直至 1086 年，全国展开了一次对国王近臣的资产调查，国王的大部分财富都来源于他们。这次调查，或是所谓的“资产登记”，细致入微、井井有条，不只是在那个年代，在之后几个世纪之中都是绝无仅有的。许多英格兰村庄的历史记载就是从这部《末日审判书》开始的。通过这次著名的资产调查，我们可以看出英格兰的下层社会和农民的生活并没有因为侵略发生太大的变化。

1 引自《盎格鲁－撒克逊编年史》。

但是这次伟大的资产调查却与一场危机相伴而行。英格兰的诺曼底要塞受到外来的威胁。不列颠岛曾经隶属于斯堪的纳维亚国，这个国家的统治者们对这片西部大片土地仍不死心。1069 年，斯堪的纳维亚支持了英格兰北部的叛乱。1085 年，他们又威胁要进一步进行干预。斯堪的纳维亚人甚至准备了一支舰队。虽然最后这只舰队因主帅被杀并未出海，但威廉还是准备了应战措施。

《末日审批书》编撰期间，正是政府忙于解决征服英格兰所引起的分歧之际。1086 年，威廉在索尔兹伯里召集所有的英格兰全国各阶层土地所有者。国王要求所有封建地主向他表示忠诚， 通过誓言和忠心将他们牢牢束缚在自己身边。

诺曼底人在英格兰不仅仅取得了军事方面的成就。虽然兵役制度决定了财产分配并产生了新兴贵族，但是许多英格兰贵族也都得以留存。诺曼底人与其说是立法者，不如说是管理者和司法者。诺曼底人的中央政府被称为皇家法院，是最高上诉法院和监督机构。保留了盎格鲁撒克逊帝国的财政管理方式和秘书工作方法，还保留了撒克逊时期的地方政府制度，此外，郡政府、治安官和法庭等制度也得以沿袭。保留这些体制的益处很快就显示出来了，国王可以与全国各处保持普遍的联系。事实上，征服者正是靠着这些联系才能够搜集来足够的信息进行末日审判调查。不仅是法院，就连类似丹麦金这样的税捐也保留下来，用以增加诺曼底人的岁入。由国家财政供养的地方军队也保存了下来，为威廉和继任国王们服务。因此，没过多久，在整个英格兰政府中诺曼底体制和撒克逊体制不知不觉地混合了在一起。

从某些方面来讲，这些做法突然间加速了英格兰向采邑制度的过渡，虽然这个过程在英格兰已经进行了很长时间，尤其是在韦塞克斯。但是即便是在韦塞克斯，人们仍普遍认为，地主与平民之间的联系主要是个人关系，所以自由人可以带着土地从一片领地来到另一片领地。而诺曼底的封建制的本质则是，不管耕种者是谁，土地只能隶属于地主。因此土地所有权就像金字塔一样一层层地累积到少数人的手中，而这个金字塔的顶层是国王，这样每一寸土地都能够追溯到个人，而这个人为地主提供某种服务从而隶属于某个领地。但是这些人除了必须要为地主服兵役外，还要参加郡县的各级法院开庭，除非有各种豁免权，否则不得缺席。这些法院本质上都属于国王法院，仍遵循旧习俗法。由于保留了郡县法庭和治安官等体制，英格兰在制度上与欧洲大陆的其他封建国家有很大的不同。在英格兰、诺森伯兰和米德尔塞克斯都，国王的势力无所不在。不论是在何处，只要有人犯罪，那就是破坏了他所维系的稳定、平和的社会。如果国王想要得到某一方面的情报，他可以直接告诉手下的官员，也就是治安官去遴选陪审团调查清楚或把相关人员召集到威斯敏斯特直接向国王汇报。当这些相关人员到达威斯敏斯特后，他们有可能会告诉国王不应该听信谗言误会了他们，如果国王不做出相应的改变，他们将拒交税款。从这点，我们可以追寻到十七世纪君主立宪制议事方式的源头。在诺曼底时期，英格兰除伦敦外并没有大都市。假如威廉没有保留县郡作为居住和活动区域单元，就只有大贵族家族才能制衡中央政府了。

在诺曼底时期，也存在着制约政治体制向立宪制发展的因素，虽然这些因素无意控制政府，而且也未分裂政府。这些制约因素来自于各郡的小贵族及其没有任何爵位的子孙们、治安法官和郡选议员。他们支持国王并期望平静的生活。不论发生什么，他们都会保持不变。他们之所以这么稳定是因为威廉发现西撒克逊的旧体制就能够自动运行，十分方便。威廉不想受到过多的制约，就像当初自己制约法国国王那样。他亲眼看到将一个国家划分为几个大省是多么的不好管理。得益于所见，他把国家划分为若干小郡，由国王的亲信担任各郡的官员，并平衡他们的权利，让他拥有治理郡事所需的财政和法律裁决权，同时又防止他们联合起来叛乱。黑斯廷斯之战后，英格兰的原贵族基本消亡了。但是，在《末日审判书》中提到的那些所谓郡里中上层阶级，可以发表决定性的意见。这个阶层的人在邻里之间颇受重视，他们有空闲时间出席郡里的法庭，后来有些人还进入了威斯敏斯特。随着时间的推移，在他们中间，皮姆派和汉普登斯脱颖而出。

诺曼底人最卓越的功绩便是征服了英格兰，把英格兰的历史与欧洲历史再度对接，阻止了英格兰滑入类似于斯堪的纳维亚帝国体制的狭窄轨道。此后，英格兰的历史和英吉利海峡以南的民族共同前进。

诺曼底人征服英格兰后，对英格兰的宗教也起到了很大的促进和振兴的作用。大主教、大教堂以及其他的高层教会职务全都由诺曼底人担任。英格兰的习俗也被外来的新式习俗取代了。在被征服时期，教会发生了很多变革，教皇的权力也开始扩张。1073 年，希尔德布兰德成为格雷戈里七世教皇。在他的领导之下，英格兰的宗教走上了改革之路。全国建起了许多的新教堂，虽然这些教堂不如以前的旧教堂那么宏伟气派，但是也证明了征服者的虔诚。这些教堂和修道院是主要的宗教和学术中心，一个世纪以后，大学才渐渐取而代之。但是在诺曼底时期，新教士不像贵族那样，浓墨重彩地渲染诺曼征服的历史功绩。渐渐的，法国人开始信奉英国古老的圣人和圣坛，邓斯坦时期的一些宗教活动也得以延续。兰弗兰克和安塞姆先后担任坎特伯雷大主教，他们是那个时代最杰出的人物，使得英格兰教会获益匪浅。

1066 年，威廉的远征得到了教皇的全力支持，他的军旗甚至得到了东正教派的祝福。威廉是位热情的宗教改革支持者，而撒克逊宗教则被认为是孤立而又顽固的。自从丹麦入侵后，英格兰就不再定期缴纳“圣座献金”。当时的主教斯蒂甘德掌管威斯敏斯特和坎特伯雷两座教堂，只得到有分裂教会倾向的本尼迪克特九世的支持。面对教会滥用职权的行为，威廉作为教会忠实的子民挺身而出。一旦解决了俗世争端，完成了征服大业，他便开始转为关注宗教问题。坎特伯雷大主教的任免是非常关键的。1070 年，撒克逊主教斯蒂甘德被罢免，由兰弗兰克继任。兰弗兰克是伦巴第人，管理能力极强，曾就读于著名的北意大利学院，受训于诺曼底贝克修道院，后成为修道院长。他来到英格兰后很快就为英格兰教会带入新的生机。在西奥多时代之后，英格兰教会就不再召开会议商讨教务。兰弗兰克一上任就召开了一系列会议，改革了机构和教规。旧的主教教座从乡村迁到了城镇，克雷迪顿的教座迁到了埃克塞特，塞尔西的教座迁到了奇切斯特。同时还建立了一些新的主教教座，到 1087 年，教座已在七座教堂破土动工。此时，发源于克卢尼修道院的修道运动也在英格兰传播开来。诺曼底人征服英格兰的同时，也将停滞不前的英格兰教会与欧洲大陆上的基督教广泛连接起来，使其接触到了丰富的宗教文化遗产。

消失已久的罗马帝国精神被天主教重新恢复，再次返回不列颠岛，倡导三个观念。首先，在欧洲，不接受民族主义甚至是民族主义的概念，只认同超种族的、强大的军事阶级，通过法律和普遍的行为准则进行管理。其次，推行君主制。国王是等级制度的体现，统领各阶层，并充当解决其纷争的裁决人。最后，天主教取得了巨大的胜利。天主教以一种奇怪的方式融合了罗马的帝国主义和基督教的教义，虽深受当时的社会和军事制度的影响，唯恐失去自己的利益和权威，但却保留了所有的文化艺术遗产。

第十一章　在动荡中发展

诺曼底征服后的二三十年里，获胜的军队和世袭贵族开始定居在他们征服的土地上，并将英格兰的撒克逊人强行纳入了封建制度。在此之前，英格兰的附庸与其领主之间的关系主要靠个人纽带维系；进入封建制度后，他们之间的关系就建立在土地所有权基础上了。在征服者威廉统治下，英格兰的封建化进程严酷而彻底；王座传到他的儿子、绰号“红毛王卢弗斯”的威廉手里后，这一过程在严酷之外还增添了反复无常的色彩。另外，征服者威廉的次子对王位的继承并非一帆风顺。威廉一世把英格兰和诺曼底分开的决定惹出了一长串的新麻烦。那些在海峡两岸都拥有领地的权贵们必须供奉两个封建君主，自然而然地会顾此失彼。罗伯特公爵和威廉二世对父亲的分割也不满意，兄弟之情也无法让他们收敛各自的贪婪欲望。于是，在威廉二世统治的十三年间，盎格鲁—诺曼底王国一直饱受手足相残和贵族反叛的困扰。出于对自己的国家再次陷入诺曼底征服前混乱的担心，居住在英格兰的撒克逊人都非常支持平叛工作，民兵几乎招之即来，在战场上像1075年支持征服者威廉那样支持威廉二世。最终，威廉二世把坎伯兰和威斯特莫兰纳入自己的王国版图。曾经让征服者威廉头痛不已的罗伯特一时血涌冲头，为参加第一次十字军东征向卢弗斯借款 一万马克，条件是以诺曼底为抵押。

曾几何时，十字军东征的精神一直振奋着西欧所有男人的心。西班牙的各个基督教王国最早发起了抗击阿拉伯人的圣战。时间来到十一世纪末后，基督教王国又在他们东面一千五百英里的地方发现了新的敌人。塞尔柱突厥人咄咄进逼小亚细亚的拜占庭帝国，骚扰借道叙利亚前往圣地的虔诚的欧洲朝圣者。拜占庭国王为此请求西方帮助。1095 年，一直渴望为基督教王国收复耶路撒冷的教皇乌尔班二世号召欧洲的骑士发起圣战，一位被称为“隐士彼得”的云游僧侣也开始呼吁人们拿起武器。他们的号召和呼吁得到了迅速和广泛的响应，但这种响应最终演变成了一场灾难。1096 年，两万名激情万丈但杂乱无章的士兵随“隐士彼得”从科隆出发东征。他们中的大多数都是毫无作战经验和技巧的农民，在穿过匈牙利和巴尔干国家后便被土耳其人的弓箭射死在小亚细亚的崇山峻岭中，到达圣地者屈指可数。

这场所谓的“人民圣战”就这样土崩瓦解了。但与此同时，欧洲的权贵们也加入其中。在戈弗雷·布永和其他当时最有权势的贵族率领下，四支人数各为一万人的军队从法国、德国、意大利和低地国家聚集到君士坦丁堡城下。这使得拜占庭国王异常尴尬。他本想从西方得到一支自己指挥得动的雇佣军作为援兵，但没想到对方最终派来了四支强大而野心勃勃的军队。

受阴谋诡计和内部纷争的困扰，十字军穿越拜占庭国王的疆土向土耳其占领区进军的过程遭遇了意想不到的障碍。尽管如此，他们还是进行了激烈的战斗，在小亚细亚杀出一条血路，并于 1098 年包围并夺回了被土耳其占领的基督教堡垒安条克。与此同时，忏悔者爱德华的侄孙、英格兰王子埃德加率领一支舰队到达叙利亚海岸，对十字军形成了巨大的鼓舞和支援。于是，命运轮盘将撒克逊王族被罢黜的继承者和征服者威廉被罢黜的继承人奇怪地旋转在一起。

利用土耳其诸亲王之间的纷争和土耳其人与埃及苏丹之间的嫉妒，十字军继续向前推进。1099 年 6 月 7 日，他们到达向往已久的目的地耶路撒冷并在城外扎下营寨。那时，耶路撒冷在埃及人控制之下。7 月 14 日，十字军向耶路撒冷发起攻击并夺取该城。尽管布永的戈弗雷拒绝在这座基督教圣城戴上王冠，但还是被拥立为统治者，获得“圣墓保护人”的称号。随后，十字军在阿什克伦击败埃及派来的援军，巩固了在耶路撒冷取得的胜利。此后，十字军许多重要人物纷纷回国，但巴勒斯坦和叙利亚沿海的众多基督教公国在随后约一百年的时间里都处于万国骑士团统治之下。人们把这个万国骑士团统称为“法兰克人”。长期以来一直遭受侵扰的西方基督教世界终于用反击在东方世界落下了第一个重重的脚印。

卢弗斯的横征暴敛和暴力手段在国内引起豪门贵族们的强烈不满。1100年8月，他在英格兰南部的新森林打猎时被一支神秘的利箭射穿头部而死，留给后世索求无度和寡廉鲜耻的印象，不过也给继任者留下一个顺从的王国。他统治时期最主要的成就体现在财政方面，而且使得新的封建君主制更加稳固，王国版图也比刚刚即位时有所扩大。征服者威廉安排到威尔士边疆区[1]定居的诺曼底领主们已经完成了对威尔士南部地区的最后控制。在王国北部，诺曼底人最终控制了那里的郡县，并与苏格兰划定了一条军事分界线。尽管卢弗斯的粗暴对封建关系有些许损伤，但同时也加强了封建王国的权力。

王室兄弟中年龄最小的亨利王子参加了那次致命的新森林狩猎，但没有证据表明他与兄长的死亡有牵连。不过令人奇怪的是，这位小兄弟在卢弗斯死后几乎没有一丝犹豫，对兄长的不幸表示了哀悼后便直奔设在温彻斯特的王室金库，跟守库人大吵一番后控制了金库。很明显，亨利有自己的想法，而且代表了统治阶层中的一种强烈的思想动态。他还拥有丰富的学识，被当时的人们按惯例称为“贤明者”。后来继承王位时，亨利颁发了一份特许状，试图拉拢因上一代国王的贪婪与愚蠢而与王室产生裂隙的宗教与俗世中的重要势力，他的继任者延续了这种做法。在特许状中，亨利保证贵族和教会的权利应该得到尊重。同时考虑到撒克逊人在他父亲和兄长统治期间表现的忠心耿耿，亨利国王允诺在英格兰推行忏悔者爱德华制定的法律，并带给这个被征服的民族公平。他知道，由于诺曼底和英格兰的分离产生的冲突根本没有消除。罗伯特公爵已经从东征中返回，准备赎回自己的抵押品。[2]海峡两岸的贵族们都在等待着两兄弟之间可能爆发的冲突，以便利用这个机会为自己

1 指英格兰和威尔士的边界地区。

2 指诺曼底。

争取最大的利益。亨利想取得英格兰撒克逊人的支持，于是不顾诺曼底贵族的猜疑娶了英格兰古老王族的后代、最后一位在世王位继承人的侄女玛蒂尔达。与此同时，亨利发布的特许状安抚了贵族之中的不满情绪，不再反对这一具有决定意义的联姻。从此，不间断的、涉及范围广泛的两族通婚便得到了最高阶层的认可。

现在，亨利做好了随时面对班师回国的罗伯特的准备。1100 年 9 月，二人的碰撞终于发生了，常见的封建叛乱事件再次席卷英格兰。在接下来的六年里，亨利国王不得不以维护父王意愿为名出战，保卫自己刚刚继承而来的王位。英格兰反叛力量的首领是蒙哥马利大族，但他们的据点在艰苦的围攻战中一个接一个地陷落，他们的力量最终被亨利国王摧毁，家族庄园也被归为王室财产。不过国王清醒地认识到，诺曼底才是这场叛乱的祸根。1105 年，巩固了在英格兰地位的亨利率大军横渡英吉利海峡，于 1106 年与兄长罗伯特在坦什布赖进行了自黑斯廷之战以来最重要的一场战役，并以完胜收场。罗伯特公爵被永远关进英格兰的监狱，诺曼底公国则承认了亨利的统治，英格兰－诺曼底国家的政策控制权自此从鲁昂转到了伦敦。追随亨利忠勇奋战的撒克逊人将这场战役视为黑斯廷斯的雪耻之战，并通过战斗与亨利国王建立了新的友谊。再加上国王迎娶玛蒂尔达，撒克逊人现在至少已经部分消除了被征服的愤懑。他们的耻辱已成为过去，其他后果已经可以忍受。不列颠岛借助这两个意义深远的因素又重新恢复了广泛的统一。

现在，没有了对王位继承权的挑战，英格兰之王的权威在海峡两岸树立起来，撒克逊人为之拜服，权势滔天的贵族在王威之下称臣，外国入侵的危机亦随之消散，亨利陛下终于腾出时间来把心思花在国家治理上，着手在全国强化王权，试图为盎格鲁－诺曼底王国增添新的、强有力的职能。中世纪以来，欧洲保留着一种比封建君主制更高贵的传统王权。在这种王权制度中，国王不仅位于封建等级金字塔的顶端，还是行走在人间的上帝代言人。这本是一种罗马式的君主概念，但并没有因罗马帝国的灭亡而完全消散。于是，亨利国王开始把这种王权概念注入自己的盎格鲁－诺曼底王国。这样一来，他不可避免地复活了“国王是和平的维护者、人民的保护人”这一英格兰观念。

作为中央统治机构，“御前会议”本是一个性质模糊的团体，参与者多为根据封建义务奉召出庭的大封建主和国王身边既可管理宫廷事务又能处理国家大事的官员。亨利意识到，自己身边的宫廷官员虽然出身于末等贵族，但如果把他们组织起来形成一个固定的核心，就能像水闸一样限制封建大贵族们动荡的洪水。这就是国家民事管理机制的雏形。尽管当时还处于襁褓之中，权力也不是很大，但在权限之内却比当时任何已知的机制都要有效率，显示出长久而令人欣喜的前景。受到亨利恩宠的宫廷官员很快成长为新的特权阶层。编史者指出，像克林顿家族、巴西特家族这些被国王“从最下层提拔起来为自己服务”的人群，很快在宫廷办公室里站住了脚，形成了实际上的官僚阶层。

任何政府的权力都建立在财政基础上，亨利国王的新机构正是在征收和管理税收的过程中首次显示出前所未有的特点。在封建社会里，国王是全国最大的地主，因此私人财产和公共财产并没有区别。郡县管理者不仅要为国王征税和收缴罚金，还要负责收缴王室领地的收入。他们每年都会前往王室金库一次，一文不差地上缴各自郡县应该上缴的钱款。亨利手下的官员们建立了一个名为“财政部”的专门机构，与郡县管理者联系并处理相关事务。“财政部”（Exchequer）这个名称的本意为那种画着方格子以简便罗马数字计算的木板，起初只被看作是御前会议中处理财政事务分支，但后来却逐渐自成一体。保存文字记录是它的职能之一，其中最重要的一种记录因存放时需要凑卷成筒状，因此被称为“捲筒卷宗”。财政部是最早的皇家专门行政机构，它的出现让亨利国王更加稳固地控制了国家财政权力，它演变而来的机构至今仍在运作。

亨利非常注意把各郡县管理者置于越来越严格的控制之下。考虑到乱世之时这个职位很容易落到强势贵族手里成为世袭之物，因此亨利国王一找到机会就委派自己的亲信把持住这些重要职位。他执政期间曾数次组织委员会调整郡县管理者的人选。法庭勒令违法者缴纳的罚金是年收入最丰厚的来源，大贵族和国王一样很早就意识到这一点。他们拥有对领地内所有普通民众的司法裁判权，能通过各自领地内的法庭收敛巨额罚金并凭此迅速武装起一支强大的亲兵。但郡县一级法庭以及其他数百个王室法庭采纳的都是传统的撒克逊司法体系，这种经受过时间考验的体系与贵族的封建法庭制度完全背道而驰。为维护自己的利益，亨利国王为郡县法庭制订了新的章程，以便让全国上下每个人都知道，他们受到的是皇家司法体系的管辖。后来演变为法官的皇家官员会偶尔巡视，对皇家司法的实施情况进行监督。他们的职权让他们经常与出身卑微的原告、罪犯和傲慢的军事贵族发生冲突。

很快，国王便在全国范围与贵族们陷入一场争斗，以确定谁能获得最丰厚的“司法红利”。通过对各地郡县管理者的控制，亨利国王努力将他的王权和旧的撒克逊司法体系结合起来。在这个方面，他的父亲征服者威廉曾给他做出过榜样。在当年的“末日调查”[1]中，威廉很好地把欧洲大陆获取信息的方式（被询问者要发誓讲实话）与英格兰本地的郡县制度结合起来。如今，他的儿子为了其他目的继续并强化了这一进程，不断从宫廷之中派遣官员前往全国各地巡视，同时要求郡县法庭讯问各地声称的王室收入的完成进度，并听取国王关心的案件情况，这种做法对后来的亨利二世治国产生了深远影响，也博得了编史者的高度评价。“他是个好人，”编史者宣称。“人们对他非常敬畏。在他统治期间，没人敢伤害别人。”亨利一世因此被赞誉为“正义之狮”，这项桂冠至今无人能夺走。

亨利一世统治期间，中央政府通过熟练而精细的会计工作和办事机构，以更为恰当的方式建立起国家的结构和财权。这一点毋庸置疑。但这一过程同时也令被封建政府视为基石的封建领主们愤愤不平，以至于他们与王室之间的紧张关系逐年加剧。在此期间，国王施加在所有人身上的强力统治政策反而日益成为使民众免受地方领主不公正的、反复无常压迫的“保护伞”。当然，贵族中也有令人钦佩的人物，因为诺曼底人的眼光高于以前各个时代卑鄙的掠夺和贪婪。但普遍来说，贵族们对乡野平民的压榨和盘剥都最终使

---

1 指威廉于 1085 至 1086 年间下令进行的英国人口和土地普查，是英国的第一份土地清查调查，威廉借此更加了解自己手中掌握了怎么样的土地、村庄的数量和人口的分布等情况。

自己成为“受害者”。越来越多不堪压迫的民众开始依附于国王和中央政府，国王因此得到了新的力量。尽管这种力量时而亲近时而疏远，但在体验过脆弱与混乱后，总是能被强大的、公正的统治者召唤而来，为己所用。

盎格鲁—诺曼底现在是一个强大的国家，亨利是英格兰、诺曼底和曼恩之主。1109年，他的王后生的唯一的女儿莫德与神圣罗马帝国皇帝兼德意志国王亨利五世订立了婚约。不过，坦什布赖之战后英格兰和诺曼底的重新统一引起了法国的敌意。十二世纪初，巴黎作为法国国都的权威开始复苏，继承王位的路易六世重新开启了对法国王朝的统治。对法国安全来说，破坏盎格鲁—诺曼底国家的统一是必须做的一件事情。按规矩来说，诺曼底公爵应该是法国国王的封建属臣。因此，尽管罗伯特公爵被关押在英格兰的监狱中，但他还有个儿子。这个年轻人的存在为法国国王提供了数不胜数的干预借口，同时也让心怀不满的诺曼底贵族看到了反叛机会。由于罗伯特之子威廉·克莱托不断要求拿回自己的继承权，亨利国王在诺曼底的地位受到了威胁，因此在统治后期不得不时常插手法国北部政务以维护自己的利益。到1128年亨利去世之前，克莱托一直得到法王路易和邻近的安茹伯国的支持，安茹伯国一直反对亨利享有在曼恩的统治权。一场令人厌倦的战争就此展开，亨利国王的晚年统治被战争折磨得暗淡无光。

从军事角度来说，亨利能够轻易对付法国所能投入战场的军队，但此时却发生了一场意外。对亨利来说，这场意外堪称厄运。亨利国王的王位有一个无可争议的继承人，就是他的儿子。国王在这个十七岁的儿子身上寄托了无尽的希望与信心。但不幸的是，1120年冬这位王子结束对法国的访问返回英格兰的途中，乘坐的“白舟”号皇家游艇在诺曼底海岸附近触礁。最终除一人外，游艇上所有乘客都溺水身亡。据说，王子在游艇失事后曾被救上一条小船。但为了救自己的妹妹，王子又驾船返回现场。值此生死存亡的关头，落水者心里人人平等的念头突然爆发出来，争先恐后地攀着小船的一侧向上爬，结果导致小船被压沉，只剩下两个人漂浮在水面上，一个是船上的屠夫，另一个是骑士。“王子在哪里？”骑士在起伏的浪涛中问。屠夫回答：“所

诺曼底和金雀花王朝谱系

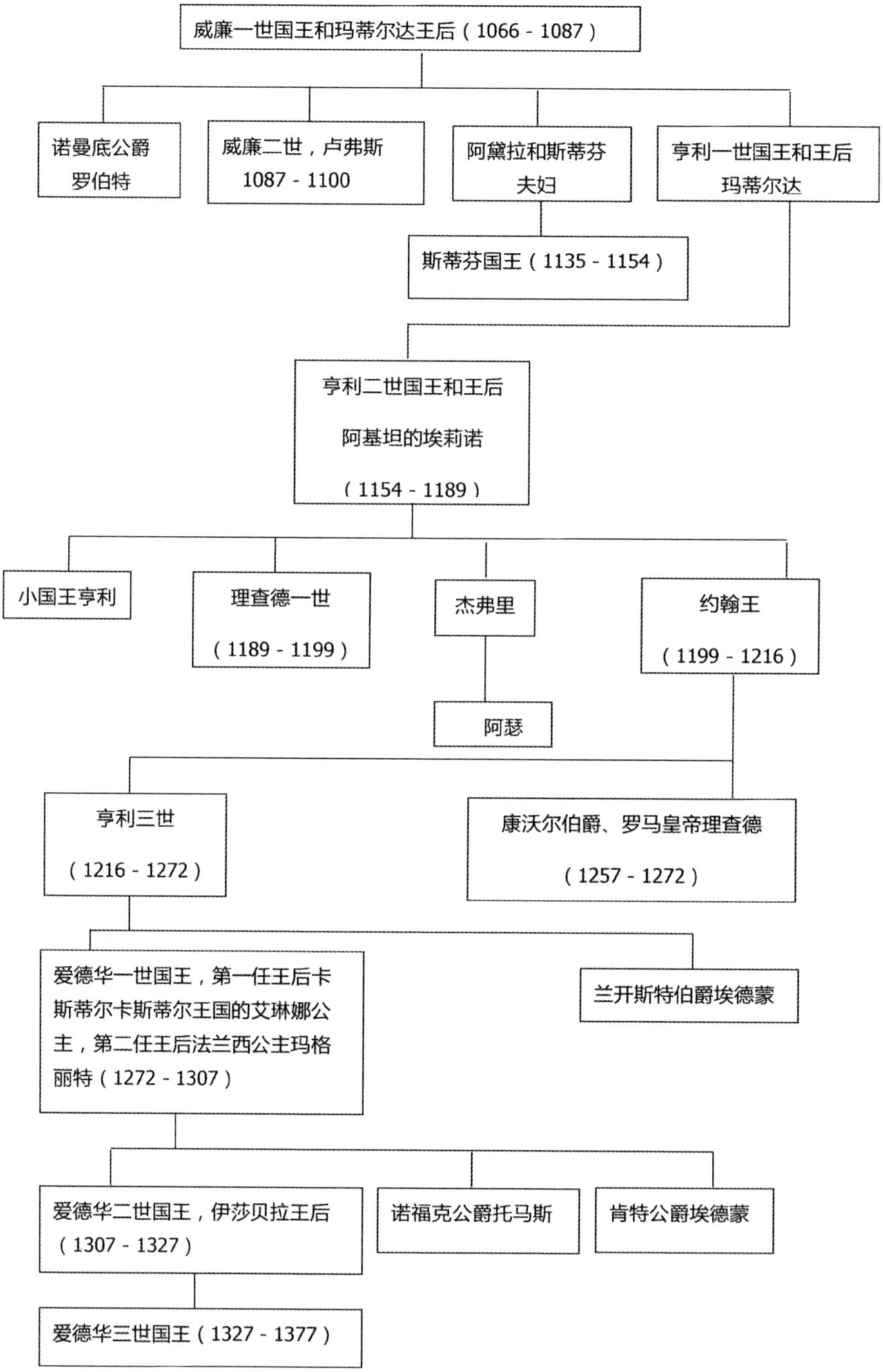

有人都被淹死了！”“那么，”骑士说，“英格兰失去了一切。”说着话，骑士的双手失望地向上高伸。最终，只有屠夫一人死里逃生，并向岸上的人们讲述了经过。当时没人敢把这件事告诉国王。当亨利最后得知这个噩耗时，“他就再也没有笑过。”这场悲剧给他造成的痛苦远不止父亲失去独子那么简单，还预示着他一生为之追求的体系及其美好前景的崩塌。但眼前的麻烦是，继承权之争的幽灵又开始在英格兰出没，混乱也开始滋生。每位贵族都在城堡里权衡，谁继承王位会给自己带来机会。

想继承王位的有两个人，每人都有充分的理由和权利，其中之一是国王的女儿玛蒂尔达（英格兰人称其为“莫德”）。不过尽管诺曼底法典中没有萨利安法[1]，过惯了争吵和戎马生活的贵族们仍不能接受女人的统治；与莫德争夺王位继承权的是斯蒂芬。他是征服者威廉之女阿黛拉的儿子，在欧洲是一位无人能及的人物，在英格兰也拥有大片领地。他的哥哥放弃继承权后，他就合理合法地成为男性继承人了。通过宣誓效忠缔结联盟是封建社会存在的基础。在基督教世界里，被指责违背誓约是致命的，只有取得重大胜利才可能化解这种不利局面。在这种进退两难的局面中，每个人都可以根据自己的利益和抱负做出抉择，结果之一就是分裂，彻底、全面、名正言顺地分裂。

为避免身死之后因王位继承问题导致内战，亨利国王试图在自己有生之年立下所谓的“国事诏书”，准备让其女儿莫德继承王位，以填补他死去后留下的空位。莫德 8 岁时就与神圣罗马帝国的皇帝订立婚约。1125 年，即“白舟”号沉没五年后，罗马皇帝驾崩，22 岁的莫德在不幸成为寡妇的同时有幸成为女皇。时至今日，关于这位杰出的公主有许多记载，其中之一称赞她：“在她女子的身躯中蕴藏着男子的特性。”她的性格中有凶猛，有高傲，有严厉，还有愤世嫉俗；尽管有时会狂暴不安，但对政治的喜爱会让她控制这种情绪。她还能在任何战争中找到适合自己的位置。她的儿子后来成为一位伟大的英格兰国王。

1　法兰克人的分支萨利安人的法律，规定女性没有王位继承权。即使在国王只有女儿没有儿子的情况下，王位也只能由国王的其他男性亲属继承。

经过深思熟虑，亨利把自己的所有希望都寄托在这个女儿身上。他曾在两个不同场合将满腹牢骚的贵族们召集起来，让他们郑重起誓支持莫德。后来，为了加强莫德一统天下的权威，也为了保护诺曼底在自己死后不被安茹染指，亨利把莫德嫁给了安茹伯爵，借此联姻把这个法国北部最强大国家的利益与他的家族利益和英格兰王位的正常传承联结起来。在后来的世代里，英格兰人再也没有反对过女性继任为王，而且几位女王对国家的治理或许更让他们满意。但在此前，能否接受女王的统治仍存在很大分歧和争议。为了各自的利益，所有派别都在两个对立的集团中选边站队，双方的政治力量严阵以待，等候老国王的归天。在这个关键时刻，得到教会势力支持的贵族们只关心如何限制国王的权力、重新掌握对他们各自领地的控制权。他们从王族权威的裂隙中看到了自己的机会。

1135 年 12 月 1 日，亨利国王撒手人寰。此前，他使撒克逊人臣服于诺曼底人的统治，并带给不列颠岛三十年的和平与秩序。去世前，他满心希望女儿莫德能继承自己的事业。然而让他的在天之灵感到失望的是，当时莫德正与丈夫住在安茹，第一个赶到现场的是斯蒂芬。他从布卢瓦兼程赶到伦敦，要求继承王位。鉴于当时的世俗势力四分五裂，教会便成为决定性因素。这对斯蒂芬非常有利，因为他的兄弟亨利是温彻斯特的主教，在宗教会议上颇有声望。在亨利帮助下，斯蒂芬与教会达成协议，后者遂为他举行涂油仪式加冕为王。根据双方的协议，斯蒂芬继位后将放松在两代国王统治期间令贵族怨声载道的严酷的中央集权。

还有一个威胁令斯蒂芬急于取得教会的支持，那就是格洛斯特的罗伯特。这位罗伯特是亨利一世国王的私生子，也是西部地区一位颇受爱戴的战士和强权人物，被人们普遍视为少有的公正无私的贵族之一。尽管如此，罗伯特仍不认为自己有足够的机会与莫德和斯蒂芬两位合法继承人争夺王位。因此几乎从一开始就忠心耿耿地支持同父异母的姐姐莫德，成为斯蒂芬的死敌之一。

只有具备娴熟权术的君主才能保证自己从激烈纷争中继承的王位不再受到威胁。我们越是考虑政府的不足，就越应该想到它在所处时代面临的困难。斯蒂芬在自己统治初期就失去了三股重要力量的支持。除了一些得到新国王恩宠的贵族，大部分贵族都认为等到了期待已久的时机，纷纷向新王施压要求获得更多权利。新指任的民政事务官员开始疏远新国王。这些人往往通过家族纽带联系成一个整体，拥有丰富的知识，擅长处理文牍工作，还受过良好的行政管理训练。不少高级教士也对斯蒂芬心存不满，因为新国王侵犯了教会特权，把索尔兹伯里主教罗杰庞大的官僚家族全部关入监狱，理由是怀疑罗杰叛变。然而他没想到，这样做的结果是招致了大部分教会势力的反对。总之，在斯蒂芬统治下，社会的高、中、低所有阶层均怨声载道。

“叛徒们终于醒悟，”《盎格鲁—撒克逊编年史》写道，斯蒂芬国王“温和、软弱、善良但做不到公平公正。于是他们做出了各种可怕的事情。他们曾向国王表示尊重并发誓效忠于他，但最终却言而无信。”

看到英格兰已经衰败，苏格兰国王大卫领兵越过边境，要求对方割让诺森伯利亚。大卫的无理要求遭到约克大主教的反击。在英格兰北方各郡民众支持下，大主教打起“约克的圣彼得”、“贝利弗的圣约翰”以及“里彭的圣威尔弗雷德”三杆大旗，在诺思阿勒尔顿苦战大卫，最终杀死并驱逐了大批入侵者，史称“圣旗之战”。然而，约克大主教的胜利并没有令心怀不满者畏难而退，相反却成为内战的前奏。1139 年，终于从法兰西事务中脱身的莫德来到英格兰，要求兑现自己对王位的继承权。正如当初斯蒂芬所做的，她首先从教会那里争取到了举足轻重的支持。曾为亨利国王管理国家的官员们早已因斯蒂芬对贵族们的软弱而气愤不已，转而投向敌对阵营。1141 年，一场反对斯蒂芬统治的大规模叛乱爆发了，斯蒂芬国王在林肯之战中战败被擒。至此，连他的兄弟、原先的主要支持者、温彻斯特主教亨利也投入莫德的阵营。尽管莫德没有加冕，但仍对英格兰实施了将近一年的实际统治。然而伦敦人在经过试探、观察后，得出了她比斯蒂芬更讨厌的结论。于是他们再次愤怒地揭竿而起，把莫德赶出首都。尽管莫德顽强地坚持战斗，但英格兰社会再也无法承受如此沉重的压力，不列颠岛就此陷入混乱的内战状态。此后六年，法治与和平在这个国家的大部分地区荡然无存。

贵族反抗国王集权政策的斗争在内战中第一次取得了胜利。面对强大的对手，斯蒂芬再也无法维护国王的权利，王室的年收入日渐减少，对行政权力的控制也越来越松懈。不少行政机构在此次争斗中被暂时搁置起来。贵族们得以重新夺回法律裁判权，他们的城堡令民众惶恐不安。王位继承权的争夺似乎将来自诺曼底国王们的事业毁于一旦。

英格兰东部沼泽地带在这段时期的混乱中遭到的破坏尤为严重。彼得伯勒的一位僧侣在《盎格鲁—撒克逊编年史》中忧郁地写道：

每一位有权势的人都建起了自己的城堡并据以对抗国王……邪恶之人在城堡建成之日入住其中，不分昼夜地出去搜捕他们认为拥有财产的男女，抢走他们的金银财宝后并把他们扔进监狱，用不可言状的酷刑折磨他们……数以千计的人因饥饿而死亡。我简直无法描述权贵们对这片土地上的可怜百姓施加的恐怖行为和折磨。苦难日子从未中断，使斯蒂芬在位的 19 年犹如寒冬，而且一天比一天严酷。权贵们时常向各村庄摊派被称为“坦瑟利”的苛捐杂税。穷苦人交不起时，他们就把整个村庄烧掠一空。那个时候，走一整天都看不到哪个村庄里有人影、看不到有人在田地里劳作是常有的事。玉米、肉类、奶酪和黄油价格昂贵，因为它们已经在这片土地上绝迹了。昔日的有钱人也落魄到寻求救助的地步；可怜的贫苦百姓不是被活活饿死，就是背井离乡逃出这片土地……田地已经在混乱动荡中彻底荒芜了，人们不管在哪里耕种都长不出玉米。他们说，基督耶稣和他的圣徒们都睡着了。

另一位编史者，一位温彻斯特的僧侣也用同样的笔触记录了他所经历的英格兰灾难：

很多人对故土的热爱都变成了憎恨和心酸，不得不迁往更遥远的地区。还有一些人怀揣得到保护的企望在教堂周围结庐而居，于恐惧和苦闷中度过余生。有人饥不择食，开始吃以前从未吃过而且禁止食用的狗肉和马肉；也有人靠吞吃没有洗过也没有烹煮过的野菜和草根充饥。每个郡县都能找到因饥饿而日渐瘦弱甚至成群地死去的人，幸存者则被迫携妻挈子，踏上凄楚的背井离乡之路。你可以看到昔日著名的村庄如今空无一人，因为那里的人，无论男女老少都离开了。（1143 年）秋天来临时，地里等待收割的庄稼却无人问津，因为种田人已经在饥荒和随之而来的瘟疫中死去了。

这些恐怖的描述也许并不适用于英格兰全国。在这个国家的大部分地区，战斗是在局部地区零星进行的，承受灾难最重的只是中南部的几个郡县。尽管如此，这次动乱仍在人们心里留下了深深的苦痛。他们由此意识到强大的君主制对生命和财产的安全是多么的重要。斯蒂芬统治时期所发生的动荡，是解释君主专制必要性的最好理由。人们开始怀念亨利一世卓有成效的治国手段。不过，一位比亨利更伟大的人物就在眼前。

1147 年，格罗斯特的罗伯特去世，莫德一方的领导权落在她的儿子身上。亨利·金雀花是为执掌帝国而生的。他的祖父富尔克已经将安吉文、安茹、都兰和曼恩合并为法兰西境内无人能敌的公国，所拥有的财力远非诺曼底可比。1143 年富尔克去世，当时他还是耶路撒冷之王，他的两个儿子继承了这个摇摇欲坠的王位。第三个儿子杰弗里则继承了他在法国的属地。后来，杰弗里与莫德成婚，诺曼底和安吉文的土地顺势合并在一起。1133 年，二人的儿子刚一出生就被称为“万众之王”，不过那个时代的人们更愿意称其为“亨利·弗兹·安布洛西”，即“皇后之子”。后来，“皇后之子”把本家族的金雀花徽章载入英格兰史册，创造了被后世称为“金雀花王朝”的伟大朝代。他的身上集合了这个家族所有的才干和能量，却没有一丝冲动易怒和残暴无情。据说，安茹家族的易怒和残暴并非来自人间，而是与魔鬼撒旦串通一气的产物。

1147 年，还不满 15 岁的亨利就踏上英格兰的土地，为夺回自己的王位继承权而战。然而，他和他的一小群追随者被斯蒂芬的军队打得大败，不得不逃回诺曼底避难。第二年，莫德女皇放弃了自己微薄的成功希望，来到诺曼底公国与儿子会合。在剩下的十九年生命时光里，她再也没有踏上过英格兰的土地。那时，她将大部分时间都用于宗教活动，这在当时是司空见惯的事情。但亨利取得胜利后，重新出山摄政的她在诺曼底和安吉文世袭领地发挥了重要的政治作用。当年她在英格兰争夺王位时，常常被指责傲慢自大，但到晚年却成为儿子亨利身边一名睿智的顾问。

1149 年，亨利再次谋划进攻英格兰，但替他发动攻势的苏格兰国王和切斯特伯爵一无所获。接下来的几年相对平静，不过斯蒂芬国王的日子仍不好过。与此同时，海峡对岸的亨利却春风得意，先于1150年被父母授予诺曼底公爵的封号；再于次年其父去世后继承了安茹、都兰和曼恩的伯爵封号。尽管按照当时的法律，他已经拥有了法兰西的大部分土地，但还常常以正式身份前往巴黎，拜谒并向法兰西国王示好。毕竟，法兰西国王还是他名义上的领主。

当时的法王路易七世堪称法国版的忏悔者爱德华，对基督教律条无比虔诚，所有白天时间都用在做礼拜上，晚上则进行祷告或忏悔。离开自己的专属教堂时，他会让地位最卑微的人先走，因此常常等得满朝文武急不可耐。然而，这些虔诚而模范的习惯并没有让路易赢得王后的欢心。阿基坦的埃莉诺本是一位大权在握的公主，骨子里有南方人的热情奔放，常常抱怨自己"嫁了一个僧侣而不是一位国王"。于是，当细腰宽肩、容光焕发、谈吐活泼、活力十足的年轻人亨利以她丈夫最优秀的属臣身份突然出现时，埃莉诺立即定下决心。对高级封建主的意志，教皇历来是迎合的。1152年，埃莉诺得以与路易七世离婚，理由是近亲不宜结婚。然而令法兰西宫廷和一心祈祷的国王惊讶的是，仅仅过了两个月，埃莉诺就宣布与亨利结婚，后者因此从法兰西王室手中夺走了一半的土地。情感与政治前所未有地轻易融合在一起。这场婚姻成为那个时代最轰动的政治事件之一。亨利后来承认自己早有预谋，但与埃莉诺大胆的行为仍然赢得了全欧洲的敬佩。当时他刚刚十九岁，而她已经三十岁。婚后的二人把他们辽阔的领土联合起来，共同抵御外来者。人们给予路易七世精神上的安慰，但治理国家的难题却让这些安慰化为乌有。

亨利与埃莉诺这对王室伉俪面对的，是来自四面八方的战争。普瓦提埃、圣东尼、佩理戈尔、利穆赞、昂古穆瓦和加斯科涅加入诺曼底和安茹的版图，此外二人还获得的对奥弗涅和图卢兹的宗主权，这让封建基督教世界感到无比震惊。那么多由于长期仇怨或利益纷争而水火不容的民族和国家，现在却突然因为一场爱情阴谋而热血地联结在一起，形成高度的权力集中，几乎所有人都对此摇头不已。四面八方的君主开始群起反对这两个暴发户。法兰西国王当然首当其冲，然后是英格兰国王斯蒂芬。后者虽然没有能力横渡英吉利海峡插手此事，但也对亨利的诺曼底爵位发难。加入他们的还有香槟伯爵、佩哈什伯爵和亨利的兄弟杰弗里。这些人理直气壮地同时向亨利兴师问罪。

亨利与埃莉诺婚后一个月，仇敌们就齐聚诺曼底。但年轻的亨利公爵轻而易举地击溃了他们，诺曼底军队又一次证明了自己的战斗力。二十岁前，亨利彻底肃清了诺曼底的反叛，平定了安茹的局势。英格兰理所当然地成为他的下一个目标。1153 年，亨利以勇士形象登陆英格兰，当地饱受内战之苦的人们立即向他表示全身心的支持。默林[1]曾预言一位救世主即将到来，亨利的血管里不就流淌着征服者威廉的血脉吗？通过其外祖母、亨利一世之妻玛蒂尔达向上溯源，他还是毋庸置疑的盎格鲁—撒克逊王族的后裔。念及于此，饱受折磨的英格兰民众顿时对亨利寄托了强烈的希望。当他登陆后跪在遇到的第一座教堂中，“以军人的姿态祈求获得一席之地”时，教士们用这样的话语表达了整个国家的愿望：“看啊，我们的君主和统治者来了，王国就在他的手中！”

此后是接踵而来的战争，上帝助了亨利一臂之力。在马姆斯伯里，天上降下的冰雹砸得敌人睁不开眼；在沃林福德，还没有开战斯蒂芬国王就从马上掉落了三次。而魅力四射、令人胆寒、无往不胜的年轻勇士亨利，不仅手中掌握着利剑，而且还拥有统治英格兰的合法理由。然而，英格兰的贵族们既不希望斯蒂芬获胜，也不愿意亨利打赢，他们认为僵持局面对他们最有利。国王越软弱，贵族就越强势。于是，斯蒂芬与亨利于 1153 年在温彻斯特签订一项协议。根据协议，斯蒂芬收亨利为养子，并指定其为自己的王位继承人。“在处理国王事务时，我将征求诺曼底公爵的意见，”斯蒂芬说。“但在英格兰全国，不管是公爵还是我控制的地区，我都将实施王室法律。”在得到这些条件后，亨利向斯蒂芬表示效忠并正式臣服。一年后，斯蒂芬去世，亨利顺势戴上了英格兰的王冠。此时，他得到了自阿尔弗雷德大帝后任何英格兰君主都没能得到的欢呼和希望。

---

1 英格兰及威尔士神话中的传奇魔法师，他法力强大同时充满睿智、能预知未来。

第十二章 亨利·金雀花

亨利二世的即位开创了英格兰历史上一个影响最为深远的王朝。新君主统治着一个庞大的帝国，正如其臣民夸耀的那样，他的命令可以通达“从北冰洋到比利牛斯山”的广大地区。对他来说，英格兰只相当于一个省份。这个省份虽然不那么受人瞩目，但却十分忠诚。就像在威廉·奥朗治[1]统治时期那样，亨利二世对英格兰实施了有效的外部控制，大大促进了国家的统一，英格兰人和诺曼底人都承认他是两个民族和整个国家的统治者。英格兰人记忆深处的黑斯廷斯战败之耻因他而淡化，在一场充斥着烧杀抢掠的内战之后，贵族们在他的命令面前变得俯首帖耳。就这样，尽管亨利二世是一位不懂英语、不懂英格兰习惯的法国人，但却塑造了我们国家的雏形，其轮廓至今仍清晰可辨。

一百年来，英格兰一直是侵略军的驻扎之所，吵闹不休的军官及其后代相争的战场，而今，英格兰终于在基督教以及透露着古罗马气息的拉丁文化基础上成为永久的统一王国。亨利·金雀花首先把英格兰、苏格兰和爱尔兰通过某种手段拉拢在一起，随后又重建了他的外祖父亨利一世时代尚未发展成熟的王室行政机构，在财政机构和司法机构支撑下重新铺垫了中央权力的基础，由此形成的体制最终取代了征服者威廉时期确立的封建制度。亨利国王重拾盎格鲁－撒克逊人在王权下实行郡、市自治的传统并对此非常重视；

1 即威廉三世，英国国王兼荷兰执政。

他建立了“巡回审判”制度并使之固定下来，一直延续到今天。今天世界各地的英语民族接受的是英国习惯法而不是罗马法的管理也是他的功劳。他颁布了《克拉伦登宪章》，试图确立教会与国家的关系，强迫教会表现出世俗的一面，服从国家的生活和法律。不过在经过一番激烈的斗争后，他不得不放弃了最后这种努力，将难题留给几个世纪后的亨利八世国王。那时的亨利八世捣毁了坎特伯雷的圣托马斯神殿[1]，算是为他的前辈出了一口气。

才能非凡、一度引人艳羡的亨利二世国王曾流传下来的形象生动而粗犷：身材魁梧，脖子粗壮，臂膀有力，双手粗糙；经常骑马形成了罗圈腿；又圆又大的脑袋上红发密布，脸上到处都是雀斑，声音沙哑而刺耳。他除了对打猎有浓厚的兴趣，还有一些让教会摇头、王后埃莉诺生气的癖好。不讲究衣食，整天只知道考虑国务，经常旅行而且情绪变化多端。据说他在危急时刻总是能保持平和、冷静，但压力减轻后就会变得暴躁起来。“他对死去的士兵比对幸存者更加亲切，对战死沙场者表现出来的悲痛远远超过对活下来的人表现出来的抚慰。”他常在自己的多处属地匆匆而行。上一刻人们还以为他在法国南部，但下一刻却突然在英格兰发现他的身影。每次巡视各省，他都要带上几辆运货马车，里面满满装着相当于今天办公室文件的卷册，后面则跟着气喘吁吁的臣属和随从。有时，他本定下起早出发，但自己却一直睡到中午，装载得满满的车辆和马匹只好就那么等着；还有时他会比预定时间提前好几个小时出发，弄得大家为了跟上节奏而手忙脚乱。就像他的另外那些更大的领地一样，英格兰也被新国王不知疲倦地关注激励着、塑造着。

尽管这位十二世纪的君主贪求过人、喜爱炫耀，容易记仇并时常耍些阴谋诡计，但他并不是唯物主义者，而是一位神选君王，与坎特伯雷大主教一起享受着臣民的忠心，二人号称“拉动英格兰这部犁的两头强壮耕牛”。自责和懊悔时常折磨着国王，他常常待在祈祷室里，祈求使自己免遭天谴，并希望在阴间获得更大的王国，期盼在阴世能像在阳间这样享受所有的欢愉。

---

1 即十二世纪坎特伯雷大主教托马斯·贝克特殉难处。这位大主教因反对王权扩张被亨利二世手下的武士谋杀于教堂之中，整个基督教世界为之震动。最终亨利二世不得不光着脚前往其墓前“赎罪”，后来又向教皇表示放弃《克拉伦登宪章》中那些侵犯教士利益的条文。

他给我们留下的印象是神经质的，一会儿情绪激昂，一会儿又谦卑低劣。这位君主并不与世隔绝。因为那个时代的国王就像现代的美国总统一样，任何阶层的人都可以接近。民众可以随时跑到他身边，或者办正事，或者传递消息，或者讲讲闲话，或者发表发表看法，或者抱怨抱怨。贵族和臣子们可以当着国王的面高谈阔论，起着重要监督作用的弄臣则拥有惩罚一切不公的尚方宝剑。

世上没有人比亨利二世的生活更丰富多彩，或者说，没有人品味过比亨利二世更多的胜利与悲伤混合的五味杂陈之酒。亨利四十二岁时与已经年过五十的埃莉诺关系破裂，有人传说他爱上了“仙女般的罗莎蒙德”。这位出身上流社会的少女美貌超凡脱俗，但她与国王之间的私情却最终暴露。在伍德斯托克，埃莉诺王后从一根丝线入手发现了二人刻意隐瞒的秘密，遂让自己的情敌在匕首和毒药之间做出选择。这段浪漫的悲剧被后来的几代人津津乐道，一些别有用心的研究者却有意无意地将其淡化。不过，任何名副其实的历史著作都应该为它保留应有的位置。

继承了斯蒂芬四分五裂、麻烦缠身的权力的，就是这样一个男人。早在登上英格兰王位前，他就为保卫自己在欧洲大陆上的属地打了第一仗。自百年前强大的诺曼底政权在法兰西西北部崛起后，法王就没有停止过与企图削弱中央政府的公国和伯国的斗争。在形式和法律上，诺曼底公爵、阿基坦公爵、布列塔尼公爵、安茹伯爵、图卢兹伯爵、佛兰德斯伯爵和布伦伯爵都是法兰西国王的封臣，但他们与其他一大批封建大地主一样，无时无刻不在追求独立的统治权，而且在法王王权衰落时几乎多次达到目的。黑斯廷斯之战后，法王最强大的臣属诺曼底公爵登上了英格兰国王的宝座，这已经让法兰西有了危机感，而1154年亨利二世戴上英格兰王冠则让法王感受到了更大的威胁。在那之前，法王一直通过挑动强势封臣互相争斗的手段缓解政治上的压力，这才有了安茹伯国和诺曼底公国十一世纪时的冲突。看到强敌之间的互不相让，法兰西国王曾窃喜不已。但亨利二世却一夜之间成为英格兰国王、诺曼底公爵以及阿基坦、布列尼、普瓦提埃、安茹、曼恩和基耶纳的统治者，控制的土地从索姆河一直延伸到比利牛斯山，占去了法兰西的一大半领土，封建领主之间的力量平衡就此被危险地打破了。

路易七世国王现在发现自己面临的不再是十几个互相嫉妒、各自为战的公国，而是一个统一的、实力远超自己的庞大帝国，是他所不能对付的。埃莉诺和他离婚加入敌方阵营并与敌人联姻之后，路易七世已经饱尝了不可弥补的失落。埃莉诺为亨利生了儿子，但为自己生的却全是女儿，更让路易心气不顺。不过，法兰西国王还是有些优势的。他的有生之年都在与金雀花王朝为敌，而且经过近四个世纪的斗争，欧洲的胜利果实最终落到了他手里。在地图上，安吉文帝国（指金雀花王朝）的庞大确实令人咋舌，但实际并非如此。它只是一个因一场婚姻联结在一起的松散的诸侯国联盟，并不同心协力。亨利本人及其重臣在英吉利海峡两边都拥有土地这一事实，是英格兰和它的欧陆帝国之间唯一的纽带。它们没有哪怕作为幌子的中央政府，没有统一的行政管理机构或习惯法，也没有共同的利益或耿耿的忠心。尽管路易七世在与大胆而积极的亨利斗争时貌似处于弱势，但法国王权却在争斗过程中变得越来越巩固，到路易离位时，甚至比当初他即位时更加稳固。

法国人的主要策略很简单。亨利在继承辽阔土地的同时还继承了那些土地上所有封建势力的不满。看到这一点的路易虽然已经不能再挑拨安茹反对诺曼底，但却可以鼓动安茹和诺曼底当地的仇敌厮杀不休，以此削弱原则上本应是他臣属的封建主的势力。家族之间的嫌隙也成为可供路易利用的有效工具。在亨利二世统治后期，路易七世及其足智多谋、才干出众的继承者菲力・奥古斯都利用了亨利之子们的急躁、狂暴和自大，挑动他们起来反对自己的父亲。

我们不禁要问，这一切究竟是如何影响英格兰的日常生活和历史的呢？普通民众对遥远的土地上进行的一系列贵族之间的仇恨争斗，以及外族统治阶层内的冲突并不感兴趣，认为那些与自己无关。但实际上，这些争斗和冲突已经成为压在他们一生中的重担。他们将最勇敢、最优秀的子孙派遣到卢瓦尔河边的沼泽里或法国南部阳光炙烤的群山中，为追求英格兰统治法国土地的梦想而战斗、牺牲。在随后的二百年间，英格兰人在克莱西、普瓦提埃和阿金库尔取得过胜利，也在追随“黑王子”[1]奔向利摩日的可怕行军中遭受过饥饿的折磨；法国肥沃的土地因长年的战争变成了荒漠，最有用的牲畜也在饥渴中倒毙。纵观整个中世纪，战争成为英格兰与法国无休无止的主题，其影响深入到英格兰的各个角落，英格兰的社会面貌和制度为之改变。

亨利二世与他的旧友兼重臣、坎特伯雷大主教托马斯·贝克特的矛盾最能让我们看清十二世纪英国的政治形态。我们必须认识到二人这场冲突的严重性。在封建基督教世界，尽管军事国家要在精神领域向教会俯首，但他们从未想过要将世俗权力转交给后者。不过，出于对死后入地狱的担心，即使最顽强的贵族也经常会把自己的遗产捐赠给教会，教会因此变得越来越财大气粗，成为世俗社会中势力最大的地主和富豪。在这场犹如戏剧的过程中，罗马教廷充分利用了所有贵族心中的迷信观点并获得巨大的利益，世俗的国家权力因此不断受到挑战。教义的问题很好解决，但如果一个国家内有两股相互冲突的势力，而每股势力又对有限的国家资源拥有举足轻重的支配权，那么这个国家的治理该怎么进行下去呢？这种矛盾不仅限于英格兰，它是当时存在于整个欧洲社会的一个根本问题。

在征服者威廉统治时期，英格兰通过老练的手段和适当的让步避免了政教分裂。当年在兰弗朗克[2]大主教领导下，英格兰教会曾与国王通力合作、相互支撑，平定了贵族的反叛和平民的骚扰。但现在站在宗教金字塔顶端的，是另一位伟大的人物，托马斯·贝克特。贝克特不仅与国王有旧交，而且一直担任他的首席大臣，或如兰克[3]首先描述的，“用一个比较相近的说法，是国王最信得过的内阁部长。”在内政和外交事务上，贝克特对国王忠心耿耿、殚精竭虑。他重新整顿了兵役，免除税制度，允许当事人通过交纳货币的方式减免兵役，是一项撼动封建体系核心的制度。他还在获得布列塔尼公国的过程中出尽力气。因此，国王认为贝克特是与自己勠力同心的人，不仅是臣属，

1 指爱德华三世的长子。

2 出生于意大利，约 1042 年进入法国诺曼底卡特莱特修道院。诺曼底公爵征服英格兰后成为英国教会首脑并进行了多项改革，1070 年至 1089 年间任坎特伯雷大主教。

3 利奥波德·冯·兰克（Leopold von Ranke，1795 – 1886），德国著名历史学家。

还是忠诚的、志同道合的伙伴。在国王的直接影响和亲身努力下，贝克特最终被推举为大主教。

从那时起，贝克特所有的才能和动力都驱使他在另外的道路上飞奔。八月的某个夜晚，亨利五世曾被某种神秘力量推动，从一个只知整日嬉戏的王子转变为英雄的国王。同样事情也出现在贝克特身上。众所公认，他的私生活一直都虔诚而又中规中矩。此前他插手政务，并不甘心做国王身边默默无闻的人物，因此作为朝臣和诸侯的时候比其他任何人都讲究排场和架子，经常出入当时的奢华盛会。不过现在他却有意收敛，试图以极度简朴的表现为自己博取圣人的名声和荣耀。他把在政界助其飞黄腾达的手段和野心移植到宗教界来，也同样取得了成功。现在，身为大主教的他支持教会全面反对王权，并假借天主教的普世思想和教皇的权威为其咄咄逼人的做法做掩护。要知道，这两个砝码在当时的影响远远超出英格兰的国界，遍布整个欧洲，甚至波及那些最神秘、最庄严的地方。在欧洲大陆旅行并与法国和意大利的宗教界要人秘密会晤后，贝克特回到英格兰，暗自下定决心，要让教会统治集团独立于国王代表的世俗权力之外。这个决心终于开启了兰弗朗克穷其一生试图避免的冲突。此时，英格兰人在这个问题上的情绪一触即发。

那个时候，英格兰的撒克逊人已经隐隐约约地有了那种很久以后伊丽莎白时代改革者们试图重温的那种理论，即王位神授，国王不仅是国家的统治者，还是教会的保护者和指引者。然而在十一世纪，1073 年成为教皇格里高利七世的希尔德布兰德及其继任者们则力主复兴教皇权威，罗马方面于是开始提出与“国王是教俗两界的双重首脑”这一与传统观念格格不入的要求。“格里高利运动”认为，教会的管理权应该在教皇监督下由教士掌握。根据这个观点，国王仅仅是一介凡人，听命于教会统治集团是其唯一的宗教职能。教会是独立于俗世国家的团体，享有自己的属民和法律。到亨利二世统治时期，主教不仅是精神领域的高级官员，而且是世俗社会中的大地主，拥有相当于伯爵的权势。他们可以调动军队作战，还可以剥夺敌人的教籍，哪怕这个敌人是国王的朋友也不行。那么，主教由谁来任命呢？并且，任命之后如果教皇和国王的指令相互矛盾，他又该听谁的呢？如果国王和大臣们制定了与教规相抵触的法律，又该服从哪一方的管理呢？于是，世俗王国与宗教教会之间爆发了激烈的斗争，焦点就是谁拥有主教的授职权力。亨利二世与贝克特之间的冲突就是上述斗争在英格兰岛屿上的组成部分。

很难说亨利二世与贝克特的争斗是为了什么，但可以确定的是二人的分歧主要集中在治理国家的具体方式而不是立国的根本原则上。国王对教会干预国务的要求很不满；但在中世纪，尽管国王们都希望能限制教会的影响，但没有谁敢于公开向教会发出挑战，更没人敢与教会彻底决裂，甚至连想都不敢想。直到十六世纪，才终于有一位与教皇发生冲突的英格兰国王勇敢地否定了罗马教廷的权威，并毫不掩饰地宣称国家权威即使在宗教事务方面也是至高无上的。而在此之前的十二世纪，国王们面对教会唯一能做的就是让步和折中，无奈后者并不买账。那时候，每个国家都在发生着教会向世俗政权挑战的事情，致使后者应接不暇。在中欧国家，王权和教权的斗争往往以两败俱伤收场。

自征服者威廉及其忠实的大主教兰弗朗克统治以来，英格兰的教会和贵族一样收获了很大权力。困境中的斯蒂芬国王被迫向教会全面让步，使教会的政治影响达到顶点。在亨利看来，这些让步已经危及了自己的王权，于是他开始策划夺回失地，第一步就是 1162 年任命自己深信的臣属贝克特为坎特伯雷大主教。他本以为凭借此举可以收获主教们对其改革默许，但实际上只是为教会选择了一位魄力过人而又坚定无比的领袖。可他并没有注意到这一点，也没有注意到或者说没有发现贝克特在态度上的不祥变化，并随后迈出了第二步，即于 1164 年颁布《克拉伦登宪章》。亨利在宪章中信誓旦旦地声称，他将重新恢复斯蒂芬的混乱统治时期之前的英格兰惯例，将废除三十年前斯蒂芬向教会妥协后达成的协议。贝克特对亨利的话表示反对。他认为斯蒂芬当初的让步对教会来说是“不可逆转的收获”，决不能得而复失。他宣布，《克拉伦登宪章》并不能确定教会与国王之间的关系。1164 年 10 月，当贝克特奉诏前往大议会解释自己的行为时，他傲慢地拒绝承认国王的权威，将自己置于教皇与上帝寻护佑之下。

就这样，贝克特打破了一向被英格兰王国认为至关重要的政教统一局面，挥舞宗教武器向国王宣战。最终，顽固反对王权的贝克特不得不跑到欧洲大陆避难。在那里，德国和意大利正被同样的斗争所困扰。这场激烈的斗争持续了整整六年，英格兰统治阶层的思想为之动摇。在此期间，坎特伯雷大主教贝克特一直流亡法国，直到1170年才在都兰的弗烈特瓦尔与国王达成了表面上的和解。至此，双方似乎都在原则上放弃了自己的主张。国王不再坚持要求自己的权利和惯例，也没有要求大主教发誓效忠，反而给予贝克特安全返回英格兰并完全控制自己的主教管区的承诺。1170年夏天，国王与大主教在法国查蒙特最后一次会面，“陛下，”贝克特在会面结束时说。“我以为自我离您而去之时起，您就再也不愿意在有生之年见我了。”国王问：“你是否认为我是叛徒呢？”大主教回答：“您根本不是，陛下。”回到坎特伯雷后，贝克特决心从教皇手里争取不受约束的权力，以便革除闲杂教徒，整饬手下教职人员的纪律。他写道，“诸侯越是强大，就需要用坚硬的棍子和无情的铁链约束他们，让他们安分守己。”他还说，“我要回到英格兰，但对前方是和平还是毁灭一无所知。上帝将为我的命运做好安排。”

与此同时，亨利决定借贝克特不在英格兰的机会为自己的儿子小亨利加冕，以保证他顺利继承王位。加冕仪式在约克大主教及其他教士的协助下举行。贝克特听说此事后极度不满，认为自己宝贵的宗教权力受到了侵犯。在弗烈特瓦尔协议达成后，尽管亨利国王认为过去的就让它过去吧，但贝克特却一直耿耿于怀。

流亡多年后的贝克特回乡之时受到了出乎意料的欢迎。在坎特伯雷，修道士们像迎接上帝派来的天使一样迎接了他的回归。贝克特在布道时说：“我是来与你们同死的。”紧接着他又说：“这个教堂里有不少人愿意以身殉教，上帝不久后将增加他们的人数。”他以胜利者的姿态从伦敦街头走过，向满怀祈求与兴奋不已的人们散发施舍物。随后，他马不停蹄地将那些参加小亨利加冕仪式的教士们革除出教。这些倒霉的神父和高级教士们只能成群结队地跑去诺曼底见国王，指责贝克特的所作所为不仅是教会的挑战，而且可被视为赤裸裸的反叛和篡权。他们说，大主教已经准备好“将王冠从小国王的头上拽下来”。

金雀花王朝的开创者，性情暴躁的亨利·金雀花，聆听了被开除者们的讲述后勃然大怒，向簇拥在身边的骑士和贵族叫嚷道：“真是一群傻瓜和懦夫！我养活了你们，却没有一个人愿意为我教训这个不安分的教士！”（另一种说法是“教训这个暴发户式的官吏”。）随后，国王立即召集会议，商讨重振王权的办法。与会的大多数人表现得与国王一样愤怒，但他们却坚持审慎行事，认为在狂热而好斗的社会里，压力已经无处不在。如果王室再与教会发生冲突，英格兰王国是不可能承受得起的。

不过与此同时，还有一些人采取了另外的行动。四位骑士听到了国王在大庭广众之下说的愤怒话语，遂快马加鞭赶到海边，渡过英吉利海峡赶往坎特伯雷。1170 年 12 月 29 日，四人在坎特伯雷大教堂中找到大主教，制造了一场流传千古的悲剧。当时，大主教在与四人充满敌意的对峙中手持十字架，头戴主教法冠，尽管表现得坚定而毫无惧色，但却流露出不自然的做作。一番激烈而没有结果的唇枪舌剑后，四位骑士暴起发难，用剑将大主教刺倒在地，任由他像恺撒那样鲜血淋漓，几十处伤口似乎发出复仇的呼喊。

这场悲剧对国王来说是致命的。危害上帝的重要仆人就像违背封建誓言那样，在那个时代引起了普遍的愤怒，所有英格兰人对此都不寒而栗。他们将死去的大主教奉为殉教者，他的遗物立即成了专治不治之症的灵丹妙药，病人只要摸一下他穿过的袍子就可解除轻微的病痛。贝克特的遇害当然是一场犯罪，一场不可弥补的犯罪。亨利听到这个令人惊讶的消息时竟因悲伤和害怕而瘫软在地。他一直以来为限制教会争权而制定的严密法律程序，一朝之间就被这场野蛮、血腥的事件抛到九霄云外。尽管他从未想过要采取这样的行动，但 众人的激烈言辞让他无从辩解。至少在那个时代，他被人们认为犯了亵渎神圣的谋杀罪。

接下来的几年是亨利大张旗鼓地用赎罪行为弥补损失的时间。他多次前往遇害的大主教墓前朝圣并公开忏悔。在贝克特的遇害纪念日上，国王几次赤裸上身，谦卑地跪在地上，忍受得意扬扬的僧侣们的鞭笞。不过从当时的画像上看，国王所受的肉体惩罚主要是象征性的，所谓的鞭笞只不过是用桦条抽打。在痛悔和顺从的表象下，国王在为恢复国家权力做着坚韧不拔的努力。

根据 1172 年的《阿夫朗什妥协方案》国王最终以相对较小的让步与教皇达成和解。许多对此有透彻研究的历史学家认为，亨利虽然在形式上至死也没能重新确立《克拉伦登宪章》的主要条款，但实际上却做到了。毕竟，与宪章中的某些原则相一致的观点是英格兰或其他任何强有力的、理性的民族愿意奉为法律的。毫无疑问，在亨利与他和几个儿子的斗争中，教会是站在亨利一边的。至于那四位骑士，有人说他们在圣战中获得了救赎。贝克特也没有白白做出牺牲。到宗教改革时为止，教会的宗教法庭体系一直保持着独立于王室权威的地位，以及向罗马教廷上诉的权利。这两点是贝克特据以犯上的主要因素。

这场震撼人心的激烈争斗进行得如此难分高下，正反映了那个时代的特点。在现代的某些大国中，一旦发生冲突或革命，主教和大主教会被成群地关入集中营，甚至会在温暖明亮的监狱走廊里被手枪射中颈背。我们有什么资格吹嘘自己拥有比亨利二世时代更高级的文明呢？在对精神冷漠的容忍和科学外衣的掩盖下，我们不知不觉间已经在野蛮状态中越陷越深。

贝克特死后，亨利国王又活了足足十八年时间。1171 年，他又戴上了爱尔兰的王冠。至此，整个欧洲都对亨利占据的辽阔土地艳羡不已。对他来说，这是一段无比辉煌的时期。此外，他还把自己的几个女儿分别嫁给西西里国王、卡斯蒂尔国王以及德意志最强大的诸侯、萨克森的狮心王亨利，借此与他们建立了联系。外交使者们把他的影响散播到意大利北部的伦巴第各城市。神圣罗马帝国的皇帝与教皇以基督和全欧洲的名义，邀请他率军进行新的十字军东征并出任耶路撒冷之王。不可否认，在当时的基督教世界里，亨利国王在地位上已经成为仅次于神圣罗马帝国皇帝、“红胡子”腓特烈一世的第二人。当时的人们猜想，他的目标是要在意大利建立自己的王国，甚至戴上神圣罗马帝国的皇冠。

但亨利很清楚，他的这份荣耀完全在靠自己的一己之力苦苦支撑，脆弱而转瞬即逝。他的家庭乱得令人痛心，完全不可能将荣誉继承下去。他三个大一些的儿子已经得到了显赫的头衔：亨利领有诺曼底、曼恩和安茹；理查德得到了阿基坦；杰弗里被分封到布列塔尼。但在那些岁月里，老亨利国王至少遭受了儿子们的四次反叛。他们是典型的安吉文后代，不仅要头衔，还要权力，对自己的父王没有一丝尊重。在他们的母亲、与丈夫分居后住在普瓦提埃的埃莉诺王后挑唆下，他们于 1173 至 1186 年之间联合各种势力发动多次叛乱，每次都得到了法兰西国王的积极支持。亨利国王一直在容忍自己的几个不孝之子，但也不对他们抱有幻想。他命人画了一些画作装饰威斯敏斯特的王宫大厅，其中一幅描绘了四只雏鹰在捕食它们的母亲。最小的那只踩在母鹰脖子上，正准备啄出它的眼睛。据记载国王曾对此画做出过如下评论："这四只小鹰就是我的四个儿子，他们从未停止过对我的迫害，甚至想把我置于死地。四人中，小儿子最受我宠爱，但将来有一天他会给我带来比几个哥哥严重、更危险的侮辱。"

事实果然被国王言中。尽管他曾努力为自己的小儿子约翰准备与几个哥哥相等的遗产，但约翰却参与了反对父王的最后一次阴谋。1188 年，长子小亨利去世，次子理查德联合法兰西的菲力国王起兵反对父王亨利。已经病入膏肓的老亨利在勒芒一战败北，被迫退守诺曼底。当他在反对者名单上看到自己宠爱多年的小儿子约翰的名字时，顿时放弃了求生的挣扎。"听天由命吧，"他喃喃地说，"耻辱，这是征杀四方的国王遭受的耻辱。"带着这种遗憾，这位坚强、暴躁、英明而孤独的人于 1189 年 7 月 6 日在希农与世长辞。后来，虔诚的教徒们认为亨利的凄惨结局是上帝对他伤害托马斯 · 贝克特大主教的额外惩罚。这就是世间权力带来的苦涩一面，也是伴随荣耀而来的惩罚。

第十三章　英格兰习惯法

金雀花王朝的君主都很粗暴，当时的社会也很躁动，不过这种躁动是活力而不是衰落的表现。回顾英格兰历史，有比亨利二世更伟大的武者国王，也有比他更机敏的外交家，然而却没人比他对法律与制度的贡献更大。他的奔放精力并没因战争、政治和狩猎而耗尽。相反，如同众多诺曼底前辈和他的儿子们一样，亨利二世具备解决管理与法律方面问题的天赋，这种天赋为他的成就打下了基础。他参加过的战斗之名早已随风飘逝，但他的威名却将与英格兰的宪法和习惯法一起永世长存。

这位伟大的国王在位时是幸运的。威廉一世和亨利一世两位先王给英格兰创造保留了各种可供他们的继任者利用的行政制度，但当年二人却没有任何参照，不得不摸索着小心行事，他们统治下的国家也不得不慢慢适应自己的新法律和新统治者。1154 年来自安茹的亨利登陆英格兰时，这个经受了二十年混乱折磨的国家已经做好了接受强力中央集权的准备。作为法国人和大半个法国的统治者，亨利二世带着远大的目光、丰富的经验实施了对英格兰的统治，期间不惜采取了某些狡诈手段。鉴于斯蒂芬统治造成的灾难性局面，亨利二世决心不但要制止贵族们的独立并且夺回从前任手里失去的利益，而且还要争取更大建树。当时，英格兰各地有众多的贵族法庭，贵族们在法庭上一言九鼎，他们实施的法律因所处地区的习俗和特点不同而多种多样。为取代这些贵族法庭，亨利二世特别设计了一套皇家法庭系统，准备在全国和全体民众中推行统一的法律制度。

亨利的政策冒着很大风险，但他的聪明才智足以让自己避免卷入正面冲突。他和当年的征服者威廉一样清楚，习惯势力的坚冰一旦被触动就会引发灾难。为解决这个难题，亨利二世采取了逐步推进的策略，巧妙地、一个接一个地改变着惯例，并且给这种改变披上颇受尊重的保守主义外衣。他一边对已有的形式表达着小心翼翼的尊重，一边计划在旧原则中注入新内容。在一部未成文的宪法中，他特意含混地规定了国王的权利，为以后扩充留下了空间。在诺曼底公爵征服英格兰前的几个世纪里，教会和国王都有意治理封建领主的混乱割据，但当时想要迅速扩大国王的司法权力是不可能的。后来亨利紧紧抓住撒克逊人关于“国王秩序”的灵活概念，将所有刑事案件都归入自己的法庭处理。这样一来，每个人都必须遵守国王的秩序，胆敢破坏者就是犯罪，触犯者的地位越高受到的惩罚就越严厉。“国王的秩序”是至高无上的，破坏者将被送上国王的法庭受审；但与此同时“国王的秩序”也是受到限制的，通常只针对那些当着国王的面，或在皇室道路、领地所犯下的罪行。国王一死，他所倡导的秩序也会随之消散，人们就又可以为所欲为了。为弥补这个缺陷，亨利二世小心谨慎、不动声色地做出规定，要求将“国王的秩序”扩大到英格兰所有地区，触犯者无论在哪里破坏了该秩序，都要被送到国王法庭受审。国王法庭有一项存在已久的权力，即接受对不公正案件审理的上诉，保护民众对自己土地的所有权。亨利最大限度利用了这项权力，将民事案件的审理权也吸引到国王法庭来。他并未大张旗鼓地炫耀自己的意图，所促成的变革也是逐渐成形而且没有经过立法程序的，起初很难被人们察觉，因此要确定某项变革发生的具体日期几乎不可能。然而亨利二世死后，有心人在回顾时会发现在老国王统治期间发生了许多变化。

亨利要想在司法方面表现出保守主义者的样子，就必须保持始终如一。在他的改革方案中，强迫手段没有任何作用。他在遵守的首要原则必须是吸引而不是迫使案件到他的法庭受审。因此他需要一个诱饵，一个可以吸引诉讼人到国王法庭起诉的诱饵，那就是案件在国王手里得到的审理比在他们的领主手里更公正。于是，亨利在国王法庭为诉讼人开启了一项惊人的新制度——陪审团审案，当时的人称之为“王室的恩惠”。这个称谓既反映了陪审团制度的起源，也说明了这项制度在习惯法获利成功的过程中所发挥的作用。但需要指出的是，亨利并不是陪审团制度的发明者，他只是让这项制度有了新用途。从根本上说，陪审团是法兰克人对英格兰司法体系做出的一大贡献。这项制度早在加洛林王朝统治法国期间就开始萌芽，而在威廉公爵征服英格兰之前，英格兰人对它尚一无所知。起初，陪审团是为了方便治理国家而建立的一个王室机构。国王有权召集人员宣誓作证，以保证任何涉及王室利益问题的真实性。征服者威廉正是通过陪审团制度的早期形式，在财产大清查时确立了国王的权威。睿智的亨利二世从中看到了新的可能性，把这个到当时为止只用于治理国家的工具移植到法庭上并加以经常的运用。

召集陪审团的权力仅限于国王，亨利据此不允许私人法庭仿效，同时还规定只有那些来到王室法官面前寻求公正的人才有资格享受这项制度。这项制度的出现无疑昭示了一个比较精明的动向。此前，民事和刑事案件都是通过起誓、神裁或决斗来裁决的。裁决时，法庭会命令当事人找一些人来发誓证明他的清白。如果这些人作假证，只有上帝才能让他们受到惩罚；或让当事人在教士监督下拿起一块烧红的铁块、吃一口面包或浸入水中。如果铁块没有灼伤他的手，或者面包卡住了他的喉咙，或者他在水中不下沉，那么依据“上帝的福佑”就可以断定，受审者是无罪的；决斗，或称战斗裁决法，是诺曼底人根据战神会助正直的人一臂之力的说法而创造的裁决法。这一方法一度在解决土地争端时非常流行，修道院和大地主于是以配合上帝的保佑为名豢养了大批职业斗士，以保护他们的财产和权利。有了上述各种裁决方法，再想用法律解决问题几乎不可能了。当进入一个更加理性的时代后，人们开始对这些古怪的方法表示出不信任，教会也在《大宪章》得到批准那一年拒绝承认苦行法的效力。于是，陪审团制度迅速流行起来。不过此时旧的裁决方法仍在苟延残喘，神裁法并没有被立即废除。如果被告愿意让上帝对自己的案件做出裁决，没人能够阻止。因此后来出现了一种可怕的做法：以死亡威胁慢慢逼迫被告接受陪审团的审判。当然，这样的做法很快就被淘汰了。直到 1818 年，还有一位诉讼人要求通过决斗裁决自己的案件，这让法官不知所措。此事迫使议会不得不废除了这一古老的裁决方法。

亨利二世时代的陪审团制度与我们熟知的不同，除了形式上的区别外还有一点根本不同，即当时的陪审团团员既是证人，也是判断事实的法官。他们都是正直而诚实的好人，但选择他们做陪审团成员不是因为他们公正，而是因为他们是最可能知道实情的人。在法庭调查清楚之前对案情一无所知的现代陪审团制度当时尚远远没有形成。当时的案审过程至今不甚明了。但可以想象的是，从边远地区召唤至威斯敏斯特审案的陪审团可能因为距离遥远、路途不安而不愿意去，最终可能只有三四个人出现在法庭上。但法庭不能多等，休庭的代价是很大的。为了避免耽搁和更多的花费，当事方可能会同意启用由旁观者组成的陪审团。了解实情的少数几位陪审员首先向旁观者介绍自己知道的情况，然后全体陪审团团员做出裁决。最后，了解本地情况的陪审员不再担任陪审员，而渐渐转变为在法庭上向完全由旁观者组成的陪审团提供证据的证人。我们猜测，当时的庭审情况可能就是如此，或大致如此。渐渐地，随着作证法的发展，变化出现了。到十五世纪，新的作证程序已经形成，但旧方法依然盘桓不去。甚至到了都铎王朝统治时期，陪审团团员如果做出错误判断，还会因伪证罪而受到审判。

如今，陪审团制度已经成为英国司法公平的代名词。只要一个案子要由十二个正直的人仔细审理，当事的任何一方就不会被冤枉，这正是英国法庭采用的法律与建立在罗马法基础上的欧洲大陆法系的区别所在。就这样，"法律来源于人民"这项古老的原则在轰轰烈烈的中央集权过程中被保留下来，传袭至今。

这些方法有效地伸张了公正，陪审团制度由此得到广泛应用。专职法官不再受地方偏见的束缚，他们拥有比偏私或无知的封建主及其管家公正得多的思想，在国王授权下组织陪审团，能够迅速结案，并拥有保证裁决得到执行的权威。亨利二世国王必须从几乎一无所有开始建立一整套皇家法庭系统，保证它能承受海量的、急涌而至的新工作。国王所能依靠的左膀右臂是王室政务会，即一个能够保证各方面政府职能得到正常执行的机构。这个机构后来派生出最高法庭、财政部、议会、习惯法法庭以及都铎王朝和斯图尔特王朝所依赖的大主教法庭。在亨利二世统治之初，政务会几乎事无巨细地包揽了所有政务。在司法方面，尽管负责审理王室年收入的财政部法庭已经开始成型，但国王仍习惯把政务会视为自己的封建法庭，像其他封建主一样，在这个法庭上为自己的臣属主持公道。渐渐地，所有这一切都随着亨利二世地位的稳固开始变化，王室法律机构的分工越来越专业化。到了他儿子统治时期，政务会开始分化为两大法庭，即王座法庭（即最高法庭）和民事法庭，但这两个法庭完全分离则是一个世纪之后的事了。之后直到十九世纪，它们与财政部法庭共同扮演着习惯法体系支柱的角色。此外，国王还经常任命巡回法官到各郡听取各种案件的审理工作。这样一来，郡属法庭就被纳入王室司法系统。

但这一切只是开始，亨利二世还要为渴望在王室法庭得到公正裁决的诉讼人创造条件，让他们能把自己的案件从领主法庭移交到国王法庭。为解决这个问题，亨利巧妙地利用了"王室令状"这个工具。那时候，贵族的权利至少在形式上是要受到尊重的。不过如果动用国王的传统权力，某些特定类型的案件就有可能归国王法庭审理。有鉴于此，亨利制定了一系列"定例"，或称"令状"。每条令状都适用于一种案例，只要能自圆其说，任何能证明自己的案子符合令状之一的人就能要求把案子转交给国王法庭。令状的措辞非常死板，新的令状类型不断出现，在大约八十年的时间里数量不断增加。每一个新令状的出现，都意味着对封建法庭遭受的新打击。直到十三世纪德·蒙特福德起兵反抗亨利三世时，令状的增长势头才受到扼制，总数固定在二百项以下。令状制度延续了六百年，但时间的流逝并没有影响到这项制度的实施，英格兰社会不得不在这个颇为严格的框架下学会适应。英格兰法律不可避免地受到拟古主义与合法假设的影响。由于每条令状都有自己的特定程序、审问模式以及最终的补偿办法，整个案件的审理走向取决于最初采用了哪条令状，撒克逊人的形式主义就这样得以保存下来。亨利二世打破了早期法庭的原始审案方法，但他所依仗的法律程序在死板方面没有改观。尽管这看起来有点僵化，但英格兰法律体系却因此有了一丝保守主义的味道，因而得以毫无间断地传袭到现在。

人们普遍认为，英格兰法律的历史是从查理一世 1189 年继位后开始的。从学术角度说，这样划分的根据是爱德华一世颁布的成文法，节点的把握再合适不过了。因为随着亨利二世统治的结束，英格兰法律便踏入了一个新时代的门槛。彼时，国王法庭系统已经建立起来，全国的法律制度得到统一，古老而繁杂的地方法规迅速崩溃，适用于整个国家和所有人的法律很快建立起来。如果现代律师穿梭回亨利二世统治之前的英格兰，他会发现自己身处一个非常陌生的环境；但如果回到亨利留给儿子的制度下，他就会感到无比熟悉。这种反差反映了伟大的亨利国王取得的功绩。他奠定了英国习惯法的基础，使后人有了更上一层楼的可能。当然，亨利的体系中肯定会产生变化，但其主要框架是不会改变的。

正是在这个决定性的成长时期，英语民族开始寻求解决法律争端的方法，这些方法实质上一直沿用至今。一个人只有触犯了法律明确规定的条款才能被指控犯罪。法官是裁判者，根据当事方选择提供的证据做出裁决。证人必须当众起誓后当众作证，而且要受到反复盘问。盘问者不能由法官充当，而应该是诉讼人自己或他们私下雇佣的合法代表。证人的证词是否真实不能由法官判断，而且交给十二位正直的好人去衡量。只有在陪审团确认事实成立的前提下，法官才有权根据法律做出判刑、惩处或罚金等裁决。上述这一切可能显得很平淡无奇，但如果考虑到另一种制度仍然控制着世界上大多数地区，你就不会这样想了。根据罗马法系及其衍生出的其他法系，在那个动荡的时代，甚至在现在的某些国家，审判常常意味着讯问。法官亲自对民事或公共犯罪案件进行调查，然而这些调查往往是随心所欲的。他们可以私下审问嫌疑人，要求嫌疑人必须回答向他提出的所有问题，同时限制嫌疑人雇佣法律顾问的权利。证人可以在嫌疑人制度的情况下秘密作证。只有在这些程序完成后，嫌疑人受到的指控才能被最终确定并宣布。所有这些都助长了秘密恐吓、逼供、刑讯以及讹诈认罪的发生。然而，这些弊端早在六个世纪前就因英国习惯法的出现而被革除了。到亨利二世的曾孙爱德华一世去世时，英格兰刑事和民事法律程序已经定型并成为传统，至今仍在总体上护佑着英语民族。所有的要求与争端（无论牵扯到美国中西部的牧场、加利福尼亚的油田还是澳大利亚的牧羊场和金矿，或毛利人的领土主权）都可以根据英国习惯法的程序和审判方法应用这些法规，至少在理论上如此。

英国习惯法的作用不仅限于指导如何进行审判，还经常性地应用于裁决繁杂多样的新老问题。关于谋杀、偷窃、土地所有权和个人自由等方面的法律与其他法律一起传入了美洲新大陆。这些法律尽管常常修改以适应时代的条件和潮流，但却与护佑十二世纪英格兰人生命和财产的法规一脉传承，未曾间断。这个法律在当时大多数是不成文的，即使在现代英国仍然如此。比如，现代的英国成文法仍然未对谋杀罪做出明确定义。因为这条罪名仍然由法官依据当地公认的不成文习惯，去解释、发展和运用。其他很多法律的做法与此大同小异。律师们要辩个明白，也只有通过研究古代裁决的报道和记载一条途径——真是不可思议，为了胜诉他们居然在那么古老的时代就为自己做了准备。亨利去世百年后，律师们开始在伦敦为自己组建职业团体，即“法律馆”。这是一个半职业学会半法律学校的团体，主要处理世俗法律问题，所以不欢迎精通罗马法和罗马教会法规的教士加入。律师们通过“法律馆”编纂年度法律报告，当时他们称其为“年鉴”。年鉴连续发行了大约三个世纪，其权威性连法官都不得不承认。在这段长长的时间里，只有一个人尝试着对英国习惯法做过全面的常规说明。

1250 年前后，一位名叫亨利·布雷克顿的巡回法官写了一本将近 900 页的著作，名为《英格兰习惯与法律之探索》。在此后的数百年间再也没有类似的著作问世。布雷克顿的书与其说是介绍习惯法，不如说是对习惯法进行解释和评论，为整个英语世界树立了遵循的典范，鼓励和帮助后世的律师和法官继续为之探索。权力无限的国家强加给属民的罗马式法律摘编和法典有悖于英格兰的传统和精神。法律其实早就存在于国内民众的习惯中，关键在于如何通过勤奋的研究发现它，如何对记录在案的早期判决进行比较，如何把所得的成果应用于法庭上的具体争端。习惯法随着时间的推移而有所变化。从十世纪前辈的论述中，亨利二世时期的律师们体味出了原作者本人也未曾想到意义和原则，并根据自己时代的新条件和新问题对其加以运用。这并不难，因为他们有判例可循。如果一个法官认定，某个的习惯曾经在早期的案例中得到认可，在他心目中公平公正且符合当时社会潮流，那么他在处理类似争端时很乐于将其作为裁决依据。被人们熟知的这种“判例法”缓慢而坚定地发展着，最终为个人争得了自由和权利，其作用类似于其他国家的《人权宣言》、《美国独立宣言》以及其他保证民权的宪法性文件。不同的是，英格兰的司法体系一直在小心翼翼地前进，就连《大宪章》的草拟人也没有尝试过制定新法律或宣布任何普遍适用的法则。这是因为英格兰的君主和臣民实际上都受习惯法约束，英格兰人的自由不是建立在国家颁布的法律基础上，而是以在长期过程中逐渐形成的、被陪审团承认的习惯为保障。由自由民组成的陪审团将依据这些习惯在法庭上逐案做出裁决。

第十四章　狮心王

第一次十字军东征后在耶路撒冷建立的基督教王国，在圣殿武士团和医院骑士团的武力保护下苦苦支撑了一个世纪。它的延续在很大程度要归功于周围伊斯兰国家的不团结。后来，土耳其人（或称撒拉逊人）中崛起的一位伟大民族领袖统一了各派穆斯林势力。1169 年，萨拉丁成为埃及的高官，不久后自立为苏丹。从出身上说他是库尔德人，但又受过大马士革人文化的熏陶。很快，他的势力就扩展到叙利亚，包围了十字军在地中海东岸建立的几个国家。1174 年萨拉丁攻占大马士革，1183 年又占领了阿勒颇，感觉到危机扑面而来的是耶路撒冷基督教王国。其国王卢西格南的盖伊忧心忡忡，先是把备受威胁的王冠转让给法兰西国王菲力，然后又让给亨利二世，并且在西欧国家中奔走呼号请求援助。但无休无止的吵闹让西欧诸侯们错过了最好时机，致使他们未能及时伸出援助之手。反而是撒拉丁于 1186 年发动了“圣战”。在向耶路撒冷进军的途中，他向属下发下誓言，许诺他们既能在今世的冒险征战中掠夺战利品，又可在来世享受永恒的极乐。在战场上迎战萨拉丁的基督教占领军大约有一万人，但干燥空旷的沙漠让他们无险可守，最终在哈丁战役中被绝对优势的敌人打得落花流水，国王、圣殿武士团大团长以及许多声名显赫的贵族被俘虏。1187 年 10 月，耶路撒冷投降。至此，除去提尔、安条克、的黎波里之外的整个巴勒斯坦和叙利亚地区便都落入穆斯林手里。

整个欧洲因此被震动，教皇和西欧各基督教国家一样被恐惧所笼罩。他的使节在各国宫廷之间穿梭游说，劝说他们和平相处，共同对付异教徒。西欧三个主要国家的君主响应了这一号召，英格兰、法国和德国的骑士们摩拳擦掌。人们在画卷中看到萨拉丁的骑兵们亵渎圣墓的情景，更是群情激昂，社会上从高贵到低贱几乎所有阶层都愤怒不已。当时的文学作品描绘到，许多年轻的十字军战士心怀忧伤之情，离开家乡和亲人，奔赴遥远而一无所知的危险世界。战争和冒险的魅力与牺牲精神和神秘感交织在一起，让那个时代和人们的忘我努力充满了浪漫色彩。在德意志，美因茨议会庄严宣誓远征圣地。法兰西和英格兰国王虽然没有停止双方的冲突，但却同意联手组成十字军。除了宗教方面的呼吁，各国还为支持远征制定了税收方面的激励措施。凡不参加十字军者都必须缴纳“萨拉丁什一税”；而所有参加十字军的人则可以享受免除税务和暂停偿还债务的优待。就这样，一支有史以来最强大的东征大军被组织起来。一支大军集结在德意志国王红胡子腓特烈麾下，载着一万二千挪威人的斯堪的纳维亚舰队也穿过了直布罗陀海峡，刀枪在手的欧洲人迅猛地向亚洲扑去。与此同时，冲向耶路撒冷的第一批援军在蒙费拉的康拉德率领下，从君士坦丁堡急急出发，解了提尔之围后将阿克团团围住。

值此动荡不安之际，亨利二世在悲伤和灾难中死去了，临终前连指定继承人的心思都没动过，结果王位自然而然地传给了理查德。曾起兵反对过父王的理查德并未装模作样地假扮悲痛，只是在背诵主祈祷文时不得不在父亲灵柩前跪了一会儿，然后就迫不及待地履行国王职责去了。人们发现这位新国王尽管在许多方面很严厉，但为人还算宽宏大量，这一点在他登基伊始就鲜明地表现出来，让他在军事威望之外又增添了一层光彩。新国王当初率军反对父王时，曾身无缕甲地冲在自己的骑兵队伍最前面，在勒芒紧追亨利二世的败军不放。为老国王殿后的是忠勇的武士威廉·马歇尔，他与理查德交手后稳操胜券。身处不利之境的理查德高喊：“饶了我吧！”马歇尔于是调转枪尖，一枪将王子的战马刺死，同时轻蔑地说：“我不会杀你，魔鬼会杀死你的！”这是一种比死还难受的羞辱。所以，当威廉·马歇尔和朋友们不得不向新国王效忠后，开始焦虑不安地担心着自己将受到何种处罚。但理查德早已摒弃前嫌。尽管他在谈起当初那次糟糕的经历时仍记忆犹新且内心刺痛，语调却庄重而超脱。他向父亲这位忠实的臣属确认，保留其所有职务和荣誉，并派他到英格兰以国王的名义行事。理查德还撮合威廉·马歇尔与富有的彭布罗克女继承人成婚，使他顿时成为英格兰贵族中最有权势的人之一。人们还注意到，新国王很信赖那些站在父王身边反对自己的人，有时甚至不惜损害那些当初追随自己反叛的伙伴们的利益。

尽管颇多英雄式的优缺点夹杂在性格中，但理查德仍然被认为是最令人瞩目的中世纪人物之一。一直以来，他都被描绘成骑士时代的产物和化身。在那个时代，狮子是人们在家族徽章中最喜欢使用的标识，不止一个国王试图把自己和狮子的名望联系起来。当时的人们称理查德为“狮心王”，就是为了向这位“兽中之王”表达永恒的褒赞。不过，英格兰民众非但没有在这位勇气过人的“狮心王”统治下得到一丝好处，而且还为他的冒险付出了沉重代价。理查德在位的十年中，只到过英格兰两次，住了短短几个月时间。尽管如此，他在人们心目中的形象数百年来都是英格兰战士的典范，一直激励着英格兰人的心。在战争谋划以及所有与勇气相关的行为中，理查德的光彩都夺人视线。他个子高大，身材匀称，心志坚忍，肌肉结实，两条手臂尤其灵活。他喜欢亲自参加战斗，并且毫无恶意地认为，他的对手就是为自己增添声望的必要“催化剂”。他喜欢战争，但不是为了追求荣耀或政治目的而战，而是像其他人喜欢科学或诗歌那样，纯粹是为了战斗的刺激和获胜后的激动人心而战。这一爱好决定了他的性格。对战争的热爱和卓越的军事才能交织在一起，将他身体与内心中所有的力量激发出来。

崇尚血腥和暴力的理查德性如烈火，但并不残忍成性，也不擅搞阴谋诡计，很容易得罪人，也很容易原谅人。尽管慷慨大方、出手豪放，但在作战时却谨慎计划、巧妙行事。在政治方面他几乎是个孩子，既不敏感又缺乏经验，往往根据自己的喜好结交政治盟友，所制订的政治计划既没有统一必也缺乏明确的目的。这样一来，他通过军事天才争取来的优势便由于外交上的无能而丧失殆尽。在东进途中，他率军占领西西里的墨西拿，但随后却轻信别人的劝说，与外表光鲜却不讲信义的盟友菲力·奥古斯都分享了胜利果实。如果他能更精明地利用这些胜利果实，也许就会挫败法兰西国王处心积虑的谋划了。后来他还夺取了富庶而易守的塞浦路斯，但同样又轻易地把它放弃了。他的一生就像一场盛大的游行，结束时只剩下一片空荡的旷野。

“狮心王”始终心系新的十字军东征，这个使命仿佛是为他量身定制的，与他的本性息息相关。对他来说，将圣地从异教徒的玷污中解救出来、以国王的身份率领骑士的队伍冲锋陷阵以完成得到上帝赞同的人类光荣事业，是一件令人心满意足而又无比激动的事情。英格兰人本来满心希望新国王能给予他们更多关怀，给他们带来和平与秩序，让他们的生活更加富足，让正义遍布整个国家。但他们同时也知道，十字军东征是一项崇高而神圣的事业。教会的说教告诉他们，东征会以无形的方式为他们带来祝福。理查德的加冕仪式独具特点，充分展示了不列颠岛君主继位的最古老的形式和传统，其精髓至今在王室的加冕仪式中仍有保留。为了圣墓，理查德国王实际上变卖了自己的王国，以筹集在遥远的巴勒斯坦发动战争的费用。他把国内的官职一卖再卖。他急需新的、与以前截然不同的税收制度，于是开始征收免服兵役税，即将兵役折合成一定数额的钱，以便不愿服兵役者交钱免役；后来又恢复了犁头税，即以百亩为单位征收的土地税。他铁了心要进行圣战。

1190年夏，理查德国王将王国事务委托给伊利主教威廉·朗香和达勒姆主教休·普塞特两位政法官，同时请家族中最值得信任的成员、他的母亲、老太后埃利诺监政，自己则率军出征。此前，理查德已将自己的妹妹艾丽丝许配给法兰西国王菲力。不过这位王妹除了漂亮，其他口碑不是很好。菲力声称，理查德曾试图诱奸她，两位国王之间因此有了嫌隙。不管事实如何，当理查德穿越法国并乘船前往西西里并准备在那里过冬时，他的母亲将纳瓦拉国王的女儿贝林格丽亚送到他身边。理查德对这位公主相识已久而且非常爱慕，当即决定娶她。“狮心王”为了爱而不是政治结婚合情合理。与此同时，艾丽丝拒绝嫁给菲力，使得英法两国国王未能结成对十字军东征至关重要的同盟。事后，菲力虽然得到一万马克的赔偿，但却视之为侮辱而耿耿于怀，两个国家的争吵因此更无法轻易停止下来。在西西里过冬时，嫉妒与口角始终伴随着两支本应该是盟友的队伍。

与此同时，红胡子腓特烈已于1189年5月率领德意志大军从雷根斯堡出发，经匈牙利赶往君士坦丁堡，来到拜占庭帝国边境时遇到了困难。君士坦丁的后辈们依然统治着大片土地，从欧洲的巴尔干一直延伸到小亚细亚。当时的皇帝艾萨克二世已与萨拉丁结盟，德意志大军当然不能轻易过境。最终，十字军声称要对付的是希腊分裂主义者，艾萨克二世这才于 1190 年 3 月底允许他们自由通过博斯普鲁斯海峡到达亚洲海岸。不幸的是，红胡子腓特烈一世，这位四十年前第二次十字军东征时的老兵，好不容易穿过小亚细亚到达西里西亚后，却在那里被卡利卡努河淹死了。有人说，他的溺水是战马在浅滩处马失前蹄所致，也有人说可能是饭后洗澡不小心掉入河中。红胡子死后，他的一部分军队当即返回，但途中很多人因瘟疫在安条克死去。号称"德意志之花"的浩荡大军只有不到一千人在腓特烈之子率领下继续前行，最终到达设在阿克城下的十字军营地。但不管怎样，德国人是守约的。反观英法军队，直到 1191 年春天才离开西西里。法王菲力乘船直驶阿克，英王理查德则在塞浦路斯短暂停留，与当地的希腊人统治者发生争执，以他们侮辱了他的未婚妻为由占领了该岛，并在那里和贝林格丽亚举行了婚礼。等他率领大军到达阿克营地时，时间已经是 1191 年 6 月 18 日了。

骑士的光彩令第三次十字军东征增色不少。此时，欧洲主要诸侯已齐聚指日可破的萨拉丁堡垒城下，相互争勇斗狠，钩心斗角，即便肩头神圣的事业也不能阻止他们之间的明争暗斗。理查德国王是当时的主角，总是能出现在最危险的地方，击败最强大的仇敌。不过他一直坚持与萨拉丁谈判，而且几乎与后者达成了协议。为挽救自己的城垒，萨拉丁同意释放基督教俘虏、支付一大笔赔偿并交出在耶路撒冷抢得的十字架。据说这正是十二个世纪前耶稣受难时用的十字架，但因年代太过久远已经真假难辨了。然而，谈判最终破裂，盛怒的理查德冷血地屠杀了作为和平保证的 2000 名土耳其人质。他到达阿克后不到五星期，便攻占了这座被围困长达两年之久的城池。

攻占阿克后，理查德国王的武力和将才成为所有国家谈论的焦点，但战争仍因盟友之间的争吵而处于瘫痪状态。流亡的耶路撒冷国王盖伊开始与蒙法拉的康拉德争夺王位，理查德与菲力各自支持一方。虽然后来双方各让了一步，但法王旋即班师回国，一边实施他在佛兰德斯的计划，一边与约翰王子密谋反对他远离国土的哥哥理查德。与菲力一起离去的还有奥地利公爵利奥波德，原因是受到了理查德的侮辱。在这种局面下，十字军仍然在理查德的正确指挥下取得阿尔苏夫大捷，杀死成千上万异教徒。尽管如此，他们最终也只能打到离圣城很远的一座高地上，遥望兴叹。理查德国王用面纱遮住双眼，不忍眺望无法进入的圣城。下得高地，他已决定撤回海岸。第二年，即 1192 年，理查德夺取雅法。在那里，十字军战士们再一次得到了剑指耶路撒冷的机会，但他们再一次败退下来。

就在战局不利之时，英格兰传来的惊人消息让理查德国王心里生起了回国的紧迫感。于是他重续与萨拉丁的谈判，甚至提出把妹妹乔安娜嫁给萨拉丁的兄弟作为永久和平的保证。撒拉逊人的顽强战斗赢得了敌军的尊重，三年和平（或称停火）最终得以实现。根据协议，双方对海边的城镇进行了划分，圣墓也作为朝圣地对小群的十字军开放。终于，十字军战士们的双脚踏上了目的地，但身份却不再是战士，而是游客。盖伊与康拉德之间的耶路撒冷王位之争也因后者遭到“山中老人”领导的穆斯林刺杀而平息。可惜的是，康拉德死时，他提出的要求恰巧得到了理查德的承认。不过盖伊也未能当上耶路撒冷之王，他对恢复自己的世袭权利已经失望了，只好从英王手里买下塞浦路斯并定居在那里，建立起一个小小的王朝。在骑士团的帮助下，这个小王朝居然在与土耳其人的战斗中维系了近四百年之久。

1193 年初，理查德国王终于启程回国。由于船只中途在亚得里亚海失事，他不得不伪装身份试图从德意志蒙混过境。但他的敌人，奥地利公爵利奥波德已追踪而至。于是，理查德国王被俘虏关进了一座城堡。公爵是无法留住这样一件价值连城的“战利品”的，罗马帝国皇帝亲自向他索要这位出名的俘虏。好几个月过去了，理查德的关押地点仍是帝国的秘密。根据一个奇妙的传说，最终找到国王的是忠实的吟游诗人布朗德尔。他弹着国王最喜欢的和弦走过一座又一座城堡，最终从一座城堡中听到了理查德用自己的竖琴弹奏的回音。

伊利主教威廉·朗香身兼数职：教皇使节，国务大臣，政法官，但他一直提醒自己忠诚而热情地履行着理查德 1189 年交给他的管理英格兰的重任。作为国王的忠仆，他看出王国的主要危险在于约翰王子过于强大的势力。理查德国王的放纵让自己的这位兄弟建立了一座国中之国，拥有德比郡、诺丁汉郡、萨默塞特郡、多塞特郡、德文郡、康沃尔郡以及威尔士南部辽阔的格洛斯特伯爵领地，并且在名义上领有兰开斯特、沃林福德、艾伊和佩维里尔。他每年从这些土地上获得的收益从不上报财政部，这些地方的郡守也只听命于约翰，法律事务则由约翰派出的臣属负责处理，令状也由他的大法官法庭以他的名义签署，国王的官员和法官不敢进入约翰辖下的领地。朗香主教决定向这种双重统治的体制动刀。但是他仿效国王的显赫排场、带着大群随从巡视各地的做法早已在贵族圈子里引起嫉妒和愤恨，自我卖弄和高傲态度更为他设置了层层障碍。他本出身卑贱，又是外国血统，而且得罪了政务会的其他成员，把他们推向约翰一方。约翰当然知道怎么把这些因素为自己所用。

1191 年夏天，朗香率军镇压约翰的拥护者在中英格兰北部发动的叛乱，双方发生了公开冲突。这是一场严重的危机，不过幸运的是，远在地中海东海岸的理查德国王为维护自己的利益，及时把鲁昂大主教瓦尔特·德库坦斯派回国内。以这位大主教为核心形成了第三股势力，他们忠于国王，但对朗香不买账，更不愿意支持约翰。10 月时，朗香逃离英格兰，德库斯坦大主教接替了他的位置。这一年秋天，法王菲力·奥古斯都从十字军东征中回国，看到新机会的约翰再次勃发出野心。菲力国王认为，理查德远离自己的王国对粉碎安吉文王朝的势力、将英格兰人赶出法兰西是一个千载难逢的机会。他还看出了约翰的合作意愿，双方于是一拍即合。菲力·奥古斯都将率兵进攻诺曼底，约翰则同时在英格兰起兵反叛。

1193 年初本已危机四伏，理查德国王被俘并关押在“德国某地”的消息传回英国后更是雪上加霜，国王忠实的臣民们大都为此惊愕不已。约翰则借机宣布理查德已死，同时拥兵要求继承王位。他没有意识到，尽管理查德长期远离王位，但封建时代的忠诚感足以保证他的王国不受强大而狡猾的势力觊觎。许多在历史上默默无闻但却坚定而有独立见解的人倾倒于理查德的英雄气质和神圣使命，因而对他忠心耿耿；教会从未退缩过，鲁昂大主教瓦尔特·德库坦斯立场坚定；年逾古稀却精力充沛的老太后埃莉诺也鲜明地站在自己的长子一边。这些人控制着政务会，政务会则控制着国家。英格兰人在海岸线上严阵以待，随时准备反击法国人迫在眉睫的入侵。约翰的力量就这样被瓦解了。4 月时有确切的消息称理查德还活着，于是紧张的局势得到了缓解。约翰藏首匿踪，最后悄悄溜到法国去了。

神圣罗马帝国的皇帝要求英格兰为理查德支付十五万马克的巨额赎金，这相当于英国王室两年的收入；要想让国王得到自由，伦敦的第一笔赎金必须准备好十万马克。理查德和英格兰政务会同意了这个条件。与此同时，法王菲力和王子约翰也在积极活动。他们向罗马帝国的皇帝提出支付八万马克，以换取英格兰国王被关押至 1194 年米迦勒节；或皇帝每多关押理查德一个月，就可以得到一万五百马克；又或支付十五万马克，让皇帝把理查德交到他们手里。但神圣罗马帝国皇帝觉得既然已经与理查德商定了赎金金额，就该向对方保证敲诈应有的信用。菲力国王知道皇帝不愿接受自己的条件后，立即给约翰送去了一张臭名昭著的纸条："小心——魔鬼就要放出来了！"

剩下的问题就是筹集赎金。尽管整个英格兰都为这笔巨款心颤，但在封建义务中，没有什么比赎出被囚禁的君主更神圣的了，尤其是这位君主还参加过神圣的十字军东征。政法官、大主教和埃莉诺太后都全身心地投入这项令人痛苦的工作，教会也承担起自己的责任。为了把在圣战中身陷身陷囹圄的基督教友赎出来，即使拿出大教堂里最神圣的物品也是说得过去的。英格兰各地又开始征收新的"兵役免除税"；所有世俗人士都必须贡献自己四分之一的动产。教会也承担了同样的负担，教士们拿出了自己的金银餐具和财宝，三个修道院心甘情愿地献出了全年生产的羊毛。约翰王子装模作样地在自己的属地里征收税款。他的官员们向所有人讲述支付税款的神圣责任，结果约翰却把忠诚和信任换回来的收益纳入了自己囊中。筹集赎金的活动总共进行了三次，英格兰和诺曼底已被各种税务盘剥到极限，但所需要的 15 万马克仍无法凑齐。罗马帝国的皇帝看到实在榨不出更多油水，只得同意释放理查德。

1193 年底，英格兰支付了商定好的第一批赎金，"狮心王"理查德最终于 1194 年 2 月初摆脱了束缚。我们可以确认的是，他当时肯定小心谨慎地穿过欧洲大陆，避开他在法国的属地，于 3 月 16 日再次现身伦敦。尽管伦敦市民们已经一贫如洗，但仍然为理查德的盛名而骄傲，看到他的回归仍然欣喜若狂。此时，约翰再次公开反叛，在法国支持下招募军队、夺取城堡。新任政法官和新组建的政务会早已想出对付这位叛乱王子的办法，理查德也用自己强壮的右臂和无比的威望帮助镇压了这次叛乱。约翰只得再次逃往法国。理查德国王在伦敦再次登基，加冕仪式组织得甚至比先前更精心。鉴于已经与菲力·奥古斯都国王处于一目了然的战争状态，理查德国王首要的，也是唯一和最终的治国手段就是筹集资金、招募骑士。待这一切走上轨道后，他渡过海峡前往法国，保卫自己在那里的领地。自这之后，他的双脚再也未能踏上英格兰的土地。但不列颠岛上的民众对他并没有怨恨，因为他所做的一切都是正确的和应该的。

这位强大的武士只需在法国露面就足以安定自己领地的边疆了，菲力国王及其军队立即转入凄惨的防御状态。约翰向他的国王哥哥恳求宽恕。他曾那么卑鄙地对待自己的哥哥，但哥哥却没有让他的恳求落空。尽管很清楚如果约翰当初的诡计得逞，自己可能至今仍被关押在德意志的城堡里忍受屈辱，甚至可能一命归西；很清楚约翰隐藏在心里的背信弃义和怨恨，“狮心王”理查德还是决定原谅自己的兄弟，并用兄长之爱拥抱他，把部分领地还给了他。当然，出于明显的谨慎之心，国王扣留了兄弟的几处城堡。尽管基督教社会中的教俗两界并不认为理查德的举动是明智的，但无不为他的高尚行为而赞叹。

理查德把剩下的五年统治时间都用于保卫他在法国的领地，并为此向英格兰筹集资金。英格兰再一次被置于代理人统治之下，这一次是休伯特·沃尔特。此人曾在亨利二世宫中受过传统教育，是雷纳夫·格兰维尔[1]的左右手。他是一位职业管理者，受过良好教育且经验丰富，不是那些业余的封建官僚可比的。当时，休伯特·沃尔特是坎特伯雷大主教，也是理查德的政治官，

1 亨利二世统治时期的首席政法官。

后来又成为约翰国王的国务大臣，在长达10年的时间里牢牢地把持着首席大臣的位置。沃尔特曾尽心辅佐理查德国王参加十字军东征，在筹集赎金的过程中也发挥了相当突出的作用。他以过人的决心、渊博的学识和巧妙的手段发展了亨利二世创立的强力中央集权制度，被公认为中世纪最伟大的管理人才之一。当时，国王的权威已经通达英格兰北部地区，一些调查委员会建立起来，专门处理一些迟迟未能完成的司法和财政工作；另外还有一些委员会在当地陪审团协助下，对国王的权利以及司法管理工作进行深入调查。一种维护社会平稳的新机制出现了，成为后来治安法官制度的前身；法医也在这个时期首次出现。由于财政部长、鲁昂大主教瓦尔特·德库坦斯尝试改革税收制度和现行的军事制度，英格兰开始重新丈量土地并统一度量衡，同时严厉打击或制止织匠和商贩的欺诈行为。伦敦和其他主要城市得到了包括宝贵的地方自治权在内的新特许权，行政机器开始在英格兰大地上轻松而无声地运转起来，即使有人对税收心怀不满也不敢大声说出来。有个被称为"大胡子威廉"的煽动者激动地表达了自己的观点，这样的做法在现代政治家中很常见，但在当时却把他送上了绞刑架。

虽然理查德经常远离英格兰王宫，而且他的性格和所追求的事业不仅会令臣民失望，而且会耗尽他们的财富，但他的王国遭受的苦难并没有想象中那么多。英格兰政府的统治强势而不掺杂私情，所秉承的原则拥有牢固的基础。亨利二世创立的统治制度，即我们所称的"行政管理"，经受住了考验，巩固了自己的地位，丝毫未受王室的干扰，对社会大众来说这无疑是件好事。这意味着受到所有人拥戴的国王不再是法律和秩序的唯一保证，英格兰民族有了可以依赖的新保障。

在法国，理查德与菲力的战争进行得很奇怪。他们之间一直没有停止谈判，每年都会达成一次停火，每年又都会在天气和条件许可的条件下重新开战。在研究了诺曼底的防御态势后，理查德发现塞纳河在昂德里斯附近的转弯处有一座高耸的峭壁，扼守着通往鲁昂的咽喉要道。于是，英格兰国王不顾停战协议该处不设防的规定，也没有理当地主教的抗议，于1196年开始在峭壁上构筑堡垒。这是一座理查德国王能够想象并设计出来的最完美的城堡，被他视为“漂亮的城堡”和“我可爱的孩子”。这座号称“世界上最坚固的堡垒”拥有厚重的三重石头城墙，内含外围工事、桥梁和护城河，至今仍怒视着昂德里斯城中的屋顶。法王菲力愤怒地说：“即使它的墙是铁筑成的，我也要占领它！”理查德回应道：“即使它的墙是黄油修筑起来的，我也能守住！”这次，好运向菲力关上了门。

1197 年，停停打打已成习惯的局面被一场严重事件打破。双方打了一场大仗，结果法王大败，理查德沿着吉索尔城的街道对溃逃的菲力及其士兵穷追猛打。此时，距英法两国国王联手进行第三次十字军东征才过去了仅仅十年时间。

1199 年，正当理查德国王愁闷怎么才能为无休无止的战争筹到更多的款项时，一个好消息传到他耳朵里。据说在查卢茨城堡附近挖出了一件精美的宝物。那是一件皇帝、皇妃、皇子和公主的金像，围坐在同样是金子做成的桌子旁。查卢茨城堡建在理查德一名臣属的领地内，所以国王以最高领主的身份索要这件宝物，但对方拒绝了国王的要求。理查德于是率兵围困了那座弱小的城堡。在围困的第三天，他骑马靠近城墙，自认好运将一直相伴，结果却被弩箭射中。这支从十字弓射出的箭正中国王的左肩颈处。为挖出箭头，本已很深的伤口被弄得更严重了，而且还染上了坏疽。“狮心王”知道终将走向一名战士的宿命，遂镇静而坚强地等待死神的降临，并开始安排后事，将个人财产分给朋友或赠送给慈善机构。他派人把等在附近的母亲、令人敬畏的埃莉诺请来，宣布约翰将继承自己的王位，并要所有在场的人向他宣誓效忠。随后，他命人把射出那致命一箭的弩箭手从监狱中带到自己面前，赦免了他并赏了他一些钱。由于担心被教会逼迫与菲力和解，理查德已经七年没有做忏悔了，但现在却接受了教会的帮助，其态度之真诚催人泪下。1199 年 4 月 6 日，42 岁的理查德国王死去了。所有人都认为，他可以和亚瑟王、罗兰以及其他军事传奇的英雄人物并肩坐在“永恒的圆桌”前。我们相信，造物主是不会忘记摆上这张圆桌的。

那名弓箭手最终被活剥了皮。

第十五章　大宪章

约翰王子的性格早已人尽皆知。他现在继承了英格兰的王位，同时还是诺曼底、安茹、都兰和曼恩的领主，他可以继承埃诺莉太后的阿基坦，对布列塔尼也是觊觎已久。人们把理查德的个性比做雄狮，但却很难在自然界中找出一种合适的动物来形容约翰的矛盾性格。他集冷酷武士的残忍与马基雅维里主义者的阴险狡黠于一体。虽然他时常暴躁如雷，“眼冒怒火，脸色发青，”但却从未因此丧失条理，总是能以非人的冷静策划一系列野蛮行为。僧侣们修史时曾以浓墨重彩记录他的暴力、贪婪、怨恨、背叛和淫欲，但也有史书称他明智而能干，有时甚至慷慨大度。他有一个善于独创和探究的大脑，一生都视书籍为珍宝。在他身上，金雀花家族不知疲倦的活力达到了不安分的极致。一位法国作家曾经以令人忧郁的疯狂症解释约翰的道德扭曲行为，但对他的行为进行研究后就会发现，这位英格兰国王一向精明睿智、隐忍而手段高超，心志轻易不会动摇。这些特性足以保证他在有生之年稳稳地坐在王位上。他也曾面临许多困难，但最终大多都被克服，这也值得冷静认真地加以研究。我们研究得越多就越会发现，对英格兰民族和英语世界来说，约翰的恶习要比那些仁义之君的操劳贡献更大，因为通过各种反约翰势力的大联合，我们建立起了最著名的权利与自由的里程碑。

虽然理查德宣布约翰继任英格兰国王，但在继承权问题上仍有两种看法。约翰的哥哥杰弗里身后留下了一个儿子，即布列塔尼王子亚瑟。当时可能已经有这样一种观点，即亨利二世之后的长系血脉在王位继承方面比约翰更有优先权，此即为现在的长子继承权。威廉·马歇尔向坎特伯雷大主教提起了这个问题，但二人最终还是决定继承权归约翰。埃莉诺太后也支持儿子，不同意孙子继承王位。而且，她从来没喜欢过这个孙子的母亲。于是，约翰毫无争议地被英格兰接受为王。然而在法国的那些省份，一种截然相反的观点占了上风。布列塔尼当然坚定地支持亚瑟。法国国王和所有的亲法势力则认为，英格兰和王位纷争以及争取幼王登基对他们是最有利的。那些曾支持理查德反对父亲亨利二世，紧接着又扶持约翰反对理查德的人发现，他们现在应该顺理成章地支持亚瑟反对约翰。此外，约翰在重要的国事场合举止无礼，令教会觉得受到了冒犯。其实他的轻浮从继承王位那天就表现出来。在鲁昂，当象征诺曼底爵位的标枪递到他手里时，他竟然回身与随行的朝臣开了个玩笑，结果导致标枪掉在地上。

随着约翰的继位，法国北部各省之间以及与法兰西王国之间出了明显的趋同感；同时，海峡另一侧的英格兰贵族越来越倾向于褊狭的、民族主义的观念。随着盎格鲁—诺曼底各大家族的分支不停地瓜分英格兰和诺曼底的爵位与封地，英格兰与欧洲大陆的联系也渐渐减弱了。更主要的是，十二世纪末法国王朝和王室权力的不断膨胀就像一块有力的磁石，把欧洲人的忠诚都吸引到巴黎来。约翰国王发现，如果要保护自己在欧洲大陆的领地，就不得不付出比前几代国王更多的代价，要想为此在英格兰征税也变得越来越困难。传言称，大主教在加冕仪式上布道时曾称，英格兰国王实际上是推举出来而不是世袭的。纵观自征服者威廉之后各代盎格鲁—撒克逊国王的香火延续，以这样的原则选出来的国王不在少数，其中就包括阿尔弗雷德大帝。大主教这样说无疑得到了约翰的全力支持。无论怎样，国王可以在王室成员中挑选的说法大大削弱了支持亚瑟继位的地区的气势。

约翰从一开始就害怕亚瑟。理查德的死讯传来时，他正在布列塔尼的亚瑟王宫。那个富丽堂皇的地方瞬间就变成了极度危险的所在，约翰不得不仓皇出逃。亚瑟得到了勒芒的热情支持，同时又因安茹、曼恩和都兰三地与法王菲力交好。而约翰的势力只局限在阿基坦和诺曼底。于是，双方的战争与和谈就像先王统治时期那样断断续续，只是英格兰的新国王缺乏“狮心王”

那样的威望。由于约翰在法兰西拥有一些土地，于是法王菲力于1202年以领主的名义向他发出传唤，要求他来到法国王廷前回应普瓦提埃贵族的指控。约翰答复称，自己不会接受这样的传票，并称英格兰国王不能接受这样的审问。菲力回应他，向他发出传唤是因为他拥有普瓦提埃伯爵头衔，法国国王决不会因为自己的属臣另有高就便放松对他的管理权。双方用尽各种法律手段后，约翰仍没有得到安全返回的承诺，因此拒绝出庭，于是被判剥夺在法国拥有的领地，理由是“不能履行领主赋予的职位”。这样，菲力就打着被当时的法学家认同的旗号，于1202年夏入侵诺曼底，一路攻城略地基本上没有遇到抵抗。随后，菲力授予亚瑟骑士称号，把除诺曼底和基恩之外所有从约翰手中夺取的封地都赐给他，并把自己的女儿许配给他。亚瑟时年16岁。

对金雀花王朝的国王们来说，他们在法国拥有的省份与英格兰同等重要。很明显，再有涵养的人也会被法王和亚瑟的所作所为及其后果激怒，约翰当然也不例外。他压抑已久的情绪猛然释放出来，迸发出敌人们从未料到的力量。

听说祖母埃莉诺只带着很少的卫兵住在普瓦提埃的米尔波城堡后，亚瑟就带兵包围了那里，猛攻那里的外围工事，准备把身贵位重且心怀敌意的老太后扣为人质。紧要关头，埃莉诺设法将口信传递给正在勒芒的约翰。她的儿子率大军在四十八小时内奔袭八十英里，于黎明时分打了亚瑟和围困城堡的军队一个措手不及，并像他宣称的那样，“在上帝保佑下”好运爆棚，一举擒获亚瑟及其所有的支持者，其中包括休·卢西格南、一些叛乱的贵族以及两百多位骑士，埃莉诺老太后得以摆脱险境。

被俘后的亚瑟先是关在法莱斯，后又转移到鲁昂，没人会怀疑他的生命正面临着被毁灭的危险，即使那些仍然忠诚于约翰的布列塔尼贵族也在要求释放亚瑟王子。要求被拒绝后，贵族们遂发动了叛乱。约翰认为，只要亚瑟活着，自己就不会有安稳之日。实际情况确实如此。法王曾利用亚瑟为棋子在约翰的法兰西各省挑拨离间。如果放在比约翰更有头脑的人身上，也许会考虑杀死亚瑟会引起一场浩劫的可能性。但对约翰来说，亚瑟毕竟是一名俘虏，而且是在围困自己祖母时被擒获的，那位在国务问题上哪怕受到一点点挑衅都会暴起杀人的国王是不会在乎杀死他的，更何况他还犯下了如此大逆不道的罪行。事实上，没人知道亚瑟的下场究竟如何。发生在鲁昂的这场悲剧一直笼罩着一层看不透的面纱。负责守卫鲁昂要塞的军官休伯特·德·伯格（此人详情留待后谈）透露说，根据国王的命令，他已经于1203年复活节把亚瑟交到国王派来的官员手里。后者准备对他实施阉割时，他竟被吓死了。这个说法当然无法安抚布列塔尼及其他地方人们的不满情绪。休伯特于是又宣称，亚瑟仍然活着，约翰也称很高兴看到自己的命令没有被执行。不管他们说的是真是假，反正后来谁也没见过亚瑟。约翰命人杀害了他，这个说法不管当时还是后来都没有争议，有争议的是临死前他的身体是否遭到残害，或他的眼睛是否被弄瞎。

在那个时代，上至豪门贵族下至平头百姓都常常会因个人恩怨或国家政策被随意处死。但作为国王竟然处死了一个与自己地位相同的人，这让全世界更加深了对约翰已有的坏印象。更糟糕的是，这场令人憎恨的罪行不仅没能阻止，反而加速了诺曼底的易手。

亚瑟的消失并没能给约翰带来意想中的好处。对法王菲力·奥古斯都来说，亚瑟只是一件工具，工具的消失不会影响其预定目标。先王理查德曾唤起并利用过民众的忠诚让法王的主意落空，但显然新国王约翰无法做到这一点。很快，叛乱就在布列塔尼和安吉文帝国的中部省份发生，菲力国王刻意交好这几个省份，并于1203年复活节沿卢瓦尔河而顺流而下来到索米尔。此前，约翰在欧洲大陆上的南北领地之间已经被深深地钉入子一根楔子。包围诺曼底这座安吉文王朝的堡垒后，菲力国王准备一举攻而占之。意识到危险的约翰倾尽财力加强防务，从军事角度来说事情还未发展到山穷水尽的地步。然而到1203年底，约翰却在发动了一系列残酷而收效甚微的出击后主动地撤出诺曼底，当菲力国王在诺曼底中部攻下一座座堡垒要塞后，约翰的神经崩溃了。如果约翰选择不撤离，而是再从英格兰征调一些给养，也许就会永久性地保住这块公爵领地。当时的诺曼底人很愿意找些理由投降，于是英格兰人对他们的漠不关心就成了个合适的借口。1204年3月，理查德国王“可爱的孩子”、令人生畏的白色坚固城堡陷落，通往鲁昂的大门被打开了。三个月后，都城被攻占的诺曼底最终落入法国人手里。

即使最鼎盛时期，安吉文王朝也没有实现过真正的统一，而且法国人还占据着天时地利的优势，因此英格兰完全不必为诺曼底的丢失而流泪。事实上，这块领地的丢失对英国人来说还是一件幸事。因为不列颠岛自此摆脱了一个危险而沉重的负担和纠葛，而且英格兰的外族统治阶层自此再没有来自英格兰之外的利益牵挂，可以心无旁骛地把注意力和精力放在岛内事务上。然而，约翰时代的人并没有想通这些。他们的眼里只看到了令人羞耻的灾难性溃败，早已不被民众信任且与贵族不和的国王因此饱受指责。

亨利二世在重建秩序和建立有效的中央行政系统方面取得的成就给他的后人留下了新的难题。他建立的强势机构需要后人慎之又慎地加以管理；他重建的秩序是以削弱特权为代价；他采取的财政措施虽然很有创新，但却过分激烈。总之，他的所作所为在许多方面都侵犯了封建社会的习俗。不过，亨利二世的这些举措确实为人们所接受，原因之一是他手段高明，另一个原因是社会在无政府状态之后的自然反应。理查德一世虽然也放任行政官对英格兰进行治理，其严格的管理和独出心裁的财政措施让很多人愤恨不已，但最终的报复之火只落到行政官头上，与国王无关。因为他们的国王被十字军战士的圣光所笼罩，而且很幸运地常年远离王位。到了约翰这一代，是应该做好直面冲击的准备了。

像威廉·卢弗斯一样，约翰并没有对父亲留下来的制度善加利用。尽管理查德统治时期所征收的免除兵役税尚有许多未收上来的欠款，但与法王菲力·奥古斯都开战需要更多的钱。而此时，约翰手下的贵族之间出现了分歧。与那些诺曼底封臣不同，英格兰贵族中很少有家族在海峡两岸都拥有领地，因此他们很不愿意出国作战，理查德国王在位时就碰到不少这种情况。这样一来，在交纳更多免除兵役税和海外作战问题上的争议，就直接导致了贵族们的躁动不安。与此同时，约翰经常滥用自己的封建特权，也招致了贵族们的激烈反抗。随着英格兰社会的不断发展，阶级利益已经得到了清晰的界定。许多贵族不再把事君尽礼看作臣属应尽的义务，而是当成向国王和国家施加影响的机会。教会自成一体的感觉逐渐在教士们中间增加着，这种整体感同样也出现在自治市身上。约翰的新中央政府需要所有这些阶层的支持，但他却宁愿施展王权中更冷血的一面。

危机在 1205 年时到来了。诺曼底丢失后，约翰赖以在欧洲大陆维持地位的母后埃莉诺也去世了。紧接着死去的是掌控国家治理机器长达十年之久的休伯特・沃尔特。他的谏言曾倍受约翰重视，他也曾受命治理国家。但现在却再也没有这样一个人了。核心人物的连续辞世也让另一个棘手问题抬头，即谁有权选择坎特伯雷大主教。

此时，在罗马教皇宝座上坐着的是英诺森三世。他是中世纪最伟大的教皇之一，颇具政治才能和外交手段，雄心勃勃地想把教会在世俗世界的权力推向最高点。约翰与坎特伯雷的教士们在大主教人选问题上的争执让英诺森看到了久久等候的机会。他准备藉此在英格兰行使教皇的权威。1206 年 12 月，英诺森否决了国王和坎特伯雷教士提出的大主教人选，转而在罗马庄严隆重地推出斯蒂芬・兰顿。约翰国王本以为自己对罗马教廷拥有足够的影响力，足以保证自己提出的候选人被任命为坎特伯雷大主教，因而轻率地提前承认了教皇决定的有效性。当他得知英诺森居然狡猾地推出了第三人选并扶其上位后，心中燃起的熊熊怒火不难想象，但此时已覆水难收。斯蒂芬・兰顿是一位品格高尚的英格兰红衣主教，还是一位毕业于巴黎学校的著名博士。盛怒之下，约翰国王没有衡量对手的力量就向教会发动了不流血的战争。英诺森三世和斯蒂芬・兰顿都未在威逼恫吓下屈服。在那个崇尚信仰的年代，二人掌握着比世俗社会的君主更有威力的武器。当约翰开始迫害教士并抢夺教会土地时，教皇便停止英格兰一切宗教活动以示报复。整整六年时间，教堂里的钟一直保持着沉默，教堂的大门也对虔诚的信徒们紧闭。死去的人无法葬在神圣的墓地里，也无法举行最后的弥撒。不少约翰的子民认为，光凭这点，他们以及他们的亲属死后都会被打入地狱。

约翰铁了心不理会教廷的禁教令，同时变本加厉地抢夺教会财产。终于，教皇于 1209 年使出了“革除教籍”的最后一招。此后，约翰国王的臣属们不再承担宗教义务，他的敌人得到了教会的祝福，并被尊崇为“十字军战士”，但满不在乎的约翰仍一意孤行。禁教令和革除教籍非但没有让国王的灵魂产生任何恐惧，反倒让他以更加暴力的手段对付教会，以至同时代的人都认为他已经精神失常了。王室的国家治理机构此时前所未有地高效，几乎毫无阻碍地处理着一切财政和司法问题，维护着社会的正常秩序。对约翰来说，禁教令与其说是威胁，不如说是一个长久以来谋求的机会。外逃教士们的财产被国王以罚没的名义侵占，越来越多主教区和修道院人去屋空，国王派去的看守人趁机谋取了它们的收入。财政部的钱袋因这些“战利品”而膨胀起来。如果没有与教会发生争吵，也没有受到世俗社会政治斗争的压力，约翰国王的王权稳固程度或许能与亨利八世时代并驾齐驱。

约翰国王自失去诺曼底后就开始实施一系列宏伟计划，准备在欧洲大陆上争取同盟，杀菲力国王一个回马枪，德意志国王奥托四世、图卢兹伯爵和佛兰德斯伯爵都站在了他一边。但他与教会的交恶却无形中推动法兰西国王和教皇结成了更强大的联盟。到 1213 年，约翰不得不垂头丧气地在屈服和法国入侵中左右抉择。他知道，法国一旦入侵英格兰，将在军事和精神上得到英诺森三世的全力支持。鉴于国内形势仍不安稳，约翰被迫在这种威胁面前选择了屈服，英诺森很高兴地看到己方取得了胜利。

不过，约翰也不是全然无计可施。他灵机一动，想出了堪称政治杰作的一招，企图反败为胜。如果不能成功，他就不得不彻底俯首听命；如果俯首听命，他将肯定后悔；如果后悔，对他来说必将抱恨终生。所以，他要不惜一切代价打破仇敌们的包围圈。他要做的，就是向英诺森三世教皇展示世俗权力的诱惑。他知道，教皇陛下对这种诱惑是无法抵挡的。他提出让英格兰成为教皇的领地，并尊教皇为自己的封建领主。英诺森视约翰提出的条件为增加自己世俗尊严的象征，于是宽恕了悔过的英格兰国王，并将他和他的英格兰王国置于自己的特殊护佑之下。教皇从约翰手里接过英格兰王权，随后又以领主授予臣属的方式交还给他，并赐给他祝福。

约翰凭借此举扭转了不利局面，一跃成了教廷的宠儿。法王菲力·奥古斯都花费了巨大代价招募军队，正准备以十字军的名义入侵英格兰，但教廷的突然转变让他感到自己被宗教盟友出卖了。他很愤怒，不想就这么放弃觊觎已久而且唾手可得的猎物。贵族们也在这个转变中一无所获，因而满腹积怨，怒气冲冲。甚至连英格兰教会内部也出现了明显的分歧。英格兰主教团认为，他们一直以来都服从于罗马教廷的领导，但这种服从带来的收益远逊于他们付出的虔诚和所需的利益，而且也与他们受到过的传统教育大相径庭。服从于至高无上的教皇本是一项神圣的义务，但这种服从也许会被过度解读。教皇选中的斯蒂芬·兰顿既是虔诚的教士，也是正直的英格兰人。他预见到，罗马方面会对给予英格兰教会的保护权加以随心所欲的利用，意大利候选人将占据英格兰教会中的所有圣职。于是，兰顿立即成为教皇的反对派。曾几何时，约翰国王在多佛谋划这一切时仍战战兢兢。现在计划已成功，敌人们已陷入混乱，他到了可以放声大笑的时候了。

约翰和英诺森在新联盟下共进退，心怀不满的贵族也在斯蒂芬·兰顿领导下聚集在一起。与法王的战争仍在继续，约翰国王不断筹集钱粮、招募兵马，英格兰贵族们为此愤愤不已。1214 年，约翰率领的一支英格兰远征军在普瓦提埃吃了败仗。与此同时，他的侄子、萨克森的奥托与索尔兹伯里伯爵统帅的军队在法国北部的布纹被法王击败。被约翰寄予极大希望的欧陆联盟在一日之间被这场战役摧毁，他在英格兰国内的敌人又看到了机会。他们制定了计划，试图限制被击败的专制国王的权力，并公开发出威胁，如果条件不被接受，他们将起兵反叛。假如任由他们折腾，他们所追求的事业可能最终会因相互之间的怨恨、敌对以及自私的要求自然瓦解。但急于实现公正和平的大主教兰顿此时站出来，对他们施加了适度的影响。兰顿的话很管用，就连身为教皇臣属的约翰也不敢公开无视。

约翰手上还有最后一招。他在教皇怂恿下请求教廷将他的敌人驱逐出教，随后宣誓对他们进行宗教讨伐。他的请求得到了批准。于是，1213 年的斗争局面完全颠倒过来。那些本以十字军自居准备讨伐被革除出教的国王的贵族们，现在反倒被赶出了教会。但教皇的雷霆手段经此挪用后也丧失了些许威慑力，致使贵族们看到国王在海外败北后不顾教皇训令，坚决主张自己的要求。教会中很多人都支持他们。约翰四处奔走，试图通过给予教会选举自由来离间教士与贵族，但结果是徒劳的。武装叛乱似乎成了唯一的解决之道。然而在斗争的最后关头，兰顿大主教表示不愿意走向内战的极端。他劝说贵族们在尊重古代习俗和法律的基础上提出自己的要求，还给他们在本阶层利益之外树立了新的奋斗目标。在亨利二世建立的行政制度下生活了四十年之后，贵族们终于在与约翰的斗争中向前进了一步，超越了斯蒂芬国王统治时期的前辈们，学会了理智地、建设性地思考问题。他们主张建立一种约束与平衡的制度以限制国王的独断专行，反对国家陷入封建割据式的无政府状态。他们所主张的约束与平衡制度既能赋予国王必要的权力，也可以防止某位暴君或昏君滥用职权。朦胧中，1215 年的贵族领袖们正向一条基本原则摸索前进。依据这条原则，政府不再是某个人独裁式的家天下，习惯和法律应该凌驾于国王之上。在当时，这个让人似懂非懂的观点把贵族们团结在一起，为他们的反抗斗争注入力量，也使他们要求的大宪章精神永恒不灭。

六月的一个星期一早晨，贵族和教士们聚集在斯坦斯和温莎之间的伦尼米德大草地上，时不时陷入令人不安的沉寂。除了几个胆大包天者，很多人未能如约而至。到场的人很清楚，国王不会宽恕这个将给他带去耻辱的场合。只要一找到机会，他就会对他们实施搜捕和追杀。不过，为了他们追求的事业，这些人甘愿冒这样的生命危险。他们为国王准备了一顶帐蓬和一个小宝座。几个意志坚定的人似乎还在羊皮纸上起草了一份简短的文件。他们的随从与几队披盔挂甲的骑兵隐藏在远处。要知道，明目张胆地武装反抗国王在封建时代可是罪大恶极。接下来的事情进行得很快。一小队人马从温莎方向越走越近。渐渐地，草地上的人们从中辨认出了国王、教皇使节、坎特伯雷大主教以及其他几位主教的身影。来到近前后，他们翻身下马，没有欢迎仪式。然后有个人，也许是大主教，简要说明了提出的条件。国王听后立即表示同意，并说细节问题留待他的大法官法庭处理。这些条件就是最原始的“贵族纲领”，也是《大宪章》建立的基础。这份文件至今仍保存在不列颠博物馆里。1215 年 6 月 15 日，“贵族纲领”在一个短暂而肃穆的场景中得到了批准，这个场景随后成为历史上最著名的场景之一。事情结束后国王返回温莎，大约四天后，《大宪章》诞生了。在未来的日子里，它将成为各项统治制度和原则的基础，这是约翰国王和他的贵族们都没想到的。

1216 年初，约翰似乎有足够的机会平定贵族的反叛，一雪伦尼米德之耻。然而夏天还没过完国王就去世了。《大宪章》得以在教皇的谴责和战争的考验中保存下来，并在接下来的百年时间里再版了 38 次，在内容上有一些重大修订，但基本精神仍保留着。接下来是《大宪章》的沉寂时间。又过了两百多年，到 17 世纪时，议会反对派再次发现了它。当时，反对派议员们正努力阻止斯图亚特王朝侵犯臣民的自由，正好借《大宪章》的重新问世发出反对压迫的战斗呼声，“英格兰人自由宪章”的荣耀传说自此诞生。

撇开充斥各处的华丽辞藻，直接研究《大宪章》本身，可以发现这份文件中包含着相当令人吃惊的内容。它以法律契约的形式写成，包括 61 个条款，每一条都涉及到如何处理封建统治和习俗中的细节问题，并详细阐述了如何实现宪章中的诺言。《大宪章》中没有任何一处详述民主或人权的原则性问题，因此不能被称为宪法纲领的宣言，而只是一份关于如何处置封建制度下各种弊端的实用性文件。《大宪章》针对的主要问题包括免除兵役税、封建继承税以及年幼继承人的监护问题。“自由民”是其中的封建专有词汇。这个词很可能并不包括那些富得流油的商人，更不包括构成国家多数人口的奴隶或卑贱阶层。国王在《大宪章》中承诺将建立一个励精图治的政府。但这个承诺是有附加条件的，即尊重贵族阶层习惯上的特权和利益；贵族们也被迫向佃农做出承诺，言明施加在约翰国王身上的制约同样适用于他们这些封建领主。不过在实际操作中，他们在保证平稳和体面的前提下都尽量不去遵守这些承诺。表面上看，佃农们受到了来自方方面面的保护，然而细想一下就会发现，他们能得到这种保护，是因为被贵族和领主们视为领地上适合的、有价值的附属品，而不是这个国家的自由公民。

十三世纪将是议会制度尝试和发展的伟大时代，然而《大宪章》并没有提及议会，也没有反映贵族以外其他阶层的利益，更没有提出后来的那些伟大口号。实际上，《大宪章》的内容只是心怀不满、坚持特权的统治阶层从不情愿的国王身上敲诈出来的补偿，以弥补自己遭受的所谓“封建痛苦”，国王和贵族们不得不面对并解决的一些问题反而被忽略了，比如服兵役的期限。

某位现代作家曾说，《大宪章》是“阶级自私性的界标”。但实际上，它不应该被这样等闲视之。即使在那个时代，所有佃农以上阶层的人们都认为土地所有权不应该受到随心所欲的侵犯。当时最大的封建主往往在主要封地之外还以各种名义拥有多处小块土地。这些小块土地有的是归附的骑士带来的，有的是通过免除兵役税收上来的，还有的是佃农作为地租交上来的。因此，《大宪章》不仅是曾参加伦尼米德聚会的贵族维护自己利益的工具，而且在客观上还明确了包括大小地主在内的整个地主阶层的权利——普通骑士可以拥有 200 英亩土地，农民或小自耕农可以拥有 60 英亩。有证据表明，贵族们的这些做法得到了举国上下的理解。1218 年，一名官员试图借助法令推翻林肯郡法庭的一项裁决。他要对付的是个大地主。没想到的是，整个郡的人都起来向大地主表示支持，宣称要维护“为之宣誓并得到准许的自由”。人们抗议说，要“与他共进退，为他而战，为我们自己而战，为整个王国的民众而战”。

尽管十三世纪的贵族们对民众自由或议会民主知之甚少或毫不关心，但这并不妨碍他们信守一条对未来英国社会和各种制度的发展至关重要的原则，即法治。《大宪章》中贯穿着这样一个观点，即在国王之上应该有一项法律，即使贵为国王也不能违背。通过一份普通的宪章，再三重申并描述一项至高无上的法律，这就是《大宪章》的伟大之处。仅凭这一点，人们就有理由对它表示敬意。权威人士称，亨利二世的统治开启了法治时代，但当时他的工作并没有做完：国王仍然凌驾于法律之上，司法体系仍可成为压迫的工具。

现在，国王史无前例地要受到法律的约束了。宪章中的基本原则注定要代代沿袭，在 1215 年的封建背景消失很久后上升到至高的地位。在时间的长河中，《大宪章》成为一个无时不在的见证者，见证着王权并不是毫无约束的。

《大宪章》中包含的事实以及产生这些事实的背景大多已被历史隐没，或遭到人们误解，但它将“法律至上”这条曾长期潜存于封建社会中的观念上升为国家原则却无可争议。在后来的时代里，如果权力过分膨胀的国家试图践踏民众的权利或自由，人们就会一次又一次地求助于这条原则，无往而不胜。

第十六章　酝酿过程

约翰在操劳中死去，死时已四面楚歌，在位时对国家的管理不当使反对他的人得以结成了强大联盟。他与英格兰贵族为敌，后者最终逼迫他批准了《大宪章》。但贵族们并不满意。他们邀请残酷无情的法王菲力之子路易来到英格兰担任君主，结果大批外国军队和悍勇的冒险家随之而来。亨伯河以北的叛乱贵族得到了苏格兰国王亚历山大的支持；西部的叛乱背后则有强势的北威尔士王子卢埃林撑腰。多数城镇站在国王的对立面，伦敦更是充满敌意。辛克港掌握在敌人手里。尽管温彻斯特、伍斯特和卡莱以当时的交通条件衡量距离遥远，却也联合起来反对国王。

站在贵族们的对立面的怯懦国王以牺牲王国独立为代价换取了教皇的坚决支持，手上还豢养着一支强大的的雇佣军（这是王国内唯一的正规军）。一些强大的军事贵族，比如令人敬畏的威廉·马歇尔、浪漫的切斯特伯爵诺尔夫，也率领本阶层的追随者归附于国王。见到领主们再起争端的百姓们虽然很迷茫，但却力挺国王反对贵族，更反对外国入侵者。当然，他们在对立双方眼里无足轻重，只有经受苦难的分。综上所述，双方基本形成了势均力敌的态势，所有迹象都表明一场漫长的、艰苦的内战不可避免，英格兰似乎要回到斯蒂芬和莫德时代的无政府状态中去。但此时，一生阴险诡诈、两面三刀、在宗教政策方面经常左右摇摆的约翰却在生命的最后几个月爆发出好斗的性情，让朋友和敌人都大吃一惊。不过，他此时已是强弩之末，可怕的疟疾加上操劳和饮食无度最终夺去了他的性命。莎士比亚描写了他最后时刻的痛苦：

你们也没有一个人肯去叫冬天来，
用他冰冷的手指探下我的喉咙，
我只恳求一些寒冷的安慰，
你们却这样吝啬无情，
连这一点也拒绝了我。

这场激烈的斗争因约翰的死而发生了变化，但却并未结束。除了更好地统治英格兰之外，互有冲突的利益集团和派别还有许多其他目的。身处不列颠岛上的路易斯仍在战斗。尽管不少人曾违背过誓约，但仍向他宣誓效忠。叛乱的贵族与苏格兰和威尔士盟友深深地搅在一起，没人想过要实现和平。但随着约翰的死去，反叛所倚仗的唯一合理理由消失了。继承父亲广阔王国的亨利还是个九岁的孩子，反对派有什么理由把对父亲的不满发泄到无辜的孩子身上呢？历史就这样在动荡中翻过了一页，空白的新羊皮纸仍一字皆无。所有势力对这种局面都了解得很清楚。然而，把自己的生命和财富贡献给民族事业的那些人仍对约翰怀有不舍之心。忠诚的威廉·马歇尔行动果断。如果他未能履行对国王的职责，亨利二世建立的这个强大的中央集权王国也许会四分五裂，陷入封建诸侯割据或其他更糟糕的局面。如今，这个仍然存在的王国将成为英格兰文化不断发展的基础。确定罗马方面不会改变政策后，教皇的使节向威廉·马歇尔伸出了援助之手。1216年10月，还是个孩子的国王在格洛斯特加冕继位，开始了长达五十六年的统治。加冕仪式上，教皇使节为他涂油施礼。由于王冠在约翰渡过瓦什河时丢失，小国王只能戴上一个普通的黄金头圈。但这足以象征他的统治开始了。

此时，威廉·马歇尔已年逾七旬，很不情愿担任被我们现在称为“摄政王”的职位。切斯特伯爵本来很可能成为他的政治对手，但却没有这么做。后来与先王约翰忠实的仆从休伯特·德·伯格一起，被马歇尔请到身边做助手。新政府做的第一件事，就是重新颁布了1215年被教皇轻率撤销的《大宪章》，这既显示了新政府的明智，也暴露了新政府的软弱。保皇者身佩白色十字架，其宗教特征非常显著。教会主张发起根本性的宗教整肃运动，各反对派首领都被革除出教。“当我们还是孤儿和小孩子的时候，”亨利后来对格罗西特斯特主教说。“当臣属不但与我们离心离德，而且还组织起来反抗我们的时候，是我们的母亲，罗马教廷，让我们的王国又重新回到我们的统治之下，把我们奉为国王，为我们戴上王冠，扶我们坐上宝座。”

尽管亨利三世的统治混乱而贫困，但进步的力量仍然在推动这个国王艰难前行。烧红的铁块放在铁砧上，在锤子的敲打下会变得越来越坚实。生活在这段时期的普通民众失去了盎格鲁-撒克逊祖先曾经享受过的古老权利和法规，他们在贵族和王室雇佣军的铁蹄下呻吟、挣扎。他们的统治者也各怀鬼胎，因嫉妒、野心和好战而互相倾轧，彼此之间出现了不可弥补的裂痕。在强烈的民族主义支配下，这帮人开始拉帮结伙。这是一个凭冲动行事的时代，也是一个允许大胆尝试的时代，不受任何普遍性的政治理论约束。

历史上，贵族战争混乱而单调，大多是自己之间的互相残杀，或与教会联手对付国王，或干脆与教会为敌。读到这些记载时，很多读者都耐不住性子。但有一点不容否认，即亨利三世国王挺过了所有的磨难，英格兰因而开始迎来国王幼时所不知道的繁荣与和平。残酷的战争和混乱状态只是表象，当时身处困境的“演员”们并没有注意到表象之下涌动的暗流。直到五百年后，这些暗流仍然影响着整个欧洲。现代社会应该做出的几乎所有重大决定，在那个中世纪的社会里已经很普遍了。许多英雄人物在冲突中脱颖而出，他们中有武士也有政客，久远的年代让我们无法亲身体会他们经受的苦难，但他们的丰功伟业和远见卓识却如此鲜明，让我们如读晨报的新闻一般，轻松地拼凑出了他们当年的形象。

我们必须近距离观察其中的一些人物。史蒂芬·兰顿是一位毫不气馁、坚持不懈的大主教，他为英格兰人民确立了不受国王、贵族甚至自命不凡的教会侵犯的权利。他既反对国王，也不支持教皇，因此受到二者的极度厌恶，险些遭受杀身之祸。他是一个借助天主教会为基督教世界的统一而奋斗的人，同时也是为维护英格兰利益敢于反抗教皇的人。他是国王忠诚的仆从，同时也是《大宪章》的有力支持者，认为《大宪章》过去有效，现在也有效。这位威严的核心人物讲求实际、足智多谋，可能会一时心魔作祟而左摇右摆，但他存于内心深处的远大、明智、勇敢、平凡和崇尚自由的目标却从未动摇过，也是不可动摇的。我们即使不能称他为我国宪法的设计师，也至少可以把他看作参与搭建宪法大厦的一位守时、可靠的管理员。

出现在这个动荡时期的第二位人物是休伯特·德·伯格。莎士比亚用他那充满魔力的笔锋记述了英格兰历史上大多数辉煌时刻。他的描述如同朝阳，照亮了耸立于群山之中的高峰，让我们能清晰地看到那些伟大人物的身影，休伯特当然是其中之一。休伯特是一位战士，也是一位政治家，拥有丰富的政坛与军旅经验，与宗教界和军界高层交往密切，其所作所为和性格不可避免地受此影响。作为约翰时代的政法官，休伯特被所有人视为冥顽不化的对头。他治理下的英格兰虽然充斥着犯罪和蠢行，但在欧洲骑士中的明星人物马歇尔领导下，他却成为抵制反皇派叛乱的领军人物。同时，他的追求超越了派别之争，将整个英格兰的权利视为捍卫的目标。不列颠岛不应该被贪婪的贵族蹂躏，也不应该被外国冒险家劫掠，更不应该为了教皇的利益而遭到肢解。在基督教世界里，后者是经常发生的事情。

在陆地和海上进行的战争终于将贵族叛乱镇压下去。在林肯街头，国王手下的人取得了一场决定性的辉煌胜利。据说，当时有四百名支持国王的骑士与六百名贵族交手。他们纠缠在一起整整一天，最终贵族被骑士痛殴，整场战斗中只死了三个人。当时的人们认为，这场冲突算不上“战斗”，因此称之为“林肯闹市”。现在很难想象当时发生了什么。可以肯定的是，参与斗殴的骑士们每人都平均带了八至十名强壮的随从。这些满身铠甲、几乎无懈可击的怪物们在人群中摇摆穿行，将没有盔甲的普通民众赶跑或砍倒，遇到“同类”时则相互厮杀，场面很激烈，但也许并不特别激烈。在打斗的同时，这帮人还使用了复杂的战略战术，比如侧翼包抄、背后偷袭、买通当地人从私人码头秘密通过或进行零星的战斗，等等。最终，保皇派技高一筹击败了反叛者。无论多么正规的战斗中总会有意外发生，反叛贵族中的重要人物佩哈什伯爵托马斯就是位不幸者。他的面盔被一剑刺穿，剑尖深入脑髓，致使伯爵当场毙命。除伯爵之外，这场战斗对其他身穿盔甲的人来说都是一场愉快的冒险，对手的随从和平民最终成了胜利者报复的对象，遭到残酷的掠夺和屠杀。

“林肯闹市”事件是幼王亨利三世在陆地上取得的胜利，休伯特则在多佛附近取得了海战的胜利，将法国派给路易的增援力量打得大败，切断了叛乱者与欧洲大陆之间的联系。尽管双方混战时并未中断过唇枪舌剑的谈判，但也没停止过对对方土地的蹂躏。居住在这些土地上的平民苦难加剧。在兰顿大主教和教皇使节的支持下，休伯特从未放弃过对《大宪章》的主张。讽刺的是，《大宪章》本应是叛乱贵族们赖以团结的联系纽带。正如教皇指出的那样，虔诚的英格兰保皇派与教会的普遍利益之间存在着不可避免的矛盾。但这种矛盾并未表面化。最终，不仅国王与贵族之间达成了和解，英格兰教会与罗马教廷之间也取得了妥协。

1217 年，法王路易在坚持战斗了一年后彻底破灭了希望，他终于被迫离开英格兰。为了表明说话算话，英格兰政府再度颁布《大宪章》。1219 年，刚刚取得胜利的老马歇尔去世了，休伯特接过了他的衣钵，统治英格兰长达十二年之久。他的统治铁面无情。当约翰和威廉・马歇尔手下的雇佣军首领福克斯・德・布洛特的势力越来越大，并企图扰乱国内刚刚实现的和平时，休伯特便决定将他驱逐出去。1224 年，休伯特的大军在实施了两个月的围困后一举将福克斯的要塞拿下，并在城墙下绞死了二十四名指挥守城的骑士。为表示和解的诚意，国王在第二年又重新颁布了《大宪章》。从实质上来说，这次颁布的是《大宪章》的最终版本。从此，《大宪章》就成为英格兰法律和传统中不可缺少的部分。但如果不是亨利三世少年时经历过如此的动荡，《大宪章》也许至今也只能作为一个党派文件保存在历史档案中发霉。

没有人能在长期的统治中不犯错误，每位政治家都有向刚愎自用的强大统治者低头的时候。但休伯特在其任期内却始终坚持不收复国王在法国领土的原则。为此他不仅直言进谏，而且还采取了釜底抽薪之策，不惜在战争不可避免时组织不光彩的临阵溃逃。他一再拖延新战争的准备工作，坚决反对外国宠臣和冒险家进入英格兰，反对教皇为了实现庞大的欧洲野心而不顾一切从英格兰抽取资金的行为。为维护秩序，他在国王长大后对其身边的朝臣做出了特别限制，防止他们侵犯《大宪章》规定的权利。他的立足点完全建立在全英格兰利益的基础上。

1229 年，为英格兰利益殚精竭虑的休伯特气数已尽。已经二十二岁的国王现在开始真正执掌王权。他将自己的封建权力发挥到极致，组织并率领一支大军奔向朴次茅斯，准备从那里出发前往法国，保卫自诺曼底陷落以来一直归属英格兰王室的领地。休伯特无法阻止国王的行动，但这支远征军的运送工作显然是他的分内之事。于是，国王从一开始就发现自己的海外冒险既没有足够的船只，也没有充足的给养和金钱。平日温和可亲、一副学者派头和艺术家风范的亨利勃然大怒，拔剑直奔到政法官面前，斥责他被法国人收买，背叛了自己对他的信任。大军即将出征海外之际，海军和财政部居然不能或不愿把他们送过海峡，这种场面显然十分尴尬和令人不快。不过，这场争吵很快平息下来，国王恢复了往日的和蔼，远征军于第二年登船渡海，休伯特也保住了自己的位置，但离下台也不远了。1232 年，一个宫廷小派别将他从权力宝座上赶下来，并向他发出了死亡威胁，迫使他逃到布伦特伍德去避难。不久，他被人从避难所揪了出来。但一位平凡而卑贱的铁匠在接到给休伯特上脚镣的命令时，竟表示宁愿死也不这么做。据说这位铁匠说了这样一句话：“他不是那位数次将英格兰从外国人制造的浩劫中拯救出来、数次把英格兰恢复成本来面目的忠诚的休伯特吗？”历史学家一直将这句话视为休伯特·德·伯格的真正丰碑。

约翰统治期间，法国南部地区发生了一件世界史上最残酷的悲剧。经几代人时间，图卢兹伯爵雷蒙德六世的领地里发展出一种异教学说。这种学说理论上阴郁而严苛，但实际是却很温和，人们称其为“阿尔比派”，也叫“纯洁派”。该派学说劝导人们不要相信末日复活论，也不去相信炼狱和地狱。认为凡世间有血有肉的生命都是恶魔撒旦的杰作。物质阶段很快就会过去，摆脱可恶拖累的精神将在极乐世界中归于上帝。此教派的信徒被称为“完美之人”。他们奉行贞洁和禁欲思想，对死亡有一种发自内心的渴望。但可以肯定的是，其中大部分人在摆脱超自然的恐怖压力后，在这些地区宜人的气候中形成了一种随意和欢乐的性格。他们认为自己被带离了现世的种种困扰，同时也不再受来世的威胁，因而感到万分幸福。信奉该教派的所有阶层人士都有这种感觉，并从中催生了举止礼仪，以及强烈的信念。

阿尔比派摆脱所有精神束缚的做法当然是教皇不能接受的。尽管不甚牢固，但西方世界所有的道德规范都是建立在原罪、上帝的拯救和地狱不尽的折磨与忍受基础上。而后者，只有通过教士的帮助才能避免。新罪学说在今天的法国南部地区传播着，终于有一天，教皇意识到了这种学说的致命性和广泛性，比起从异教徒手中夺回圣墓的事情，阿尔比派问题看似更为重大。1209 年，教廷组织了一支新十字军，准备征讨一个与以往截然不同的目标，所有世俗力量都处于法王菲力领导之下。之前在法国各地偶有发生的火烧之刑，现在得到了法律的认可，可以用来处决那些信奉异端邪说或者其他不受欢迎的人。这场打击阿尔比派的战争用尽了人类所能想象出来的最残酷、最野蛮的手段，持续了整整一代人的时间。阿尔比派的信徒们视死亡为从肉体罪恶中的最后解脱，因而在“完美之人”的率领下，如猛虎般毫不畏死地奋起反抗。但教廷的打击是压倒性的，阿尔比派的邪说最终在火刑柱上灰飞烟灭。但偏居于森林与大山中饱受贫苦与饥饿折磨的人，仍然对下地狱受罚一说抱怀疑态度。对教廷来说，这个说法是人类纪律、责任以及教会权威和日常费用赖以产生的基础。

“巴黎地区的小领主”西蒙·德·孟福尔在这场十字军讨伐众多的领导者中脱颖而出，成为这场战争中的领军人物，被公认为指挥有方。“应上帝军队中的贵族、教皇使节和在场的教士之请求，”他被封为贝齐埃尔和卡尔卡松子爵。这位能干、无情的男人完成了自己血腥的使命，最终倒在图卢兹围攻战的战场上。他的儿子沿用了他的名字，继承了他在贵族中的崇高地位，也与那种让他千古留名的思想有了千丝万缕的联系。

休伯特的所作所为并非无可指责，但他的倒台是有人故意为之，目的不是为了改革，而是争权夺利。这场阴谋的主导者是德·伯格的老对手、温彻斯特主教彼得·德·洛奇。德·洛奇一直隐身在幕后，在 1232 年的圣诞节会议上，他的朋友几乎得到了政府机构中所有的重要职位。他们中的大多数人和德·洛奇一样是普瓦提埃人。休伯特的失败干系重大，影响远超彼得·德·洛奇的胜利。他是最后一位声望卓著的政法官，行使治理国家的全权，有时甚至可代国王行使君权。休伯特之后，政法官之类由贵族豪门把持的政府要职不再拥有往昔的辉煌，那些曲意奉承国王意志和爱好的宫廷官职，比如管衣官等，开始变得显赫起来。由于这些宫廷职位越来越多地被来自普瓦提埃、萨伏伊和普罗旺斯等地的外来者担任，贵族们开始产生含有强烈敌意的民族情绪。在威廉·马歇尔的次子理查德·马歇尔率领下，贵族们开始向外国人当道的现象发出怒吼。但彼得辩解称，英格兰国王身边需要一些外国人，以保护他免受本国臣属叛乱的伤害。他还举出雇佣军中有许多普瓦提埃和布列塔尼人的例子来证明自己的说法。这次斗争没有持续很长时间。年轻的马歇尔与卢埃林亲王联手，将国王逼到威尔士边界地区，洗劫了施鲁斯伯里，骚扰彼得的领地。1234 年春天，亨利国王被迫接受和解条件。尽管马歇尔在四月阵亡，但新任大主教埃德蒙德·里奇坚持要求国王履行协定。于是，来自普瓦提埃的官员被解职，彼得不得不逃往意大利，休伯特风光地收回了自己的土地和财产。

普瓦提埃人是亨利三世统治中期招募到身边的第一批外国人。这些人控制着国王，垄断着各种官职，在英格兰各地蝇营狗苟，对英格兰民族利益漠不关心。对他们的愤恨构成了贵族反抗的主题。国王喜欢阿谀奉承之辈以及迎合自己异想天开的人，而且酷爱奢华。与那些沉闷的贵族相比，他很自然地更喜欢来自普瓦提埃和普罗旺斯的伟大冒险家。中世纪时的普罗旺斯是行吟诗人的故乡和骑士精神的发源地，亨利对那里的文化非常着迷。1236 年，他迎娶普罗旺斯的雷蒙德之女埃莉诺为妻。埃莉诺带着不少穷亲戚来到英格兰，其中包括她的四位叔叔。从此，新一批外国人开始在英格兰出没。他们掌握了有利可图的监护权、婚姻仪式主持权、无继承人的土地以及有俸圣职。贵族们一直认为这些都是自己的囊中之物，因此对这些外国人非常反感。国王喜欢向那些可爱的亲戚大肆分发礼物，他统治期间所产生的所有弊端都应该着落在这帮亲戚身上。具有讽刺意味的是，阿尔比教派镇压者之子西蒙·

德·孟福尔名声并不坏。

英格兰国王对教皇感恩戴德又虔诚无比，这是引起英格兰不满情绪的一个更深刻的根源。当时，教皇格里高利九世正与神圣罗马帝国皇帝腓特烈二世进行着殊死搏斗，对金钱的需求量很大，教皇使节奥托因此把贪婪的目光盯在了英格兰教会改革身上。1240 年，奥托要求教士们交出五分之一的租金和动产，此举引发了一场风暴。伯克郡的教区长公开发表一份声明，否认罗马方面有向英格兰教会征收税金的权利，同时敦促教皇要像其他主教那样“自食其力”。尽管如此，奥托还是于 1241 年初带着大批财物返回罗马。为表彰意大利教士的忠诚，教皇许诺将下一任的 300 个英格兰有俸教职奖赏给他们。1243 年，英诺森四世当选为教皇，对金钱的需求重新高涨起来。同年，教皇使节禁止英格兰主教在教皇众多的推荐人获得职位前对教职做任何安排。自 1235 年以来一直担任林肯郡主教的罗伯特·格罗西特斯特此时挺身而出，带领英格兰教士试图绕开或直接拒绝教皇的要求。格罗西特斯特曾任牛津神学院院长，是一位学者、科学家和圣人。尽管他依然认为教皇的地位至高无上，但他的所作所为替一个多世纪后的威克利夫吹响了进攻的号角。到那时，威克利夫将对罗马教廷的横征暴敛和腐败发起挑战。

饱受教皇搜刮困扰的英格兰教会与不堪宫廷欺凌的贵族们，因对外国人的共同仇恨联起手来。危机于 1244 年暴发了。当时，贵族们成立了一个委员会，以确定向国王拨付一笔款项的条件。贵族认为，除某些法官外，政法官、首席大臣和财政部长都应该由贵族代表占大多数的议政大会选举产生。国王政务会中拥有召集议政大会权力的四名成员也应该以同样方式选出。为此事苦恼的国王转向教会寻求帮助。但后者同样被教皇的税金所折磨，因此在格罗西特斯特影响下对国王的请求置之不理。1247 年，贪得无厌的普瓦提埃人怂恿国王实行专制，国王的三个异父同母的兄弟，即约翰国王的王后伊莎贝拉在第二次婚姻中所生的卢西格南三兄弟和普瓦提埃人臭味相投。但亨利国王没有听从他们的建议。不过，他最终的决定却换汤不换药。“仆从不能评判主人，”他在 1248 年说。“同样，附庸也不能评判领主或用条件约束领主。他们应该对各自的领主或主人俯首听命，服从领主或主人的意志。”这番话非但没有让他得到金钱，反倒让他的钱袋子更瘪了。无奈之下，亨利国王只好变卖银餐具和珠宝，并向购买者附赠新特权，或再次确认他们已经拥有的权利。这一时期，国王不仅拖欠薪金，还经常强行索要礼物，并利用森林法庭对横征暴敛的行为网开一面。1252 年，亨利以十字军活动为借口，要求教会为自己的地租和财产交纳三年的什一税。在格罗西特斯特建议下，教士们拒绝了国王的要求，理由是国王不愿意批准大宪章。第二年，格罗西特斯特去世。直到临死前，他还在抗争教皇和国王的横征暴敛。

与此同时，亨利还背地里在欧洲大陆承担了更多的义务。1250 年神圣罗马帝国皇帝腓特烈死后，将帝国统治下的西西里纳入教皇治下的旧事重新提起。1254 年，亨利三世国王接受了教皇的“好意”，让自己的小儿子埃德蒙多戴上了西西里的王冠。事实证明这是一步臭棋，这份“礼物”附带的条件更是让这步棋蠢不可言。根据条件，英格兰国王要向教皇提供一支军队，同时为教皇的巨额债务充当担保人。那笔债务高达九千万英镑，在当时是一笔天文数字。二人达成的协议曝光后，英格兰全国上下掀起的狂怒风暴几乎将国王吞没，议政大会和教会都拒绝向国王提供资金。祸不单行，1257 年，亨利国王的兄弟康沃尔伯爵理查德竞选德意志皇帝。为保证兄弟当选，国王倾其所有，但最终未能阻止卢埃林的胜利，亨利为此倍感挫败。1256 年，正是卢埃林英格兰人赶出威尔士，并用计推翻了在苏格兰的英格兰势力。现在，亨利国王遭人轻视、丧失信任而且人财两空，在愤怒而强大的反抗面前变得惊恐无比。

格罗西特斯特在生命的最后几年中对老朋友西蒙·德·孟福尔抱有很大希望。娶了国王的妹妹后，西蒙就继承了莱斯特伯爵的伯国，而且还在加斯科涅这片英格兰属地当过四年总督，一时大出风头，却也引起了国王宠臣们的嫉妒和不满。这帮家伙布下圈套陷害西蒙，并在 1252 年让他出庭受审，法庭最终判其无罪。走出法庭后，国王用一笔钱让他拱手让出职位，二人的友谊从此走到尽头，一方是出于轻蔑，另一方是由于不信任。这样一来，贵族和民族反对势力终于迎来了一位意想不到的领袖人物。

英格兰少有比西蒙出身更高贵的豪门权贵，而且传说他与国王的关系不像想象中那么亲密，因为有人指责他先诱奸了新娘然后才娶了她。但不管传说怎样，他的五个儿子都坚定地站在父亲身边。作为一位外籍领袖，他即将成为英格兰贵族的核心人物和主导力量。在他身后，逐渐聚集起一大批封建领主，整个伦敦市的力量，以及所有下层教士乃至全国的支持都集中到他身上。一封写于 1258 年 7 月并保存至今的宫廷官员信件记述了当时的情景。信中说，国王在巨大的压力面前选择了屈服。国家管理改革委员会建立起来，双方同意“公共职位只能由英格兰人担任”，“罗马使节、外国商人和银行家应该降到与其相称的地位。”向外籍人士分封土地、宫廷的地位以及要塞的守卫等问题也都被提了出来。“贵族们肩上的任务庞大而艰巨，”这位官员在信中写道，“这些任务不可能轻易而迅速地完成。他们正在进行着不懈的努力。祝愿他们能得到一个好结果！”

第十七章　议会雏形

亨利三世统治末期虽然麻烦不断，但却可以称为英国议会体制的播种季节，对英国政治制度的发展至关重要。当然，当时没有几个“播种者”会预见到他们最终收获的果实是什么样子。改革委员会郑重其事地开始了工作，于 1258 年将其建议写入《牛津法规》，并于 1259 年在《威斯敏斯特法规》中对《牛津法规》的内容进行了补充和增改。贵族们的这个举动绝不只是出于对外族顾问的不满。综合这两个法规来看，它们所反映的利益诉求已经与《大宪章》的立场截然不同。《大宪章》主要关注的是对各种法律观点的界定，而《牛津法规》涉及的是王室应该听从谁的建议，以及依靠什么样的官员治理国家等重要问题。《威斯敏斯特法规》中不少条款在对司法权的限制上更多地针对贵族，而不是王室。此时，亨利二世国王当年的努力开始显现出效果。国家越来越强大、越来越认清了自己的地位、越来越有自信。地方骑士们眼见全国各地司法活动显著增加，以及法官和官员在地方官员协助下越来越频繁地四处巡视，自身的政治责任感也得到了提升，同时学会了如何处理政务。这个过程在十三世纪初见成效，并慢慢地将未来的英国政治制度塑造成型。

贵族们最核心的要求是未来国王应该借助某种“政务会”对国家实施统治。这个政务会的十五名成员由四人负责遴选，其中两人是贵族代表，两人是国王代表。国王用英语和法语两种文字发表声明，表示接受这项要求。自征服者威廉以来，国王以两种文字公开发布文件尚属首次，因此意义非凡。在西蒙·德·蒙特福德推动和控制下，政务会一度成为国家真正的管理者。政务会成员们相互制约，各自担任高级行政职务，实际管理工作则委派给下级官员处理。这种形式在当时被认为是最合适的。贵族们在本阶级利益得到维护、权利得到保障后（从某种角度说，贵族的权利就是国家的权利），很不愿意看到权柄被本阶级中一两个人控制的局面出现，因此从贵族中选出政治家组成议会，控制受过严格训练却又缺乏政治地位的下属管理国家就成为一种长盛不衰的政治制度。在历史上，这项制度曾经历过多次起浮。

正是在大约这个时候，“议会”一词开始被人们普遍接受。1086 年，征服者威廉在实施“末日调查”（即财产、土地大清查）前，曾与辅佐自己的贤人们举行“恳谈”，即拉丁文中的“讨论会”。十二世纪时，国王和权贵们商讨事务的会面通常被称为“意见交换会”，时常用来讨论“王国的重大事务”。从这个角度说，“意见交换会”已经有了议会的影子。不过这个词更多情况下指的是由官员和法官组成的永久性政务会。他们坐镇威斯敏斯特，负责接受请愿、纠正冤案和指导法律的执行。到十三世纪时，“议会”一词发展为两套虽然紧密相连却又截然不同的机构的统称。

如果用现代语言解释，当时被称为“议会”的第一种机构主要处理的是政策问题，第二种机构主要处理立法与行政问题。现代国家议会会议召开时对开幕词的争论很像过去的“意见交换会”，而过去“议会”的会议过程很像现在的议会委员会审议某项方案。亨利三世与爱德华一世统治时期，没人能预见到被称为“议会”的两套机构最终会合二为一。英格兰政治体制的发展似乎要走上与法国相同的道路，即政务会中的国王是真正的国家统治者和管理者，贵族们只是一群地位尊崇的人，“议会”实际上是处理法律事务的“清算所”。然而，英格兰的历史并没有向这个方向发展。首先，豪门权贵们在此后的一个世纪里成功地控制了政务会并借此实现了自己的利益；其次，英格兰各郡县有自己的生活方式，他们派驻到威斯敏斯特的代表是为了落实越来越大的影响力。再加上西蒙・德・蒙特福德的大力推动，这些力量最终联合在一起，缔造出一套持久的立法大会制度。

亨利三世国王、他的朝臣集团以及和他们有关联的庞大的外国利益集团都不愿意受到两个法规的长期约束，他们精心地做着收复失去利益的准备。1259 年，亨利三世与法国签订和约后，带着得到外援的希望从巴黎返回国内。他的儿子爱德华此时已经成为一颗耀眼的政治明星。他的支持者大多是伦敦和其他城镇的贫民以及不安定分子，希望看到王权的强大。贵族的胜利并没有满足革命的热情，不肯安分的新思想又开始活跃起来。此时，西蒙·德·蒙特福德表现出令人敬佩的一面。他在贵族对国王取得的胜利后没有止步，而是立即把改革的目标对准了贵族。在他看来，既然国王都受到了约束，那么贵族更应该在自己的领地内表现出对普通人利益的尊重。在这些改革的实施过程中最不能忽略的是中产阶级，他们曾是贵族攀上最高地位的重要推手。乡绅是中产阶级的主体，代表他们利益的是青年骑士（或称“见习生”）。青年骑士们组成了一个名叫“英格兰青年骑士团”的强大联盟，得到了西蒙·德·蒙特福德的大力支持。很快，西蒙·德·蒙特福德又开始批评大地主滥用特权，希望把已经展开的王权改革扩展到贵族圈子里。为此，他向统治着威尔士南部和西南部大片土地的格洛斯特伯爵理查德直截了当地陈述了自己的意见，并通过政务会颁布了一项法令，明确规定大地主受王权管理，而王权又处于政务会监督之下（这一点他并未强调）。于是，一种新型专制制度出现了，通过一个人或一个领袖来实施的“联邦专制”。这些变化彻底分裂了贵族集团，亨利三世国王和勇敢的爱德华王子觉得时机已到，于是开始发动他们的全部力量对分崩离析的对手进行打击。

1261 年复活节时，亨利国王解除了贵族们任命的官员和大臣。此前，教皇已经允许国王收回当初立下的接受《牛津法规》和《威斯敏斯特法规》的誓言。于是，英格兰出现了两个利益诉求不同、相互拆台的政府。当贵族们召集各地代表前往圣奥尔本斯开会时，国王就会召集他们到温莎。双方都想赢得广泛支持。贵族在这方面领先一步，得到了全国多数人的首肯。他们之所以保持克制，是因为格洛斯特不赞成德·蒙特福德的做法。1262 年格洛斯特死后，失去约束的贵族集团开始奉行德·蒙特福德的激进政策，内战随之而起。西蒙和他的儿子们都积极投身其中，与他们共同战斗的伙伴还有全国一半的贵族、刚刚兴起的中产阶级以及强大的威尔士盟友。他们严阵以待，随时准备应对国王的挑战。

西蒙・德・蒙特福德既是政治家又是军事家，不过人们很难从他受到的教育和成长的环境中判断出他所要采取的政策。有人不以为然地声称，西蒙对自己的行为有什么根本意义并无明确认识。事实确实如此，他的所作所为确实超出了自己的认知。1263 年 9 月，针对他的反对活动已经非常明显：他取得的成就优秀得招人嫉恨。爱德华王子于是利用贵族之中的不满，迎合他们自私的封建利益，挑动他们对蒙特福德的嫉妒情绪，最终组织起一支强大的保皇集团。同年底， 蒙特福德被迫同意接受法王路易九世的仲裁，但不幸的是仲裁结果对他不利。出于惺惺相惜的考虑，法王最终选择了保护英格兰国王的特权，宣布两个法规是非法的。路易国王在有生之年就被视为“圣人”，因而他做出的决定必须被奉为铁律。但英格兰的对立双方此时已刀枪相向，内战不可避免。在接下来的战争中，国王或多或少地得到了封建集团的支持；德・蒙特福德则得到以城市居民为主的平民，以及芳济会为主的宗教改革派的支持。为击败忠于王室的城市寡头统治集团，很多城市实施了新的管理政策。1264 年夏，蒙特福德再次率兵南下，试图解除亨利国王和爱德华王子施加在辛克港的压力。

亨利国王和爱德华王子率优势兵力在苏塞克斯迎战蒙特福特，双方在刘易斯展开激战。在这场堪称埃奇希尔大战前奏的战斗中，爱德华王子如四百年后的鲁珀特一样，以摧枯拉朽之势横扫面前的一切障碍，对逃窜之敌穷追猛打。但当他返回战场时却发现败局已定。战争经验和技巧丰富的蒙特福特利用复杂地形设下陷阱，当他的中军被突破时，两翼的重甲骑兵则夹攻国王的主力部队，势头之猛烈令所有抵抗都失去效力。由于有过从战马上摔落的经历，蒙特福特行军打仗时通常乘坐一顶装饰豪华堂皇，与十八世纪时将军们乘坐的马车类似的肩舆。不过这次他却把两、三个人质安置在肩舆内，并把肩舆置于威尔士士兵的中间，还插上许多旗帜和徽章以表明他的存在。向这顶肩舆冲杀的爱德华王子一举将其缴获，但却只杀死了里面倒霉的己方人质；与此同时，他的父王和所有朝臣以及主要支持者都落在蒙特福德手里，得胜返回的爱德华王子也落得个自投罗网的结局。

此时，蒙特福特成了整个英格兰实际上的主宰。如果他像现代的几个欧洲国家那样行事，以野蛮的方式将所控制的人杀戮殆尽，就可能长期把持主宰的地位。不过在那个时代，尽管有些事情很残酷，但还没有残酷到那么极端的程度。对不惜冒着生命危险争夺权势的人来说，野蛮并不是唯一的宣泄影响力的方式。武力固然有效，但也不可能压倒一切。西蒙最终与被俘的国王及其战败团伙签订了协议，承认王权在原则上得到尊重，但实际上国王和他的儿子应该受到严格约束。至此，国内各种势力又恢复到平衡局面。蒙特福特的行动清晰地证明，他不仅感受到了反对派的强大力量，而且希望能与他们达成最终的联合。他认为，控制了国王就能利用王权的威严控制贵族，从而建立更广泛、更有效的政治制度。不管他的目标是否在此，这种政治制度都会在他取得胜利后自动形成。他就这样挟带着脆弱的国王和骄傲的王子，对整个英格兰实行着统治。他人生事业中的第三个也是最后一个阶段就此开始。

所有贵族，不管他们选择站在哪一方，都发现自己面临着一种更大的威胁，比蒙特福特帮助他们摆脱的那一种还要大。蒙特福特的天才和精力，再加上金雀花王朝的君主与生俱来的权威，以及好斗的中产阶级的支持，对贵族阶级的特权构成了严重威胁，其严重程度远远超过约翰的治理无方或亨利三世时期海外顾问们的指手画脚。在这场具有持久性意义的斗争中，英格兰贵族从未放弃过对本阶层利益的维护。在伦尼米德，尽管他们的做法客观上为全国的自由做出了贡献，但主观上他们是为了保卫自己的特权。他们现在有一点确定无疑，即蒙特福特已经站在了自己的对立面。那家伙手里控制着国王，背后有社会革命势力支持，已经成了一个不折不扣的霸主。于是，贵族们结成了牢固的联盟，与那些未被西蒙掌握的朝臣力量日夜谋划，试图将他拉下马来。

此时此刻，蒙特福德认为是时候让一个由九人组成的委员会发挥作用了。这个委员会控制着王国的开支和官员任免事务，如果碰到一时解决不了的问题，可以留给他在 1265 年召集的议会处理。西蒙伯爵的独裁风格很不讨人欢心，但在国家处于混乱状态时却又无可厚非。在北方和威尔士边界，强大的反抗力量仍很活跃；在法国，王后与休·比格德伯爵、韦尔尼伯爵正想方设法向国王施以援手；教皇当然出是支持国王的。蒙特福德此时控制着英吉利海峡和爱尔兰海，因为他在辛克港拥有一支舰队，同时公开怂恿海盗作祟。不过在西边他却失去了昔日政敌理查德·德·克莱尔之子、格洛斯特伯爵吉尔伯特·德·克莱尔的支持。尽管小克莱尔没有公开加入保皇派，但仍同他们暗通款曲，延续了父亲与蒙特福德之间的争斗。当1265年被召到议会时，他指责西蒙伯爵伙同儿子侵占王室的年收入以及对立贵族被罚没的财产。克莱尔的指责里有真实成分，但事实上却是他对未能分一勺羹的不满。

1265年1月，来自全国各郡县和城镇的议会代表们奉蒙特福德召唤齐聚伦敦。此次议会召开的主要目的是让革命措施看起来更合法。这一点在蒙特福德指导下正稳步实现。不过，这次议会更重要的是它的代表大会性质，而不是它到底能解决什么问题。作为我国历史上首次代议制议会，它对英格兰政体的形成有很大影响，但现代评论家却忽视了这一点。蒙特福德召集拥有强大势力并深得人心的代表们的实际原因，是为了借助支持者的力量左右议会。他想再次依靠乡绅和市民的支持与心怀敌意或态度冷漠的贵族对抗，因此豪门权贵中只有五名伯爵和十八名男爵收到了参加议会的通知。这是 蒙特福德的策略和要传递给他们的信息。

议会很忠实地同意了蒙特福德的行动，并批准了他根据两个法规提出的解决方案。但随着克莱尔返回西部，战端再一次被挑起。亨利三世在蒙特福德控制下很顺从，也一直受到应有的尊重；爱德华王子承诺不再逃跑，因此也享受到了行动的自由。然而，当贵族们的反抗暗流风起云涌、蒙特福德集团内部离心离德以及治理国家过程中遇到的困难引起民众不满之时，王子借某日与几个朋友出外打猎之机，“忘记”了遵守自己必须返回的诺言。他在树林中策马而行，先是追逐一只成年牡鹿，最终去追逐一个更大的目标了。王子迅速在英格兰社会中组织起一支最强大的力量并成为他们的领袖。对这些人来说，摧毁西蒙·德·蒙特福德的统治，破坏他闻所未闻的改革是最重要的目标。借遵守《大宪章》、为贵族平冤昭雪并驱逐外国人的承诺，爱德华王子成功地将贵族阶层联合在一起，并破坏了蒙特福德赖以发挥影响力的基础。现在，这位伯爵除了是一个小小的个人派系领袖之外，几乎成了孤家寡人。他不惜自毁名声，靠接受威尔士王子卢埃林的领土和独立要求与后者勉强结成联盟。此时的西蒙不仅在政治上被爱德华玩弄于股掌之间，而且军事上也处于极度劣势。王子与威尔士边界地区的贵族们占据塞文河谷后，西蒙便陷入困境，他返回东方的通道已被彻底截断，与手下士兵一起被赶到威尔士南部。八月初，蒙特福德再一次尝试渡过塞文河，试图前去与儿子小西蒙会合。那时，小西蒙手里掌握着一支从东南地区招募来的军队。计划的第一步成功了。他在伍斯特附近的一个渡口越过塞文河。但他的儿子却在凯尼尔沃思附近中了爱德华的计，被打得溃败而逃。蒙特福德伯爵还被蒙在鼓里，不知这场灾难的发生，结果在伊夫夏姆受困。8 月 4 日，双方的决战爆发了。

这场战斗在大雨和突如其来的风暴中进行，天色阴暗。威尔士人被爱德华王子的重骑兵冲击得七零八落， 蒙特福德身边只剩下一小群卫士，他们死战不退，最终寡不敌众，蒙特福德也像英雄一样倒在战场上。威尔士边界贵族们屠杀了大批逃兵和战俘，并肢解了他们的尸体。可怜的老国王一直被蒙特福德带在身边征战四方，此战中被儿子的追随者打伤，幸亏及时地高喊“不要杀我，我是温彻斯特的亨利，你们的国王！”这才被人认出，幸免于难。

伟大的西蒙·德·蒙特福德伯爵死了，但他倡导的改革却广泛而深入地在全国扎下根来。伊夫夏姆之战后，胜方无情而随意地分封没收来的土地，激起了失去继承权的人的强烈反抗。与此同时，蒙特福德的追随者们仍然聚集在孤立无援的凯尼沃尔斯、阿克索尔姆和伊利坚持斗争，在愤怒的绝望中对乡村进行着洗劫，虚弱的国家对此无能为力。整个英格兰一片混乱和动荡。普通百姓并不掩饰他们对蒙特福德盲目的支持。反叛者和不法分子在道路和森林中横行无忌。由于安全得不到保证，外国商人被以国王的名义禁止进入英格兰。这个国家似乎又要陷入封建割据以及随之而来的无政府状态。在重重危机之中，教皇克莱门特四世及其使节奥托本要求英格兰国王实行温和政策。在围困凯尼尔沃长达六个月却不得其果的情况下，爱德华王子意识到教皇的建议是唯一的选择。然而他的决心却遭到了那些从没收的土地中获益的人的坚决反对，格洛斯特伯爵也对爱德华否认改革的承诺大失所望。1267 年初，伯爵要求驱逐外国人并重新颁布两个法规（即《牛津法规》和《威斯敏斯特法规》）。为实现自己的要求，伯爵在受到普遍欢迎的情况下进入伦敦。他的行动和教皇使节的影响，共同促成了“不剥夺继承权，要重新购买”的折中方案，从而收获了失去继承权者的原谅和善意。1267 年末，最高法院向全国各地派出法官，以保证这一方案的公平实施。记载表明，当时的动荡范围波及甚广，各地的叛乱实际上得到了下层教士和不少修道院院长的支持，主要针对的是当地官员；许多乡村绅士没有被封建关系束缚在贵族一边，而是支持蒙特福德。

蒙特福德已死，爱德华参加了十字军东征，虚弱的亨利三世国王终于在生命的最后几年享受到了比较平静的生活。半个多世纪前，九岁的他在内战的硝烟中从父亲手里继承了这块麻烦缠身的土地，随后便无时无刻不在风雨中飘摇，好几次差点在内战中死去。然而最终暴风雨结束了，美好的情景又回到他身边，他对此要比对政治事务更感兴趣。新的威斯敏斯特大教堂也竣工了。这是一座哥特式的杰作，在其中举行宗教仪式是亨利三世一生中最期待的目标。1272 年的最后几个星期里，他就是在这座教堂下葬的。

然而，最后这几年的平静并不能说明德·蒙特福德的斗争以及内战是徒劳无益的。许多年来，普通民众已经把他奉为圣人，一幕幕的奇迹在他墓前上演。虽然民众的支持对伊夫夏姆之战帮助不大，但他曾是他们的朋友，而且曾激起过他们心中的期盼，希望他能终止或解除贫苦人遭受的痛苦和压迫。他们为此忘记了他犯下的过错，永久地把他铭记在心里。尽管是一名出色的管理者，但他作为一个政治家却失之于过度自信和缺乏耐心。践踏一切既得利益、打破所有传统、对各种形式主义的东西都暴力相向并毫无必要地引起他人的怀疑和不信任的做法让他饱尝痛苦。然而不可否认的是，德·蒙特福德在英格兰历史上点燃了一支永远不会熄灭的火炬。早在 1267 年，《莫尔伯勒法规》就再度体现了《威斯敏斯特法规》的主要内容。他对自己的外甥、新国王爱德华的影响也很大。后者虽然杀死了他，但却深深地接受了他的思想。从这个意义上说，蒙特福德的观点没有因伊夫夏姆之战以及后来的局势反转而消散，爱德华一世成为伟大的伯爵真正的继承人。

第十八章　爱德华一世

在接受统治艺术教育方面，没有哪个王子比爱德华更系统、更全面。三十三岁时，父亲的死终于让他登上了王位。他既是一位经验丰富的领袖，也是一员武艺高超的将领，年轻时就以自己的双肩为父亲挑起重担，与西蒙·德·蒙特福德殊死搏斗。尽管在某些观点上与敌人一致，但王子最终还是杀了他。他在品尝战败痛苦的同时中学习到了战争的艺术。在亨利三世的最后几年，尽管王子有很多机会夺取王位，但还是选择了孝顺地耐心等待。与父亲的懒散无能以及治国无方相比，爱德华对秩序与改革的热衷更能体现出其非同寻常之处。

爱德华身材优雅挺拔，比常人高出一头。满头浓密的头发从小时候的黄色变成成年时的黑色，再变成老年时的雪白，是他一生经历的真实写照。他额头高耸，五官端正，只是左眼角像父亲一样有些下垂。他说话有些口吃，但这并不妨碍其拥有雄辩的才能，因为更丰富的语言都潜藏在他的手势之中。他武士般强壮的手臂骨肉发达，两条长腿能紧紧夹住马鞍，因而被人称为“长腿”。爱德华的这些特点是多明我会的编史者尼古拉斯记录下来的。他告诉我们，新国王热衷于战争和比斗，特别喜欢驾鹰打猎。追逐牡鹿时，他不用猎犬，也不用投枪，而是以能摔断脖子的速度策马疾驰，直到将那个不幸的猎物砍倒在地为止。

以上所述皆为爱德华统治时期的独特画面。他向人们展示出来的品质兼具亨利二世的治世之才以及“狮心王”的勇敢宽容。他的座右铭是：“各得其所”，没有其他任何一位英格兰国王能像他一样遵奉这一原则。他身上充满了其所标榜的法律与正义的激情，尊重社会各阶层的权利。直到生命的最后时刻，他伤害和敌对行为激起的猛烈反抗仍未平息；但在不少场合，他的谦逊或宽宏大量也多次得到迅速的回应，为后来的友情奠定了基础。

亨利三世去世后，英格兰豪门中最具权势者不顾爱德华王子尚在西西里的事实，不等老国王下葬就在所有人支持下宣布爱德华为国王。直到两年后，新国王才返回英格兰举行加冕礼。爱德华坐上王位是继承与选举共同作用的结果，但当时没人计较哪种因素在其中的作用更大。在与西蒙·德·蒙特福德与贵族们的冲突中，爱德华学会了国王必须站在全国高度考虑问题。他认为，既然困境中的蒙特福德可以争取中产阶级的帮助以对抗国王和傲慢的贵族，那么自己也可以在登基伊始主动地、恰如其分地利用这股力量。在他统治的极盛时期，平衡各方面的力量是工作的主要基调。他知道，傲慢不羁的贵族和野心勃勃的教会既是王权的约束力量，同时也是帮助国王镇压百姓的工具。由于比以往更多地考虑中产阶级的利益以及全体百姓的需求，爱德华国王成功地建立起一个广泛而秩序良好的基础。在此基础上，国王可以积极地为争取全民普遍利益而努力。在这种思想激励下，他开始追求将王权扩展到全国，让不列颠群岛都处于自己的控制之下，让自己的影响力扩大到欧洲各国。

爱德华国王的行政改革不是为了满足某个怀有强烈不满情绪的阶层的需求，而是为了将公正带给全体臣民。即使对《大宪章》施压在祖父身上的束缚不满，即使非常希望能控制教会日益增长的财富和要求，新国王也不会滥用重新得到的权力，他宁愿把这些权力在更广泛的基础上搁置起来。在刚刚过去的斗争中，尽管他剥夺了教会和贵族们得到的特权，但都是以维护整个社会的利益为名进行的。遍览他所有的立法，尽管针对的问题各异，但都有一个共同的原则，即“我们必须确定，凡是我们的都应该归于我们，凡是别人的都应该归于别人”。

在爱德华统治之下，一个秩序井然的时代出现了。这个时代是值得纪念的，不是因为它树立了伟大的里程碑，而是因为它从前三位国王的错误与混乱统治中汲取了有益的因素，并将之应用于一个长期而稳固的社会架构中。

在起起伏伏中形成的国家架构和政策现在已经日渐稳定下来，经受住了黑死病、英法百年战争、玫瑰战争以及中世纪后期的种种考验，有些架构和政策甚至延续了更长时间。在这个时期，英格兰社会逐渐进入骑士与中产阶级时代，纯粹的封建社会逐渐被取代。统治工具、土地所有权、军事与财政制度、政教关系都已明确下来，几乎一直延续到都铎王朝。

爱德华执政的前十八年中，立法活动之活跃是之后的几个世纪无法比拟的。那时，几乎每年都会有一项重要法令出台。尽管这些法令很少有新意，而且大多数很保守，但它们的累积效果却是革命性的。爱德华十分倚重他的国务大臣、巴斯和韦尔斯主教罗伯特·伯内尔。伯内尔主教出身低微，从王室大法官法庭和宫廷官员做起，一路升任为主教，直到 1292 年逝世都始终是国王身边最主要的顾问。他的一生都奉献给了王室，他制定的所有政策都是以牺牲封建特权和封建影响力为代价强化王权。1274 年爱德华返回英格兰后，刚刚上任国务大臣不足三个星期的伯内尔就启动了一项针对地方事务的彻底清查。专员们带着一份罗列四十个问题的文件赶赴各地，去了解哪些是国王的权利和财产，这些权利和财产受到了哪些侵害；哪些官员玩忽职守或贪污腐败；哪些郡县首脑“出于怜悯、受贿或偏袒”而包庇犯罪、失职，被指责为酷吏或贪吏。类似的清查之前也进行过，但从未如此彻底而有效。“强硬而不专制”，这就是国王的政策，其目的在于尊重一切合法权利，剥夺一切非法所得。

1275 年通过的《威斯敏斯特第一法规》针对的是专员们揭露出来的职权滥用问题。紧接着，1278 年的《格洛斯特法规》则命令法官们持权利调查令前往调查封建领主们在各自领地内通过自己的法庭和自己的官员施行法律的情况，并规定这些权利应该必须严格明确。这项调查的主要作用在于提醒大封建主们，他们既享受着权利，也承担着义务。1279 年《土地永久保有法规》出台，禁止把土地作为礼物向教会捐赠，不过得到国王准许的仍可继续。1285 年颁布的《温彻斯特法规》把矛头对准地方的无序状态；同年还颁布了《威斯敏斯特第二法规》以巩固土地的限定继承制度。《威斯敏斯特第三法规》

针对的是如何通过买卖而不是其他条件拥有土地。依据此法规得到的土地可以自由转让，但法规规定，以后的土地买主必须与卖主的领主而不是卖主做交易，而且要承担土地出卖前所附带的封建义务和捐税。这个法规叫停了封建采邑制的进一步向下分化，对国王大为有利。作为全国最大的地主，国王直接管辖的佃户数量由此大大增加。

这一系列著名的法规性质上都比较保守，在一段时期内都行之有效。在政治领域发生翻天覆地变化的同时，英格兰人的物质生活也因经济上的巨大压力而产生了同样深刻的变化。土地逐渐不再是全国社会生活的道义制裁工具及防御之所依，而是日渐成为一种商品，一种在原则上可像羊毛或羊肉那样买卖的商品，也可以在某种条件下以礼物或遗赠形式转让，甚至能以有限继承的方式留给未来那些即将构成新贵族阶层基础力量的人们。

尽管进入这个原始而又活跃的交易市场的英格兰土地只是很少一部分，但却足以激起巨大而深远的反响。在那个时代，许多王公贵族都会有手头拮据的时候，因此借贷的幼苗开始在英格兰冒头。不知不觉中，犹太人已经悄无声息地融入那个残暴时代的社会机理。他们时隐时现，常常在大人物们急需金钱的时候提供极大的帮助，对不愿意向议会请求拨款的国王来说更是举足轻重。在某些鲜有却很确定的情况下，只要有钱，任何人都能买到大片土地，犹太人为此不再低调行事，土地开始通过直接买卖或抵押两种途径集中到以色列人手里。进入市场的土地越来越多，足以保证两种途径都是有利可图的。数十年后，昔日的封建地主才回过味来，原来他们为了追求过眼云烟般的金钱，永远失去了一部分数量可观的英格兰土地。

犹太人的所作所为早已引起了人们的愤怒，饱受抵押之苦的小地主和挥霍无度、在交易中吃亏的贵族开始在抱怨中联合起来对付犹太人。此时，意大利放债人乘虚而入。对爱德华国王来说，在紧要关头，意大利人的作用与犹太人一般无二。他惊喜地看到，只需通过简单而现成的反犹太政策，就能够既安抚强大而心有怨气的势力，又能逃避犹太人的巨额债务。于是，现代社会中常见的陈词滥调，比如宗教谋杀和其他骇人听闻的传言开始被搬弄出来，而且得到了民众的普遍认可。在一片仇视之中，犹太人遭到抢劫、虐待、最终被驱逐出英格兰王国。唯一例外的是犹太医生，因为没有他们的医术，大人物们可能就得不到适当的诊治了。这个饱受苦难、颠沛流离的民族被掠夺一空，不得不再次寻觅避难之所，重头来过。我们现在非常熟悉的大篷车再次载着痛苦启程，驶向西班牙或非洲北部地区。直到四个世纪后，奥利弗·克伦威尔才和一个以色列富翁签订了秘密合同，再次向犹太民族开放英格兰海岸，一位信奉天主教的国王对犹太人的禁令被一位信奉加尔文教派的独裁者取消。犹太人被赶走后，来自佛罗伦萨和锡耶纳的银行家取代了他们的位置，但到了爱德华一世的孙子统治时期，他们也将品尝到基督教世界所谓的公道的滋味。

在取得巨大的立法成就的同时，爱德华国王还不断进行了行政改革。他在全国各地不知疲倦地巡视，严格查处每一处重要城镇的职权滥用问题，以犀利笔锋和强力手段纠正地方贵族的过分行为。经常被加以学究式解释的合法性是他随时准备使用的武器，用来从各个方面坚持不懈地整顿王国的内部治理环境，将个人利益从属于他和他的人民的领域清除出去。

爱德华一世非常重视行政与国家治理的有效性，这一点在中世纪国王中是很了不起的。一位像他这样的国王很自然会更倚重拥有职业经验的行家里手，而对"徒尚虚荣的大封建主的业余式帮助"不屑一顾。到十三世纪末，英格兰已有三大专设部门各司其职。其一是设在威斯敏斯特的财政部，负责收缴王室岁入和账目记录；其二是相当于总秘书处的大法官法庭，负责为国王起草、撰写各种宪章、法令和书信；其三是内务部。内务部单独设有一个名为"掌玺司"的秘书处，专门跟随四处流动的王室办公，兼具财政与秘书功能，大到为发动大陆战争提供军费，小到给王室厨房买点胡椒都属于它的职权范围。伯内尔是一位典型的早期民事事务官员，他死后留下的位置由财政部官员沃尔特·兰顿接替。与伯内尔一样，这位财政大臣并未将利奇菲尔德主教职位视作宗教教职，而是将它当成了为国王服务的奖赏。

尽管爱德华一世是一位非常正统的天主教徒，但同样无法避免与教会的冲突。他渴望向上帝奉献一切，但却比父亲更强烈地希望拥有恺撒大帝式的君主权力，这样的心态迫使他不止一次地向教会提出抗议。当时，教会领袖是 1279 至 1292 年间担任坎特伯雷大主教的芳济会修士约翰·贝查姆。他以极大的勇气和娴熟的手段维护着自以为是教会的正当权利以及在国王面前的独立。在 1279 年于雷丁召开的地方咨议院会议上，贝查姆发布了一系列令国王愤怒的公告，其中之一是禁止教士兼职。很明显，这个公告严重损害了国王将宗教职务作为奖励赏赐给政府官员的做法；另一个公告是要求每个大教堂和牧师会主持的教堂都必须公开张贴一份爱德华发誓遵守的《大宪章》。凡试图凭借国王法令阻止宗教法庭判案的人，以及违反《大宪章》的人，都将面临着被驱逐出教的惩戒。

面对爱德华的怒火，贝查姆不得不选择隐忍以等待时机。1281 年在兰贝恩召开咨议院会议时，国王怀疑有人捣鬼，遂签发一项法令，禁止与会者“讨论与我们的国王有关的问题，或涉及我们的个人、国家以及会议状况的问题”。贝查姆不为所动，几乎原封不动地重新颁布了雷丁会议制定的主要法规，并在前言中明确地主张宗教自由。一个月后，他给国王写了一封非同寻常的信，为自己的行为进行辩解。“任何人类制定的章程，”他写道，“甚至任何誓约，都不能迫使我们忽略建立在神权基础上的法律。”一名职员对贝查姆的所作所为赞叹不已。他在把这封信抄录入“大主教文件录”时，在页边写下了如下评语：“美妙的信件。”

贝查姆的做法本来可能会导致一场与贝克特与亨利二世冲突相似的危机，但却因爱德华的不置可否被暂时压制下来。国王仍源源不断地签发着禁令状，但已有意识地加入了温和的基调。在 1286 年的一份著名法令中，他明智地要求自己的巡回法官，要谨慎对待宗教司法事务，同时列出哪些类型的案件应该留给教会法庭处理。一场争端就这样被推迟了，但直到大主教和国王去世，这场争端也没有彻底消弭。

爱德华登基之初，英法两国之间的关系是靠贵族们在 1259 年签订的《巴黎条约》维持的。在这个条约约束下，尽管两国之间暗中敌意涌动，却也保持了三十多年的和平。1293 年，在条约执行问题上存在的分歧以及英格兰、加斯科涅和法国水手在英吉利海峡的冲突导致了圣马赫大海战的爆发。但这场海战并不足以令英法两国重新开战。双方真正不可调和的矛盾在于英格兰势力在法国南部地区的存在妨碍了法兰西民族追求的国家统一，是对他们自尊心的挑战。有“美男子”之称的法王菲力四世试图公开这个矛盾，他开始伺机发起挑衅。但爱德华国王选择了长期忍耐，试图找到折中的解决办法。然而巴黎议会最终宣布罚没加斯科涅公国，菲力国王要求爱德华国王象征性地交出加斯科涅几座主要城堡，以示承认其领主权力的合法性。爱德华再次忍让照办，但得到要塞的菲力国王转脸就拒绝将它们交还回来。爱德华国王意识到，他必须在开战与失去自己在法国的土地之间做出选择了。

1294 年时的爱德会国王已经不再是当年的那个轻松开朗的年轻人了。辅佐父亲历经多年坎坷后，他自己也在王位上坐了将近二十年国王，周遭的一切都发生了变化。在宫廷里，他深爱的妻子，卡斯蒂尔的埃莉诺去世了，他的母亲，普罗斯旺的埃莉诺去世了，他的两个儿子也不幸夭折；在朝堂上，他所信赖的伯内尔去世了，威尔士和苏格兰出现了严重问题，反抗声此起彼伏。年迈的爱德华国王孤独而困惑，数不清的棘手困难摆在他面前。

1294 年 6 月，爱德华在伦敦向已被称为“议会”的权贵机构解释了英法两国冲突的根源所在。他要与法国人开战的决定被议会接受。在组织比较正规的议事会议上，这样的决定通常比较容易得到批准。

战争本身并没有什么值得关注的看点。英格兰人在加斯科涅发动了多次战役，频繁袭击英吉利海峡沿岸地区，并对波尔多进行了长时间的围困。起初，人们对战争的热情十分高涨，但随着不可避免的税务增加，这股热情被迅速消磨殆尽。国王扣押了羊毛和皮革等英格兰主要出口货物，要求每袋交纳四十先令的关税才能赎回。而按照议会 1275 年制定的税额标准，每袋只需交纳半马克（即 6 先令 8 便士）。9 月时，教士们也遇到了恼羞成怒的事情：国王要求他们贡献出一半的收入。圣保罗大教堂的教长准备当面向令人畏惧的国王抗议，没想到却气晕倒地，就此死去了。11 月，议会同意向所有动产征收重税。但随着征税进行，怒气开始在所有阶层中蔓延。1294 年冬天，威尔士爆发起义，爱德华国王忙不迭地将其镇压下去；但等他班师回朝后，又发现苏格兰与法国勾结起来。从 1296 年开始，英格兰就与苏格兰陷入断断续续的战争状态。

从 1297 年 10 月开始，英法两国在战争中多次停战。这种的局面并不比真刀真枪的战争花钱少，一直持续到 1303 年才告终结。英格兰由此陷入多年的内外交困状态，苏格兰问题在其中尤为棘手。爱德华国王定期在威斯敏斯特召集了多次议会会议，向代表们讲解全局形势，但后者并没有给予他想要的支持，拒绝了增加新税收的要求。

教士们的处境更尴尬。1296 年，教皇颁布了著名的《教士不纳俗税》教喻，禁止在未经教皇许可的情况下交纳额外税务。在同年秋天的伯里・圣・埃德蒙兹议会会议上，教士们几经犹豫，最后在新任坎特伯雷大主教罗伯特・温切尔西的领导下做出决定——他们无力进行任何捐赠。爱德华国王一怒之下剥夺了教士们的法律权利，同时宣布没收他们的封地。大主教以牙还牙，威胁称凡不遵守教皇教喻者，一律革除出教。一时间双方群情鼓噪，但很快大家都冷静下来。第二年夏天，争吵平息了。教皇适时地颁布了一个新训令，取消了先前过分的要求。

对爱德华来说，与教会讲和求之不得，因为他又遇到了新麻烦。国王在索尔兹伯里提议，在自己发动佛兰德斯战役期间，贵族中的部分人应该在加斯科涅打仗。这个建议遭到了贵族的拒绝。赫尔福德伯爵、英格兰治安官汉弗莱・德・博汉与诺福克伯爵、执法官罗杰・比格德说，他们必须追随国王左右才能履行自己的世袭职责。这种借口当然无人相信。两位伯爵与国王都有私人恩怨。更重要的是，他们的话道出了大多数贵族心中的不满。在过去二十年中，国王的权力不逝增加，而他们的权力则不断萎缩。这种情况是谁都忍受不了的。对贵族们来说，起来反抗的时机已经成熟了，就像他们的上一代反对爱德华的父亲一样，他们也应该行动起来了。

爱德华并未将贵族们的挑战放在心上。他给赫尔福德和诺福克两地任命了副手后就开始忙着准备打仗，并于 8 月起兵前往佛兰德斯。国王的离开让贵族反对派看到了期待已久的良机，他们于是要求确认《大宪章》及其派生出来的《森林宪章》的法律效力，另外还提出六项补充条款。前两个宪章是得到约翰同意的条款的最终文本，它们与其他补充条款一起，要求将来在没有得到全国同意的情况下，不得任意征税或要求援助；不得在违背所有人意愿的情况下，扣留玉米、羊毛等类似货物；恢复王国内教士和世俗人士自古就有的自由；国王不能以拒绝前往加斯科涅打仗为由处罚两位伯爵及其支持者；高级教士们应该在自己的教堂内高声宣读《大宪章》，凡无视《大宪章》者都应被革除出教。秋天时，两位伯爵带兵来到伦敦，以武力胁迫摄政者接受这些条款，无力反抗的后者只好屈服，确认了所有条款。11月，远在根特的国王也批准了这些条款，但保留了国王在财政方面的一些权利。

这是一场重大而令人惊讶的让步，国王和贵族反对派都不敢相信它能如此轻易地达成。贵族怀疑国王可能会借公正之由收回自己的承诺，于是几次三番试图在议会引起大家对这些承诺的注意。最终，在1301年的林肯郡议会上，爱德华国王不堪威胁与争论的困扰，再次郑重地对宪章和某些补充条款进行了确认。

借助这次危机以及贵族们坚决的态度，给后世造成重大影响的两条原则确立起来。其一是国王无权向任何地区调派地方封建领主的军队。这个限制敲响了封建兵役制的丧钟，导致拿钱打仗的契约雇佣式军队在下一个世纪中兴起；其二是国王在没有得到同意的情况下，不得以“紧急需要”为名强征赋税。十七世纪以前的英格兰国王们都有过增加税赋的尝试，但爱德华的妥协开创了一个失败的先例，这标志着议会在限制王权的道路上又前进了一大步。

与前辈们相比，爱德华国王统治时期更多追求的是维护全国利益，更尊重法律形式。后者很具讽刺意味，因为国王发现他曾倚仗的原则竟被对手们用来对付自己，这让他很恼怒。贵族们没有动用武力，只借助已有的法律体系就达到了目的，而这套法律体系正是国王历经艰难才创立起来的。贵族们的做法表明自己的身份在转变：他们不再是封建贵族阶级的代表，而是全国反对派的领袖。于是，国王不得不再次郑重地公开承诺维护《大宪章》中的主要原则。由于针对最近王室滥用特权的补救措施也写进了《大宪章》，因此国王的这次让步显得尤为难得。这是法制方面的一次真正进步。

英格兰国王们非常看重他们在法国的领地，对如何在大不列颠群岛内开疆拓土反倒不怎么在意。他们偶尔会插手一下威尔士和苏格兰的事务，但保卫边疆区安全的任务大多数情况下都落在当地贵族肩上。《巴黎条约》签订后，英格兰的整整一代人不用再考虑欧陆扩张，于是他们有了解决内部安全问题的时间。在历代英格兰国王中，爱德华一世是第一位调动全部王室力量和资源用于向西部和北部扩张的。对他来说，征服威尔士的独立地区，巩固西部边界的安全都是顺理成章的事。他在自己的统治时期设法征服了罗马人、撒克逊人和诺曼底人都没有征服的地区，不列颠岛朝着统一迈出了一大步。

威尔士群山中固若金汤的堡垒养育出一个吃苦耐劳、顽强不屈的种族。亨利三世统治期间，这个种族曾在卢埃林的孙子领导下，将深深的印记再次留在英格兰的政治舞台上。作为父亲亨利三世的助手，爱德华曾和威尔士人打过交道。他在战场上多次与他们兵戎相见，但取胜的次数屈指可数。与此同时，他还发现野蛮好战的威尔士边疆区贵族，比如莫蒂默斯家族、博亨家族以及拥有格洛斯特的南部克莱尔家族，无不在利用自己的军事特权侵害着威尔士和英格兰人的利益。对爱德华来说，威尔士人的独立要求是件令人烦恼的事；同样，让一伙强盗般的贵族守卫英格兰的边疆也如鲠在喉，这帮家伙曾不止一次向国王的权威发起过挑战。那片自古以来就盛行着野蛮的自由的“不可征服之地”一直以来都被小诸侯和野蛮的山地民族视为庇护所。现在，爱德华国王决心去征服它；同时，他还要给威尔士边疆区贵族们的特权戴上枷锁。

连续数年，爱德华一世借助几辈威尔士边疆区贵族在长期斗争中积累下来的力量发动了针对威尔士的战争。他冷静而精心地策划，指挥军队水陆并进，最后终于占领了威尔士。他动用的军队主要是威尔士雇佣军，另外还有从加斯科涅调来的正规军，以及从附庸于他的封建领主处征召来的士兵（国王调动附庸军队的机会已经不多了）。不得不指出的是，爱德华能击败久负盛名的布立吞勇士，靠的不是人多势众，而是猛烈的冬季攻势。战争胜利后，爱德华颁布《威尔士法规》，终结了这个独立公国的存在。昔日卢埃林家族在威尔士的土地被全部划归国王，并被置于安各尔西、卡那封、梅里奥尼思、卡迪根和卡马森等郡治下。在卡那封出征的爱德华一世国王之子小爱德华，成为以英格兰人的身份受封威尔士王子的第一人。

爱德华国王发动的威尔士战争结束了，但战争表现出来的一大特点却越来越明显，即英格兰的军事制度正在从撒克逊和封建时代的短期兵役制向正规的雇佣制转变。阿尔弗雷德大帝时期，短期征召的"民兵"服役时间有限，大帝因此吃尽苦头。四百年过去了，诺曼底人把持的封建王国仍然固守着短期服役制度。但靠这个制度，怎么能进行一场从冬天到夏天、延续十五个月的战争呢？又怎么能发动并坚持针对欧洲大陆的远征战争呢？所以几个朝代以来，免除兵役税都备受国王和贵族青睐。贵族们不想服兵役，因此喜欢交钱免役；国王们愿意他们交税，是因为想用这笔钱雇佣职业士兵。在威尔士战争中，两种制度同时存在，但老制度在衰落。国王更需要值得信赖的雇佣军，而不是从封建诸侯手下调集来的"民兵"。为了招募雇佣军，钱是必不可少的手段。

与此同时，战争天平上还在向另外一个方向倾斜，即重装骑兵的逐渐淡出。重装骑兵已存在了五个多世纪，其威力就曾令罗马军团整齐的战阵黯然失色。不过现在它就要被一种新型步兵取代了。这支在普通民众中招募的新型步兵很快开始证明自己在战争中的优势地位。他们使用的武器不是棍棒，不是刀剑，不是长矛，也不是投射器，而是弓箭。经过长期的完善，弓箭手即将以令人惊讶的姿态登上军事舞台，并在欧洲大陆战场上技惊四座。不过欧洲人还不知道这一点。弓箭是威尔士战争的胜利者从当地人手里缴获来的战利品。在威尔士南部地区的战争中，长弓的使用取得了惊人的效果，一位威尔士边疆区的贵族曾对此做过记载。他手下的一名骑士曾被箭矢射中。那支箭射穿了他的衣甲、臀甲、大腿和马鞍上的木头，最后深深地插入马腹。弓箭是战争史上出现的新事务，也是人类文明史的组成部分，可以与铜器代替石器或铁器代替铜器相提并论。它的出现，使步兵在叮当作响的铁甲时代首次掌握了一种可以射穿重甲的武器。在发射距离和发射频率方面，弓箭无疑远远优于士兵们之前使用的所有武器，甚至在现代步枪出现前，也没有任何武器可与之媲美。战争部保存的档案中有一份专论，是一位曾追随拿破仑长年征战的将军在滑铁卢之战后的和平时期所著的。他在专论中建议，应该放弃滑膛枪而改用长弓，因为后者极高的精确度、极快的发射速度以及极远的发射距离都是前者所不能比拟的。

威尔士战争就这样从两个方面摧毁了封建制度存在的物质基础。实际上，在精神领域，这个制度早就被日益改良和扩展的行政管理淘汰了。要想让一个地区被占领后彻底屈服，所需要的治理方法是封建贵族所不具备的。苦心经营的石头城堡无疑在铠甲时代的很长一段时期里发挥过显著作用。但现在，碉楼林立的城墙需要再扩大，以容纳更多的驻军，并承受经过大幅改良的投石机等重型攻城器械的攻击，同时阻止攻城者接近内城脚下。而且，现在要防备的不仅是身披重甲、在乡村横冲直撞制造恐怖的武士，还有纪律严明、训练有素的步兵。后者拥有新型远程作战能力，可以在职业军官指挥下按最高指挥部制定的计划行事。

爱德华统治时期最大的麻烦出现在苏格兰。长久以来，英格兰和苏格兰都保持着比较友好的关系。1286 年，苏格兰国王亚历山大三世在夜间骑马时不幸摔落悬崖，身后留下的继承者是他的孙女、有“挪威少女”之称的玛格丽特。几番游说后，苏格兰贵族最终同意这位年仅十四岁的公主继承苏格兰王位，不过同时他们还想出了一个绝妙的主意，即“挪威少女”在登基的同时还要嫁给英格兰国王爱德华一世的儿子小爱德华。这样，两个王国就可以通过王室联姻一劳永逸地消除可能存在的对立情绪。能想出这个计划，说明当时的人们还是比较精明的，苏格兰和英格兰统治阶层都对这个安排赞赏有加。但可惜的是这只是一场梦，一场很快就会破碎的梦。1290 年，“挪威少女”乘船出海，中途不幸被汹涌的海水吞没。于是，苏格兰再次被王位继承人的问题所困扰。苏格兰贵族在不少方面都与英格兰王室有千丝万缕的联系，因此在最终决定由谁继承苏格兰王位时，英格兰的利益是一个必须考虑的重要因素。在包括私生子在内的众多继承候选人中，有两个人的资格最明显，即约翰·巴利奥尔和罗伯特·布鲁斯。布鲁斯强调，他年迈的父亲与王室祖先是近亲；巴利奥尔与王室的血缘关系较远，但他强调的是长子继承权。在二人身后，聚集着一批势均力敌的支持者。

自亨利二世统治时期起，英格兰国王就不时地宣称自己是苏格兰的领主，依据是早先的苏格兰历任国王承认撒克逊人的领主地位。以精于法制闻名的爱德华国王曾在类似环境下为阿拉贡和安茹做过裁决，现在他毛遂自荐，要求担任苏格兰王位继承权问题的仲裁。英格兰国王的这一要求得到了广泛认可。摆在苏格兰人面前的选择有两个，其一是将国家分裂为由敌对的两位国王分别统治的两个王国，其二是内战。两个选择都不是苏格兰人所希望的，所以不得不接受爱德华的裁决。一直追求严格法治的爱德华国王当仁不让地接受了这个任务，前提是苏格兰必须先承认他的宗主地位，并交出一些苏格兰城堡以示臣服。英格兰国王很好地履行了仲裁者的职能。苏格兰贵族曾以破坏苏格兰统一的阴谋诱惑他，但被他严词拒绝。1292 年，爱德华国王宣布支持约翰·巴利奥尔。英格兰人后来都怀疑这个决定的正确性，但考虑到当时苏格兰内部的严重分裂以及布鲁斯身后强大的支持势力，爱德华当时只能选择约翰·巴利奥尔，而且因这一公正而获利丰厚的选择自豪不已。此时，他不仅确认了自己对苏格兰的宗主地位，而且为苏格兰选择了一位国王。但遗憾的是，约翰国王在自己王国里得到的支持并不多，所谓“合法选择”的幌子最终无法抵挡苏格兰民族情绪的爆发。沮丧的苏格兰贵族一边接受爱德华的裁决，一边组织起一个由十二名强大封建主组成的权威委员会，名义上是为了辅佐新国王约翰，实际上是为了威慑他，对苏格兰王室的权力进行监督。爱德华国王不悦地发现，他那个看起来很漂亮的裁决实际上并没有起到应有的作用，苏格兰民族仍然是团结一致，苏格兰政府仍然保持着独立。他们不但没有屈服，反而更增添了对英格兰的敌意。

在爱德华向苏格兰要求宗主权的同时，法王菲力四世同样也向爱德华要求宗主权。在后者的关系中，爱德华成了桀骜不驯地维护自己封建利益的臣属，法国宗主则在法律上占据着主导地位。而且，就像英格兰比苏格兰实力强大一样，法国的武力也远远超过英国。与苏格兰和法国的双线冲突让英格兰在财政和军事方面非常吃紧，几乎到了无力应对的地步。为应对遭受南北夹攻的局面，爱德华国王在有生之年不得不一次又一次地征收苛捐杂税。他在佛兰德斯和苏格兰低地之间四处奔走，为征集钱财不惜挖地三尺。对他来说，除此之外别无要事。为取得议会的支持，他做出了一次又一次的让步，承认了约翰被迫做出的大部分改革，尚处于萌芽时期的议会制度因此大受裨益。除了几位大封建主外，全国上下都很支持爱德华对法国和苏格兰的斗争，几次三番地满足他的要求，但最后终于不堪重负。于是，这位精明的立法者、成功的苏格兰财政监管人和行政改革家不得不为了多收赋税而敲骨吸髓，最终招致反对，使他的生活和名望都蒙上了一层阴影。

为与爱德华对抗，苏格兰同法国结盟，爱德华视此为敌对行为，因为英格兰与法国正处于战争状态。于是，他召唤约翰·巴利奥尔到伯威克会面。然而，苏格兰贵族们坚持不让他们的国王赴险，战争就此爆发。爱德华以雷霆之势挥军向伯威特发起无情的攻击。这座当时北方的贸易中心已经享受了百年的安宁，对英格兰国王的攻击毫无防备。市民们只来得及仓促地立起木栅，随便抓起手边的东西当作武器。然而这一切都不堪一击，英格兰军队几乎毫发无损地攻入城池，大肆烧杀抢掠，死难者数以千计，残忍的场景甚至超过了野蛮时代。最顽强的抵抗来自于30名佛兰德斯商人。他们坚守着自己那座被称为“红厅”的货栈，直至它最终化为灰烬。在短短几个小时内，伯威特就从一座活跃的欧洲贸易中心沦为至今仍然存在的小海港。

发生在伯威特的恐怖暴行生生碾碎了苏格兰统治阶层的反抗意志。英格兰大军兵锋所指之处，珀思、斯特林和爱丁堡纷纷归顺。此时，爱德华表现出恩威并施的技巧，暗合了后世马基亚维利[1]倡导的君王之道。他携伯威特之威，宽宏大量地向苏格兰人宣布欢迎来降。于是，巴利奥尔交出了自己的王位，苏格兰被置于英格兰统治之下。但就像当初在威尔士发生的那样，英格兰人在苏格兰面临的不仅是如何以外族人身份实施统治的问题，还有如何恢复法律与秩序的问题。可惜的是这两点他们做得都不好。表面上，苏格兰统治阶

1 尼可罗·马基亚维利（1469 － 1527），意大利政治思想家和历史学家。代表作《君主论》主要论述为君之道、君主应具备哪些条件和本领、应该如何夺取和巩固政权等。

层一败涂地，爱德华可以欣慰地认为一切都结束了。但实际上这只是开始。人们常常认为圣女贞德是西方世界第一位打起民族主义大旗进行反抗的人，但实际是早在她之前的一个世纪，就有一位名叫威廉姆·华莱士的逃亡骑士，从偏远的苏格兰西南部避难处挺身而出，打着苏格兰民族主义的旗帜，指挥、引领着这个民族走向胜利。当时，爱德华正因与法国的作战时胜时败而苦恼，不断传到耳朵里的苏格兰动荡消息更让他烦躁不已。要知道，此前人们一直认为苏格兰会是非常平静的。在背后支撑华莱士斗争的，是苏格兰民族与人类其他民族一样拥有的顽强与坚决的精神。华莱士又在这种精神之上发挥了高超的军事才能。他不顾贫困与管理手段的原始，将大批追求正义的勇敢之士聚集起来，组织成一支坚韧不屈的军队。在他指挥下，这支军队不畏惧失败，抓住一切可能的机会战斗。从组织结构上来说，华莱士的这支军队是独特的。他们以五人、十人、二十人为单位，逐级而上直至千人，每级都配有一名指挥者。凡违反任何一级长官命令者均处以死刑。这样，自由之战就从最基层处有了不可征服的保证。

爱德华派驻在北方的指挥官是萨里伯爵韦尔尼。他对苏格兰起义军的活动忍无可忍，遂率大军奔赴斯特林。1297 年 9 月，与华莱士率领的起义军在坎伯斯肯尼思大教堂附近的斯特林桥相遇。当时，伯爵的军队里有不少苏格兰士兵。其中的一位骑士告诉伯爵，让部队越过又窄又长的堤道和横跨河流的大桥是危险的。这位不亚于现代参谋军官的骑士提供了一组数字，说明大军过桥需耗时十一小时。他问伯爵，如果敌人趁大军未全部过桥之机攻击先头部队，会发生什么样的后果呢？他建议，上游有一个渡口，伯爵可以先派一支部队从那里过河以掩护主力侧翼。不幸的是，伯爵大人把他的话当了耳边风。华莱士密切关注着一批批英格兰士兵跨桥而来，并抓住一个非常合适的时机全力出击，一举夺取桥头，斩杀韦尔尼伯爵的先头部队五千人。大败的韦尔尼从苏格兰大部分地区撤出，驻守的要塞一个接一个地陷落，最后只能退守特威德河一线。

同时与法国和苏格兰开战的是爱德华国王无法承受的，他开始不计代价地寻求集中力量对付近在咫尺的危险。于是，英法之间展开了漫长的谈判。双方达成了一次又一次停火协议，最后终于在 1303 年签订《巴黎条约》。而在此之前，两国已经实现了事实上的和平，因为英格兰国王爱德华一世于 1294 年与法王菲力的妹妹、年轻的玛格丽特公主订婚，爱德华一世国王的儿子、英格兰王位继承人、出生于卡那封的爱德华也与菲力的女儿伊莎贝拉订婚。英法战争于 1297 年因这两场联姻而宣告结束，但由于教皇的从中作梗，国王的婚姻和真正的和平直到 1299 年才得到正式确认。通过这些外交手段，爱德华从 1297 年底开始就腾出手来，集中力量对付苏格兰人。

此时，华莱士已经成为苏格兰的统治者，残酷的战争还看不到停止的迹象。在斯特林桥头，一名受人憎恨的英格兰税务官被打死，华莱士把他的皮割成大小合适的条状当成剑缨。退出与法国战争的爱德华匆忙赶到惨剧发生的现场，率领所有的英格兰封建附庸军队向苏格兰人发起进攻。1298 年，福尔柯克战斗爆发。在爱德华亲自指挥下，这场战斗的结局与斯特林之战截然相反。彼时，华莱士率更为强大的义军以防守之势迎敌。他手下虽然没有骑兵和弓箭手，但却有一批能死战不退的长矛兵。这些长矛兵组成的坚固圆阵，给华莱士平添了强大的信心。战斗打响后，英格兰先头部队的重甲骑兵果然在锐利的长矛面前败下阵去。此时，爱德华部署在骑兵和二线部队之间的弓箭手开始发威，瞄准苏格兰圆阵的薄弱处集中射击，一时间箭如雨下，苏格兰长矛兵死伤惨重。随后，英格兰骑兵踏着敌人的尸体突入苏格兰战阵，阵型大乱的苏格兰长矛兵只得引颈就戮。追杀一直持续到义军退入森林深处，华莱士和他的士兵们再次成为逃亡者，被当作叛乱者追杀，饥寒交迫，遭受了人间所有的痛苦，但仍没有放下武器。

苏格兰人是不可征服的。1305 年，华莱士被俘，在威斯敏斯特宫受审后被绞死在泰伯恩，随后又被剖腹分尸。但苏格兰的战争并未因此平息，而是如一位编年史作家所说，“冬去春来，周而复始。”罗伯特·布鲁斯接过了华莱士手中的火炬。

晚年的爱德华变成了一个孤独易怒的老人。新一代在他身边逐渐成长起来，但他与他们既不熟悉，也没有共同语言。玛格丽特王后年轻得能做丈夫的女儿，经常跟继子继女一起和老国王作对。尽管最终没几个人敢真的反对老国王，但他也几乎得不到家人真心的热爱和尊重。

1290 年时要求继承苏格兰王位的约翰·布鲁斯有一个孙子，也起名叫作约翰·布鲁斯。小布鲁斯依靠出身和强硬手腕获得了很多人的支持。在他领导下，苏格兰战端再起。他约了代表英格兰利益的苏格兰领袖在边境城镇邓弗里斯的神圣教堂庇护下会面。二人先是在一间屋子里密谈，过了一会儿布鲁斯走出来，对随从说："我怀疑自己杀死了'红康明'[1]。"他手下的一名头目应了一声"我去看看！"便进入这座宏大的建筑。于是，这个北方的伟大民族又有了一位新的武装保卫者。爱德华国王当时年事已高，但意志仍未衰退。他在温彻斯特的王宫里听到布鲁斯在斯科尼加冕的消息后怒不可遏，遂于 1306 年发动战争将布鲁斯击败，后者仓皇逃到安特里姆附近的拉思林岛躲避。据传说，布鲁斯在岛上看到一只蜘蛛坚持不懈地编织蛛网后又振作起来，这只蜘蛛也因此成为历史上最著名的蜘蛛之一。第二年春天，布鲁斯重返苏格兰。此时，年迈多病的爱德华国王已无法再骑马行军，不得不像一千年前的罗马皇帝塞维鲁那样坐在肩舆上讨伐顽强的敌人，最终像塞维鲁那样死在行军途中。临死前，苏格兰和圣地是他念念不忘的两个地方。他叮嘱儿子，一定要把自己的遗骨放在车里随军征战，直到征服苏格兰人为止。同时还让儿子派出一百名骑士带着自己的心脏赶赴巴勒斯坦，帮助收复圣城。但他的继承人软弱无能，国王临终的两个愿望都未能完成。

爱德华是英格兰法制形成时期最后一位伟大的君主。他颁布的法规解决了社会秩序的问题，限制了封建领主法庭的权力，制止了法官定法的杂乱无章和恣意妄为，定下了直到十九世纪中叶还依然延续的财产法基本原则。这些伟大的立法活动为习惯法的应用划定了界限，在不违反基本原则和传统的前提下，确定了它的最后形式。

在政治制度方面，爱德华取得的成就同样不可磨灭。他召集选定的贵族

---

1 指绰号"红"的苏格兰贵族约翰·康明（John Comyn，"Red"）。

和郡市代表组成议会，以取代旧时的大佃主法庭。这一制度在他统治的晚期建立起来，起初只是徒具其表，后来渐渐地血肉丰满起来。在爱德华统治的年代里，这一制度得到了决定性的推动。在他统治初期，其父在位期间就开始尝试的这种制度可能带来任何后果，也可能什么结果也没有。到了他统治后期，这一制度已经深深地嵌入英格兰的习惯和传统。自此以后，“统治权”（也许那个时候爱德华国王并不理解这个词的意思）就不再被国王一人掌握，也没有落在国王和贵族议会手里，而是由国王通过议会支配。

不过，政治制度方面存在的一些隐患也逐渐显露出来。比如议会与国王的权力界限没有得到明确的划分。一项法规只有在国王通过议会颁布的情况下才能称之为法律，也只能在得到议会同意的情况下被废除。这一点虽然很快得到认可，但当时的议会尚处于稚嫩阶段，治理国家的主导权掌握在国王手里，后者顺理成章地拥有了许多未加限制的权力。枢密院根据国王一人的命令颁布的皇家法令是否具备法律效力？国王能否在特定情况下以维护公众或皇家利益为名凌驾于法规之上？在国王与议会的冲突中，谁能裁决正确归属哪一方？随着议会制的发展，这些问题被不可避免地提出来，但要得到最终答案，还要等到斯图亚特王朝的国王们坐在英格兰的宝座上。

不管怎么说，联合王国强大的君主政治和议会制度已经在那个时候打下了基础。它们的继续发展和成功取决于接下来即将继承爱德华一世国王王位的那个人。无所事事的怯懦者、空想家和喜欢冒险的年轻人扰乱了不列颠岛上刚刚形成的统一局面。长年的内战以及混乱状态引起的专制妨碍、延缓了英格兰各项制度的发展。但当旅行者凝视镌刻在威斯敏斯特大理石墓上的“这里安息着打击苏格兰之锤爱德华一世，请谨守诺言”的字样时，他就会真正感觉到自己正站在塑造不列颠生活、特点和声望的建筑大师面前。

第十九章　班诺克本之役

爱德华二世的统治可以被视为其父统治的悲伤延续以及其子统治的序幕。爱德华一世年轻时代和全盛时期积聚的力量和赢得的声望，掩盖了晚年走下坡路的事实。我们在看到他强盛的同时，也应该分辨他的弱点。人不能永生。在他人生的最后阶段，这位曾经打倒西蒙·德·蒙特福德、威逼威尔士俯首听命、以雷霆之势打击苏格兰、奠定议会制基础、凭借制定的法律赢得“英格兰的查士丁尼[1]”美誉的勇敢武士，仍然在与狭隘的、怨气冲天的、阶级意识日益强烈的贵族们进行着一场即将失败的斗争。最终，年迈与死亡迫使他不得不把这场斗争留给儿子。后者处境尴尬，根本无力取胜。一位强壮能干的国王迎着困难接过了一副重担，他的继承者虽然和蔼可亲，但却堕落无能。马洛[2]在自己所写的悲剧中，让这位可怜的国王临终前说了几句豪言：

告诉伊莎贝拉王后我并非这副模样，

我在法国曾为她全力以赴，

挑克莱蒙特公爵于马下。

对于这位不幸的国王，历史并没有埋没对他的颂词，但保存至今的史料也没提到爱德华二世曾参加过战争或比武，反倒记载了他对盖茅屋、挖水沟和其他实用技术的兴趣。划船、游泳和洗澡也是他喜欢做的事情。有时，他

1 古罗马皇帝，伟大的立法家，使拜占庭帝国进入了全面的法治时代。

2 克里斯托弗·马洛，十六世纪英国剧作家，曾著有剧作《爱德华二世》。

还不顾礼仪与谋臣们交好。爱德华二世的统治虽然软弱，但从长远角度看却有利于英格兰实力的增长。上一代统治者消失了，他的权杖已折断，但在老国王治下觉醒并生机勃勃的英格兰民族力量，却继续在前进的道路上迈着迅捷而有力的步伐。此时议会制度尚未成熟，国王法庭仍然是掌控国家法理权力的中心。这是一个由实力强大的贵族和能干的宫廷官员组成的机构，爱德华一世死后，贵族们便牢牢将其控制在手中。他们成立了一个名叫“上议院贵族委员会”的机构，以代表贵族和教士们的利益。对这群新的政府掌管者来说，苏格兰和法国仍然是最大的外部问题，不过他们的矛头却首先对准了受国王宠信的皮尔斯·加维斯顿。加维斯顿是个英俊的加斯科涅小伙子，对国王百依百顺，但对朋友的自命不凡却不能容忍。国王对他信任有加，他的意见往往具有决定性意义。贵族集团开始攻击皮尔斯·加维斯顿。为转移视线，爱德华国王和加维斯顿尝试着袭击苏格兰人。但二人的努力失败了。1311 年，加维斯顿被流放到佛兰德斯，后来又背着贵族委员会鲁莽地返回英格兰，但只能跑到北方避难。贵族委员会开始对他进行追捕，不过这场追捕没有引发战争，而是成为贵族们建立权威的机会。他们占领城堡、控制法庭并令军队俯首听命。最终，加维斯顿被围困在斯卡伯勒城堡，被迫与仇敌讲和。贵族们饶恕了他的性命，但要把他监禁起来。然而做出这个决定时贵族委员会重要成员之一的沃里克伯爵不在斯卡伯勒现场。事后，这位伯爵带领另外一些贵族破坏了协议。他们在牛津郡的戴丁顿制服了加维斯特的护卫队，在沃里克附近的布莱克洛山上砍掉了这位国王宠臣的头颅。

尽管贵族委员会取得了这些胜利，但王室权力仍十分强大，受到贵族委员会限制的爱德华国王仍然控制着政府，每日为与法国的纠纷和苏格兰的战争操劳着。为遮掩在国内受到的挫败，他决定出兵征服北方的苏格兰，于是向全国下达了普遍征募令。1314 年，一支强大的英格兰军队跨过特威德河。这支两万五千人的队伍中有三千名身披铠甲的骑士和重甲骑兵。在当时，召集起如此庞大的军队颇为不易，供给他们吃喝更困难。这支军队在爱德华二世有名无实而又无所适从的指挥下，向苏格兰军队步步逼近。苏格兰的新保护者罗伯特·布鲁斯面临着来自英格兰的报复。苏格兰军队的总人数大约有一万人，其构成与福尔柯克之战时一样，主要是顽强不屈的长矛兵。这些长矛兵在战斗中无所畏惧，进入战阵之后就会不死不休。尽管长矛兵忠诚无比，但布鲁斯仔细思考后还是认为，一旦他们暴露在箭雨或装甲骑兵的冲击之下，还是力有不及的。于是，他凭借非凡的预见性和指挥技巧采取了三条措施。第一，选择了一处两翼被难以穿越的森林护卫的阵地；第二，在阵地前挖了很多小圆坑，上面用树枝和草皮盖起来，作为遏制敌方骑兵冲锋的陷阱。在后来的克莱西之战中，英格兰长弓兵仿效了布鲁斯的做法。第三，在手里保留一支人数不多但训练有素的骑士队伍，以粉碎敌人在侧翼使用弓箭手打乱其圆阵阵脚的企图。安排好这一切后，布鲁斯开始等待英格兰人的进攻。

英格兰军队的规模十分庞大，后军向前军靠拢需要三天时间，然而供他们展开战阵的战场却只有两千码。正当英格兰人忙着在苏格兰阵前集结时，一个意外事件发生了。一位名叫亨利·德博亨的英格兰骑士率领一支威尔士步兵发起冲锋，试图以突然一击解斯特林城堡之围。布鲁斯率军及时赶到，横阵挡在冲锋的步兵与城堡之间。德博亨遂向苏格兰国王发起挑战。布鲁斯没有骑他那匹身披重甲的战马，而是骑着一匹受过良好训练的普通马匹迎敌。只一个回合，苏格兰国王就用战斧拨开德博亨的长枪，在众目睽睽之下将他杀死。6 月 24 日上午，英格兰军队开始进攻。成群结队的重甲骑兵冲下山坡，在飞溅的水花中冲过班诺克本河，向山上的苏格兰圆阵冲去。冲击途中，英格兰骑兵被遍地陷阱弄得队形大乱，但最终还是与苏格兰长矛兵短兵相接。“两军搅做一团，英格兰骑士紧催战马如冲入一片浓密的森林般杀入苏格兰人的枪阵，长矛刺穿身体的撕裂声和战马倒地的悲鸣声瞬间响成一片。双方就这样混战在一起。”由于两边都不肯退缩，这场战斗开始向全线蔓延，变得漫长而又残酷。英格兰弓箭手虽然强悍，但此时也无从下手。如果他们仿效征服者威廉在黑斯廷斯之战中使用过的方法将箭矢射向天空，落下来后杀伤的也多是自己人而不是苏格兰步兵。最后，一队弓箭手绕过苏格兰战阵左翼打算偷袭，但布鲁斯对此早有准备。他将手头的一小队骑兵放出，以迅雷不及掩耳之势把弓箭手赶回等待出击的大队人马之中。现在，英格兰的这些人马已经呈现出混乱的迹象。随着后续部队源源不断地投入战场，混乱在加剧。最后，布鲁斯营中的随军人员挥舞着旗帜，大声喊叫着出现在英格兰军队右侧的小山上。大为恐慌的英格兰人遂全线退却，爱德华二世国王在众多贴身护卫簇拥下率先逃跑。退却很快演变为溃逃，苏格兰圆阵中的士兵顺着山坡猛冲下来，抢在英格兰人渡过班诺克本河之前给他们造成了重大杀伤，英格兰骑兵从未在一天内遭受过如此惨重的损失，即使在玫瑰战争的陶顿战役中也没出现如此众多的死伤。苏格兰人声称，此战共杀死或俘虏了三万名英格兰人，这一数字比英格兰军队的总数还要多。但不管怎样，他们以长矛兵为主力一举击溃骑兵和弓箭兵组成的强大军队，这本身就应该是战争史上的壮举。

在历史的长河中，我们常可以看到能力超凡的统治者尽管优点无数，但却为未来种下了祸患的种子；而有些懦弱或无能的君主，则可能为社会的前进铺平道路。这次，争夺权力的无休止斗争进入了一种新局面。在王室宫廷长期担任官职的人们身上，我们可以窥探到不断增加的影响以及权威。当国王明显地控制在他们手里，或在政策和个性方面不能压服他们的时候，宫廷官员们的影响和权威会更引人注意，而且更让人反感。封建贵族已经在反对国王的斗争中取得了胜利，他们现在视宫廷官员为绊脚石，尽管这些人在日益扩展的国家生活中不可或缺。不过，就像他们的祖先不能废除王位一样，他们现在也不能撤销这些宫廷官员的职位。贵族们唯一能做的，就是在自己这一代人的时间里获取宝贵官僚机器的控制权，即在十四世纪想方设法掌握宫廷主要官员的选择权或任命监督权。后来，汉诺威王朝的辉格党贵族赢得了这个权力。

正如我们看到的那样，贵族委员会控制了国王法庭。但他们很快发现仍有不少关键性的权力从他们的指缝里溜走。那时候，国王不仅是国家名义上的统治者，而且还是实际的治理者。他的亲笔签名、盖在文件上的玉玺印记以及由指定官员签发的令状，是法庭宣判、军队调动、刽子手行刑的依据。后来，爱德华二世被废黜时受到的主要指控之一，就是他有辱治理国家的使命。从执政初期开始，爱德华二世就把过多的权力下放给了宫廷官员。在贵族委员会看来，国王的举动使得政府的最高控制权从国王法庭转移到了一个被称为“国王珍宝塔”（即“内政部”）的内部小圈子手里。在那里，国王与宠信的大臣和不可或缺的官员一起处理小到购买连裤袜、大到发动欧洲大陆战争的各种事务。粗鲁傲慢、实力雄厚的贵族们气急败坏地徘徊在这个精心挑选的隐秘圈子之外。掌握权力的过程就像爬山，爬到山顶后总会看到另一座比它高的山峰，这很让人气恼。这种现象并不是古老时代所独有的。最高行政权力逐渐集中在一小群人手里是必然的事情，否则就没有最高行政权力一说了。但当这个权力收缩的过程受到人为因素的干扰，或被战场上的败绩玷污时，那些一直在不远处觊觎的人就会乘虚而入。现在，他们等到了这个机会。贵族委员会中一些处心积虑地没有参加班诺克本战役的成员，开始把这场灾难性战斗的责任全部推到国王头上。

双方还算势均力敌。在那个年代，对神圣的国王使用暴力罪不可恕。目空一切而又自私自利的贵族们也不应该忘记，从传统和架构上来说，整个教会都是依附于国王而存在的；而且在全国大部分地区，一边卑躬屈膝一边又挥舞着大把诉状的平民们视国王为保护他们免受贵族压迫的保护者，这是自征服者威廉取得英格兰王位以来的惯例。总之，不同地区的各个阶层或许有不同的生活方式，比如有的人习惯天黑后不点灯，但法律和习俗不论贫富，对他们都一视同仁。在威斯敏斯特，贵族们还可能对国王发起迅猛一击，但如果国王跑到希罗普郡或威斯特摩兰郡，哪怕他身边只剩下不多的护卫，只要亮出王徽再讲述一下遭遇，马上就会有大批骑士和弓箭手聚集到他身边。

在这场不分伯仲的斗争中，议会成了争取利益者最重要的砝码。最起码，那里是唯一能代表国家对支持或反对中央集权的做法做出审判的机构。于是，在这个不幸的国家里，争斗双方在议会中或通过议会大肆运作。议会乘此机会强化了自己的权力。爱德华二世统治期间召集了不下二十五次议会会议。尽管议会中的骑士和市民代表往往是这一派或那一派的傀儡，没有动议权，也没有控制政策制定的权力，而且容易被王室或贵族的阴谋诡计左右，但这个机构仍然能经常在某些决定性时刻发挥作用。这段时期对英格兰国内另一种势力的成长非常重要，这种势力与国王和贵族势力有本质上的区别。

爱德华一世的侄子托马斯·兰开斯特是贵族反对派的领军人物。这个人言而无信，长期与苏格兰人勾搭叛国。作为贵族领袖，托马斯一直追捕加维斯顿直至其死亡。尽管对致加维斯顿于死地的阴谋并不负实际责任，但托马斯还是承受了来自爱德华二世国王的无尽恨意。不过，班诺克本惨败让爱德华二世落在了托马斯及其贵族委员会追随者的手里。一时间，托马斯成了英格兰最重要的人物。然而几年后，贵族委员会中的稳健派就开始对托马斯的无能以及政府的虚弱感到不满，开始站在保皇派一边将托马斯从权力宝座上驱逐下去。这场以彭布罗克伯爵为领袖的中间派别的胜利并没有让国王高兴起来。为了做得比托马斯更出色，彭布罗克伯爵和朋友们开始让贵族委员会变得更有效率，同时着手对王室宫廷做出重大改革。

爱德华开始为自己组建保皇党，并指定德斯潘塞父子为该党派领袖。贵族出身的德斯潘塞的父子名字都叫作“休”，他们的势力范围在威尔士边界地区。由于有幸与高贵的克莱尔家族联姻，并且得到了国王的宠信，德斯潘塞父子很快就战战兢兢地在贵族们嫉妒的目光下崛起，踏入政治事务的中心。然而，这对父子过于追求私利，而且国王对小德斯潘塞百般宠幸，这越来越让其他贵族感到气愤。另外，德斯潘塞父子对南威尔士地区的勃勃野心搅得四邻不安，威尔士边疆区的贵族们也对他们满怀愤懑。1321 年，威尔士边疆区贵族和兰开斯特党人联合起来流放了德斯潘塞父子，但爱德华国王很快将他们召回，并表现出人生当中唯一一次坚定与魄力，以迅捷之势首先打败了边疆区贵族，第二年又在约克郡的博罗布里奇粉碎了兰开斯特领导的北方贵族集团，将兰开斯特斩首。兰开斯特的死在人们当中引起了奇特的反应，常有报告称他墓前有奇迹发生。一些与兰开斯特同时代的人称，他的死让他成为反对王权压迫的烈士。

现在，德斯潘塞父子和他们的国王似乎攀上了权力的最高峰。他们没想到的是，一场典型的残酷悲剧即将上演。被国王俘虏的边疆区贵族领袖之一罗杰·莫蒂默设法逃到了法国。1324 年，法王查理四世趁加斯科涅发生纠纷的机会夺取了这个公国，只给英格兰留下沿海地区的一小条狭长地带。此时，本对爱德华国王宠爱小德斯潘塞厌恶至极的英格兰王后、有“法国母狼”之称的伊莎贝拉自告奋勇前往法国，称将与哥哥查理谈判归还加斯科涅事宜。到法国后，伊莎贝拉很快与流亡在那里的莫蒂默成了情人兼合作伙伴。她把儿子爱德华王子从英格兰接到法国，让他代表加斯科涅向法王宣誓效忠。这位年仅十四岁的王子是英格兰王位的继承人，可以用来与爱德华国王做合法斗争。控制住王子后，伊莎贝拉和莫蒂默立即率领一大批流亡者组成的队伍反攻英格兰。当时，爱德华的统治早已失去了民心摇摇欲坠，伊莎贝拉迅速而彻底地取得了胜利，并且胆大包天地与莫蒂默携手废黜了国王。他们这样做的结果是引来了一场屠杀浩劫。这场愤怒的风暴让所有曾左右英格兰政府命运的人物都难逃厄运，德斯潘塞父子被叛军抓住后绞死。国王的死状更加悲惨。他被监禁在伯克利城堡，在那里被人以骇人听闻的方式杀害了，而且身体表面没有留下一点被谋杀的痕迹。当时，一根烧红的铁条插入他的身体，烧焦了他的肠子。他的惨叫声传到监狱墙外，很多人被这可怕的嚎叫惊醒，久久不能平静。

第二十章　苏格兰和爱尔兰

爱德华二世失败的统治对不列颠群岛的统一产生了永久的影响。班诺克本之役使武力统一英格兰和苏格兰的可能性化为泡影；在爱尔兰海的另一边，建立盎格鲁—诺曼底人统治的巩固爱尔兰王国的梦想也化为泡影。残酷的苏格兰战争在不列颠南北树起了一道几百年都不会消除的仇恨障碍。从 1296 年爱德华二世对伯威克城的屠杀开始，苏格兰人的武装起义就一直没有断过，整整持续了二十七年。直到 1323 年，罗伯特·布鲁斯才最终与爱德华二世达成和解。即使如此，布鲁斯的苏格兰国王地位也没能得到立刻承认。直到 1328 年爱德华二世死后，他在《北安普顿条约》的支持下登上了苏格兰王位，苏格兰也从此赢得了完全的独立。一年后，被称为“苏格兰拯救者”的罗伯特·布鲁斯与世长辞。

据广泛流传于中世纪骑士中的一则传说，布鲁斯死后，忠诚追随他征战二十年的詹姆斯爵士（即“黑”道格拉斯）带上主人的心脏，准备要把它埋到圣地去。途中，詹姆斯爵士在西班牙港口上岸，在当地骑士的突然召唤下加入了基督徒行列，与摩尔人展开殊死战斗。战斗中，他把装有布鲁斯心脏的银匣子远远地抛入两军混战的战场，然后向异教徒们冲去，嘴里高喊：“按你的意愿前进吧，勇敢的心，道格拉斯将追随你，直至最后一息！”就在胜利即将到手时，詹姆斯爵士遭遇了敌人的毒手。弗鲁瓦萨尔[1]在诗歌里记述了

1 让·弗鲁瓦萨尔（Jean Froissart，1337 — 1405，法国诗人及宫廷史官）。

这段事迹，艾顿[1]也为此写过激动人心的诗句。每一代的苏格兰儿童，都会被“英雄的詹姆斯爵士”的故事所激励。

布鲁斯在世时，他无比的威望和追随者的忠诚就像英格兰赖以统一的制度和习俗一样，保证了苏格兰的统一和稳定。他死后，年仅六岁的儿子戴维二世继承了王位，苏格兰于是陷入幼主乱世的巨大诅咒，王室的权威不断受到低地贵族和高地首领们的挑战。除此之外，苏格兰还面临着其他噩梦。布鲁斯杀害“红”康明后，后者的亲属一直牢记着这个仇恨，无时无刻不在准备着反叛报复。与此同时，那些曾经支持巴利奥尔、后来被布鲁斯的追随者剥夺了土地的贵族也在梦想着借英格兰之力重新夺回自己的财产。戴维二世在位四十二年，至少有十八年是在国外度过的。当摄政者在国内与巴利奥尔派作战时，他们的国王远远地躲在法国避难。回国后，戴维二世也丝毫没有展现出其父的治国才干，对法国的忠诚感促使他向英格兰发动了战争。在克莱西战役发生的1346年，他在达勒姆郡的内维尔克罗斯战败被俘，在监狱里整整关押了十一年才被赎出。为筹集这笔赎金，苏格兰人简直被赋税压垮了脊梁。继承戴维二世王位的是他的侄子，苏格兰王室大管家罗伯特。自罗伯特之后的几代苏格兰国王均为籍籍无名之辈。

很多世代以来，罗伯特所在家族一直被称为“斯图亚特”家族，其名源自这个家族长期把持的苏格兰王室大管家职位。从法律上来说，斯图亚特家族的后代继承王位是无可挑剔的，但他们却无法获得苏格兰人一致的支持。斯图亚特王朝的前两代国王（罗伯特二世和罗伯特三世）继位时已经是性格软弱的老年人，苏格兰王国事务的处置大权于中落在贵族们手里。这些人或者把持着国王政务会，或者分散在各自的领地里，对各项事务发号施令。从十四世纪末到十五世纪大部分时间里，苏格兰一直处于四分五裂的状态，根本无法对英格兰构成威胁，也不能给老牌盟友法国提供多少帮助。此时，从对法战争的泥潭中脱身的英格兰本可以乘虚而入，但十五世纪中叶的玫瑰战争却拖住了他们。

---

1 罗伯特·艾顿（Robert Aytoun，1570 - 1638），苏格兰诗人。

很明显，英格兰和苏格兰两国的王位合二为一是解决这个局面比较合适的方法，但随着几代英格兰国王都未能以武力手段实现统一，苏格兰人的民族自豪感又被激发出来，成为两个王国统一不可逾越的障碍。那时，对英格兰的仇恨是每一位优秀苏格兰人的标志。贵族们也许会压抑住心中的不满，接受英格兰国王的帮助和酬劳，但普通苏格兰人却很坚决地不肯接受英格兰任何形式的统治。班诺克本战役胜利的记忆，让他们无论在英格兰人面前吃多少败仗，都不会产生绝望心理，也不会考虑投降。

话到此处，我们可以更深入地探讨一下苏格兰的历史。斯图亚特宫廷一直没有得到命运的眷顾，灾难不停地落到他们头上，完全不能建立一套可与金雀花王朝驯服封建势力所倚仗的制度相媲美的持久政治体系。后来，罗伯特三世国王把他的儿子，后来的詹姆斯一世送往法国求学。1406 年，年仅十二岁的詹姆斯在夫兰巴洛岬被英格兰人俘获并送到伦敦关押。一个月后，罗伯特国王去世，苏格兰竟陷入了长达十八年的群龙无首状态。最终，英格兰终于同意苏格兰将詹姆斯一世赎回。长年的关押生活并没有吓住詹姆斯；相反，在伦敦的所见所闻让他对英格兰国王的地位和权力产生了可以理解的羡慕之情。回到苏格兰后，他开始大张旗鼓地重振王权，在十三年的执政时间里无情地约束了苏格兰贵族。对贵族们来说，这肯定不是一段令人愉快的经历。詹姆斯国王首先镇压了奥尔巴尼家族的几个表兄弟，这个家族曾在他远离朝政期间代为摄政。随后，他又粉碎了苏格兰外岛勋爵的独立企图，这位勋爵占据着苏格兰北部大部分地区和赫布里底群岛，势力强大。所有的大事件都伴随着触目惊心的杀戮和 广大土地的罚没，最后终于激怒了一群贵族，他们决定进行报复。1437 年，詹姆斯终于被这群窥伺良久的贵族斩杀。苏格兰历史上权力最大的国王之一就这样死去了，身后留下了尚未完成的事业。

王位再次传给一位孩子，即年仅七岁的詹姆斯二世，苏格兰不可避免地因幼主当政陷入混乱。但随着詹姆斯二世的长大，他逐渐成长为一位深受拥戴而又精力充沛的统治者。那时，他最需要的是对付“黑”道格拉斯家族的能力。这个家族是先王布鲁斯忠诚追随者的后代。他们凭借从巴利奥斯支持者手中没收的土地，迅速成为苏格兰西南地区的霸主；他们的亲属“红”道格拉斯家族则控制着苏格兰东部的大片土地。他们还精明地利用了与北方部族和盟友的联盟关系，对苏格兰国王的统治地位构成巨大威胁。更过分的是，他们居然提出了继承苏格兰王位的要求，而且得到一些人的支持。

一个多世纪以来，道格拉斯家族一直是苏格兰最主要的保护力量之一。他们的一位家族成员曾因在奥特本之战中立下大功而成为英雄，为著名民谣《切维山的追猎》[1] 所传唱。但他们不断在国内挑起事端，而且与英格兰宫廷有千丝万缕的联系，血气方刚的年轻苏格兰国王已经忍无可忍。1452 年，刚满二十一岁的詹姆斯二世邀请“黑”道格拉斯家族的首领前往斯特林，并向其许下人身安全承诺。首领在众多护卫的簇拥下欣然赴约，詹姆斯二世冲动之下亲手将其刺伤，国王的侍卫随后结束了他的性命。但杀死一名首领并不意味着消灭整个家族。詹姆斯国王很快发现自己遭到了道格拉斯的弟弟和亲属的猛烈围攻。直到 1455 年，国王才最终击败道格拉斯家族，焚毁了他们的城堡，洗劫了他们的领地，把他们的首要人物赶出苏格兰。后来，道格拉斯家族在英格兰生活了多年，在英格兰王室的帮助下不断用阴谋诡计骚扰着斯图亚特王朝。

詹姆斯二世现在达到了权力的最高峰，但好运从不肯在斯图亚特宫廷身上停留太长时间。1460 年，詹姆斯二世乘英格兰内战之机包围了罗克斯堡。这座城堡已经被英格兰人占据很久了。围城时，特别喜爱大炮和火药的詹姆斯二世前往视察一门制造粗糙的攻城炮，结果这门大炮发生了爆炸，四处纷飞的碎片夺去了国王的性命。于是，在短短一百年的时间里，苏格兰王位第四次落在孩子身上，继位的詹姆斯三世当时仅有九岁。他长大后表现出的性格非常平易近人，喜爱音乐和建筑，但却缺乏前两代国王的治世才能。詹姆斯三世的统治一直延续到都铎王朝时期，期间内战迭起、社会混乱。他娶了丹麦国王的女儿做王后，后者把奥克尼群岛和设得兰群岛作为嫁妆带到了苏格兰，苏格兰的版图从此定型。这是詹姆斯三世最显著的政绩。

苏格兰王国四分五裂的局面因英格兰的政策而起，又因苏格兰王室的悲

---

1 苏格兰著名民谣之一，描述苏格兰人和英格兰人在边境上的战斗。

惨遭遇而长久不变。但这种局面并不是造成苏格兰国力虚弱的唯一原因。在苏格兰的土地上，人们因种族、语言和文化的不同而划分成相互独立的聚居区，低地地区与高地地区的分别不只体现在地理特征上。低地地区已进入封建社会，除了西南部的盖洛韦，人们普遍讲英语；高地地区则保留着比封建制度更加古老的社会制度。在低地地区，苏格兰国王就是一位最大的封建领主；而在高地地区，他则被视为一个松散部族联盟的首领。实际上，苏格兰国王因身具盎格鲁—诺曼底贵族和古代凯尔特国王的双重血缘而占了大便宜。布鲁斯家族是阿尔弗雷德大帝和九世纪苏格兰第一位国王肯尼思·麦卡平（即肯尼思一世）的后裔，这一点毋庸置疑；斯图亚特王室成员又宣称，他们是与麦克白同时代的班柯的子孙，这一点也使不少人信服。不管怎么说，苏格兰王孙贵族们的谱系可以一直追溯到充斥着爱尔兰英雄传奇的凯尔特兴起时代，他们的身上因先人们神圣光辉而平添了许多光彩。无论居住在低地还是高地，对所有苏格兰人来说王室都是神圣不可侵犯的，即使在礼崩乐坏的时代里，王室成员都应该受到尊敬，即使其中有作奸犯科者，也可因其身体里流淌着王族的血液而得到宽恕。

但是，靠尊敬并不能有效地治理国王。苏格兰的领地制度并不能像英格兰的议会制度那样为各阶层的融合创造条件，无论从法律角度还是从实际生活来看，苏格兰的封建势力都要比英格兰强大得多。国王的司法权被苏格兰大部分地区拒之门外，国王任命的大部分法官在面对封建势力时都表现得虚弱无力。在当时的苏格兰，没有与英格兰的地方治安官相对应的职务，也没有金雀花王朝设在艾尔的那种高级法官职务。

在苏格兰的大部分地区，封建司法制度也在同更古老的部族律法做斗争。高地地区首领们的土地和权力在形式上可能受国王辖制，可以被归入封建大佃主的行列。但实际上，他们的真正权威建立在本部族成员拥戴的基础上。其中一些部族首领，比如庞大的戈登家族虽然自处高地地区，但也是邻近的低地地区的封建主。在西部地区，正在崛起的坎贝尔家族根据需要扮演着两种不同的角色，他们将在未来的年份里发挥重大影响力。

与此同时，苏格兰的农民阶层和富足的自由民在两百年的政治动荡中一直坚定地走在自己选择的发展道路上，尽管与他们的领主或主人冲突不断，但最终逐渐成长为这个王国中真正具有实力的阶层。教会则致力于社会的恢复工作，许多优秀主教、牧师都开始编修中世纪苏格兰年鉴。到十五世纪时，苏格兰已经建立了圣安德、格拉斯哥和阿伯丁三所大学，比英格兰还多出一所，这种局面一直维持到十九世纪。

研究英语国家民族史的人一直都对中世纪的爱尔兰历史不甚了解。它位于不列颠群岛最西部，聚居着欧洲最古老的基督教信徒团体。当英格兰还在遭受日耳曼野蛮入侵者的蹂躏时，爱尔兰就有了传教活动和修道士的学术活动。但直到十二世纪，这里也未能建立起具有约束力的封建国家制度。而在其他地方，这种制度早已开始得到发展了。在当时的爱尔兰，一群自称"国王"的部族族长控制着一个由说盖尔语的乡村公国组成的松散联邦；他们之上是在理论上拥有最高权力并在塔拉建国的"至尊王"。塔拉不是一座都城，而是一座建有远古时代城堡的圣山。直至约公元1000年之前，"至尊王"都由北方强大的奥尼尔家族成员担任。不过这位王手里并没有真正的中央权力，只是为家族争端做最后的裁决。而且，当时的爱尔兰也没有一座城镇可作为行政权力中心。

在遭受英格兰长久而痛苦的干涉前，爱尔兰已经饱尝了斯堪的纳维亚人的打击和折磨。尽管挪威人的野蛮劫掠把它变成赤地一片，公认的社会秩序也被破坏无遗，但爱尔兰却未有动摇。挪威人在这里建立了第一批城市，其中包括都柏林、沃特福德、利默里克和科克。伟大的布赖恩·博勒打断了奥尼尔家族的传承，"至尊王"的地位也开始遭到质疑。但很快，布赖恩本人就在1014年打败丹麦人，自己却战死沙场，一首传唱后世的爱尔兰诗歌表达了人们悲伤的情绪。一个半世纪后，布赖恩备受争议的继承人之一伦斯特国王逃到阿基坦，在亨利二世的宫中避难。在那里，伦斯特得到了亨利的承诺，可以在盎格鲁—诺曼底骑士中召集兵马。这是一个决定爱尔兰命运的决定。1169年，盎格鲁—诺曼底人的前辈们第一次 侵入了爱尔兰的土地。

被称为"强弓"的彭布罗克公爵理查德·德·克莱尔是入侵者的最高首领，

他手下既有诺曼底人也有威尔士人。入侵者的头目都是讲法语的人，也有一部分佛兰德斯人，威尔士人则是普通士兵。至今，人们依然能从普通爱尔兰的姓名中辨认出威尔士的痕迹。所有入侵者头目都可以被看作统治西欧的高级封建社会的代表，这个社会已经征服了从威尔士到叙利亚的广大地区。在入侵者面前，爱尔兰人的军事力量不堪一击，娶了伦斯特国王的女儿为妻的“强弓”大有在爱尔兰建立新封建王国之势，就像征服者威廉在英格兰、罗杰在西西里和十字军首领在地中海东海岸做的那样。然而，“强弓对自己的实力没有信心，对自己警觉的领主——亨利二世的态度捉摸不清，于是便把占领的土地献给了亨利国王。1171 年，亨利二世短暂地巡视了这块新领地，接受新臣属们的朝拜。此前，早就对要求独立的爱尔兰教会心存不满的教皇已于 1155 年发布教喻，宣布将爱尔兰领主的位置交给英格兰国王。当时的教皇艾德里安四世是英格兰人，也是担任教皇的唯一一位英格兰人。他做出这样的决定，无论从宗教角度还是实际利益角度来讲都不足为奇。然而，受封的亨利在英格兰之外还拥有法国大部分土地，根本无暇顾及爱尔兰，于是他将岛上的事务交给被当地人称为“征服者”的诺曼底冒险家去处理。这种统治模式后来被重复了一遍又一遍。

亨利二世巡视爱尔兰之后的一个世纪，盎格鲁–诺曼底人的扩张达到顶点。现在，大半个爱尔兰已经控制在入侵的骑士们手里。他们之中包括菲茨杰拉德家族的祖先，温莎的杰拉德。这个家族的分支领有基德尔伯爵和其他许多地区的爵位，将长期控制爱尔兰南部和中部的大片地区。骑士们中还包括威廉 · 德 · 伯格和西奥博尔德 · 沃尔特。前者是伟大的英格兰国务大臣的弟弟、阿尔斯特伯爵的祖先；后者是英格兰国王约翰的男管家，也是奥尔蒙德强大的巴特勒家族的创建者。巴特勒家族的名字就是由他官职（男管家）的谐音而来的。不过，骑士们没有在爱尔兰实施有组织的殖民与拓居活动。在南部和东部海岸，英格兰的权威在挪威人建立的城镇里得到了普遍认可，国王的法令也在都柏林附近的许多地区畅通无阻。首都周围的这片土地被称为“栅栏”，被人们视为首都的防御圈；此圈之外是大封建主们的领地，再向外则是未被征服的爱尔兰西部地区。两个民族就这样在爱尔兰保持着脆弱的平衡，直到十三世纪末爱尔兰议会形成时矛盾才进一步激化。因为这个议会将爱尔兰人排除在外，纯粹是设在爱尔兰的英格兰人的议会。

盎格鲁–诺曼底人来到爱尔兰几十年后，爱尔兰部族首领们逐渐从新军事手段的冲击中清醒过来，开始雇佣外国人为自己打仗。起初，雇佣军大多来自爱尔兰西部群岛上的北欧–凯尔特人。这些人就是可怕的“武装保镖”，也就是爱尔兰口中的“外族随从”。在这凶猛的战斧手帮助下，部族首领们为盖尔语民族重新夺回了大片爱尔兰土地。如果不是内部喋喋不休的争吵自乱阵脚，他们收获的也许会更多。与此同时，爱尔兰的盎格鲁–诺曼底贵族的心理也在发生变化。这些大封建主经受不住长期的诱惑，也想获得如盖尔部族首领那样的独立地位。他们可以是英格兰国王的臣属，也可以像通过联姻结交的新盟友那样自立为王。自这批人来到爱尔兰后，就再也没有新的英格兰人来到这里，最多是有几位英格兰领主与爱尔兰女继承人结婚，但婚后他们也不住在爱尔兰。逐渐地，一群被称为盎格鲁–爱尔兰贵族的人产生了，他们大多被自己居住的这片土地同化，变得和手下的盖尔族农户一样，对来自伦敦的统治越来越不耐烦。

如果英格兰国王能够定期巡视爱尔兰，或定期安排王室宗亲驻守爱尔兰充当代理人，两个王国之间的关系纽带也许会紧密而体面地扭合在一起。事实证明，英格兰国王实力强大的时候，英格兰的法律会在爱尔兰得到加强；否则散漫的凯尔人就会在爱尔兰制造混乱。约翰国王在位时，曾两次壮怀激烈地来到爱尔兰，降服了争斗中的诺曼底贵族和爱尔兰首领。爱德华一世虽然一次也没到过爱尔兰，但英格兰的权威在那里不降反升。在这之后，盖尔人重新崛起，苏格兰人的英勇抗争成为他们学习的光辉榜样。在爱尔兰部族首领中的亲戚召唤下，班诺克本大战胜利者的兄弟爱德华·布鲁斯率领一支久经沙场的苏格兰老兵进入爱尔兰，并于1316年被拥立为王。但尽管得到了兄弟的帮助，爱德华·布鲁斯也只取得了一场暂时的胜利，随后就在邓多克兵败身亡。

即使在苏格兰人的带领下，爱尔兰仍然未能摆脱英格兰的束缚获得独立。但英格兰在武力上的征服并不意味着法律、习俗和语言方面的胜利。盖尔人的反抗越来越激烈。在阿尔斯特，奥尼尔家族逐渐获得了蒂龙的控制权。1333 年，阿尔斯特的德·博格伯爵封号在一个小姑娘手里中止，阿尔斯特和科纳特的封建制度至此被公开抛弃。根据封建法律，这位小姑娘可以继承前人的一切，但必须处于国王的监护之下，并与国王指定的人结婚。实际上，她最后嫁给了爱德华三世的次子、克拉伦斯的莱昂内尔。但根据凯尔特律法，女人不能继承族长之位。于是德·博格家族幼子一脉中的重要男性成员“都成了爱尔兰人”，不但被剥夺了一切继承权，而且还被迫将家族名称改为“伯克”，或以家族创立者的名字命名，称为“麦克威廉家族”。受此大挫后，他们开始公开无视阿尔斯特和科纳特的政府管理。在西部省份，人们既可以说法语也可以说爱尔兰语，但就是不说英语。英格兰的权威在这些山高皇帝远的地区荡然无存。

为保持“栅栏”及其周围盎格鲁—诺曼底领主封地中的英格兰特点，十四世纪中叶时英国召集了一次议会。这次会议的主要目的是防止英格兰人“爱尔兰化”，以及强迫居住在英格兰占领地上的爱尔兰人按照英格兰人的方式生活。然而，会议制定的法规未取得任何效果。居住在“栅栏”地区的诺曼底人紧紧抓住自己的特权不放，拒绝了国王代表提出的任何将“纯爱尔兰人”置于英国法律和制度保护之下的尝试。此时，爱尔兰的大部分地区都不在“栅栏”之内，这些地区或掌握在与国王代表没有任何联系的当地部族首领手里，或被类似菲茨杰拉德家族两大分支的世袭诺曼底贵族控制着。这些统治者既拥有伯爵的封号，也是部族首领。他们往往会视情况选择不同的身份。英格兰王室权威成为一种障碍，以当地人为核心或以诺曼底人为核心的两种权力模式都因此未能形成。在爱尔兰领有土地但又居住在伦敦的“不在位的爱尔兰领主”们非但不能提供第三种权力模式，还要担心自己手下的殖民者会不会被当地人同化。到都铎王朝时期，爱尔兰的混乱状态为英格兰的再度出手提供了借口。自亨利八世的宗教改革开始，爱尔兰在遭受英格兰王室强加在头上的苦难的同时，还额外品尝到了宗教信仰分歧带来的致命痛苦。

第二十一章 长弓

爱德华一世的刚毅血脉传承到无能的儿子身上似乎打了一个盹，再苏醒时，英格兰国王已经变成爱德华三世。在这位新国王身上，英格兰重新找到了与逐渐崛起国家相匹配的领导才能。在爱德华二世统治时期不温不火的外表下，英格兰的实力显著增强，国家日趋繁荣。贵族之间的仇怨和国王浮华的恶习都被限制在一个极小的范围内。此时的英格兰人掌握了一种克敌制胜的重要武器，其威力是外国人根本想不到的，这就是长弓。长弓的使用，让战场上出现了一种欧洲大陆国家没有的兵种，即由自由民组成的弓箭手。现在，英格兰军队有了两大支柱：重甲骑兵和弓箭手。

长弓威力巨大，再加上射手精湛的射术，即使最精良的铠甲也无法抵挡。在250码距离上，万箭齐发的威力直到美国内战前都是任何步兵投射武器所望尘莫及的。射术精湛的弓箭手都是拿高额报酬的职业军人。他们上战场时往往骑着矮种马，身后跟着一大队运输生活用品和箭矢的马队。每个弓箭手都随身携带一只铁头尖桩。把这些尖桩插在地上，很快就能部署成一处对冲锋的骑兵非常致命的障碍。躲在这些障碍后的弓箭手们可以从容摆开阵势，迅速、连续地发射穿透性极强的箭矢，消灭奔袭而至的骑兵。更重要的是，无论在战斗还是巡逻中，训练有素的弓箭手都能在远距离将目标射倒。纵观整个战争史，这个距离都被认为是毫无危险的。对英格兰军队发生的这些变化，欧洲大陆国家，特别是离英格兰最近的法国一无所知。在法国，身披铠甲的骑士及其手下的重甲武士长久以来都居于战争的主导地位，伴随他们行动的步兵只是一支地位极低的辅助兵种。军事特权阶层之所以能在社会上立足，凭借的就是他们强壮的身体和娴熟的作战技能，但长弓的出现必将剥夺他们所倚仗的优势。两位爱德华国王在崇山峻岭中与威尔士和苏格兰进行的长期战争，给英格兰军队带来了不少实打实的教训和经验。尽管欧洲武士对此有所耳闻，但从未发现也没透露过隐藏在这支新兵种中的秘密。到十四世纪中叶，英格兰已经开始以无与伦比的优越目光审视欧洲。

爱德华三世的统治经历了几个界限分明的阶段。在他尚未成年时，英格兰政权把持在母亲及其情人罗杰·莫蒂默手里。这个建立在野蛮屠杀基础上而且只代表贵族中一部分人利益的政府，因在国内外事务中的软弱无能而饱受指责。在他们的挟持下，幼主爱德华被迫在其统治的最初四年时间里，向法国和苏格兰不断做出让步和放弃。这对罪恶的情侣总能从和平或谨慎角度出发，为实施这种政策找到恰当的理由。二人就这样靠不停地出卖英格兰利益过着糜烂的生活。1327 年 3 月，法国与英国签订条约，要求英国必须交纳战争赔款，并将英格兰在法兰西的领地压缩成从圣通日的桑特、波尔多到巴约讷的一小条，加斯科涅也只剩下内地一小块不设防的飞地属于英格兰。1328 年 5 月，被当时的人们称为“耻辱的北安普顿条约”签订。条约承认布鲁斯在特威德河以北的苏格兰称王，并暗示放弃爱德华一世在苏格兰获得的一切权利。

上述事件激起的愤怒之火很快燃遍全国。即便如此，如果莫蒂默不与贵族发生矛盾的话，他的统治仍然可以延续下去。德斯彭斯父子死后，莫蒂默立刻小心翼翼地占据了他们在威尔士边界地区的有利位置，试图行使适合威尔士边疆区的特别管理权。结果这一动作和他日渐显赫的权势招来了不久前还受他辖制的贵族们的嫉妒。10 月，在索尔兹伯里举行的议会会议上，他为巩固自己的地位又试图在已经拥有的威尔士终身大法官的职务之外谋求“边疆伯爵”的头衔。不过，当他在大队武装随从护卫下来到会场时，发现贵族中的不少重要人物都没有到场，其中包括国王的表兄弟、被处死的托马斯之子、兰开斯特伯爵亨利。更让他生气的是，亨利伯爵居然还在伦敦召集了跟他作对的会议。1328 年，莫蒂默带着小国王从索尔兹伯里出发攻打兰开斯特，局势一片混乱。不过最终他还是成功地扑灭了亨利伯爵的反抗。

很明显，内部四分五裂的贵族们无力推翻莫蒂默可憎而又残暴的统治，但莫蒂默自己犯下了过于自信的错误。1330 年，爱德华三世的叔叔肯特伯爵误信谣言，认为爱德华二世还活着，于是想方设法地出手拯救，结果不但没有成功，自己反而于同年 3 月被处死。这起事件让兰开斯特伯爵亨利和其他贵族坚信，下一个遭受莫蒂默毒手的就是自己。他们于是决定联合爱德华三世先下手为强，所有目光都聚集到这位小国王身上。1329 年时，爱德华三世已年满 17 岁，并娶了希诺特的菲利帕为妻。1330 年，菲利帕王后给他生下一子，爱德华三世顿觉自己已经成年，必须亲自承担起治理王国的责任。但此时王国的实权仍然掌握在他的母后和莫蒂默手里。10 月，议会在诺丁汉召开，此时莫蒂默和伊莎贝拉住在重兵护卫下的城堡里。爱德华三世深思熟虑之后想出了一个计划并在精心准备之后付诸实施。如果计划成功，国王将收回权力，近在咫尺的议会无疑会立即向他表示支持。莫蒂默和伊莎贝拉不了解城堡的秘密。在他们居住的城堡下，有一条密道直通城堡中心。在 10 月的一个夜晚，一小队勇士从地道进入城堡，在卧室里抓住了措手不及的莫蒂默，又在隔壁卧室抓住了伊莎贝拉。随后，勇士们拖着两人从秘道中撤出，把他们交给了国王派来的军官。莫蒂默被押送到伦敦接受贵族们的审判，最后被指控犯有伯克利城堡谋杀罪以及其他罪行，贵族们一致认为罪名成立，于 11 月 29 日将其绞死。伊莎贝拉则被儿子判处终身监禁，关在诺福克的赖辛城堡，每年有 3000 英镑生活费。爱德华国王还定期去看望她。就这样过了将近三十年，伊莎贝拉终于死去了。

至此，爱德华三世统治渡过了严酷的预备阶段，英格兰王国进入了一个长久的兴盛期。

新国王的指导原则是恢复祖父的政策、权力和荣耀。与苏格兰的斗争重新开启。自班若克本河畔之役后，罗伯特·布鲁斯在北方的统治便安稳如山。反对他的苏格兰人及其追随者则受到了不可避免的打击和驱逐。约翰·巴利奥尔的儿子、爱德华一世指定的苏格兰国王因此逃到英格兰避难，英格兰王室像后来法王路易十四保护流亡的“詹姆斯二世党人”一样，向避难者提供了保护。布鲁斯和巴利奥尔之间的裂痕之深无法弥补，必将带来痛彻心扉的伤害。1329 年布鲁斯死后，很多苏格兰人开始盘算着反转局势；流亡者（或称“被剥夺继承权者”）不断地在自己国内策划起事，并向英格兰政府持续施加压力。1332 年，重新夺回苏格兰的活动展开了。爱德华·巴利奥尔和拥戴者们在爱德华三世的秘密支持下，乘船从鸦渡岔口出发前往法夫郡的金霍恩，随后向珀斯进军。途中，他们在杜普林沼泽遭遇并击败了幼王戴维的摄政者，大多数苏格兰豪门向巴利奥尔表示臣服，后者遂在斯科尼加冕称王。

但好运很快离巴利奥尔而去，两个月后，他和他的追随者又被赶回了英格兰。面对失败者，爱德华三世现在可以随心所欲地提条件了。巴利奥尔无奈地承认了爱德华三世的宗主地位，并承诺割让伯威克郡。1333 年，爱德华三世发兵围困伯威克，大败苏格兰人于哈利敦山。这场战争与班诺克本之役完全不同，弓箭手参与其中并展现了巨大威力，轻而易举地撕破了苏格兰人用盾牌构筑的圆阵。被驱逐的苏格兰人又在自己的国土上建立起短暂的统治，不过他们得为此付出代价。如前所述，巴利奥尔不得不把整个苏格兰南部地区割让给英格兰国王。在索要这些“报酬”的过程中，爱德华三世国王的做法有些过分，弄得所有苏格兰人都认为，他毁了巴利奥尔的事业。遭受失败的罗伯特·布鲁斯的后人和追随者逃到法国避难。苏格兰和法国之间的接触，以及法国王室对苏格兰人源源不断的援助，在视苏格兰为敌的英格兰人心里勾起了怒火。于是，苏格兰的战争之火开始向法国佛兰德斯地区蔓延。

这场战争实际上另有源头。自约翰国王以来，英格兰在法国丢掉了除加斯科涅之外的所有属地，并且在加斯科涅边界地区不断地与法国人发生摩擦。英格兰人虽然一再容忍，但心中的痛苦在逐渐积累。英格兰历代国王曾经为了他们在法国的属地而向巴黎表示效忠，但现在这些属地中的大部分早就被剥夺了。1328 年查理四世去世后，由于没有留下直系继承人而引起了更严重的问题。瓦卢瓦家族的菲力登上法国王位，要求爱德华向其效忠但遭到了拒绝。，如果凭借母系血统也能继承王位的话，爱德华三世国王多多少少有些继承法国王位的权利。在英格兰教俗贵族以及英格兰平民的支持下，爱德华三世后来真的提出了继承法国王位的要求，以配合他的军事行动。

与海外冒险和角逐相比，年轻的爱德华三世对国内政治兴趣寥寥。他在引导躁动不安的贵族们把精力从国内的钩心斗角转向以统一为目的的对外战争过程中获益匪浅，因此更坚定了心中的念头。对外战争也符合英格兰臣民的品位。约翰和亨利三世两位国王长期在欧洲大陆鏖战。为获得足够的人力和金钱，国王与贵族及其他臣属之间爆发了长期的斗争。那时的人们认为欧洲大陆上的冒险活动主要关系的是王室利益，以及王室在海外的属地和权利。不过现在，王国内的各阶层开始对海外征服抱有一种热烈的渴望。为远征法国，爱德华三世根本不需要低三下四地亲自向议会寻求支持；相反，国内的贵族、商人和市民的力量已经拧成一股绳，逼迫议会做出同意的表态。

在王族之间的争议与领土纠纷之外，还有一个吸引大多数议会成员选择开战的动机。这个动机虽然不那么容易让人动情，但却非常有力。当时，与低地国家的羊毛贸易是英格兰的主要出口活动，羊毛几乎成了英格兰在农产品之外唯一的财富来源，也是佛兰德斯城镇经济得以高度发展的命脉。在佛兰德斯，纺织业是经济繁荣的最大贡献者，那里的人们将纺织技术发挥到了炉火纯青的地步。不过，佛兰德斯伯爵手下的贵族们却是亲法派。他们对佛兰德斯市民的物质利益漠不关心，并认为这些市民十分危险而且有颠覆之心，如果放任他们积累财富和实力，必将与封建主们的统治产生冲突。于是，佛兰德斯城镇与尼德兰贵族之间多年来在经济、社会和政治方面存在根本的分歧。前者倾向英格兰，后者站在法兰西一边。佛兰德斯伯爵曾多次给羊毛贸易设置障碍，每次都引得英吉利海峡两侧的利益相关者天怒人怨。此时，英吉利海峡中的英法海战激战正酣，英格兰议会中的商人早已怒火中烧，强烈要求采取行动。

1336年，爱德华终于决心发起决定性报复，宣布停止英格兰羊毛的所有出口交易，尼德兰地区因此陷入巨大危机之中。那里的城镇居民揭竿而起，在好战的根特商人范·阿特维尔德带领下，经过残酷的斗争控制了尼德兰大部分地区。由于受到贵族和法国方面的报复威胁，取胜的市民们向英格兰寻求援助。他们的请求正中英格兰下怀，后者迅速做出反应。就这样，所有利益与野心的溪流最终汇入同一渠道，军事力量的洪水在其中掀起滔天巨浪。1337 年，爱德华三世宣布不再向法王菲力四世勉强地效忠，百年战争就此拉开序幕。这场战争看不到尽头，双方一直没有签订和平条约。直到 1802 年，法兰西成立共和国，法国王储沦为不列颠岛上的难民，英法两国才签订《亚眠和约》，英格兰王室至此才正式宣布放弃对瓦卢瓦家族和波旁家族王位的继承权要求。

慢慢地，爱德华为英格兰召集起一支远征军。这支军队里的士兵不是从封臣领地上调集的“民军”，而是精挑细选出来的雇佣军，骨干是军官们按自己的喜好随时随地招募的契约武士。虽然这支远征军在数量上远远少于以往从各郡征召来的民军，但却比靠不住的民军更有战斗力。军中的骑士和弓箭手都是民族的精英，他们在辛克港集结，组成历史上最可怖、最有效率的一支入侵军队。海峡对岸的法兰西对英格兰的战争准备一清二楚，也开始调动所有力量准备迎敌。

法王菲力四世首先把希望寄托在海军身上。多年来，英吉利海峡中两国的武装私掠船不断劫掠对手，使两岸沿海居民的仇恨不断加深。法国调动国内一切资源打造舰队，甚至从热那亚租来军舰。法国人在诺曼底商讨针对英格兰的反入侵计划，试图再创征服者威廉当年的丰功伟绩。海峡对岸的爱德华也没有忽视海上力量建设。早在统治初期，对海军的重视就为他在议会中博得“海洋之王”的名号。他手下的舰队兵强马壮，不仅军舰数量与法国不相上下，而且水兵的作战能力远超对手。在英格兰军队渡海进攻法国并在那里站住脚跟之前，一场大海战不可避免。1340 年夏，这两支充满敌意的海军在斯鲁伊斯相遇，展开了一场持续时间长达九小时的激战。“这是一场真正的恶战，”弗鲁瓦萨尔说，“海上无处可逃、无处可退，除了战斗和听天由命之外没有其他选择，因此海战比陆战更凶险、更残酷。”法军将领接到命令，要不惜一切伤亡阻止英格兰人的入侵。双方均死战不退。最终，法国舰队被彻底打垮，英吉利海峡的控制权落到入侵者手里，海上通道打开了，英格兰大军开始渡海杀向法国。但当他们在卡德桑登陆时遭到了抵抗，大批热那亚十字弓射手和重骑兵在那里严阵以待。此时，英格兰长弓发挥了威力。长弓手们远在船上就开始射箭，赶走了岸上的敌人，掩护入侵军队成功登陆。

英格兰军队登陆后，大批佛兰德斯起义者前来投奔，爱德华手下的军队人数因此大涨。这支总人数超过两万人的盎格鲁—佛兰德斯大军首先对图尔内发起围攻。图尔内的抵抗非常顽强。当饥饿开始在守军中蔓延时，悲惨的一幕出现了：那些被认为是“吃闲饭的人”被驱赶到无人区慢慢死去，没人可怜他们，也没人解救他们。很快爱德华国王便意识到，英格兰的军费和给养不足以支撑自己攻占这座堡垒，他的弓箭手面对石头城墙也无可奈何。于是，一场欧洲大战的第一次战役就这样不了了之，双方进入了漫长的休战期。

休战是参战者缺乏金钱造成的结果，并不意味着和解。相反，双方仍在用小规模的战争表达着对彼此的仇恨。法国将报复之火发泄在在尼德兰城镇居民身上，后者的抵抗被强大的法兰西军队碾得粉碎，范·阿特维尔德在根特民众的骚动中丧命。英格兰也针锋相对。他们通过大量的援助，挑动了布列塔尼的继承权之争；同时，加斯科涅边界地区的漫长的战争仍在继续。英法双方都在积聚力量，暗暗期待新一轮实力较量的到来。英格兰国王手下拥有众多训练有素、渴望战斗的士兵，不过要让他们上战场打仗需要金钱。这笔钱对今天的我们来说似乎微不足道，但当时如果没有则万事皆休。从哪里弄到这笔钱呢？犹太人已经在1290年被搜刮一空、流落他乡；为第一次入侵提供贷款的佛罗伦萨银行家因国王拖欠不还早已破产。对国王和议会来说，筹集到数量不算多的现款是当务之急。没有这笔钱，骑士就不能上马征杀，弓箭手也拉不开他们的长弓。他们的手边就有一个非常方便的财富来源。在英格兰，最富庶、组织最好的商业行当是羊毛贸易，战争让这个行当看到了发财的机会。羊毛商人们组成了垄断集团，但他们只能通过特定的城镇向外出口羊毛。这些城镇是国王根据自己的需要和判断确定的，被称为“贸易中心”。贸易中心制为国王提供了一个方便而灵活地控制羊毛出口的方式。通过在贸易中心向出口羊毛征收赋税，国王就获得了一项议会控制之外的重要收入。另外，处于垄断地位的羊毛商人们还组成了一个公司，公司对战争很感兴趣，且依附于国王而存在，通过向国王提供贷款博取巨额回报。日渐成为小羊毛商代表的议会对这种状况很不满意，抱怨不应该给予贸易中心的垄断者那么多优惠，指出国王在议会控制之外获得的收入是对议会权力的一种威胁。

1346 年春天，英格兰议会终于开始意识到问题的重点，那就是应该为即将实施的新入侵征收必要的税金。很快，英格兰军队也做出了新调整，老兵被精心挑选的新兵替代，战斗力比过去大大提高。1346 年 7 月 12 日，英格兰两千四百名骑兵、一万两千名弓箭手和其他步兵在诺曼底的圣瓦斯同时登陆，期间未遭任何抵抗。他们这次的目标是借助突袭一举攻克巴黎。不过这个目标在当时受到严格保密，连英格兰军队里的士兵都以为自己即将杀奔加斯科涅。仓促之中，法国无法召集足够的军队阻止英格兰人的进军。爱德华的军队很快攻陷卡昂并继续向前推进，所过之处被烧成一片瓦砾，巴黎的城墙近在咫尺。值此关头，法国国王调动起了一切力量迎击英格兰人的攻势。法国所有的骑士聚集起来，组成了一支三倍于爱德华军队的大军，在圣丹尼斯城下严阵以待。面对这样一支庞大的军队，再加上固若金汤的城墙，爱德华那点军队几乎毫无胜算。他很快接到法王菲力的冷酷邀请，让他决定两军在塞纳河的哪一边决战。

突击失利的爱德华只能选择率军撤退，这位兴冲冲打上门来的挑战者被迫以四天六十英里的速度逃离竞技场。法军随后拉平战线向南推进，在塞纳河谷截住了退却的英格兰军队。别无选择的英军只得转向索姆河，试图在亚眠和海岸之间渡河。我们这一代人对索姆河的那段河面已经很熟悉了。它流经一片广阔的沼泽地带。当时，这片沼泽还没有排干，只能靠长长的堤道和桥梁通过。但所有堤道和桥梁已被皮卡迪的民军破坏或控制，爱德华不得不再寻出路。他四次派人打探新通道，四次都未能成功。此时，法军主力的前锋已经到达亚眠，整个春天都表现得勇猛无限甚至有些莽撞的爱德华和他的军队现在陷入了索姆河、海岸和法军围成的三角地带，没有合适的港口，英格兰舰队中的运输船无法靠拢。在接近入海口的地方渡过索姆河是孤注一掷的行为。那里的渡口很宽，潮汐汹涌多变，每天只有几个小时可以渡河，而且很不安全。更主要的是，索姆河的渡口也在法军控制之下，估计守军数量超过一万两千人。“那一晚，英格兰国王难以入睡，”弗鲁瓦萨尔说。“半夜时他爬起来，命令吹响号角集合队伍。很快，英格兰军队就做好了出发准备。他们背起行囊，于黎明时分出发，太阳升起时已骑马赶到渡口。但那时正在涨潮，他们无法过河。”到下午，潮水开始退去，渡口守军也开始围上来。爱德华国王清楚，此时被拖住就意味着死亡，于是命令手下高级将领跳入水中，打过河去。法国守军奋起抵抗。皮卡迪的骑士们策马出阵，在依然高涨的水中踩着变化不定的流沙与英格兰人厮杀。“与陆地相比，他们似乎更喜欢在水里与人拼杀。”不过，水中战场对身披铠甲的英格兰人来说是致命的。但急于逃命的他们仍奋战向前，终于杀出了一条通道。登上河对岸时，热那亚十字弓手给英格兰人造成了一些损伤并延缓了英军展开的速度，但英格兰长弓手很快控制住局面。爱德华国王的军队终于得以逃脱。

法王菲力率领一支由三四万人组成的大军在后紧追不放，希望能把傲慢的英格兰人挤压在海湾处背水作战，或者击其于半渡。当他得知英军已经渡过河去时，立刻召开了一次军事会议。参加会议的将领建议，鉴于潮水已经涨上来，法军只能沿河而上前往阿布维尔，利用法国人控制的一座桥过河。于是，法军开始向阿布维尔进发，并在那里扎营过夜。

爱德华和他的军队深深感觉到，逃亡路上稍有不慎就会万劫不复。不过渡过索姆河的那一晚他们还是非常兴奋。周围的乡村食物充足，国王召集手下将领共进晚餐，然后一起祈祷。他们很清楚，要到达海边必先经历一番激战，除了在优势敌人中杀出一条血路外别无选择。国王和后来以“黑太子”闻名的威尔士王子一起举行了各种宗教仪式，爱德华祈祷说，在即将到来的战斗中至少要让自己保全颜面。天亮后，国王集合起一支一万一千人的队伍，将他们分成三队，然后手持白色权杖，铠甲外面披着暗红镶金的外衣，骑着一匹小马在队前走过，“鼓励和恳求士兵们为捍卫他的荣誉和权力而战。”“他面容振奋，语调亲切。所有士气低落者听到他的声音、看到他的身影后都重新振作起来……士兵们席地而坐，头盔和长弓放在身前，尽情饮酒啖食，以便与赶到的敌人厮杀时更有力气。”英军在山岳空旷的下坡处占据的阵地并没有什么优势，不过两侧的克莱西森林为他们提供了保护，是他们最后的屏障。

1346 年 8 月 26 日星期六，菲力国王先在阿布维尔修道院做了弥撒，然后率领那支在当时堪称庞大的军队继续向前追击，四名骑士奉命前出侦察。当天中午时分，侦察的骑士向抵达索姆河对岸的菲力国王报告，英格兰人已经摆开阵势准备一战。菲力遂明智地下令当天停止前进，等待后队赶到后组成战斗队形，次日展开进攻。手下名将们开始向各部队传达这道命令，但法国士兵此时已按捺不住。眼见曾数次在己方优势兵力面前逃脱的仇敌被迫应战，性急的法国人一天都等不下去了。谁能保证第二天这帮英国人不会从战场上溜走呢？在这种心态作用下，约束部队向前行进已经成为一件不可能的事。所有从阿布维尔通向克莱西的大道小路上都挤满了黑压压的士兵，他们手持寒光闪烁的武器不停地向前，向前。有些部队听从了菲力国王的命令，停下了前进的脚步，但大多数置之不理，仍强行挤过原地不动或后退的队伍向前移动。到下午五点时，他们来到了英军阵前。看到敌人列在克莱西宽阔缓坡上的阵势，法国人这才停下脚步。

尽管此时太阳已快下山，但所有人战意已决，来到阵前的菲力国王也被周围激昂的情绪冲昏了头脑。他命令军中六千名热那亚十字弓手穿过骑兵队列去往阵前，用弩箭击破敌人的队形，为骑兵的冲锋做准备。但热那亚人说，他们已经背着沉重的武器和弩箭，以战斗姿态全力奔跑了十八英里，现在已经筋疲力尽，当天无法战斗了。听到热那亚人的抱怨，骑在马背上跑完十八英里的阿朗松伯爵十分不满。“这就是雇佣这帮混蛋的下场，”他气愤地说。“一旦用到他们，他们就会畏首畏尾地退缩！”受到刺激的热那亚人向前冲了出去。但正当他们在许多嘲讽的目光注视下向阵前奔走时，一片乌云遮住了太阳，短暂而急骤的暴雨倾盆而下，兜头浇在所有士兵身上。紧接着，一大群乌鸦呱呱叫着，带着不祥的气息从法军头上飞过。这场雨来得快去得也快，苦的是热那亚人，因为他们的弓弦都被浇湿了。重新露头的太阳明晃晃地挂在英军士兵身后，刺得热那亚十字弓手睁不开眼。这和乌鸦一样也是不祥之兆，但对作战的负面影响更大。热那亚人摆开阵势，大吼一声踏前几步，又喊一声再踏前几步。这样前进三次后，“怪叫一声”，将弩箭射了出去。英军队列中一直保持着沉默。一直以“铁闸门”阵形在大队两翼肃立不动的六七千名长弓手此时踏前一步，毫不拖泥带水地拉弓放箭。他们“射出的箭迅疾有力”，弗鲁瓦萨尔说，“箭矢飞出就像下了一场雪。”

长弓对热那亚人的打击是毁灭性的。短短几分钟内就有上千名十字弓手被射死，地上躺满了插着羽箭的尸体，而他们手里的武器甚至还没进入射程！热那亚人被这阵劈头盖脸的致命箭雨打晕了，他们的战争经验中从未有过这样的事。幸存者抱头溃逃，直退到在长弓射程之外列阵、急切地等待出击的法军骑兵面前。“给我杀了这群混蛋！”菲力国王愤怒地大喊。“他们无故挡住了我军的道路。”得到命令的前排法军骑兵立即冲入溃逃的热那亚人群中，挥舞长剑将他们砍倒。不知不觉中，这些骑兵也进入英格兰长弓的射程。瞬时箭如雨下，致命的箭矢射穿了法国骑兵的铠甲，战马和士兵遭到大量杀伤。又有勇敢的法国骑兵从后队跑上前来，冲入本已混乱的人群。迎接他们的仍然是可怕的箭雨，战马被打得乱跳，服装华丽的武士尸体随处可见，战场陷入可怕的混乱。此时，威尔士和康沃尔郡的轻装步兵从长弓手方阵中穿出，挥舞长刀向前冲杀。“长刀落在伯爵、男爵、骑士和乡绅头上，杀死了很多人，英格兰国王后来对此相当恼火。”在那个毫无收敛的时刻，不少能活捉人质换取赎金的机会被浪费了。

倒在这场屠杀中的还有菲力国王的盟友、双目失明的波斯米亚国王。他命令手下骑士把他们的马笼头和自己的连在一起，以便能亲手上阵冲杀。这样连好后，波斯米亚国王随蜂拥的人群向前冲去，但不幸连人带马摔倒在地。第二天人们找到了这伙人的尸体，马与马还紧紧地连在一起。波斯米亚国王的儿子、卢森堡的查理王子那时已是神圣罗马帝国的当选皇帝，常自称为“罗马人的国王”。他比父亲更谨慎，见势不妙便带着随从沿一条不被人注意的小路离开了战场。此时，法军发起了正式进攻。阿朗松伯爵和佛兰德斯伯爵率重骑兵向英军战阵发起冲锋。他们尽可能远地躲开长弓手，专门找对方的重骑兵厮杀，法兰西、德意志和萨伏伊的骑兵队很快杀到威尔士王子阵前。面对数量占优的敌人，在威尔士王子身边战斗的士兵赶忙派人前往爱德华国王指挥作战的风车那里求援。但国王不想动用预备队，他说：“让这个小伙子自己建功立业去吧！”果然，威尔士王子做到了。

战场上还发生了一件引人注目的事。约翰·埃诺特爵士手下有一名骑士，骑着菲力国王当天赠给他的一匹黑马，在箭雨中冲入英格兰战阵。不过，纪律严明的英格兰士兵不为所动，居然没有一个人脱离自己的位置去拦截他。最后，这名骑士绕过英格兰军队的后阵，又回到法国军中。

法军骑兵不断向英格兰战阵发起冲锋，直到战场完全被夜幕所笼罩。不过夜晚并没有阻止勇敢的生力军前进的脚步，他们整夜都在黑暗中摸索着战斗，不打两下决不肯离开战场。结果，这些人都被杀死了。英格兰人态度是“绝不抓俘虏”。当然，这并不是爱德华国王所希望的。

夜幕降临时，菲力国王身边只剩下不超过六十名骑士，他自己也受了轻微的箭伤，战马则早被射死。约翰·埃诺特爵士将国王重新扶上马后，抓住缰绳将他强行带离战场。根据弗鲁瓦萨尔的说法，约翰爵士准确践行了“留得青山在，不怕没柴烧”的原则。第二天早晨到达亚眠时，菲力国王身边只有五名男爵了。

“这个星期六的夜晚，英格兰人再也没听到怪叫声和呐喊声，也没听到特别针对某个贵族或其战旗的叫骂。此时，敌人已经被打败，战场已经完全控制在自己手里。英格兰人燃起大火，点亮火把，以驱散夜晚的晦暗。在一整天的战斗中，爱德华国王都没有戴上头盔。此时他从自己的指挥位置上走下来，带着整支卫队去见威尔士王子。他伸出双臂，紧紧拥抱并亲吻了王子，并说，‘亲爱的儿子，上帝给了你不屈不挠的优秀品质。你是我的儿子，你今天表现出来的忠诚，成为一国之王当之无愧。’王子闻言深深地弯下腰以示谦恭，将所有的荣耀都归于他的父亲。”

星期天的早晨，雾霭遮蔽了战场。爱德华国王派出一支由五百名长矛手和两千名弓箭手组成的精悍部队，前去侦察对面的军情。这支侦察队遇到了法军的后续部队。这些从鲁昂赶来的法国人不知道战败的消息，仍然在向博韦前进。英军侦察队冲向他们，一场激战后，战场上又倒下了 1542 名骑士和乡绅的尸体。后来，英军侦察队又与鲁昂修道院院长和法国大修道院院长率领的队伍遭遇。后者同样对战败的消息一无所知，稀里糊涂地在英国人追杀下溃败而逃。英军侦察队还碰到了不少掉队的法国士兵和四处游荡的法国骑士，结果“见一个杀一个”。弗鲁瓦萨尔说：“我敢肯定的是，星期天的早晨，那些从城市、乡镇和伯国赶来的法国步兵遭受了四倍于星期六战斗的伤亡。”这场惊人的胜利，使得克莱西战役与布伦海姆大战、滑铁卢战役和第一次世界大战最后一个夏天中的最后攻势齐名，成为英军著名的四场大捷之一。

爱德华三世国王率军穿过蒙特雷乌尔和布朗吉到达布伦，随后又穿过阿德洛森林，形成对加莱的包围。在英格兰人眼中，加莱绝对是一处藏污纳垢之地，包庇着不断骚扰英吉利海峡的海盗团伙。英格兰人很早就感觉到，这个离他们最近的欧洲大陆城市如同一个长在自己背上的脓疮，不断溃烂，随时有爆裂的危险。加莱的地位相当于三百年后的敦刻尔克。围困战持续了将近一年，英军在陆地上尝试了一切新的军事技术，射石炮向城墙投射巨大的弹丸，发出可怕的声响。在海上，法军小船试图绕过障碍沿海岸行驶，但英军巧妙设置的障碍物挡住了他们前进的路线。所有从海上和陆上救援加莱的活动都失败了。但围困加莱的爱德华国王也不轻松，维持这场围困战的花费之巨大是我们难以想象的。当冬天到来时，国王手下的士兵开始要求回家，舰队也到了哗变的边缘。在英格兰国内，所有人都在抱怨。议会对爱德华表现出了不满的态度，并且不愿意再为国王提供给养。国王和士兵们被迫住在临时营房里，从未想过要渡过英吉利海峡班师回国。马基亚维里深刻地指出，每一座要塞都应该储备一年的食物供应，这个措施适用于历史上任何一次围困作战。

在爱德华国王尚未对加莱形成包围时，为履行与法国盟约的苏格兰国王戴维就率军越过英格兰边界。但英格兰人对此早有预见，他们在达勒姆城以西不远的内维尔克罗斯发起一场苦战并打败苏格兰人，俘虏了苏格兰国王，把他关入伦敦塔。苏格兰国王在那里被关了整整十年，直到《伯威克条约》签订才花费了一大笔赎金获得自由。英格兰的这次胜利在整整一代人的时间里消除了苏格兰的威胁。在弗洛顿战斗前后，法国给弱小而大胆的苏格兰盟友带来了不止一次灾难。

加莱在围困中坚持了十一个月，但事情并未到此结束。最终，饥饿使得被围困者别无选择，只能与英军讲和。当六名城里地位最高的居民按要求赤足穿衬衫、面黄肌瘦地出现在英格兰人面前时，激愤之下的爱德华国王想砍了他们的头。他手下的谋臣警告他如此残忍的做法会让他在历史上的名声受损，但国王仍固执己见。此时，随国王征战并怀有身孕的王后菲利帕跪倒在地，构成了一幅宽容之神请求正义之神的画面。这个场面也许是事先安排好的，但绝对很有意义。于是，为拯救全城百姓而做好了献身准备的加莱市民不仅保全了性命，而且得到了很好的待遇。至此，加莱成为英格兰军队此次与法军全力一战中占领的唯一领土。至于克莱西，还有很多故事要说。

第二十二章 黑死病

正当英格兰人醉心追求武功与冒险的时候，一个更致命的敌人正在欧洲大陆上游荡。在基督教世界中，没有什么灾难比黑死病更可怕了。遥远的中国曾因此病发生过糟糕透顶的事情，遍地的死尸把诅咒抛向了远方。这场瘟疫从克里米亚登陆欧洲，在短短二十年时间里夺去了欧洲至少三分之一人口的性命。连绵不断的贵族战争和王朝战争让欧洲民众变得贫困不堪，疾病很容易乘虚而入。英格兰保存下来的记载虽然不多，但却比其他国家那些令人震惊的数字更能说明问题。比如有些案件还没等开庭审理，所有涉事方就都病死了；有些修道院里的人死了一半；有些教区里活着的牧师几乎没有时间为会众和教友举行最后的葬礼；有些金器作坊在短短一年时间里换了四个金匠。这些具体的描述从一个侧面说明了当年那场灾难的可怕，但更能让人们理解那场灾难的，是国内所有地方的年鉴都出现了一段空白。这段令人恐怖的空白抹去了整整一代人的性命。

这场瘟疫令人胆战心惊。它发病迅速，症状可怕。病人身上会出现大片疹块，腋下或腹股沟处的腺体会出现硬结，任何药膏都没有效果，甚至开刀都没有作用。濒死的病人会长出大片毒痈，神智错乱，胡言乱语。黑死病使人类历史在很多方面都出现了空白，整个世界为之震惊，人们的生活和信仰甚至一度被其摧毁。这场瘟疫，再加上中世纪生活中的其他苦难，远远超出了人们精神上的承受能力。教会在遭受与其他世俗团体一样伤害的同时，精神力量也受到了重创。如果说主宰世界的是仁慈的上帝，那么他又是怎么主宰的呢？这就是当时的幸存者普遍的质疑，各种怪异的教派由此产生。他们在瘟疫横行的城市举行可怕的鞭笞仪式，每个人都和着阴郁的乐曲，狠狠地抽打自己的先行者。在断断续续记载的年鉴上，还记录着其他残忍的行为。所有这些，就像我们民族死亡前发出的最后挣扎。

不过瘟疫的灾难最终还是平息下来。热敷剂治愈了肿块，人们的免疫系统重新发挥了作用，越来越多的人恢复了健康，对生命的向往最终战胜了疾病。灾难过去了，欧洲的人口所剩无几，但却继承了大批逝去者们创造的财富，痛苦也因大家的分摊而减弱。活下来的人开始把不可抑制的希望寄托在当下和未来。

哲学家或许会说，要在人类中取得必要的变化，根本不需要动用瘟疫这种毁灭性工具，一种更科学的替代品就在眼前，那就是火药。据权威说法，这种东西最初应用于一些小尺寸石炮，爱德华国王曾用这种石炮轰击克莱西和加莱。很快，火药就在战争以及与战争相关的人类活动中确立了自己的实用地位。如果没有火炮问世，英格兰的长弓的掌握也许会让他们在欧洲大陆的争霸战中走得更远。我们没有任何理由可以否认，自由民出身的长弓手会有朝一日会达到与铠甲骑士相当的阶级地位，因为与骑士们相比，长弓手们拥有更广泛的社会基础。

十五世纪初是铠甲武士的没落时期。作为护身之物，胸甲和背甲或许还会长期被使用，但已不再是权力的工具和象征。与此同时，弓箭手的作用也在淡化。这并不是因为他们不能令骑士屈服，而是因为一种更便利的战争手段就在眼前，并迅速成为所有国家的共有之物。震耳欲聋的爆炸声和冲天的滚滚硝烟在友军中引起的警觉超过敌人，不过最终引起了所有人的注意。一个曾经统治并引导基督教世界五百年、在当时被视为人类管理与才能巨大进步的制度倒在废墟中。人们忍受着痛苦将废墟清走，为建立新大厦腾出空间。

降临在人类头上的这场灾难造成人口锐减，给人类的生活蒙上了一层阴影，但却没有平息人类的冲突。英法之间的战争仍在断断续续地进行。此时，“黑太子”已成为威震欧洲的武士，作战风格如同不受约束的海盗。如果说

1338年爱德华入侵法国还可以用王位这个重大原因来解释的话，那么“黑太子”在阿基坦进行的袭击却毫无道理可言。但不管怎么说，他的行为仍在军事史上留下了浓重的一笔。

1355年，议会向爱德华国王划拨了一笔足以重启战争的巨额经费，后者遂制定了一分野心勃勃的计划。“黑太子”将从英格兰领土加斯科涅和阿基坦向北，直逼卢瓦尔河；与此同时，他的弟弟、生于根特的兰开斯特公爵约翰从布列塔尼出击。两军会师后将与法军展开一场决战。但计划在执行过程中出现了偏差。“黑太子”率领的军队减员严重。虽然还掌握着约两千名令人生畏的长弓手，但总人数却只剩下了约四千人。而他面对的是，是步步紧逼的两万多名法国王室士兵。危急之下，“黑太子”无奈地选择了退让。他向对方提出和解，条件是允许他和他的军队逃回英格兰。看到多年宿敌再次成为砧上之肉，法国人当然很干脆地拒绝了对方的和解请求。在普瓦提埃，被逼入绝境的“黑太子”奋起反击。但就在他取得小胜的那天上午，他的先头部队已经开始向南撤退了。法王约翰穷追不舍，决心毕其功于一役，以报当年克莱西之仇。曾经大肆烧杀抢掠的英格兰人此时被追赶得仓皇憔悴，不得不与数量占绝对优势的敌人对阵决战。好在他们的阵地选择得很有眼光，两侧有森林护卫，长弓手沿一排灌木列成一字长蛇阵，控制着唯一的通路。

此时克莱西之战已过去十年，法国骑士和最高指挥者都对当年那场惨败进行了反思。他们不得不接受这样一个事实，即骑兵面对如雨般的箭矢时毫无抵抗之力。法军冲锋的战马在英格兰长弓的攻击下倒的倒、惊的惊，阵势一片混乱，古老的作战手段因此受到致命一击。爱德华国王能赢得那场胜利，靠的全是不骑马的士兵。所以法王约翰此番也决定全军徒步攻击，他相信数量优势将压倒一切。但“黑太子”的可贵之处在于不拘泥于往日的经验，也不会强迫自己墨守成规，重复前人取胜的战法。他知道那群身披重甲、正向己方徒步逼近的法军士兵数量庞大，不会像骑兵那样被轻易地阻止。即使长弓的命中率再高，但只靠这一件武器也无法将他从败局中挽救出来，游动作战和反击是他必须要试验的保命手段。于是，他根据战场上已知的实际情况，命令部队采取了一种有悖于军事常规的行动。后来的发展证明，他的选择是正确的。

法国贵族都把马留在了后方，而“黑太子”则命令己方贵族全部上马作战。首先发威的长弓手给法国人造成了巨大伤亡，但法国骑士仍按事先安排，穿着沉重的铠甲在葡萄园和灌木丛中向前艰难移动。倒在英格兰长弓下的人不计其数，但激战中箭矢很快不够用了。此时，英格兰长矛兵和战斧手以传统方式向法国人发起冲锋。由于行动吃力和地势崎岖，法军队形早已大乱。在长矛兵和战斧手冲锋的同时，一队精悍的英格兰骑兵以叹为观止的配合从法军侧翼绕过来，向疲倦而混乱的敌军发起猛攻。对英格兰人来说，此战是一场与克莱西一样的屠杀和胜利，最终收获甚至更大。法军全军覆没，约翰国王被俘，其精锐的贵族属下或是被俘虏，或是被杀。战场上的战利品多得来不及收拾，因为胜利者们已经劫掠过四个省份，身上早已塞得满满当当。在作战中以行事残忍著称的“黑太子”这次表现出了豪侠之风。他不顾激战后的疲惫与紧张，对被俘的法国国王待之以应有的礼仪。先是请这位俘虏在自己营帐中的椅子上落座，然后又亲自为他端上能找到的所有美食。通过自己表现出来的天才、勇敢和骑士风度，“黑太子”在历史上留下了令人敬仰的形象。

约翰国王被带回伦敦，像苏格兰国王戴维一样被关进伦敦塔。以此为要挟，英国于 1360 年 5 月与法国签订《布雷蒂尼条约》，在已有的加斯科涅之外得到了亨利二世控制过的阿基坦并享有全部统治权，同时还获得了爱德华一世所继承的蓬蒂厄和著名的港口城市加莱，后者一直被英格兰控制了近二百年。双方还约定了约翰国王的赎金数额：三百万金克朗，折合成英国货币是五十万英镑。这笔钱相当于英格兰王室和平时期年收入的八倍。

在克莱西，法国人是在马背上被打败的；在普瓦提埃，他们不骑马也被打败了。两次与英格兰人交战的悲惨结局让法国人刻骨铭心，法国朝野上下和军队中充满了绝望。怎么才能打败或抵挡英格兰人呢？这是一个世纪前就令欧洲人苦思不得解的绝望问题。那时候，蒙古大军的铁蹄令所有人胆寒。不过俗话说得好，树长得再高也不会参天。在很长一段时间里，饱尝教训的法国人尽量躲避战争。他们在与英格兰国王爱德华三世作战时小心翼翼，就像莫尔伯勒时代与英格兰女王安妮交锋时一样。而且，他们中出现了一位伟大的英雄贝特朗·杜·盖克兰。他就像绰号“延误者”的古罗马大将费边对付汉尼拔时那样，避免正面战斗，利用本土作战的时间优势进行围困或突击。英格兰获得胜利时同样也消耗得筋疲力尽。事实证明，法军无法击败英军，英格兰也无力征服法兰西。爱德华三世虽然在军事上获得了全胜，但主要目的并没有达到。

对法战争在英格兰议会发展史上占据着重要地位。战争期间，对金钱的迫切需求驱使国王和大臣们频繁地召集会议，议会制度因此得到了迅速而重大的发展。参加会议的各郡、市代表主要职能之一就是请求解除全国或地方遭受的苦情，让国王和政务会把注意力转移到紧急事件上来。爱德华二世在位期间，平民代表在议会中集体请愿的制度开始出现。与法交战时，政府为取得平民的支持不得不重视这种请愿制度，因此到爱德华三世统治时，集体请愿制度得到了很大发展。现在，平民代表们就像他们在 1327 年时做的那样，作为一个整体在议会中正式提出请愿，并要求他们的意见能成为议会法令。这种局面的出现导致了议会的分化，下议会开始孕育而生。爱德华一世统治时期，平民代表还不是议会中的主要成员。但到了爱德华三世统治时期，他们在议会中的地位已经得到了巩固，变得很显著而重要起来。他们有了专门处理文书事务的职员，负责起草请愿书、就国王的回复草拟谏议书。至此，议会中上下议院的界限已十分明显。上议院中的贵族们认为，他们是国王理所当然的顾问，在议会中应该享有单独向国王进谏的权利。1343 年，议会中的高级教士和世俗贵族将自己的开会地点搬到威斯敏斯特的白厅；骑士和市民代表则在彩宫商讨事务。此时，议会中首次出现了议长一职。不过那时担任议长的还不是议会成员，在很长一段时间里，下议院中的平民代表一般是通过指定的代表发表意见。到爱德华三世统治结束时，议长的地位得到了确认，国王也开始竭力保证自己提名的人选占据这个重要而显赫的位置。

爱德华三世对下议院做出的让步标志着英格兰议会制度的发展进入了一个决定性阶段。他同意只有议会才能决定是否拨款，同意下议院集体提出的意见可以作为未来立法的基础。到爱德华三世国王去世时，下议院已经在批准征收赋税的提出谏议等事务中扮演了主要角色。在天性上，下议院对国王是带有敬畏的，因为它获得权力的时间并不长，爱德华一世国王对王室特权的要求仍然记忆犹新。没有任何迹象表明，下议院或整个议会有权控制或干涉王国的行政和管理事务。国王召集代表们开会，主要目的是 为暴力取得的政治解决方案寻求支持，或对拨款问题进行投票，或听取对民间疾苦的陈述。在十四世纪，要承认下议院是议会的重要基础、议会是国家治理机器重要的组成部分，还有很长的路要走。

这个时期英格兰对教皇代理人的不满情绪在增长。约翰国王在位时罗马方面对英格兰事务的插手，亨利三世国王对教廷的忍让，教廷收税官的敲诈勒索，教士们在宫廷和政务会中的影响力，所有这一切都让人们对英格兰教会持越来越明显的批评和反感态度。到爱德华三世统治时期，这种态度积累到顶点。英格兰民众对已经过气的外国教廷仍对英格兰施加影响气愤不已，这种气愤随着对法战争的进行进一步累积并加深。当时，权势日衰的教皇放弃了长期以来设在罗马的神圣教廷，转而托庇于法国小镇阿维尼翁。作为法国宿敌的英格兰人当然有权对此表示不满。那时候，英格兰议会不断颁布法令，禁止将国王法庭可以审理的案件提交到教皇法庭，限制教廷任命英格兰教职人员的权力。实际上，这些法令只是根据外交需要得到了断断续续的执行。战争的巨大消耗让教廷很难有钱财入账，在爱德华三世统治的大部分时间里，教廷收税官在英格兰简直挖地三尺，但仍几乎一无所得。

1369年，英法两国在阿基坦再起战端。此战令英格兰元气大伤、幻想破灭。在贫困和经济紊乱的情况下，教士们不仅经常炫耀自己的财富，而且竟然要求免税。这种要求当然不会每次都能成功。于是，他们开始将贵族赶下公职，议会中的反教士情绪因此大涨。爱德华国王已经老迈了，贵族们不得不自己设法夺回失去的权力。通过一场精心策划的政治阴谋，约翰·冈特打破僵局，带领贵族取得优势。他手里有一件意想不到的武器可供使用。在全国神学研究和学术中心牛津大学，批评教皇自命不凡和权力膨胀的声音日益高涨，大学里的著名学者威克利夫对教会的腐败痛恨不已，认为教会统治集团的傲慢及其拥有的绝对权力是对基督教真正原则的扭曲，因此强烈呼吁进行改革并引起了大家的关注。威克利夫认为，凡人不应该被赋予掌管人类灵魂的权力。身为上帝派到世俗世界的代理人，国王有权像牧师指导国王的精神生活一样，对教士们的物质奢华进行限制。尽管国王和教皇在各自领域都是地位最高者，但基督教徒们的信仰应该放在上帝而不是他们身上。能满足教徒最终请求的是天廷，而不是罗马。

威克利夫的主张不会只停留在一个无害学者的思考阶段。它应用到教会和国家的现实中后，立即引起了严重的不和。根据这一主张，教会的世俗权力要受到削弱，以利其对精神进行净化。约翰·冈特对该主张的前半句很感兴趣，威克利夫则看重后半句，但教会对这一整句都很反感。从一开始，冈特就与威克利夫就希望能互相利用，以达到各自的特殊目的。1377 年，二人正式结盟。随后，冈特忙于组织偏向自己的议会，威克利夫则 “从一个教堂跑到另一个教堂，宣讲反对教会弊端的观点”，从道义上声援冈特。二人的积极活动同时也激发了反作用力。威克利夫的教会改革不可避免地掺杂入了阶级和党派偏见因素，而冈特与这位立场改革的神学家结盟，则在客观上巩固了反对他的主教们的既得利益。二人于是谁也没能从结盟中得到好处。主教们意识到，威克利夫是冈特最危险的支持者，遂以异端的罪名在圣保罗大教堂对他提起指控。冈特赶去援助，但却被充满敌意的伦敦民众阻拦。这个不匹配的组合最后终于崩溃，威克利夫从此被上层政治舞台排斥在外。

威克利夫决心在民众中奔走呼吁，正是这样，才使得他的主张具备了持久的影响力。许多看不惯教会滥用权力的年轻人被威克利夫的改革主张吸引到身边，威克利夫把他们组织成一群群寒酸的传道者，就像后世的卫斯理[1]门徒那样，在乡间传播教士应该安守清贫高洁的教义。他用英语写了不少布道著作，其中最著名的是被人们口口相传的《罪人》。他最大的成就是与学生一起将《圣经》翻译成了英文。

---

1 约翰·卫斯理（John Wesley），英国十八世纪著名基督教牧师、基督教神学家，主张认真研读圣经，严格宗教生活，遵循道德规范。

“基督教的男女老幼，都应该仔细阅读《新约全书》，因为它具有权威性而且通俗易懂，讲述了对拯救灵魂至关重要的论点……《圣经》中的每一句话，不管是深奥还是明了，都教导人们顺从和博爱。只有懂得这两点的人才算完全懂得《圣经》……因此人们都应该仔细地研读《圣经》……傲慢与贪欲会使教士是非不分，因而也就无法透彻地理解《圣经》。”

就这样，基督教早期的思想如连日闷热后一股沁人心脾的微风掠过英格兰乡村。 在贫民和富人面前展现出新的境界，同时，它严重扰乱了它赖以存在的、正在衰败的社会。教会和国家很快意识到了它的危险性。

爱德华三世漫长的统治已经日薄西山，克莱西和普瓦提埃的荣耀也已经渐渐淡去。曾几何时，这位好战的国王在对权力和威望的渴望中征战四方。为了得到海外冒险所需的金钱，他不惜以祖先奋斗得来的许多特权做交易。如今，他垂垂老矣，还欠下了时间和命运大笔债务，现在是这两位债权人讨债的时候了。他看到，自己和儿子在法国手持利剑征服的领地，正像复活节的积雪一样渐渐化去，只剩下几座海边城镇还在向人们展示着被英格兰民族长期视为珍宝的胜利的荣耀。1369 年，爱德华三世国王的爱妻菲利帕王后被黑死病夺去性命。不过在她还在世的时候，老国王就已经拜倒在艾丽丝·佩罗斯的石榴裙下。艾丽丝生性淡漠，但机智与才干均高于常人，而且行事嚣张，毫无顾忌。看到六十多岁的老国王被这场不正当的爱情冲昏了头脑，当时憔悴而易怒的人们大受震动。这场所谓的爱情远不如 1348 年设立嘉德勋章[1]时所代表的那场宫廷爱情来得浪漫。贵族和平民都不愿意让老国王的情妇从“心怀邪念者自取其辱”这句格言上得到好处。但艾丽丝还是戴上了菲利帕王后的一些珠宝，并因老国王的宠爱而获利甚丰。除此之外，她还以极大的热情

---

1 嘉德勋章（The Most Noble Order of the Garter）是授予英国骑士的一种勋章，起源于中世纪。传说有一次爱德华三世在埃尔特姆宫殿与一位索尔兹伯里女伯爵跳舞时，女伯爵的吊袜带突然落下来。许多宫廷贵人笑话她。而爱德华三世则将这根吊袜带拾起系在自己的腿上，并当众宣布“Honi soit qui mal y pense”（“心怀邪念者蒙羞”）。由此这句话就成了这枚勋章的格言。

参与到上层政治斗争中。有时，她甚至与法官一起坐在法庭上，审理与她相关的案件。贵族和下议院对她都非常反感，遂联合起来对付她。

在战争、国务和放荡的生活共同作用下，爱德华国王最终变得衰老不堪。在举办了即位五十周年庆典后，他的寿命即将走到尽头。最后十年的统治让他的声望大损。除了艾丽丝外，老爱德华还牵挂着“黑太子”。但这位威震欧洲的伟大战士也因连年征战而衰弱下来，健康状况每况愈下。1376年，“黑太子”去世，身后留下一个不满十岁的儿子。很明显，这个孩子就是王位的继承者。爱德华三世丰富多彩的生活即将收场。遭受了儿子去世的沉重打击后，他搬到希恩洛奇居住。在那里，追求时髦的艾丽丝让他多想想比武竞技和打猎的事，想想他身体复原后的宏伟计划。但根据对她充满敌意的编史者记载，当老国王陷入死亡前的弥留状态时，这位情妇居然摘下国王手指上的戒指，卷走了王宅内的其他钱财，声讯皆无。我们不知道接下来在她身上发生了什么。但新国王继位后，她又在轻浮奢华的场合现身，这说明当时她确实能够自圆其说。所有记载都确认，爱德华国王死时被所有人抛弃了。只有一位好心的当地教士在他身边，使他在前往天国的最后旅途中得到了教会的保护与关照。

就在祖父去世的当天，“黑太子”的儿子被一致拥立为王，没人提出要另选国王。于是，英格兰的王冠再次传到了一位幼主手里。

第三部

封建时代的结束

第二十三章　理查二世与社会动乱

约翰·冈特，也就是兰开斯特公爵、黑太子爱德华的弟弟、国王理查二世的叔叔，是摄政团的首领，统治着英格兰。黑死病的影响和阴影仍然笼罩着大地。英格兰社会出现了一场新的大规模流动。致命伤害造成的痛楚仍在隐隐作痛，但与此同时，人们忽然感到，这片土地上此时有了更多的位置。众多空缺职位得以填补，各阶层的人都得到了出乎意料的晋升，生存空间得以拓展。社会被深度重塑，集体的力量削弱了，个人的力量却加强了。

在战争中英格兰人不可战胜、至高无上、所向披靡的信念根深蒂固。尽管在法国得到的所有战利品都已不复存在，英格兰仍因克莱西和普瓦提埃大捷而洋洋得意。由于确信随时能够在战场上迎击法国人或苏格兰人，他们已经不考虑战争的结果了。几乎无人认识到取得战役胜利与持久占领之间的区别。年轻的议会极力主战，却准备不足，而且吝于为战争花钱。战争期间，人们期盼国王取得辉煌战绩，同时也责怪他造成了沉重的税赋和对王国的损害。和平如期而至，但却完全不符合英格兰人所希冀的大获全胜。这种尴尬的局面是理查二世所继承的一部分重要遗产。

经济和社会领域都发生了巨大的变化。黑死病又袭击了动荡的社会。自从国王引入雇佣军制取代封建义务兵制以来，以土地维系的关系就开始瓦解了。贵族或骑士为什么不能仿效其君主的做法呢？小地主们普遍签订了契约，为某个强大的邻居服务，只是“不得反对国王”。规定并非总能得到遵守。互相忠诚的原有纽带渐渐消亡，取而代之的是私人军队，财产的雇佣保卫者，当然也是混乱的开端。

在中世纪的英格兰，采邑领主往往靠农奴发家致富，农奴的地位和义务依据长期的习俗规定，并由采邑法庭来执行。在每个采邑周围，都形成了一个紧密联系、自给自足的小社会。尽管十三世纪和十四世纪早期已有了更多的劳动力流动和物品交换，超出了人们以前所想象的程度，但发展仍比较缓慢，村庄也是逐渐解体的。社会和劳动力结构再也无法保持原状了。黑死病造成的震动极大地加速了这一深刻的分裂进程。由于近三分之一人口突然死去，大片土地荒芜了。幸存者都到最肥沃的土地上耕种，到最肥美的牧场上放牧。许多地主放弃了耕地，通过侵占，围起最好的牧场。此时，尽管发家致富看起来更容易，价格和利润都一路高涨，但劳动力却减少了近一半。人们遗弃了小块土地，农民离开了自古劳作的采邑。农民和劳工发现自己很抢手，所有人都在争抢自己。他们转而寻求改善自己的生活，至少让自己的生活与不断上涨的物价保持同步。诗人兰格伦在《农夫皮尔斯》一诗中描绘了一幅尽管无情却颇为有趣的画面：

没有土地的劳工，仅靠双手谋生，
终日食不果腹，整夜饥寒交迫。
他可能买不起一分钱的酒，也不会买一片腊肉，
而是买新鲜的肉或鱼，煎的或烤的，
热了又热，以暖饥肠。
他要高薪的工作，否则就会咆哮。

但是他们的雇主不这么看问题。他们坚决拒绝了加薪的要求，重申了对强制劳工的古老要求。他们详细调查了村民的家谱，而此前这种调查只针对上等人。佃农一旦被宣布为农奴，至少不可以再提出新的要求。重申早已失效的权利，无论多么合法，都会遭到村民的坚决抵制。村民们成立了工会来保卫自己的利益。佃农则从采邑逃走，就像十九世纪五十年代，许多奴隶从美国南部各州逃走一样。在这种尴尬的情况下，一些领主缩短了农奴的徭役期限，把土地租给小地主以换取他们的顺从。在有些采邑，农奴得以释放，由此出现了自由农阶级。但这种情况很少，最大的地主是教会。总的来说，

精神力量成功经受住了这次冲击。有的领主，例如哈顿领地的巴特尔修道院院长，被迫出租闲置土地，并且一有机会就缩短租期，甚至缩短到了一年。十八世纪，法国也企图复辟昔日的封建特权，结果引发了革命。

席卷整个英格兰的这场动荡影响了每个人的日常生活，在十九世纪工业革命前的人类社会历史上，其影响独一无二。此时，按照财产选出的议会可以决定一切。在英格兰，与法国一样，国王曾不止一次干预地方工资的制定，但1351年的《劳工法》却成为了全国确定工资和价格的首次重要尝试。在瘟疫后的恶劣条件下，议会寻求完全执行这些法律。从农村中产阶级中选出“劳工法官”，给予固定薪水，让他们来审判违法者。1351年至1377年，民事法庭审理了九千起违反合同的案件。在许多地方，主审官虽积极办案但却徇私枉法，遭到当地居民的谴责。全国上下动荡不安。

尽管如此，瘟疫过后，幸存者无疑过上了富裕的生活。饿殍遍野的地方是不会发生叛乱的。弗罗萨特写道：“激起农民的反抗是社会上层的舒适和富足生活。“人民并非无法反抗不公，也不是无法表达不满。在低级神职人员中，薪俸微薄的教士因黑死病严重减员。仅东英吉利一地，就有八百名教士死亡。幸存者发现，在物价飞涨的世界上，他们的薪俸丝毫未变，而高级教士对此置之不理。为此，高级教士将付出代价。在起义中，主教的领地被定为攻击的主要目标。在集日上，煽动者，尤其是教士中的煽动者，吸引了很多人。兰格伦在诗中反映了秩序维护者对这些基督教共产主义者的愤怒情绪：

他们宣扬柏拉图的观点，援引塞内卡的话作证

天下万物应该共有：

显然他是在对无知者如此撒谎说教。

许多言辞激烈的煽动者散布了一系列颠覆性的说法，其中最著名的是约翰·保尔。全国到处都是从战场上遣散回来的伤残士兵，他们都知道长弓杀伤贵族的威力，无论贵族多么尊贵，武装多么强大。革命的主张广为流传，一首流行民谣表达了民众的反应：

当年亚当种田，

夏娃织布，

哪个是绅士？

在十四世纪，这是一个新问题，在任何时代也都是个棘手问题。在中世纪的英格兰，长期形成的严格的社会结构基础开始动摇。

这种情况不仅限于不列颠岛。英吉利海峡彼岸，一场激进的民主运动正在进行，它的口号与我们现在的口号颇为相似。所有这一切在英格兰进一步发展为 1381 年的大规模起义。这是一场同时发生、影响广泛的社会动乱，因同一个原因，在全国各地暴发，因同一种情绪，团结在一起。所有这些运动都是黑死病造成的直接后果，死亡率最高、社会变化最大的肯特和中英格兰东部地区的暴乱最严重，足以证明这一点。

1381 年夏天，各地始终都在酝酿着一场有组织的动乱。有些人在中英格兰的各个村庄游走，与“大社会”组织进行联络，据说这一组织将在伦敦开会。五月，埃塞克斯爆发起义。导火索是政府企图再次征收上一年已经收过的人头税，并且更加严苛。伦敦的骚乱分子激动起来，一些人在一个名叫托马斯・法灵顿的人的带领下，加入了起义队伍。市民同情起义军并且与起义军有联系，强烈反对市长沃尔伍思。在肯特，进攻莱斯内斯修道院后，农民们经过罗切斯特和梅德斯通，路上烧毁了采邑的账目和税收账目。在梅德斯通，他们从教会监狱中放出了煽动者约翰・保尔，具有领导才能和经验的军事冒险家瓦特・泰勒也加入了起义队伍。

皇家政务会茫然失措。六月初，埃塞克斯和肯特的起义军主力向伦敦进发。他们在伦敦得到了支持：鱼贩约翰・霍恩把他们带进伦敦；负责守卫伦敦桥的市政官未作任何抵抗；阿尔德门[1]被“叛徒”向一队埃塞克斯起义军敞开。伦敦城陷入为期三天的混乱。外国人遭到杀害，两名政务会成员被从伦敦塔拖出，在塔山[2]上被斩首，一个是坎特伯雷的大主教兼大法官西蒙・萨德伯里，另一个是财政大臣罗伯特・黑尔斯爵士；约翰・冈特的萨伏伊宫被焚毁；朗伯斯区和南华克区被劫掠。这是清算旧账的时候了。法灵顿列出了逮捕名单，

1 伦敦城的东门。

2 伦敦塔西北的一座小山。

敲诈勒索的金融家理查德·莱昂斯被杀。所有这些都带有现代气息。忠诚的市民团体团结在市长周围，国王在史密斯菲尔德接见了起义军首领。起义军看起来普遍忠于国王。他们的要求很合理，但却令人不安。他们要求废除压迫的法令，取消农奴制，瓜分教会的财产。他们特别提出，不应有人作农奴，也不应有人为领主做工，而应只需一年为每英亩土地支付四便士，为任何人提供服务时不可违反个人意志，而是依据双方协议而定。谈判过程中，泰勒先是被市长沃尔伍思所伤，随后被国王的侍从杀死。当这位起义军首领跌下马来，死在众人面前时，年轻的国王是这样应对危机的：他单枪匹马冲上前，喊道："我将成为你们的领袖。你们只要随我出征，就将从我这里得到你们想要的一切。"但是泰勒之死引起了连锁反应。群龙无首的乱民回乡赋闲，在各自的村庄引起极度的混乱。重建的权力当局对他们进行追捕，复仇开始了。

起义席卷了英格兰西南部。布里奇沃特、温切斯特和索尔兹伯里都发生了暴乱。在哈福德郡，农民们奋起反抗权势显赫、令人痛恨的圣奥尔本大教堂，并在杰克·斯特劳率领下向伦敦进军。剑桥郡也发生了大规模动乱，档案被焚毁，教会领地遭攻击。在亨廷顿郡，尽管市民关上了大门抵御敌军，拉姆西修道院还是遭到攻击。在农民比较富裕而且较为独立的诺福克和萨福克，对合法的农奴制的愤怒更为强烈。伯利·圣艾德蒙兹修道院是暴乱者仇恨的主要目标，佛兰德斯的羊毛织匠也在林恩被杀害。暴乱的浪潮波及很广，北至约克郡和柴郡，西至威尔特郡和萨默塞特郡。

泰勒死后，统治阶级开始有组织地进行抵抗。最高法院向王室官员发出信件，命令他们恢复秩序，首席大法官特里西利安领导法官们迅速对暴乱者进行了审判。国王陪同特里西利安参与惩处过程，要求对叛乱者的惩罚要依法进行。诺里奇的好战主教勒·德斯潘塞在东部郡县动用了军队来保卫教会的财产，在北沃尔沙姆进行了一场激烈的战斗。不过，与现代相比，统治阶级的反应还是非常克制的。记录在案的死刑不超过一百五十人，并没有我们在现代欧洲的许多地方所看到的野蛮行径。法治得到了重建。即使在这种激烈的阶级斗争中，也没有人未经审判而被绞死。1382 年 1 月，经议会提议实行了大赦。但是，统治阶级在财产方面赢得了胜利，完全取消了所有让步，并且企图大胆地恢复十四世纪初的采邑制。但是在此后的很长时期里，上层阶级都生活在恐慌中，害怕民众暴乱，而劳工们则继续走向联合。奴隶劳工已不再是社会制度的基础，农奴制在法律方面已变得无足轻重，总的来说，1349 年以后，租金制得到了加速发展。这些都是黑死病影响的继续。在历史学家眼中，这次暴动只是一次灵光突现，反映了中世纪穷苦阶级的生活状况，但对当时的人们来说，暴动令他们在很长一段时间都惴惴不安，同时也激发出了他们无尽的想象。暴动给农民心中留下了怨恨，也引起了当局的警惕和有力的对抗。从此，人们总在想着分掉教会的财产。暴动后广为传播的罗拉德派[1]就是利用了胆怯的胜利者的敌意。威克利夫的"贫穷传教士"被扣上煽动暴乱的污名，他们受到的迫害是已经动摇的制度发起的报复。

十四世纪八十年代，在英格兰紧张、阴沉的氛围中，威克利夫的学说广为流传。但是，面对社会革命，英国社会无心进行教会改革，所有颠覆学说都会遭到责难。尽管威克利夫并未因煽动性传教而直接受到指控，但这还是给他的事业造成了灾难性的后果。有产阶级默许了教会对他的最后镇压。这次镇压迅速又彻底。萨德伯里被杀后，威克利夫的老对手科特尼已经成为大主教。他发现威克利夫的人控制着牛津，便迅速采取行动。威克利夫这位改革者的学说遭到官方谴责。他命令主教们逮捕所有未经当局许可的传教士，大主教本人则迅速成为教会纪律体系的首领。在兰开斯特王朝的积极支持下，这些措施最终使教会从俗众的打击下恢复过来。1382 年，科特尼驾临牛津，在现在的基督大教堂所在地召开教士会议。罗拉德派的主要人员被召集到会，严令认错。国务大臣抗议称大学享有特权，被置之不理。威克利夫的信徒遭到严厉责难，退缩了，屈服了。威克利夫发现自己成了孤家寡人。他称教会的特权不符合教义，使他失去了冈特的支持。他那些颇受欢迎的传教士和初期诵读《圣经》的活动并未能构建一个对抗社会主导力量的坚强团体。

威克利夫向世人的良知发出了呼唤。他的鼓舞在英格兰虽然并非无声无息，但最终遇到挫折。然而，它却搅动了一片遥远和鲜为人知的土地，并由

1 信奉威克利夫派的教徒。

此搅动了整个欧洲。布拉格的学生们奔赴牛津，将他的教义和手稿带到波希米亚，这里爆发的宗教改革运动使约翰·胡斯的名望超越了他的英国老师，唤起了捷克人民长久的民族觉醒。威克利夫正面攻击教会对世人的绝对权威，暗示个人意志至高无上，并且挑战教会教义，因而招致了严厉镇压。他的抗议引发了第一次牛津运动。在其有生之年，改革事业虽然遭遇挫败，但却推动了改革大潮。罗拉德派，也就是威克利夫运动后来的得名，被迫转入地下。通过与政府联手，教会暂时加强了自身地位，厚颜无耻地镇压了改革派的第一次进攻，但因这场冲突，教会的精神权威自此留下了伤疤，走向衰落。

十七世纪作家富勒[1]就威克利夫的传教士写道："这些人是反对敌人的前锋，后来上帝派路德来接替他们。"在牛津，在宗教改革[2]以前，威克利夫的宗教思想影响着圣经研究，1497–1498年科利特的演说使他的思想再度复活。尽管威克利夫并未进行政治煽动，但在乡村，罗拉德派却背负了此项罪名。罗拉德派的教会对手急于进行这样的指控，而罗拉德派信徒中一些俗众的偶尔激情而无知的恶言谩骂则为对手提供了大量证据。残酷的镇压还在后头。在亨利五世统治时期，约翰·奥尔德卡斯尔爵士的叛乱引发了不幸事件，威克利夫的政治学说将被付之一炬。不过，面对好战且获得胜利的教会，英格兰人民的可贵的反抗精神却永世长存。一条原则已在英国人民心中扎根，这条原则塑造了民族的命运。威克利夫生前一败涂地，他的星光在宗教改革的晨曦中渐渐淡去。弥尔顿[3]在《论出版自由》中写道："威克利夫是这样一个人：为了让学问完美无缺，他别无所求，只希望能活在一个更为快乐的时代。"

在英格兰，对于真正自由的坚定希望并没有瓦解。人民的地位和勇气与法国农民的疲惫被动形成鲜明对比。由于战争、饥荒和扎克雷起义遭到的残酷镇压，法国农民被迫顺从。

亨利六世时代的著名法官约翰·弗特斯克爵士写道："法国人没有起义是因为懦弱、缺乏仇恨和勇气，与贫困无关。法国人没有英格兰人那样的勇气。

---

1 英国教士兼学者。

2 十六世纪，以马丁·路德为首的基督教改革运动。

3 十七世纪英国诗人（1608–1674）。

在英格兰，常有三四个强盗因为贫困抢劫七八个良民，把他们全部抢光；但在法国，七八个强盗偷抢劫三四个良民都难。可以说很少有法国人因抢劫被绞死，因为他们没有勇气去做这种可怕的行径。因此，在英格兰，一年因抢劫和杀人被绞死的人比法国七年里因此被绞死的人都多。”

国王理查二世此时已经渐渐长大。他具有敏锐的本能和同龄人少有的能力，因其所见所为，这些本能和能力得以加强。在农民暴动危机中，他处理了许多棘手事情，在一次重要的场合，凭借其个人行动力挽狂澜。当封建贵族阶级不知所措时，是国王的法院和皇家法官恢复了秩序。然而国王却同意长期接受监护。阿基坦总督，也就是约翰·冈特，离开王国去谋求海外利益，其中包括得到卡斯蒂尔王国的王位。他让自己的儿子——精力充沛而又有能力的年轻人亨利来管理他在英国的领地和利益。

直到二十岁，理查才决定完全亲控政务会，特别是要摆脱叔叔们的控制。此前从未有国王被如此对待。他的祖父十八岁就亲政，理查十六岁时也发挥了决定性作用。内廷和亲近的朝臣都热切期盼他亲政，这些人成为政府智囊，以及高级行政官员。为首的有国务大臣迈克尔·德拉波尔、首席大法官特里西利安，以及约克的大主教亚历山大·内维尔。他们背后，理查的老师兼密友西蒙·伯利可能是出谋划策者。一群年轻的贵族投靠朝廷，为首的是牛津的伯爵罗伯特·德维尔。他现在所扮演的角色相当于爱德华二世时的加维斯顿，在某方面也很像后来的斯特拉福德。理查国王，荣誉的源泉，对其追随者大加封赏，德维尔很快被封为爱尔兰公爵。这对政务会巨头们显然是政治挑衅。爱尔兰是人力和物力的储备库，不受议会和贵族控制，可以用来控制英格兰。

国王及其宠幸的女人的亲近派系包揽了内廷和政府部门，其人数也越来越多，这冒犯了封建贵族集团，某种程度上也冒犯了全国民众。反对派照例把对外事务作为进攻的工具。朝廷缺少资金，又不敢要钱，最主要的是没有军事将领，因而选择了温和路线。贵族与议会一起责难不善军事的国务大臣波尔和朝廷的极端享乐主义。他们嘲笑道：“他们不是巴洛娜[1]的骑士，简直

1 罗马神话中的女战神。

是维纳斯[1]的骑士。”当时必须对法国发动战争。1386年，在这一问题上，形成了反对国王的统一战线。议会任命了由五名大臣和九名勋爵组成的委员会，其中主要人员是前摄政大臣们。朝廷在对波尔的弹劾风暴面前屈服了，行政部门也遭到清洗。委员会认为这些人都是国王过错的根源，也是其力量的来源。我们注意到，国王的侍从杰弗里·乔叟（因其他原因出名）失去了他在海关的两个职务。

不久之后，当委员会强迫国王解除其密友职务时，理查在深深的悲愤中离开伦敦。在北威尔士，他与新的爱尔兰公爵取得了联系；在约克与大主教内维尔取得了联系；在诺丁汉与首席大法官特里西利安取得了联系。他要武装自己的军队，在查理一世未来举起皇家旗帜的同一地点，打一场内战。爱尔兰义务兵、威尔士长矛兵，最重要的是来自他自己柴郡伯爵领地的弓箭兵，聚集为一支军队。有了武力支持，特里西利安和另外四名皇家法官宣布，后世所称的“弹劾派勋爵”[2]和议会对国王施加的压力违反了英格兰法律和宪法。这一判定，在法律上无疑是公正的，却遭到了血腥报复。国王的叔叔格洛斯特与贵族集团的其他头领，指责首席大法官及其同伴是王国的叛徒，其中包括德维尔和国王的其他谋臣。国王只有二十岁，过于依赖自己的皇权。政务会的首脑们仍能得到议会的支持，他们诉诸了武力。格洛斯特带领一队人马逼近伦敦。理查抢先抵达伦敦，受到伦敦民众的欢迎。人们打着国王的红白旗，表达了对国王的忠诚，但并没准备与逼近的贵族军队战斗。在威斯敏斯特宫，以格洛斯特、阿伦德尔和沃里克三人为首的“弹劾派勋爵”在宫外三百骑兵的护卫下，迫使国王就范。国王所能做的，只是保证其支持者安全逃离。

德维尔退守切斯特，拉起一支军队来保卫皇权。1387年12月，他带着这支军队向伦敦进发。但是此时“弹劾派勋爵”以及冈特的儿子亨利已经严阵以待。在牛津郡的拉德科特布里奇，亨利和他们一起打败了德维尔。这位国

---

1 罗马神话中的爱神。
2 指格洛斯特公爵和德比伯爵等人，他们于1387年指控特里西利安等人犯有叛国罪。

王的亲信只得逃亡国外。国王此时已落入已经篡夺了君权的一小撮得意小人之手。关于是否应把国王废黜和杀掉，他们内部长期争执不下。年长的主张采取极端措施，年轻的则加以制止。理查面临着重蹈曾祖父爱德华二世覆辙的残酷威胁。当时的争论十分激烈，只有两名“弹劾派勋爵”愿意与他共进晚餐。恳求温和对待他的是年轻的军事胜利者亨利，这可能是因为，一旦格洛斯特取代了理查，他父亲的继位权就会被剥夺。

由于存在内部分歧，“弹劾派勋爵”不再考虑废黜和杀掉国王。但是除此之外他们没有其他任何退让。他们迫使国王放弃一切主张，对亲近国王的新贵和国王的合法追随者残酷报复。王国的各个领地被要求支持新政权。在预定的日子，五名“弹劾派勋爵”身穿金衣，手挽手走进威斯敏斯特宫。“无情议会”召开了会议。最强硬的反对者是以特里西利安为首的皇家法官。他在诺丁汉宣扬皇权至上，依靠法院和法官，王权高于掌握了议会的贵族。对于这一问题，现在做出了严肃的回答，尽管这一回答像以往一样维护了封建权力这一事实，但也宣告了议会控制的原则。封建王权在那些动荡的岁月中渐渐消逝，但是议会治国的原则却一直影响到十七世纪。

首席大法官特里西利安及另外四名发布诺丁汉宣言的法官在泰伯恩刑场被处以绞刑，并被挖出内脏，四马分尸。皇家老师伯利也难逃厄运。旧贵族大获全胜。只有国王本人得到尊重，九死一生。理查二世不仅被迫听任他的朋友惨遭屠戮，而且还要表示赞同，他尽可能将自己埋藏起来，不问世事。

我们猜想，这种遭遇一定给他留下了深刻的烙印。很少有人经受过这样的煎熬。他反思自己受到的不公和自己的过错。他从胜利的勋爵们身上看到，他们不只是欺凌国王的奸雄，也是压制人民的暴君。他用比先前更加巧妙的手法制定了复仇和复权计划。整整一年，异常平静。

1389 年 5 月 3 日，理查采取了行动，而“弹劾派勋爵”竟无人预料到。他在政务会上坐在自己的位子上，面无表情地让人们告诉他他多大年纪了。当人们回答说他二十三岁时，他宣布他毫无疑问已经成年，不会再容忍自己的权力受到限制，他的国民也不会容忍。他将自己掌管王国，选择自己的谋臣，成为真正的国王。这一举动无疑是经过精心准备的了，理查的许多计策都表现出这样的异常机智。这一举动立即取得了成功。阿伦德尔伯爵的兄弟、后来担任坎特伯雷大主教的托马斯主教在理查的要求下交出了国玺。主教吉尔伯特离开了财政部，支持国王的威廉·威克姆和托马斯·布兰廷汉姆恢复了国务大臣和财政大臣的职务。国王提名的人选被增补进“弹劾派勋爵”掌控的法院。国王还致信各郡郡守，宣布他已经亲管政府，公众对这一消息给予了出人意料的热烈欢迎。

理查胜利后，采取了审慎和宽容的态度。1389 年 10 月，约翰·冈特从西班牙回国，他的儿子亨利此时已成为重臣，也与国王达成了和解。1388 年的联合势力解体了。皇家政府机器战胜了派别内讧，恢复了统治，此后的八年里，理查作为拥护宪法的国王掌管着英格兰，受到民众的欢迎。

在那个时代，百姓完全没有任何权力。统治阶级和新生的中产阶级，即使他们之间斗争最激烈的时候，也会一致压制百姓。理查曾被推翻他的强大社会力量审判，并公布了他的罪状。但是对于他们对理查的品质所做的结论，我们只能保留地接受。他企图废除派别和教会对手以及贵族无意但坚决建立的立宪权，这不容否认；但这到底只是出于个人意愿，还是希望借此实现他曾在农民暴动危机中许下的“我将成为你们的领袖”的承诺，这不是一个可以轻率回答的问题。他曾对 1381 年的反叛者代表团粗暴地说“你们现在是农奴，以后也会是农奴”，他还说，那些被迫做出的承诺毫无用处。然而，他发布的释放状确实使许多农民从封建束缚中获得自由。他也曾郑重承诺废除农奴制，并将该提议提交议会，但遭到否决。这些创伤令他久久难忘，也许这也影响到他履行职责。

理查复仇的耐心和手腕实在惊人。整整八年，他忍受着阿伦德尔和格洛斯特的存在，他们不是像以前那样担任郡守，而是仍然居于高位。不过，理查也有发脾气的时候。1394 年，阿伦德尔参加王后——波西米亚的安妮的葬礼迟到，整个队伍都因此延迟，理查抓起一根侍从的礼杖打在他脸上，打得鲜血直流。教士们大叫，威斯敏斯特教堂被污染了。人们又想起了一则预言：由于托马斯·贝克特遇害，上帝会惩罚该国，直到鲜血染上了神圣的殿堂才肯罢休。然而，几周后，我们看到，国王显然已与阿伦德尔和解了，一切又在光鲜的面具下继续了。

当贵族们相互倾轧之际，理查国王却在寻求通过搜罗爱尔兰的资源来加强自己的实力。1394 年，他按照皇家出巡的礼仪驾临爱尔兰，为此组建了一支自己的军队。这支军队后来在他威慑英格兰的反对派时派上了用场。回到英格兰后，他令贵族及各个阶层都听命于他的计划取得了很大进展。战争会使他不得不直接依靠议会的恩惠，为使自己不担起战争的重负，他同法国媾和了。在他的第一任妻子安妮去世后，1396 年，他又娶了法王查理六世的女儿、当时还是孩子的伊莎贝拉。为此，英法两国达成了停战协议，缔结了三十年亲善和互不侵犯条约，并且秘密约定，如果理查以后遭到任何国内臣民的威胁，法兰西国王会提供援助。尽管停战条款引起国内不满，但国王从战争中得以解脱，这使他受益匪浅，否则他只能成为议会的乞儿和奴仆。各个阶层对国王如此紧逼，时而鞭策他，时而又抱怨结果。于是，我们看到这样一个独特的景象：金雀花王朝的国王躺在地上，拒绝在如此坎坷的道路上继续拉国家这匹马车。但是这并非因为缺少勇气或目光短浅，而是国王长远计划的需要。他无疑希望得到对贵族和议会的绝对控制权。至于他是否有意利用自己的独裁为卑微的臣民谋利益，这是一个谜。但关于他这方面的传说一直在流传。他的性情、情绪的起伏、感情的爆发、几乎超人的精密算计，所有这一切都常常被列为他垮台的原因。但是普通民众认为，理查是他们的朋友。民众们想象，一旦理查掌握了权力，就会把他们从领主的残酷压迫下解放出来。因此，他们久久地怀念着他。

爱尔兰远征是理查二世建立专制政治的第一阶段，与法国的结盟是第二阶段。接下来他便致力于培植严密有效的宫廷势力。冈特、他的儿子以及以前“弹劾派勋爵”之一的诺福克伯爵莫布雷，现在都站到理查一边了，一方面是由于忠于国王，另一方面是由于他们对阿伦德尔和格洛斯特的敌意。许多新人也加入了这个大家庭。约翰・布希爵士和亨利・格林爵士代表地方郡县的利益，是国王忠实的仆人。他们来自议会，不可避免地成为国王和贵族之间争执的仲裁者。由于有了他们，国王才有必要的影响力，能够应对王国的各个阶层。1397 年 1 月，各阶层代表被召集到威斯敏斯特宫，在机敏果决的疏导下，他们都表示顺从。有了这些保障，理查最终决定打击敌人了。

阿伦德尔和格洛斯特，尽管现在有些落魄，但他们一定认为，自己 1388 年的所作所为已经久远，而且之后自己与国王友好交往，应该不用承担什么后果了。自那以后世事多变，首席大法官特里西利安、国王的老师伯利，以及其他大屠杀的受害者看起来都已是遥远的记忆。所以，当看到国王正以人类鲜有的冷酷仇恨向他们逼来，阿伦德尔和格洛斯特大惊失色。阿伦德尔及其同党被宣布为叛徒，受到了砍头的唯一“礼遇”；沃里克被流放到马恩岛；格洛斯特被捕并被押到加莱，在那里被理查派去的人杀死。这些违反宪法的做法，又相应地酝酿了新的报应。就像约翰杀害亚瑟后落下了污名，国王自此也留下了污名。但是此时此刻，他至高无上，是史上最强大的英格兰国王，可是他的愤怒仍未平息。

议会召开了，目的只是为了让这些事件合法化。议会的人员组成和所受的关注，使他们愿意尽心尽力为国王效劳。此前从来没有过这样的议会。他们疯狂地把上一世纪赢得的几乎所有宪法权利和特权都废除了，简直是自取灭亡。他们把君权提升到更加专制的程度，甚至连海盗般的战争领袖——征服者威廉[1]也望尘莫及。英格兰在约翰的罪孽和爱德华二世的衰败中赢得的一切，两位伟大的爱德华国王给予或建立的一切，都被废弃了。议会在完成这些彻底破坏后便完成了使命，将未完成的工作交给一个十八人委员会处理。议会一解散，理查就让人修改记录，插入一些文字，大大扩大了该委员会的工作范围。他的目的即使不是除掉议会，至少也是将议会的职责减少到爱德华一世执政初期时的样子，当时的议会在名义上和实际上都是“国王的议会”。

国王的堂兄弟和同龄人、冈特的儿子亨利与理查国王的关系，经历了从喜剧到悲剧的过程。亨利认为，是因为自己在 1388 的危机中解救了国王，才免遭格洛斯特、阿伦德尔以及沃里克废黜和杀害。这很可能是事实。从那以后，他沉浸在与理查的亲密和友好中。他不同于挑战王权的旧贵族，而是代表着另一股势力。这两个年轻人和睦相处，一个是国王，另一个，作为冈特的儿子，

1 英国国王威廉一世。

离国王很近，离王位比别人也更近。

亨利与现已是诺福克公爵的托马斯·莫布雷发生了争执。莫布雷从布伦特福德骑马回到伦敦，诉说了他的忧虑。他说，国王从未宽恕拉德科特布里奇事件和先前的“弹劾派勋爵”一党，而他和亨利都曾属于“弹劾派勋爵”，他们将成为下一个牺牲品。亨利责怪莫布雷此言大逆不道。关于他们的言论，议会接到了相互矛盾的报告。两人受到诘问时，各执一词。决斗看来是最合适的解决办法。这一著名事件发生于1398年9月。竞技场已经划定，各界人士都聚拢来，曾经在决斗中获胜的人也都到场了，各阶层观众聚集起来热切期盼看到这场比赛，可是令他们愤慨的是，国王禁止了这场战斗，将莫布雷终生流放，亨利流放十年。二人都服从了国王的命令。莫布雷很快就死了，但是亨利认为理查忘恩负义，处置不公，他住在法国，在那里策划着复仇之计。

此后的一年，理查公然实行了专制。他在复仇完成之前如此耐心，此时却焦躁不安、疑惑不定、荒淫无度、反复无常。他在忠实的柴郡弓箭手的护卫下，连续数周在全国各地游荡，举行宴会和比赛来消磨时光，把国事交给威斯敏斯特的下层官员或大臣处理，而他们感到既不受信任，意见也得不到尊重。国王的奢侈使财政捉襟见肘，不得不强索贷款，增加税赋，使商人和乡绅都怨声载道。

1398年，许多国民意识到，顺从的议会在几周内废除了王国的许多基本权利和自由。他们迄今已有很长时间没有与国王发生冲突。他们这时看到，国王露出了暴君的面目。不仅是在此前的危机中被打败的旧贵族，而且所有的上层人士和商人阶层都反对独裁统治。他们的愤怒不只源自热爱立宪制度，而且，也许出于许多不为我们所知的原因，他们担心，现在已经主宰一切的国王会对他们为所欲为，骑在人民头上作威作福。他们再次感到社会革命的恐怖，他们在农民暴动中刚刚尝过这种苦头。一致的利益、思想和行动使上层阶级联合起来。他们说，现在的专制国王会使暴民攻击他们。

1399年2月，历尽沧桑的兰开斯特公爵、冈特的老约翰去世。流放中的亨利继承了大片资产，领地不只限于兰开斯特郡和北部，而且遍及整个英格兰。由于经济窘迫，理查把承诺抛诸脑后，用技术上合法的手段攫取了兰开斯特家族的资产。他宣布堂兄亨利无继承权。这挑战了每个有产者的地位。理查对自己的力量和国内形势作了致命的误判，于5月开始了筹谋已久的惩罚性远征，以维护英格兰对爱尔兰的皇权。他在身后留下的是混乱的政府，而且没有军队，还有一片对他充满愤怒的土地。亨利得到了国王出行的消息。报仇的时刻终于到了！当时海岸上没有军队守卫，亨利立即采取了行动。7月，如今的兰开斯特公爵亨利，在约克郡登陆，声称他只是来索回他作为可敬父亲继承人的合法权利。他立即受到许多人的拥护，特别是来自兰开斯特领地的人们以及以诺森伯兰伯爵为首的强大的北部贵族。他的反叛路线与72年前伊莎贝拉和莫蒂默反叛爱德华二世的路线完全一样。亨利从约克出发行经英格兰，在一片欢呼声中抵达布里斯托。正如伊莎贝拉当年在这里的城墙上绞死了休·德斯潘塞，现在兰开斯特的亨利也在这里绞死了威尔特伯爵威廉·斯克罗普、布希和格林等国王理查的大臣和代表。

远在爱尔兰内地的国王理查过了一段时间才得知亨利的突然出现以及随后迅速发生的一切。尽管海上有暴风雨，理查还是急忙赶回英格兰。7月27日在英格兰登陆后，他迅速向北方的威尔士行进，历经三周，企图搜罗军队。途中所看到的情况使他认识到，一切都完了。他那么耐心和巧妙构建起来的整个权力架构好像被施了魔法，都消失了。威尔士本来是支持他的，但无法抵抗现在全英格兰的进攻力量。理查在弗林特堡向亨利投降了，交出了全部权力。理查作为俘虏乘车经过伦敦街头，被关进伦敦塔，被逼退位，看来难逃一死。在庞蒂弗拉克特堡的吊闸下，最后一位拥有无可争议继承权的英格兰国王永远消失了。亨利在王国各阶层、上议院神职议员和世俗议员的支持下登上王位，成为亨利四世，从此开启了对中世纪贵族致命的历史篇章。尽管亨利的家系为他登上王位提供了很好的基础，而且他本人的才能，尤其是他儿子的才能，更证明这一决定是正确的，然而，从血统上看，是由莫蒂默家族传至约克家族，约克家族更有权继承王位。很久以后，这一血统继承权问题引发了英格兰的玫瑰战争。

理查二世的性格和他的历史地位仍无定论。他显然在设计和行动方面都拥有很高的天分，几乎从儿时就面对并多次战胜了无数困难和无理压迫。叔叔格洛斯特和贵族们对他的伤害和残酷也许是了解他的关键。有些历史学家认为，他不只是要利用议会和合法策略来对付统治阶级，也许还会利用当时以及世代都处于底层的社会力量。人们对他的事迹一直津津乐道。数以百万的不幸民众对理查满怀希望，但是，这些希望在几个世纪之内注定是难以实现的。在亨利四世统治的整个时期，他们对理查的想象理想化了。无论对错，人们认为，理查是为贫弱阶层事业牺牲的烈士。当局因此通过了一些法令，宣布甚至连传播理查仍然活着的谣言也属于严重叛国。

我们这些现代人无权剥夺理查这沧桑一生中的这缕阳光。毫无异议的是，在他的天性中，既有古怪的错误，也有正确的直觉，二者异常快速地交替。他既有超人的机智和耐心，也有傻子都能避免的愚蠢。他与封建贵族进行过四次生死较量：1386 年，他被战胜；1389 年，他取得胜利；1397–1398 年，他达到权力巅峰；1399 年，他彻底垮台。

第二十四章　亨利·博林布鲁克篡位

所有的权力都集于国王亨利四世一身，所有冒险推他上位的人又联合起来保卫他的权力和他们自己的性命。但是反对声以罕见的坚韧持续着。法国宫廷认为亨利是篡位者。根据血统，无论理查是死是活，亨利都无权继位，但是可以享有其他权力。他本来倾向于依靠征者服权利，但在大臣建议下放弃了这种想法。但他在以理查的名义召集的会议上受到各阶层的拥戴，这一事实，加上他在血统上也有些继承权，为他提供了执政基础，这一基础尽管受到挑战，但却相当广泛。他有许多值得称道之处。所有历史学家一致认为，他有勇气、有能力，而且天性慈善。执政之初，他对失败方给予了宽大处理，以致政局受到影响。作为依靠武力扭转命运、推翻理查的最大受益者，他对理查的追随者却是最没有报复心的。理查执政时期，他几乎处于所有压迫的中心，他曾被无理对待和凌辱，然而他却表现出对残酷报复的强烈反感。在他登基那一刻，他仍是那位勇敢的骑士，胜利后谦逊有加，反对杀戮，坚持发展立宪思想，并且一直梦想作为十字军骑士结束自己的一生。但是局势疾风暴雨般的发展使他的志向受挫，并最终泯灭了仁慈的天性。

从一开始，亨利就依靠议会的权威来美化他在继承权上的瑕疵，依靠选举理论限制王权，而不是依靠专制的君主政体。他因此更像立宪君主，这既是出于本意，也是形势所迫。在他的加冕礼上，充斥着许多溢美之词。大主教阿伦德尔说：“可敬的英格兰王国是世界上最富庶的地方，可是由于妇孺参政而遭到破坏。现在上帝派来博学谨慎的人来管理国家，他将在上帝的帮助下，受到王国中贤士和长者的指导。”

大主教还说：“王国的事务依靠我们”。亨利不会按照其个人意愿或个人“主观目的或个人观点行事，而是遵从多数人的建议、忠告，与其达成一致意见”。这里我们看到了十分可贵的进步。然而，议会本身并不能被认为是智慧和美德之源。它没有可靠的基础，可能受到压力或影响。这一时期的许多届议会被取了绰号：“好议会”、“疯子议会”、“无情议会”等绰号让人记忆犹新。而且，显要贵族们在玩的权力游戏中所下的赌注远超过普通人或一般富豪的冒险。谁能断定不会有某个突然的事件颠覆他们立足的整个秩序？每次权力变化都伴随着对失败者的残酷报复。因此，下议院总是希望，如果贵族们想互相残杀，就随他们便吧。因此，下议院尽管行动积极，但却宁愿请愿而不愿决策，从而将责任完全交给了最上层的统治阶级。

为寻求进一步的保护，下议院请求国王遇事不要偏听偏信，而是等待议会的集体决定。他们极力推行“先提意见再拨款”的原则，尽管亨利拒绝接受这一主张，但他经济如此拮据，实际上大部分都同意了。因此，这一时期，议会的财政权力大为加强。不仅通过投票确定税收来提供金钱，而且开始监督支出，要求得到国家高级官员提供的账目。以前从没有国王忍受过这样的事情，因为这是对他们特权的放肆侵犯。英国政治上的这些巨大进步是兰开斯特家族统治时期的特色，由于兰开斯特家族需要依靠公众意见和宪法规定的权力来支持其继承权，这些进步得以自然遵循了下去。因此，议会在这一久远时期看起来得到了巨大的权力，这种权力得而复失，直到十七世纪才得以恢复。

但是，尽管教俗阶层或许有权选择国王，甚至还可以规定王权的继承，这些年的历史也提供了供斯图亚特王朝法学家认真研究的先例，我们却一定不能高估议会此时的实际权力。亨利四世的篡权，爱德华四世建立的对立王朝，爱德华五世被其叔叔推翻，都是封建暴力和反叛行动，同时他们还公布法令来掩盖自己的行为。在这些变化中，议会不是始作俑者，甚至不是有权力的代理人，而只是这些军事冲突和贵族斗争结果的不安的记录员。选举也不自由，十五世纪，口袋选区（被一人或一家族所操纵的议会议员选区）同十八世纪一样普遍，议会只是国内胜利一方的工具和橡皮图章。不过，议会曾经宣布——尽管是亨利提议的，王位应传给国王的长子，以及他的男性子嗣。这一规定打破了英格兰的常规，排除了女性长系后代的继承权。虽然没有正式禁止女性后裔的继承权，但很长时期内实际上都是这样做的。

在一个半社会性、半宗教性的问题上，国王和议会确实意见由衷一致。罗拉德派关于教会放弃所有世俗资产才能得到净化的主张没有得到全体教士的赞同。他们愤怒而激烈地抵制。罗拉德派的信仰已经深入人心，不只是穷苦市民认同，在全国的小乡绅群体中也深得人心。这实际上是一次先针对教会，再针对富人的挑战。罗拉德派现在寻求赢得世俗贵族，他们指出，教会的巨额财富可以为大陆战争提供现成的资金。但是这一呼吁是对牛弹琴。贵族们知道，他们自己的财富并不比教会的财富更正当，因而与教士一起保卫他们的财产。他们针对罗拉德派颁布了严酷的法令。国王与议会取得完全一致的意见，他宣布要全力打击异端邪说。1401 年，公布了一项可怕的法令——《火烧异端分子》，规定将复辟的异端分子活活烧死，审判由教会全权负责，要求郡守不准任何人向国王申诉，直接执行。这样，正统教派和有产阶级有了共同的事业，开始并肩前进。

但是王国的议员们认为，他们主要的、切实的安全保证在于彻底清除异己。他们最热衷于报复理查二世及过去忠诚于他的人。若不是因为发生了一系列阴险事件，亨利也许本来可以制止这种懦弱的报复行为。他和宫廷里的大部分人因为吃了什么东西而大病一场，因而怀疑有人投毒。早已心怀不满的威尔士人在欧文·格兰道尔领导下，立即开始拥护理查。由于当时通信缓慢，一方的大军已经席卷全国，而另一方几乎还不知道发生了什么事。现在轮到理查的人采取行动了。先前六名“弹劾派勋爵”中的五人发现不受宠信，便与理查二世的支持者策划了一个阴谋，企图在温莎抓住篡位的亨利。从神秘的病中痊愈后，亨利单骑冲过危险的道路，避开了他们的圈套。但是全国多个地方爆发了武装暴动。镇压这些暴动的残酷程度达到了历届政府之最。有些地方的民众与政府军携手行动。赛伦塞斯特的市民将拉姆利勋爵、肯特伯爵和索尔兹伯里伯爵这位最后的罗拉德派斩首。这次阴谋没有得到真正的支持。尽管亨利天性仁慈，但那些和他一起遇险的人却不以为然，坚持进行报复。此后一年，对待叛乱和谋杀企图的软弱态度几乎使他威望扫地。然而，我们必须知道，与他的这些残酷手下相比，他是一位更加勇敢、强大的人。

这次失败的暴动，或说理查倒台后为他而起的内战，对这位前国王来说是致命的。他本人是神圣不可侵犯的，让他的继任者上位的所有仪式和宪法程序都无法剥夺他的神圣权利。当他被关在庞蒂弗拉克特堡里时，就得到许多拥护者和受压迫民众的同情。而这使掌权派寝食难安。1400 年 2 月，理查被宣布死亡。至于他是被饿死的，还是像政府所说的绝食而死，还是被用了更直接的方式杀害，不得而知。庞蒂弗拉克特的高墙保留了这些秘密。但在广大的英格兰地区流传着这样的故事，他逃跑了，在隐蔽处等待着时机，带领百姓去往福地。

所这一切对亨利·博林布鲁克很不利，他不断遭受谋杀阴谋威胁。与威尔士人的纠葛发展为民族暴动。欧文·格兰道尔是一位非凡的人物，博学多才，他所进行的战争在 1409 年以前，一直对英格兰政局产生着重要影响。国王还被迫不断与苏格兰人作战。经过六年这样的困扰，我们看到，他天性的仁慈已消耗殆尽。他摒弃了自己的本性，接受了支持者的报复情绪和议会的残酷行径。这是很自然的。

与珀西家族的冲突首当其冲。诺森伯兰老伯爵和他暴躁的儿子霍茨珀这些北方边境地区的首领，近三年一直在没有援助和几乎完全自费的情况下在抵抗苏格兰人，保卫英格兰。他们还为国王保卫着北威尔士的重要区域。他们再也承担不起这一负担，要求清算账目。伯爵提出了六万英镑的账单，可是拮据的国王只能支付四万英镑。这背后说来话长。珀西家族对亨利登上王位发挥了重要作用，但霍茨珀的妻兄艾德蒙·莫蒂默参加了格兰道尔的叛乱，使整个珀西家族受到怀疑。他们拥有一支强大的独立军队，一场冲突也许不可避免。霍茨珀举起了反叛的旗帜。但 1403 年 7 月 21 日，亨利在什鲁斯伯里的一场小规模激战中战胜了霍茨珀，并杀死了他。当时正在赶来援助他的老伯爵被迫投降，国王无条件宽恕了他。议会尽力免除了他的叛国罪，只判了他冒犯罪。这种宽容无疑是出于保卫边境的需要。此外没有其他办法来对抗苏格兰人，保卫边境。伯爵因此又担起了这一任务，确立了他作为强大军队的头领的地位。

但是两年后，对儿子的死亡难以忘怀的诺森伯兰伯爵再次叛乱，而这次叛乱的影响更加深远。约克的大主教斯克罗普和诺丁汉伯爵托马斯·莫布雷是他的主要同盟。叛乱的纲领是进行改革，所有个人问题都未提及。亨利再次北伐，并再次获胜。诺森伯兰伯爵被赶过边境，对英格兰构成了多年的威胁。斯克罗普和莫布雷被国王的军官抓获，亨利不顾坎特伯雷大主教的请求，在简单审判后将他们斩首。处决斯克罗普在整个英格兰引起了极大震动，许多人将此事与杀害托马斯·贝克特相提并论。同时，国王的身体垮了下来。据说他受麻风病折磨，而这是由于上帝发怒了。这个诊断至少是不准确的。他得的是有损外貌的皮肤感染及心脏病，主要症状是时不时昏厥。他在体力方面已是无用之人。自此，他的统治成了与死亡和生存的战斗。

在这种情况下，亨利仍然在与威尔士的战争中获得了胜利。把欧文·格兰道尔赶回山区。但是议会对国王的困难大加利用，为自身安危着想，亨利只好做出让步。他把自己和自己的负担都交给了议会，只剩下现代君主在宪法上的虚位。议会紧紧逼迫他，用尽了各种最令人难堪的办法。外籍人一律驱逐出境，甚至王后的两个女儿也不例外；国王要让议会领导人加入政务会，政府账目支出要交由议会审计；国王的内廷人员也被粗暴地清洗和改组；新的政务会还要求有更大的权力，国王保证按照他们的建议进行统治。有了这些让步，亨利成了最不像国王的国王。但他也把无法担负的使命转交了他人，由他们去承担人们的不满和辛苦的工作，而且越来越不受信任。

一个新的人物此时登上了历史舞台。亨利的长子威尔士亲王已经表现出超凡的才能。他在什鲁斯伯里领军对霍茨珀的冲锋，在威尔士也取得了胜利。直到真正打败格兰道尔后，亨利亲王才得以自由参与重大的政治事务。随着父亲的健康每况愈下，他开始全面参与国政。他承担起了所有职责，并且仍不满足。他的支持者，主要是他的三位表叔博福特兄弟，怂恿他从病人无力的手中把政府接管过来，于是他带着一批人要求国王逊位于他。但是，亨利·博林布鲁克尽管身体摇摇欲坠，却暴怒地拒绝了这一提议。1411 年，父子在威斯敏斯特进行了激烈的斗争。国王一派人数占优，也更加坚定。亲王尴尬地撤退了。他被解除了政务会负责人的职务，其支持者也被解职。他从此不问政事。他的对手甚至指控他贪污加莱驻军的薪饷。对此，他坚决地自证了清白。但是，将死的君主哆嗦着抓住统治权不放，国王老迈无能、治国无方状况依然持续了一段时间。1412 年，国王已经步履维艰，几乎都不能骑马，他还企图率军亲征阿基坦，被政务会费力劝止。他捱过了那个冬天，对十字军东征念念不忘。二月还召开了议会，但他已不能插手政务了。1413 年 3 月，他在威斯敏斯特大教堂祈祷时陷入长时间的昏厥，20 日时便死在耶路撒冷厅。

因此，亨利四世的一生和统治让我们又一次看到，野心不过梦一场，即使实现，换来的也是不易承受的奖赏。他曾遭不公寻求复仇，他曾有事业要追求。他起初都没敢奢望王冠，但最后下注赢得了它。戴上王冠后，他发现它并不令人愉快，在身体和精神上都不堪重负。他的辉煌岁月就是他充满忧虑和悲伤的岁月。但是没人能说他的行动是没有理由、不正当的，也不能说他未被全国接纳。他死后，在伟大的历史舞台上，一个对权力渴望已久的新人物不仅毫无争议地登上英格兰王位，而且很快就统治了几乎整个西方基督教世界。

第二十五章　亨利五世的帝国

一丝亮光降临到黑暗、多事的中世纪英格兰。亨利五世二十六岁成为国王。他对自己的头衔充满信心，而他父亲从未有过这种自信。他年轻时就在军营和政务会中度过，在父亲患病期间，他断断续续掌管国政五六年之久。有人说他年轻时不务正业，一朝被赋予至高无上的责任就突然变得庄重有德。这种浪漫的说法经不起深究。“他年轻时游手好闲，醉心器乐，沉迷女色。”这很可能是事实。但是即使他曾这样恣意作乐，这也不过是一时的消遣，因为从少年时代起他就一直参与重大政务。

在动荡的英格兰王国，国王病弱，派系林立，社会上和精神上异常动荡，所有人一度都指望着他。后世认为，按照当时的标准，他具备一个国王应该具备的一切。据说，他的脸是椭圆形的，鼻子又长又直，面色红润，头发乌亮，双目炯炯有神，平时似鸽，怒时如狮。他身材颀长匀称，强壮而灵活；为人正派、侠义而公正。当英格兰厌倦了长期的争斗，向往统一和荣耀之时，他登上了王位。他带领国人走出内斗，转向对外征服；他梦想着带领整个西欧获得十字军东征的荣耀，这一梦想可能也有希望实现。政务会和议会一样，突然决定对法国宣战。他们按照当时在英格兰通常的做法，用反话对此进行了伪装。他们说，政务会成员和议会议员们深知“国王要做的事一定是为了上帝的荣耀，并会尽力避免让基督徒流血牺牲。如果国王发动战争，理由只会是恢复他的权力，而不是他一意孤行。”主教博福特在1414年的会议开始时做了“为真理奋斗终生”的布道，他说：“让我们在有生之年做有益于人类的事。”这被理解为加速侵略法国。

下议院随即同意拨款。国王方面则宣布，任何法律须经下议院同意方可通过。英格兰大地刮起了和解之风。国王宣布大赦，寻求缓和宿怨。他还与苏格兰人谈判释放霍茨珀的儿子，并恢复了他的诺森伯兰伯爵爵位。他将理查二世的遗体，或被认为的遗体，运回伦敦，重新安葬在威斯敏斯特大教堂，葬礼庄严隆重。他出征前夜发生了一场针对他的叛乱，结果被镇压下去。一切看起来都很轻松，而且得到全国的拥护，只有几个人被处决。特别是他赦免了他的表弟——年轻的边境伯爵艾德蒙·莫蒂默，后者曾被拥立为王，与亨利五世对峙。后来通过莫蒂默家族发生了许多残酷事件。

整个 1414 年，亨利五世都在进行海上和陆地上的战争准备。他重组了舰队。他没有按惯例将缴获的私掠船只重新武装起来，而是如阿尔弗雷德那样，为皇家海军建造了许多舰只。他拥有至少六艘“大船”，约一千五百艘较小的僚舰。这次的远征军经过精心挑选和严格训练。六千弓箭手是这支军队的主力，虽然手执长弓的他们一般都是徒步作战，其中还是有一半人骑着马匹。另外还有两千五百名身穿盔甲的贵族、骑士或强壮的武士，每人都有两三名随从。

1407 年，昏庸的法王查理六世王朝中的重臣奥尔良公爵路易在勃艮第公爵的挑唆下被杀。法国上层的派别争斗也因此愈发激烈，达到了你死我活的地步。这样一来，已故英格兰前国王在世时，来自法国的威胁已相对减轻，他统治后期也得以安享太平。亨利五世继位时，奥尔良派已在法国取得了优势，打起了皇家军旗讨伐勃艮第公爵。亨利自然与弱势一方勃艮第派结成了盟友，勃艮第派在困境中准备承认亨利为法国国王。当他率领英格兰军队横跨英吉利海峡，继续对久远的历史上威廉公爵远征英格兰一事进行报复时，他有望得到相当一部分法国人的支持。1415 年 8 月 11 日，大约一万名英格兰战士，乘坐无数小型船只驶向法国，未遇任何抵抗就在塞纳河口登陆。阿夫勒尔被英军包围，并于九月中旬陷落。国王亨利五世勇猛无敌：

又一次冲向缺口，亲爱的朋友，又一次；

冲不进，就靠我们英格兰人的尸体攻上城墙！

在这种情绪下，他此时邀请法国皇太子通过决斗来结束战争。但是这一挑战遭到拒绝。攻城战的消耗，加上疾病不停侵袭，使英格兰人的损失十分惨重。此时法军的主力开始参战。10月5日，英国战争委员会建议渡海回国。

但是国王亨利五世决定在阿夫勒尔留下了一支驻军，把几千名伤病员送回国，他率领大约一千名骑士和装甲骑兵以及四千名弓箭手，百里行军穿过法国海岸抵达他的加莱要塞，他的舰队应在那里等他。所有这些清楚地表明，他的计划是要引诱敌人参加战斗。这个希望没有落空。他率军沿费康和迪耶普行进，原计划在定时涨落的布朗什塔格渡口渡过索姆河，他的曾祖父曾在克莱西战役前在此渡河。在那里，他接到错误情报，认为在此渡河会受到阻击，于是便转移到阿布维尔。但是那里的桥已被毁掉了。他不得不沿索姆河向上，通过博沃和科比赶往亚眠，只能在贝当古渡口渡河。所有这些地名都是我们这个时代的人所熟知的。10月20日，他在贝洛尼附近扎营。此时他已深入法国。现在轮到法国皇太子主动提出进行冷酷的骑士决斗了。法国传令官来到英军大营询问，为了双方便利，英王陛下想选择哪条路线前进。亨利回答："我们的目标直指加莱"。此话对敌人并无多大用处，因为他除此之外别无选择。早已插入英军和加莱之间的法军在英军面前向右一转，赶在英军前卫前，守住了康什河。亨利正在沿阿尔贝、弗雷旺和布朗吉一线行进，得知了前面的法军人数大大超过了他的军队。他现在必须突围，否则只能灭亡或投降。当他的军官瓦尔特·亨格福德爵士哀叹"他们无法加上今天在英格兰闲着的一万人"这一事实时，国王用一番话反驳了他并使他恢复了信心。莎士比亚将这番话写成了千古名句：

如果我们注定要战死疆场，那么无疑会使我们的国家蒙受损失；如果我们能够生还，

人越少，就越光荣。

他实际上说的是："你不相信我们这么少人能够战胜傲慢的法国人吗？"那天夜里，他和这些"少量的"人在迈松瑟莱村过夜，他们保持严守军纪，保持安静。法军指挥部在阿金库尔，据说他们一直在狂欢，并掷骰子测算他们应该捕获的俘虏数量。

英格兰人以少胜多，取得了克莱西防御战的胜利；普瓦提埃战役是反击战；阿金库尔战役是英格兰人在陆战中的最英勇的一次战斗，也是一次激烈的进攻战。法军兵力估计有二万人，列成三条战线，其中一部分人骑马。法军有理由自信地静候敌人进攻，敌人的数量不及他们的三分之一、远离祖国，有些还是从海边经过长途跋涉，如不取胜就只有死路一条。亨利五世骑着一匹小灰马，头上戴着镶满珠宝的皇冠，穿着有豹子和百合花图案的外衣，他也摆开了自己的阵列。弓箭手组成了六个楔形阵列，每个阵列都由一队装甲骑兵护卫。亨利企图避免这场惨烈的战斗，在战斗前的最后一刻，传令官还在来回穿梭传令。他提出归还阿夫勒尔和所有战俘，以换取通往加莱的道路。法国皇太子回答说，他必须宣布放弃法国王位。对此，亨利决定最后一搏。所有英军，甚至国王本人，都下了马，把马放到队后。在圣克里斯潘节，也就是10月25日，上午11点刚过，亨利国王下达了命令："以全能的上帝和圣乔治之名，在今年的最佳时机，战旗冲吧，圣乔治今天将助你一臂之力！"弓箭手亲吻了土地，表示顺从上帝，并大喊："杀啊！杀啊！圣乔治和可爱的英格兰！"他们冲到距前方敌人大军不到三百码的地方，埋下尖桩，万箭齐发。

法军再一次骈肩叠迹地出现在战场上。他们列成三条密集的阵线，无论是弩手还是加农炮都无法有效发射。他们在英军的箭雨下冲下山坡，在刚刚翻过且已经踩踏得泥泞不堪的土地上艰难前进。尽管如此，凭借三十列横队，他们确信能突破英军的防线。但是英军的长弓又一次打破了他们的妄想。法国的人马纷纷倒下，死伤的盔甲武士躺了一地。在这种情况下，法军的增援部队想要勇敢地从这些挣扎的人群身上冲杀过去，也是枉费心力。在这一重要时刻，英军弓箭手扔下大弓，抽出刀剑，向蹒跚混乱的法军骑兵和步兵猛扑过去。这时，法国的阿朗松公爵率领法军第二梯队冲上来，一场顽强的白刃战开始了。期间，法国皇太子亲手砍倒了格洛斯特的汉弗莱，亨利国王赶紧去救他的弟弟，也受到沉重一击扑倒在地。尽管如此，阿朗松还是被杀死了，并且法军的第二梯队被英军的骑兵和侍从在白刃战中打败，像第一梯队那样溃退了，很多士兵和更多伤员落入进攻的英军手中。

此时发生了可怕的一幕。仍然完整无损的法军第三梯队全线攻上来，而英军阵线已乱。此时，一直在英军后面徘徊的法国随军人员和农民闯入英军大营偷走了国王的王冠、衣服和国玺。亨利国王看到自己被人从背后偷袭，而前方仍有一支强敌未被歼灭，便发布了杀掉战俘的可怕命令。这一做法使法国贵族的幻想破灭了，他们当中许多人以为只要交赎金便可获释。结果只有显赫的俘虏得以免死。这一疯狂行动在那个特殊的时刻起到了防卫作用，但实际上这并不是必要的行动。后方的警报很快就解除了，但是战俘已经被杀得差不多了。法军的第三梯队没有企图再战，撤退了。亨利黎明时宣布："英格兰永远不会由于今天的战斗为我交纳赎金。"此时他看到，通往加莱的道路在他面前已畅通无阻。不仅如此，他还曾果断地力排众议，与三倍多的法国武装骑兵开战，并在两个小时，或者最多三个小时内就将法军的尸体和法国君主的意志力踩在脚下。

亨利在询问了附近城堡的名字后下令将这次战斗命名为"阿金库尔战役"，然后就向加莱挺进。他们没有食物，但对重新组织起来的仍然强大的法军已不在意。在离开英格兰不到五个月后，他返回了伦敦，在整个欧洲面前，用战功打败了法国军队，这一功绩无论怎样衡量，都是无可超越的。他得意扬扬地骑马穿过伦敦的街道，将战利品和战俘展示给欢欣鼓舞的民众。他本人穿着朴素的衣服，不让满怀敬意的人群看到他那"破损的头盔和弯曲的宝剑"，"以免他们忘记光荣只能归于上帝"。阿金库尔大捷使亨利成为欧洲至高无上的人物。

1416 年，神圣罗马帝国皇帝西吉斯蒙德访问伦敦。为了实现和平，他承认亨利为法兰西国王。但是接下来是代价昂贵的战役和漫长的围城，由于英格兰这个岛国力不能支，其好战情绪才渐渐平息下去。1417 年，进行了一次更大规模的跨英吉利海峡远征。经过艰苦、持久的围城战，英军攻下了卡昂。接下来的几年里，法国诺曼底的堡垒一个接一个被攻下。勃艮第人在巴黎进行了可怕的大屠杀后，1419 年，法国皇太子的狂热支持者在蒙特罗刺杀了勃艮第公爵，这一行动促成了勃艮第与英格兰的联合。奥尔良人主宰的法国已被彻底打败，不只是输掉几次战斗，而是整个战争。1420 年 5 月，根据《特鲁瓦条约》，查理六世承认在他死后由亨利继承法兰西王位，在他有生之年，亨利作为摄政王。英王亨利则同意在由法国人组成的政务会的协助下进行统治，并保留所有原有传统。诺曼底将完全由他统治，但当他继承法国王位后，诺曼底将与法国统一。他被授予“英格兰国王兼法兰西王储”的头衔。为落实和巩固这些胜利，他娶了查理的女儿、标致的公主凯瑟琳。凯瑟琳给亨利生了一个儿子，这个儿子后来长期统治英国，给英国人带来了无尽的痛苦。

兰克写道：“亨利五世现在拥有非凡的地位，英法这两个伟大的王国，每个或早或晚都影响过世界，它们将在他和他的继任者的统治下保持联合（但并没有合并）。……由于血缘关系以及对共同敌人的仇恨，勃艮第与他紧密联系在一起。”亨利五世说服那不勒斯女王约翰娜收他最大的弟弟为养子和继承人。卡斯蒂尔国王和葡萄牙王位的继承人是他姑母们的后裔。他死后不久，他最小的弟弟格洛斯特公爵汉弗莱娶了拥有荷兰、艾诺以及其他领土的杰奎琳。“根据家谱，南欧和西欧的各国君主都出自兰开斯特家族，兰开斯特家族的族长似乎已是所有人的族长。”看来只要对进逼的奥斯曼人发动一场圣战，一个崇高、神圣的共同事业，就可以建立起一种联盟，至少在一段时期内，将所有欧洲人统一在一个英格兰人的领导下。然而，英格兰和法兰西的新争斗消耗了大量军事力量，这些力量本来可以用于抗击奥斯曼人的威胁，保卫基督教世界。

这是英格兰在欧洲进行过的最大胆的尝试。亨利五世不是让阶级利益凌驾于社会和领土界线之上的老式的封建君主，而是完全从民族性角度看问题的：他是第一个从前线用英语给国内写信的国王；他的胜利是靠英格兰军队赢得的；他的政策得到了代表英格兰人民的议会的支持。说它代表英国人民，因为是乡绅和城镇新兴中产阶级联合起来，与世俗法学家合作，在这么早的年代就给予了英国议会、法国和卡斯蒂尔议会闻所未闻的特点和命运。亨利和他的国家一起屹立于世界之巅。他本人天生具有高度的男子气概。斯塔布斯写道：“没有哪位君主曾赢得当代作家如此一致的赞扬。他虔诚、寡欲、温和、慷慨、认真并且杰出、仁慈、诚实、可敬；谨言慎行、深谋远虑、决策英明、外表端庄、宽宏大量。他是出色的士兵、优秀的外交家、能够组织和团结他指挥的所有力量。是他重建了英国海军，创立了我们的军事法、国际法和海洋法。他是一位真正的英国人，具有他的金雀花王朝祖先们的所有伟大之处，而没有任何明显的缺点”。

他偶尔也会无情，但是史学家还是愿意渲染他的宽宏大量，说他如何一贯体贴地对待所有人。他鄙弃在国家事务上躲躲闪闪、含糊其词。“不可能”或“应该做”是他给出的典型决定。迄今为止，他是最受各阶层臣民爱戴的英格兰国王。在他的统治下，英国军队取得了以后几个世纪再未拥有的优势。

但是，荣耀往往要付出昂贵的代价。亨利五世的强大帝国其实华而不实。在这里，亨利二世失败了，他的继任者也无法胜利。当亨利五世重新提出英国人对法国王位的要求时，他便开启了英国中世纪史上最大的悲剧。阿金库尔战役是一次辉煌的胜利，但是接下来浪费巨大且没有意义的几场战役则完全抵销了它的军事和精神上的价值，接下来的凄惨、毁灭性的世纪使亨利的赫赫战功黯然无光了。

这些年，在英格兰的辉煌胜利下，也有悲伤的阴暗面。如果说亨利五世团结了全国对抗法国，他也这样对抗了罗拉德派。我们看到，罗拉德派不仅被看作异教徒，而且被看作我们现在所说的基督教共产主义者。他们将约翰·奥尔德卡斯尔爵士这位著名的武士奉为他们的领袖，扬言要进行信仰和财产方面的革命。在那个虔诚而轻信的时代，国内民众的仇恨都发泄到他们身上。极为可怕的是，他们居然宣称弥撒上的圣饼变了味，“还不如蟾蜍或蜘蛛”。他们主张剥夺教会的财产，因而更遭忌恨。这些殉道者对他们信仰的坚定不移也没有缓和公众的愤怒。早在1410年，就出现过奇怪而可怕的一幕。当时还是威尔士亲王的亨利，就出现在处决约翰·巴德比这个乌斯特郡裁缝的死刑现场。亨利对巴德比说，如果他公开认错就能得到赦免。巴德比拒绝了。于是，柴垛被点燃了。但是他哀怨的呻吟给了亨利亲王希望，亲王以为他也许仍会悔悟，于是下令将火熄灭，再次用生命、自由和抚恤金来劝诱这位饱受折磨的受害者放弃自己的主张。但是这个裁缝还是坚定不移，让他们拿出最残忍的手段，结果被烧为灰烬。在场的人都为王子的仁慈天性和裁缝坚定的宗教原则而惊叹不已。奥尔德卡斯尔 1414 年发动了一次无力的暴动，之后逃进赫里福郡的山里，并最终被捕，也遭受极刑。这些可怕的问题萦绕在那个时代，而亨利，虽然贵为世界之王，也只是时代的一个奴仆。这种退化围绕在他和他的时代周围，我们所了解的他个人的高贵和英勇，虽然不可磨灭，但也受到玷污。

命运女神把可以想到的一切都赋予了亨利五世国王，但她不能冒险让他长寿。1422 年 8 月末，处于权力和成功巅峰的亨利在战场上染病而死，可能是患的痢疾，那个年代的药品还无法治愈此病。当他接受圣礼并听到忏悔诗中的“为你建起耶路撒冷的城墙”一句时，他说，“仁慈的主啊，你最知道我的心愿原来就是重建耶路撒冷的城墙，而且现在如果我能活着，还是这个心愿。”这是他临死前的想法。他丢下未竟的事业去了，再次将他的国家置于与法国的残酷王位战争中。他曾是教俗两界对罗拉德派进行迫害的工具。也许如果他得享天年，他的权力可能会屈服于他的美德，给世间带来人类往往求不得的和谐和宽容。但是死神挥刀断送了这些美好的愿景。这位伟大的国王过早辞世，在举国哀悼中下葬了，王位传给了他刚刚九个月大的儿子。

第二十六章　圣女贞德

婴儿成了英格兰国王，两个月后，查理六世也去世了，婴儿又毫无争议地被宣布为法兰西国王。他的叔叔贝德福和格洛斯特成为护国公，他们和最有权势的家族的族长组成的政务会共同设法继续亨利五世的事业。这位英雄的儿子享受着特殊的神圣尊严，他的摇篮旁闪耀着阿金库尔的荣光。保姆、老师和不久之后的贵族监护人们都是为这个男孩的教育和福祉而精心挑选的，他们被授权必要时使用“合理的惩罚”。但是惩罚很少用到，因为这个孩子具有温和、善良、诚实和仁慈的天性。他极其虔诚，喜欢打猎和文学，这在他漫长、耻辱、可怕的一生中是算作是支柱和慰藉。他从父亲那里遗传了兰开斯特家族身体上的虚弱，从母亲那里遗传了查理六世精神上的薄弱。他在身体和精神上都很虚弱，判断问题不明智、摇摆不定，对朋友过度慷慨，对敌人也缺少谋略。他心慈手软，据说他甚至主张不杀普通窃贼和杀人犯，可是他却被迫承受无数政治犯被处以死刑的残酷负担。他在各个对立派别间像羽毛球一样飞来飞去，像无助的傀儡一样在掌管政务，对英格兰社会和力量的不断衰退束手无策。他在战场外围不知所措地徘徊，三次在战场上被俘。他时而以国王的威仪出现在议会、军队和民众面前，时而又在嘲笑声中走过街头，时而身陷囹圄，时而无家可归逃亡在外，四处藏匿，被人追捕，忍饥挨饿，还时常遭受半痴或全傻状态的折磨。他在人类生存的极端痛苦中忍受了近 50 年，直到杀手将他送到另一个世界。他相信那个世界会更好，不会比他所了解的世界更糟。尽管他的失败和无能给他带来了无尽的羞耻，给他的国家也带来了灾难，但英格兰人民看到了他的好心，公正地将他的昏庸无能归因于他的神圣品质。他们对他的爱戴始终不渝，在全国许多地方，兰开斯特家族都得到坚决的维护，在那里，他被尊为圣人和殉道者。

伟大国王亨利五世去世时，英格兰军队的优势已在法国建立起来。他的弟弟贝德福公爵约翰赴法国担任摄政王和总司令，他是具有极高军事素养的继承者。英国与勃艮第的联盟仍然保持着，这使英国得到了巴黎的效忠和支持。1422 年 10 月，曾签署《特鲁瓦条约》的法兰西国王去世了，根据条约，英格兰的婴儿成为法兰西国王，然而他的这一头衔却受到了更为严重的挑战。在卢瓦尔河以南，除了加斯科涅地区，都在法国皇太子管理和统治下。战争继续激烈地进行。没有什么能够阻挡英格兰弓箭手。多次包围战和劫掠使乡村受到重创。1423 年，巴肯伯爵率领下的苏格兰人和法兰西人在博热打败了英格兰人，但另外三次重大战役则以英格兰人胜利告终。1423 年 8 月，在克拉旺，法国人得到了强大的苏格兰分遣队的援助。这些苏格兰人是出于对英格兰不共戴天的世仇而出手相助。但是英格兰弓箭手与他们的勃艮第盟军，把他们大部分人都射倒在地。一年后，这种悲剧又在韦尔讷伊重演。在博热战役后被选为法军统帅的巴肯，劝诱他的岳父道格拉斯伯爵再带领一支苏格兰军队到法国，并亲自当统帅。法国人已经取得了一些胜利，想退守卢瓦尔河。但是苏格兰人怒不可遏，苏格兰统帅道格拉斯手下不少于五千人，他们非要打仗，但几乎在箭雨中全军覆没。道格拉斯、巴肯，以及其他苏格兰首领倒在这片土地上，伤亡如此惨重，在这些战争中再形成一支独立的苏格兰军队已经不可能了。

在几乎没有任何国内军费支持、战区没有任何食物的情况下，英格兰人想靠贵族武士率领的几千名弓箭手，征服整个法国的广阔领土。在韦尔讷伊大捷后，他们的这一愿望达到顶峰。法国人看起来没有办法对抗这些粗犷、健壮、凶猛的岛国人。他们箭术高超、战术灵活，厚颜无耻，他们天生就能取得大大小小的胜利，不管在什么条件下，也不管敌人比他们多出多少。甚至五年后，在 1429 年 2 月的“鲱鱼战斗”中，法英力量对比达到六比一，但法国人还是败在了英军统帅约翰·福斯塔夫爵士之手。那时，由四百辆马车组成的护卫队向前线运送大斋节期间对英军必不可少的鲱鱼，途中遇到突袭。但是他们用马车组成了我们现在所说的车阵，弓箭手站在车之间或车上，从马尔博罗、腓特烈大帝或者拿破仑的滑膛枪射程以外之处，粉碎了敌人的进攻。然而，很快将成为法国国王查理七世的法国皇太子坚持为国战斗。在法国各地，甚至在被征服的省份，饱受压抑的、深沉的民族精神不仅激励着上层绅士，而且也鼓舞着下层阶级以上的所有人，这种民族精神集中于皇太子身上。

此时，贝德福赴法作战不在英国，格洛斯特公爵成为年幼国王的唯一保护人。他的爱和占有欲使他在英格兰和勃艮第之间打入了一根楔子。艾诺、荷兰和泽兰的继承人杰奎琳公主是个气概不凡的女人，由于勃艮第的政治需要，她在花季时嫁给了 15 岁的病秧子、愚笨的布拉班特公爵。她对这一婚姻奋起反抗，逃到英国避难，向格洛斯特寻求保护。格洛斯特给予了她绝对的保护，决定和她结婚，享受她的陪伴，并获得了她的继承权。他们从伪教皇本尼迪克特十三世那里为杰奎琳争取到形式上的离婚权利，1423 年初，格洛斯特和杰奎琳结婚。这一满城风雨的风流韵事极大地冒犯了勃艮第公爵，有损他在低地国家的重要利益。勃艮第的菲力从他自己的角度怀着仇恨看待世界。他对这个奸诈的杀父仇人满怀怒气，将法国皇太子视为不共戴天的敌人。但是格洛斯特这个英国人的私通行为使他消除了对法国皇太子的个人怨恨，当格洛斯特在公文中指责他撒谎，并与杰奎琳一起带着大军亲临艾诺和荷兰时，菲力与英国人利益的一致性受到了严重破坏。尽管身在法国的贝德福和英国的政务会都一致谴责格洛斯特的行为，并全力修复因此造成的损害，教皇也在勃艮第公爵菲力的劝说下迟迟不履行必要程序来解除杰奎琳与布拉班特公爵的婚约，但英国和勃艮第之间的裂痕还是就此埋下。这些年间，布列塔尼公爵也与英国渐行渐远，转而重视法国国王的呼吁和建议。1425 年 10 月，他根据《索米尔条约》得到同英格兰作战的最高指挥权。尽管他指挥期间双方未分胜负，但英国的反法联盟却被削弱了，给遭受侵袭的法国提供了短暂而微弱机会。然而，此时法国皇太子的软弱、法国君主力量的衰竭、法兰西王国的混乱和苦难达到了极限，双方处于胶着状态，胜负难定。

此时，这片惨遭蹂躏的土地上出现了一位救赎天使、法国最高尚的爱国者、最伟大的女英雄、最受爱戴的圣女，最令人鼓舞的人物，她就是永远光芒四射的农家女贞德。她原本在孚日森林边上贫穷、偏远的多雷米村的小客栈工作，经常骑着旅客没有马鞍的马去河边饮马；星期天，她常常在森林里徜徉，那里有神殿，还有个传说：某一天，从这些橡树林里会出现一位伟人来拯救法兰西。她在野外放羊时产生了幻觉，上帝的圣徒们出现在她的面前。他们为法国感到悲伤。圣迈克尔指示她凭借神圣的权利去指挥救国大军。贞德一开始对这一重任有所退缩，但当圣迈克尔在村教会守护神圣玛格丽特和圣凯瑟琳的陪同下再次出现时，贞德遵从了他们的命令。贞德满怀对法兰西王国的忧虑，这种感情是令人崇敬的，也许很神奇，但无疑是无敌的。

像穆罕默德一样，她发现最顽固的困难来自家庭。对于她居然想要身着男装驰骋于粗鲁的士兵中，她父亲勃然大怒。确实，她怎样才能得到战马和盔甲呢？怎样才能见到国王呢？圣徒们无疑感到一定要帮助她开始征程。她说服了邻镇镇长博德里库尔，使他相信她得到了点化。镇长介绍她去投奔正在找救命稻草的朝廷。她在法国经过危险的旅程，终于到达希农，被带到住在石头大厦的国王面前。在满是贵族和朝臣的大厅里，在闪耀的火把亮光中，她一下子就认出了故意混迹于人群中的国王。她说："最尊贵的皇太子殿下，我是您的仆人贞德，上帝派我来帮助你和国家，我宣布上帝的命令，你将在兰斯加冕登基。"有人诽谤查理是私生子，他一直为此苦恼不已，所以当贞德将他从人群中认出，他深受感动。单独与皇太子在一起时，贞德谈及从圣徒或其他高人那里得知的国家秘密。她要求得到一把古老的宝剑，虽然她从未见过，但是在找到这把宝剑之前她就能详细描述它。国王身边的人为此惊诧不已。当他们把穿上戎装的贞德放上马背时，发现她竟能骑马。当她拿起长矛时，在场的人们一片欢呼。

如果说策略在此前没有发挥作用，那么现在它开始发挥作用了。贞德的超自然使命传到了国外。为确信她是上帝派来的，而不是从别处来的，她受到神学委员会、普瓦提埃最高法院以及整个皇家政务会的盘查。盘查后，她被宣布是受到上帝点化、目的纯良的贞女。确实，接受盘查时，她的回答令人信服，因此，有人说，为了她的使命，她经过了一段时间的精心培训。这至少是对已经发生的事情的一种合理解释。

1429 年，奥尔良陷入重围。数千英国人被勃艮第人抛弃后，不太严密地封锁了奥尔良，慢慢地扼杀着这座城市。他们的自信和声望增强了他们深入敌国领土去进攻一座堡垒的野心，而这座堡垒的守军人数是他们的四倍。他们修建了棱堡防线，认为在里面万无一失。贞德此时要求率领一支军队前去救援。她身穿没有任何装饰的朴素盔甲，骑马走在队伍最前面。她鼓舞了法军的勇气，打破了英军的优势。她不仅俘获了普通的英军士兵，还俘获了难以对付的英国军官。她的计划很简单，就是不顾两边坚固炮台的威胁，直击奥尔良。但是已故的奥尔良公爵的私生子、经验丰富的军官迪努瓦不同意率领他的部队走这条危险的路线。由于贞德不会看地图，他将给养都装上船，带她走了其他路线，几乎让贞德只身进入了被包围的奥尔良城。她受到人们的热烈欢迎。但是，船队因逆风被吹了回去，最终不得不重走贞德最初提出的路线。实际上，船队在英国人的棱堡之间航行了整整一天，而棱堡里的英国人目瞪口呆地看着船队，未采取任何行动。

上帝派来的超自然使者拯救法兰西的消息鼓舞着法国人，却令英国人胆战心惊。敬畏感，甚至恐惧感，令他们失去了信心。迪努瓦回到了巴黎，把贞德留在了奥尔良。在她的感召下，法国人转而对胜利充满信心，进攻开始，这一攻势一直持续到把英国侵略者赶出法国。贞德下令立即对围城的英国人发起猛攻，她自己身先士卒，被箭射伤，她拔出箭继续冲锋。她爬上云梯，被敌人打到沟里，摔得几乎昏死过去。她趴在地上，继而又奋起作战。她大喊："冲啊，同胞们！上帝已经把他们送到我们手上。"英国人的堡垒一个接一个陷落，驻守的英军被杀死。萨福克伯爵被俘，围困被粉碎，奥尔良得救了。英军有秩序地撤退，贞德谨慎地制止市民到野外追击。

此时，贞德已经成了法军真正的统帅，甚至对她的决定提出异议都是危险的。奥尔良的部队只听命于她。她又打了多次新仗，她领导了对雅尔若的进攻，从而打开了奥尔良的卢瓦河通道。1429 年 6 月，她又率取得了帕提大捷的部队继续前进。她告诉查理国王，他必须向兰斯进军，在他祖先的王座上加冕。这个主意看起来异想天开：因为兰斯位于敌控区深处。但是由于她不可抗拒的魅力，查理听从了。他们所到之处，所有城门洞开，人们蜂拥而至来帮助他。在胜利的盛况和凯歌声中，查理在兰斯依照最神圣的古老仪式加冕了。贞德站在他身旁，光彩照人，她的旗帜上写着“上帝的意志”。这一切真是奇迹。

贞德此时意识到她的使命完成了。她沉默了，要求回家照顾她的小羊和小客栈的马匹。但是所有人都恳请她留下。具体指挥作战的法国军官虽然不太服从贞德的军事干涉，却也深深意识到贞德对于整个事业的价值。朝廷软弱，正在与勃艮第公爵谈判，对巴黎的进攻也是三心二意。贞德冲上最前线，力求速胜，结果受了重伤，将领们下令撤军。她伤愈后再次要求离去。宫廷授予她伯爵的爵位和待遇。

但是，朝廷和教会对贞德的态度在变化。此前，她一直支持奥尔良人的事业。在她取得“二十次胜利”后，她的使命的完整性质显现了。显然，她是为上帝服务，而不是为教会服务；是为法国服务，而不是为奥尔良派服务。确实，统一法国的观念看起来是从她产生并传播开去的。因此，迄今一直支持着她的强大宗派集团不再支持她了。同时，她计划为法国收复巴黎。1430年5月，贡比涅城违反国王让他们向英国人投降的决定，奋起反抗。贞德只带了600人尝试救援贡比涅。她确信这一做法很冒险。她沿河上的长堤发起骑兵出击。敌人起初很吃惊，随后重整旗鼓，接下来法军出现了恐慌。贞德勇敢无畏，她的朋友强迫她离开战场，而她仍与后卫部队一起沿堤战斗，两军混为一团。要塞本身也十分危急，大炮又不能向混战的队伍发射。要塞司令官弗拉维的职责是守卫这座城，他不得已在贞德面前拉起吊桥，将她留给了勃艮第人。

勃艮第人将她以适当的价钱出卖给英国人，英国人喜出望外。对贝德福和他的军队来说，贞德就是个女巫、女术士、娼妓和会黑魔法的小魔鬼，他们要不惜一切消灭她。但是要构陷一项罪名也不容易。因为她是战俘，交战贵族间的许多协定都可保护她。敌人于是调用了精神武器。博韦的主教和巴黎的学者控告她是异端。她经受了冗长的审讯，主要罪状是，她拒绝否定她的“言论”，这就是在藐视教会的裁决和权威。整整一年，她的命运悬而未决。

而在此期间，毫不在意、不知感恩的查理没有伸出一点援手来解救她。现存史料中也没有任何提供赎金的记载。贞德在无尽的压力下曾被迫屈服，被处以终身监禁，靠面包和水过活。但是在牢房里，圣人的影像又不可阻挡地再次出现在她面前。教士设下圈套，将她的盔甲和男子服装放到她面前，她再次欣喜地穿上了。就在这时，她被宣布为故态复萌的异端，处以火刑。她在一大群人面前被拖到鲁昂市场上的火刑柱前。在高高堆起的柴垛上，火焰向她烧来。死亡的浓烟盘旋萦绕。她拿起一个用干柴做的十字架，最后喊了一句"耶稣！"史书记载了目睹这一场景的一名英国士兵的评论，他写道："我们糊涂了，我们烧死了一位圣徒。"他的话事后被证明是正确的。

贞德是这样一个不同寻常的人，一千年来无人能和她媲美。对她的审判记录透过时间的迷雾将至今鲜活的事实展示给我们。后人可以通过她的言语对她进行评说。她完美地体现了人类本性的善良和勇敢。不可征服的勇气、无限丰富的感情、单纯善良、正直明智，这一切都在她身上大放光芒。她解放了她出生的土地，因此赢得荣光。每个军人都应读读她的故事，并对这位真正勇士的话语和行动加以深思，她尽管从未学过军事技术，却在一年里在各种形势下都展示出制胜的诀窍。

贞德死于1431年5月29日。此后战火不屈不挠地烧向英国人。同年12月，幼小的亨利在巴黎加冕，人们对此反应冷淡，所有法国人都很抵触英国人国王。1435年，勃艮第彻底与英国敌对起来。贝德福已经去世，接替他的是一些低级军官。法军总司令迪努瓦没有率领法国骑兵对英国弓箭手发起正面进攻，而是使用了机动战和突袭战，取得了一系列胜利。这里，他们趁英国弓箭手尚未渡河时，在河对岸攻英国骑兵；那里，他们又用炮击迫使混乱中的英军发起进攻。法国炮兵此时已成为世界上最强的炮兵。七百名工兵在比罗兄弟的指挥下，使用22英寸口径的重型炮，向英国人仍然占据的许多城市发射巨大的石弹。亨利五世时经长期围困才拿下的地方，此时在几天的猛烈炮轰中就陷落了。法国北部除加莱以外的所有地区都已复归版图。甚至作为阿基坦的埃莉诺的嫁妆的吉耶纳省也被夺回。这个省三百年来都忠实地归顺英格兰国王。不寻常的是，这个省几乎立即起来抵抗法军，呼吁英国人打回来，重新征服这个地区。由相互竞争的贵族派别组成的英国政务会无法提供有效的救助。1453 年，在轻率发动的卡斯蒂永战役中，英勇的什鲁斯伯里伯爵塔尔博特与他的大部分英国士兵都被杀死。幸存下来的英国人与法国人达成协议，从拉罗谢尔渡海回国。到 1453 年底，通过武力或谈判，英国人被赶出了欧洲大陆。从此以后，英国人的战利品只剩下了加莱这个桥头堡，英国每年用来守卫这里的花费，几乎相当于议会拨给王室款项的三分之一。

第二十七章　约克和兰开斯特

亨利六世长大后，他的美好品德和单纯无知都暴露无遗。他多少有些桀骜不驯。1431 年，当他十岁时，他的老师沃里克报告称，他的“年龄、身高和对皇家地位的了解和自负心理都在增长，这使他对所受的任何惩罚都怀恨在心”。他曾说过：“很多事情并非理所当然。”在他童年时期，政务会给他提供了许多抛头露面的机会，带他出席仪式，在伦敦和巴黎为他举行隆重的加冕礼。随着时间的推移，他们自然倾向于更严格地控制他。由于贵族之间的竞争以及全国对他的无限希望，他的重要性得以维持。一些骑士和绅士几年来被指定与他共同居住并充当他的仆从。在法国节节败退的年代里，不断有人敦促他维护自己的权力。十五岁时，他已开始例行参加政务会会议并获准行使一定的赦免和奖赏特权。当政务会出现意见分歧时，由他来决定。他经常采用折中办法，扮演调停者的角色。十八岁之前，他一直致力于创办他的伊顿公学和剑桥公学。显要贵族们认为他对公共事务有着过早和不健康的兴趣，但这是他的智慧和经验都无法支撑的。他意志薄弱，天性温顺，这些都不适合尚武时代的激烈竞争。对于他，有各种不同的观点和不同的希望。有人称赞他具有卓越的智慧，也有人说他是几乎不辨是非的傻瓜。现代史学家赞同后一种观点。当时，只要有一个强大的国王，就能重塑国家与贵族之间的平衡，所有人都呼吁在国内限制派系斗争，对外发动可以获得胜利又代价不高的战争。可是王位被一个虔诚的傻瓜占据着，他的优点和缺点令其只适合当个傀儡。

这正值英格兰的不幸岁月。王室穷得像乞丐，贵族却很富有。民众也穷困潦倒，更重要的是不快乐、不安定。之前一个世纪的宗教问题此时主要变成了更实际的政治问题。在大陆上那么迅速赢得的帝国，正在被无能和只顾肥私的寡头政治葬送，本来可用于派无敌大军前去打败法国人的钱，也被教会侵吞了。

兰开斯特家族的亲王们也有纷争。1435 年贝德福死后，格洛斯特和博福特家族紧张关系加剧了。温彻斯特主教、红衣主教博福特，是约翰 · 冈特第三次结婚所生的合法儿子之一，成为英国的首富，在教会出于明智的考虑而对国家的捐赠中，他是主要的捐赠者。他不断从他的私人财产中给朝廷，有时也给政务会提供现金，但都要有抵押品，并且只能用黄金赎回。博福特家族和萨福克伯爵威廉 · 德拉波尔总是依靠国王，对于倒霉事不管不问，通过和平手腕和完全超然的态度，保持了影响力，军事部门往往也被迫服从他们。1441 年，这派势力转而与格洛斯特公爵对立起来。格洛斯特在与其妻杰奎琳的婚姻被宣布无效后，此时已与他的长期情妇、美丽的埃莉诺·科巴姆结了婚。埃莉诺是格洛斯特阵营里的软肋，因而被敌人选为攻击目标，敌对势力挖空心思地指控她施用巫术。控告者称，她曾做过一个国王蜡像，并时不时地将蜡像炙烤，令它慢慢融化，目的是一点点地要了国王的命。她被宣布有罪，被迫赤脚身着囚服在伦敦街头走了三天，然后被判处终身监禁，只有维持生命的口粮。她的所谓同谋被处以死刑。这显然是派系间势力的较量，对格洛斯特来说则是一次真切的刺痛和打击。

丢掉法国这件事，随着年复一年的沉淀，在英国引起了一种深深的无声的愤怒。这种情绪不仅贵族有，而且弓箭手阶层以及他们在各村庄里的崇拜者也有。一种民族自豪感受到伤害的强烈感觉在民众中传播。克莱西战役和普瓦提埃战役的光荣在哪里？著名的阿金库尔的赫赫战果又在哪里？这一切都被那些抛弃和杀害贤王理查并从中获利的人糟蹋了，或者实际上被他们出卖了。教俗两界的许多鼓动者和说教者发起了一场全国性的社会动乱，他们提醒人们，真正的王位继承系统已被用暴力改变。所有这一切都只是一股暗流，但也是激流。这是一个背景，虽然朦胧，但却重要。这些力量究竟是如何运作的不为人知，但是当时不仅在贵族和绅士中，而且在整个英国，慢慢地、不断地发展出许多初具雏形、组织严密的强大党派。

国王亨利二十三岁了，该结婚了。兰开斯特家族的各个派别都急于给他提供一位王后。红衣主教博福特和他的兄弟兼盟友萨福克占了上风，萨福克先祖是赫尔的德拉波尔，通过贸易发了财，而格洛斯特公爵由于弊政和失势力量有所削弱。萨福克被派往法国安排进一步的停战事宜，他还有一项暗中的使命：为英格兰国王和法兰西国王的侄女——安茹州的玛格丽特联姻。这个不寻常的女人不仅拥有稀世美貌和迷人的魅力，还具有超群的智慧和无畏的精神。尽管她没有受到上帝点化，也没有什么事业，但她与圣女贞德一样，知道如何促使人们去战斗。尽管她的家庭离群索居，但她的才能还是已经广为人知。那么她不正适合作意志薄弱的国王的配偶吗？她不是正可以给予国王他所缺少的力量吗？而且那些将她送到国王身边的人不正可以给自己一个光明而有保证的前途吗？

萨福克深知他这一使命的微妙和危险，因此他从国王和上议院议员那里得到保证，如果他尽了最大努力，就不应因不好的结果而受到惩罚，针对他的任何错误都应事先得到宽恕。有了这样的保证，他满腔热情地去执行任务了，这种热情后来证明对他是致命的。玛格丽特的父亲，安茹的雷内，不仅是法兰西国王的堂兄、宠信的总理大臣，也是耶路撒冷和西西里的国王。这些显赫的头衔并没有带来真正的好处，因为耶路撒冷在土耳其人手中，他在西西里也没有一寸土地，而且他祖传的安茹和曼恩省也有一半地区多年来一直被英军控制。萨福克被玛格丽特迷住了，促成了婚事。由于他太渴望促成这一婚姻，他未经正式授权，签署了秘密协议，同意把曼恩省作为回报给予法国。格洛斯特派的势力如此强大，对法国的仇恨如此尖锐，关于英格兰在战争中被出卖了的议论声如此喧嚣，因此这一协议成为坚守的绝密。1445 年，国王和玛格丽特成婚，举行了当时最隆重的婚礼。萨福克被封为侯爵，他的几个亲戚也成为贵族。国王洋溢着幸福，王后衷心感激。议会上下两院也记录下他们对萨福克所做社会贡献的感谢。但是这个秘密保守起来并不容易，随着越来越多的英国人觉得败给了法国人，这一秘密不可避免地要暴露出来，这预示着一场精神危机。

1441 年妻子埃莉诺被定罪之后的六年里，格洛斯特一直处于退休状态，以收集书籍自娱。他的敌人在这一关键时刻决定给他最后一击。萨福克和红衣主教的侄子艾德蒙·博福特，在萨默塞特公爵和白金汉公爵的支持下，拥护王后而挟持国王，他们在圣艾德蒙兹伯里召开议会会议，并在那里秘密集结了足够的皇家军队，当格洛斯特前来开会时逮捕了他。十七天后，格洛斯特的尸体被示众，以便让所有人都可以看到他尸体上没有伤口。但是当年爱德华二世的死法人尽皆知，所以这一证明根本无法让人相信他不是被害死的。人们普遍认为（尽管是错误的），格洛斯特是被萨福克和艾德蒙·博福特下令谋杀的。也有人说，他的死是由于他前途毁灭引起的愤怒和震惊所致。

复仇的巨大力量很快就显现出来。1448 年，随着法国占领曼恩省，割让曼恩省的秘密协定被公之于众了，英国所有人都愤怒了。人们说，英格兰为了一个没有嫁妆的公主付出了一个省，卖国贼把大部分土地丢在了战场上，把剩下的土地也通过阴谋放弃了。全国人民对于帝国的衰败感到悲愤，这成为不久后爆发的使英格兰分裂的可怕内战的根源。所有其他的不满都与此结合起来。兰开斯特家族篡夺了王位，搞砸了经济，出卖了海外属地，并且现在手上还沾上了邪恶的谋杀之血。对于这些罪责，所有人都因为国王的善心和弱智而原谅了他。但是此后，约克家族成为英国日益强大的竞争势力。

艾德蒙·博福特现在已是萨默塞特公爵，担任驻法英军司令。萨福克仍在国内面对着日益强烈的复仇力量。海军也非常不满。主教莫林斯是掌玺大臣，他奉命前往朴次茅斯给舰队发放尽力筹到的军饷时，被海军们骂作卖国贼。不久，赴法增援萨默塞特的军队发生暴动，将主教杀死。英军指挥官拒绝让出割让要塞，法军只能用武力将其夺取。萨福克受到弹劾。国王和玛格丽特竭力拯救他，他们在道义上必须这样做。亨利国王竭尽他的特权大事化小，1450 年判处萨福克五年流放。我们在此看到，英格兰此时正在滑向可怕的无政府状态。当被放逐的萨福克公爵带着随从和财宝乘坐两条小船横渡英吉利海峡时，皇家海军最大的战舰“伦敦塔尼古拉斯号”冲向他的船只，将他抓上战舰。船长用了一句不吉利的话迎接他：“欢迎，卖国贼”，两天后，他被放到一艘小船上，被用一把生锈的铁剑砍了头，一共砍了六下。正在国王的特殊保护下行进的皇家大臣居然被一艘皇家战舰逮捕并处死，当时的混乱可见一斑。

六、七月间，肯特发生了暴动，兰开斯特派声称这场暴动得到了约克派的幕后支持。杰克·凯德是一名有能力但脾气暴躁的军人，他从战场回来后，搜罗了数千人，都由各地的治安官以适当的形式召集起来，向伦敦进发。他被允许进了城，但当他私设公堂，在奇普塞德街处决财政大臣赛尔勋爵后，地方法官和市民起来反对他。他的追随者得到赦免的保证后便散去了，他本人则被追捕并杀死。这一镇压行动的成功暂时恢复了政府的权威，亨利国王又得以享受了一段短暂的空隙时光，可以重新沉浸于他的伊顿和剑桥公学以及他宠爱和顺从的玛格丽特王后。

法国人继续驱逐英国人，随着这一进程的继续，英国人的要塞相继失守，许多城镇和地区也纷纷失守，守军大部分都回国了。这一灾难来势凶猛，使英国人大受震动，不仅动摇了大臣们的个人地位，而且动摇了兰开斯特王朝的统治基础。1449 年 3 月，英国人在富热尔极其愚蠢和背信弃义地破坏了休战协议。到 1450 年 8 月，整个诺曼底都陷落了。到 1451 年 8 月，英国统治了三百年的加斯科涅也全部失守。亨利五世用了十一年浴血奋战取得的土地中只剩下了加莱。国王任命的指挥官、朋友和兰开斯特家族的堂兄艾德蒙·博福特因连续失败而受到指责，这也影响到国王本人。英格兰到处都是我们所说的“退伍军人”，他们不知道自己是怎么被打败的，但确信他们受到了错误的指挥，徒劳地投入战争。在日益加剧的混乱中，贵族们很高兴搜罗这些经过考验的军人为他们进行地方防卫。所有大宅都有成批的武装家臣，有时几乎达到私人军队的规模。贵族给予这些家臣金钱或土地，或者两者都给，还给他们穿上带有家族标志的制服。沃里克伯爵可能是英国最大的地主了，他渴望成为政治上的领导人物，拥有数千名吃着“他的面包”的家臣，这些人中大部分都是组织严密、自豪地戴着“熊和粗柱子”徽章的军队。其他富人也根据财力加以仿效。金钱和野心当道，英国迅速滑向无政府状态。国王可怜无助，虽然受到尊重，甚至爱戴，但对任何人都无用。议会上下两院只不过是贵族们斗争的场所。

1429年的一项法规规定，拥有四十先令财产的人才有选举权。很难想象这一武断确定的选举权制度竟然在英格兰实行了四百年。在1832年的《改革法案》出台前，所有的战争和冲突、关于最重要问题的决定，国内外最重大的事件，都是以此为基础。该法案的序言中写道，太多“没有资产”的人参加选举，导致了杀人、骚乱、攻击和宿仇。于是议会选举采取了这种落后而又持久的措施。然而几百年来，议会的特权从未如此大，也从未如此公然地被利用。

法律的力量被阴谋利用了。贵族采取暴力时，利用或无视法律，越来越多地逃脱制裁。宪法被用来压迫人民。如果没有地方官的保护，没有人的生命或土地，甚至最起码的权利不能得到保障。著名的《帕斯顿家的书信》表明，尽管英格兰在理解力、文字和文化方面取得了巨大进步，但却从和平安宁退向了原始的混乱状态。道路不安全，国王的旨意遭到违抗或滥用。皇家法官受到轻视或贿赂。君权虽然至高无上，但国王却是软弱无能被人操控的傻瓜。各派系将议会的权力玩弄于股掌。然而，这个受苦受难、艰难前行、不可战胜的社会已远不是斯蒂芬和莫德、亨利二世和托马斯·贝克特，国王约翰和贵族的时代了。此时的社会已非常复杂，尽管许多地方不如人意，但仍在发展。政府贫穷、通讯困难，以及法令和军队的力量，都有助于保持一定的平衡。社会上有公众舆论，有集体道德观念，有可贵的习俗。最为重要的是，有民族精神。

玫瑰战争的痛苦即将降临这片土地。我们一定不能轻视导致这一战争的重大问题，也不能低估为避免这场战争而进行的有意、紧张和长期的努力。所有人都需要并迫切渴望有一个强大而有能力的政府。有人认为这只能通过支持合法的现政权才能获得。也有人长期秘密主张，现政权是篡权得来的，此时已变得无能。兰开斯特家族的反对派把他们的主张和希望寄托在约克公爵理查身上。根据既有的规定，他有继承王位的优先权。约克是剑桥伯爵理查的儿子，是冈特的约翰的弟弟约克公爵艾德蒙的孙子。作为爱德华三世的曾孙，他是除亨利六世外爱德华三世唯一的男性后裔。从母亲的血统看，他也有优先权，因为他母亲是冈特的哥哥克拉伦斯公爵莱昂内尔的后裔。依据

《1407 年法案》，冈特已经合法化的私生子博福特家族已被禁止继承王位。如果亨利六世成功废除《1407 年法案》，那么艾德蒙·博福特（萨默塞特）就比约克更有父系继承权。约克害怕的正是这一点。约克已取代格洛斯特第一父系亲王的地位。格洛斯特死后，除了亨利六世，兰开斯特家族再没有合法的男性继承人了。约克身边和手下聚集了大批心怀不满的人，这些人促使他吞吞吐吐地要求在政府中得到个职位，最终，利用玛格丽特王后日益增强的敌意，得到王位。

约克派势力在全国各地发展起来，但主要是在英格兰南部和西部、肯特、伦敦和威尔士。很重要的一点是，肯特暴动的首领杰克·凯德曾假称莫蒂默。人们普遍认为，那些自己标榜为约克派的人在朴次茅斯杀了主教莫利斯，在海上杀了萨福克。兰开斯特家族和约克家族之间因此已经有血债了。

在这种情况下，约克公爵理查的性格值得仔细研究。他是一个正直、守法、行动迟缓和很有能力的亲王。兰开斯特政权交给他的每项职责他都忠实圆满地完成了。他很好地履行了职责。他本来会满足于管辖加莱和英国在法国的其他属地，但是由于萨默塞特的缘故，他被剥夺了这些权力，于是他便接受了管辖爱尔兰的任务。他不仅征服了爱尔兰的部分地区，而且在这一过程中还赢得了爱尔兰人民的拥戴。因此，我们看到，一方面是一个王位继承有瑕疵的软弱国王，被一群因国家灾难而失去信任的人控制着，他们现在还犯了杀人罪；而另一方面是一个正直英明的管理者，得到全国性党派的支持并拥有王位优先继承权。

对此时分裂英国争论有所研究的人们都会看到，正直的人们多么容易相信某一方的理由。当国王亨利六世意识到他的继承权遭到质疑时，他有些吃惊。他说："从我在摇篮中开始，四十年了，我一直是国王。我的父亲是国王，他的父亲也是国王。就像你们的父亲向我的父亲宣誓效忠一样，你们曾在许多场合宣誓效忠于我。"另一方则宣称，不符合事实的誓言是无效的，错误必须要纠正，成功的篡位不会因时间而变得神圣不可侵犯，君主地位的基础只能依托法律和公正，承认篡位者的王朝就会招致伺机造反，从而破坏英国社会的基础。最后，如果从自身利益考虑，在令人忧心的弱智国王的统治下一切都将毁灭，而亲王已经证明自己是性情和能力超群的军人和政治家，谁能将二者相提并论呢？

整个英国被这两种观点分裂开来。约克派在富庶的南方占主导，兰开斯特派在尚武的北方占优势，但也有许多交织重叠的地方。总体来说，市民和大部分民众都没有积极参与上层阶级与其武装家臣的这场战争。有些人认为“贵族越少越好”，不过他们自己的观点也有很大分歧。他们尊敬国王的虔诚和善良，也敬佩约克公爵的正直和温和。在任何时间任何地点，公众的态度和感情对于竞争的双方都举足轻重。因此，欧洲上演了近三十年残酷战争场景，但令人惊异的是，几乎没有一座城镇遭到劫掠，广大民众没有受到影响，地方政府职能很大部分都在维持。

1450年，不满和对抗的持续发酵，促使约克公爵发动了他的首次公然行动。他离开了在爱尔兰的官邸，未经允许就到了威尔士。第二年，在议会开会期间，一个姓扬的下议院议员大胆提议，应该宣布约克公爵为王位继承人。这一要求很难应对，不只因为它得到了有力的支持，而且由于它合情合理。国王此时已结婚六年，但仍没有子嗣。从他的名声看，他看起来也不可能有子嗣了。此时人们问他，难道他不应该指定继承人吗？如果不指定约克公爵，那么还能指定谁呢？只能是萨默塞特或博福特家族的其他代表。可见这一刀捅得多么精明。但是国王以罕见的气势拒绝了这一提案，他显然是受到了王后玛格丽特的鼓动。他拒绝放弃他有后裔的希望，并且，议会一散会，他就把那个放肆的议员关进了伦敦塔。此时，他也与约克公爵决裂了。约克公爵于是回到他在威尔士边界的勒德洛城堡。

政府未能在国内恢复秩序和法制，也未能防止在法国发生军事灾难，约克对此非常不满。因此，他越来越相信，必须要把控制着意志薄弱的国王的博福特派赶下台。祈祷和抗议都无效，只能诉诸武力了。于是，1452 年 2 月 3 日，约克向什鲁斯伯里市民发表公开信，指责萨默塞特使英国在法国蒙羞，以及他“一直在国王身边搬弄是非企图加害我，诋毁我的出身，剥夺我和我的后代以及我身边一些人的继承权……这位公爵长期控制和摆布着国王，并屡进谗言，可能使我们的国家遭到灭顶之灾。因此，我决定在亲人和朋友的帮助下立即反对他”。然后，约克带着大炮和几千人的军队从什鲁斯伯里向伦敦进发。他进驻肯特，只是期望那些曾与杰克·凯德一起行动的人会聚集到他的事业中来。但人们的反应令他很失望。伦敦甚至对他的使者紧闭大门。国王被玛格丽特、萨默塞特和兰开斯特利益集团以一支强大的军队带到布莱克希思。内战看来就要爆发了。

但是，约克感到自己的势力不如对方强大，而且他从本质上不愿意诉诸武力。诺福克站在他一边，而除了二十四岁的沃里克伯爵，其他有权势的贵族都支持国王。他尽了最大努力来避免流血斗争，没完没了地进行谈判。最后，约克解散了他的军队，自己没带任何武器和盔甲，来到国王亨利面前，保证对他忠诚，但要求修订政纲。他命悬一线。国王的人本来会毫不犹豫地杀死他，但是所有人都知道后果不堪设想。约克代表着一项事业，下议院支持他，全国有一半人都支持他，而且他的年轻的儿子马奇伯爵已率领第二支军队从威尔士边境出发。约克宣布自己是“国王的臣民和仆人”。由于他得到了下议院的支持，并且显然是一大派势力的领袖，国王承诺将成立“一个可悲而庞大的政务会”，约克将是成员。朝廷还要在萨默塞特和约克之间进行选择。一直与萨默塞特合作的王后做出了有利于萨默塞特的决定。他被任命为加莱总督，那里的驻军是唯一由王室拨款的正规军。实际上，在一年多时间里，萨默塞特一直掌握着法国境内属地和英国国内的大权。

随后接连发生了一系列不幸事件。英国人在法国的灾难达到了顶峰。塔尔博特企图重新征服加斯科涅失败了。1453 年 7 月，他在卡斯蒂隆战败，10 月波尔多也陷落了。总司令萨默塞特背负着失败的压力。在这种情况下，国王疯了。他七、八月份曾在威尔特郡度过，之后突然失忆了，谁也不认识了，甚至连王后也不认识了。他能吃能喝，但他说话像小孩一样或者不连贯，也不能走路。接下来的十五个月他仍然完全神志不清。后来，他康复后说，什么都不记得。虔诚的亨利摆脱了生存的烦忧，退到了忘记一切的乐园。对着剑拔弩张的王国，他只是张嘴说着胡话。

这些可怕的情况传出去后，玛格丽特王后想当摄政王。但是反对势力太强大，兰开斯特派不敢挑战。而且，她还有另一当务之急。10 月 13 日，她生了一个儿子。不知道人们是否料到了这件事，但像很久以后的詹姆斯二世时代一样，这件事不可避免地决定了许多人的看法，看起来约克家族永远没有机会继承王位了。至此， 双方还都不愿走极端。如果兰开斯特家族在亨利在世时执政，约克家族将在他去世后继位，双方都能接受这一自然而合法的安排。可是此时看来，兰开斯特家族将永远占优势了。

国王的不正常导致了萨默塞特的垮台，他再也不能与约克抗衡了。约克的支持者之一的诺福克向政务会提交了一份针对萨默塞特的诉状，1453 年 12 月，他被关进了伦敦塔。约克的地位和实力使他当上了摄政王。他通过议会采取各种行动，但极其温和，他并不想树敌。他完全掌控了政府机构，并得到议会两院的支持。他展示才能的时间并不长，但管理的迅速改善得到了人们的认可。他开始冷静积极地工作，抑制私人军队和防务，恢复道路安全和全国的秩序。他毫不犹豫地将自己最重要追随者中进行仇杀的几个人投入监狱，其中包括德文郡伯爵。他克制自己未对囚禁中的萨默塞特进行审判，这只是出于仁慈。他的支持者对他的宽容都感到吃惊。当政府掌握在他手里，当他的未来被新的王位继承人毁掉，当他的权力或他的生命随时可能因国王康复而被毁灭，他仍然坚守公道正义。这就是他的不朽之处和正义所在。在历史上，他是一位爱国者，准备冒生命危险捍卫良好的政府，而不愿为一己私利动手反对国家。

惊人的事件还在继续。当人们都以为亨利一脉绝种了，他却有了继承人；当看起来永远陷入昏愦状态，他又突然康复了。1454 年圣诞节，他完全康复了。他询问身边的人自己是不是睡着了，以及在此期间发生了什么事。玛格丽特让他看他的儿子，并告诉他已给儿子取名叫爱德华。在此之前，亨利一直用呆滞的目光看着这个婴儿，人们唤醒他的所有努力均无效。此时，他像从前一样健康了。据《 帕斯顿信札 》记载，他举起双手感谢上帝，说：“在此之前，生病期间不知道人们对他说了什么，也不知道自己身在何处，此时才知道了一切。”他派施赈人员给坎特伯雷送去了感谢的捐献，宣布自己“对全世界充满仁爱，唯望贵族们也能这样”。

第二十八章　玫瑰战争

1455 年春天，兰开斯特的红玫瑰再次开花了。自从国王精神恢复正常，约克在法律上就失去了摄政权，他也并没有企图保留这一权力。王后玛格丽特接掌了权力。萨默塞特不仅被释放，而且恢复了要职。约克履行了七年管辖权的加莱被重新交给他的政敌，他也不再接到参加国王政务会的邀请。所以当政务会在莱斯特召开会议并召他去参加时，他担心是不是让他去受审。他退居在约克郡的桑达尔，与沃里克伯爵、索尔兹伯里伯爵及一大批贵族谴责萨默塞特丢掉了诺曼底和吉耶纳，现在又要毁掉整个英国。约克派的贵族一致同意诉诸武力。他们率领三千人向南方进军。同时，诺福克公爵率领几千人赶来，什鲁斯伯里和托马斯·斯坦利爵士也率领一支队伍来了，比诺福克公爵的人还多几千人。所有这些部队一起向伦敦进发，约定以圣奥尔本斯为会合点。国王、王后、萨默塞特以及朝廷和兰开斯特派的人，带着不到三千人的军队到沃特福德迎击他们。

圣奥尔本斯是个不设防的城镇。那里古老而强大的修道院禁止市民“用围墙把自己围起来”，以防他们据险自恃。因此，这里是一个方便的集结地。国王的军队先期抵达，在圣彼得街和霍洛韦尔街打起了皇家旗帜。约克、索尔兹伯里和沃里克没有等候即将到来的大批援军。他们认为自己的部队占有优势并且时间就是胜利。双方便打了起来。这与其说一场战斗，不如说是一场冲突。但却是决定性的。克利福德勋爵为国王守卫街垒，抵抗约克军用弓箭和大炮进行的攻击。而沃里克绕到城镇后面对克利福德进行攻击，杀死了他，打散了皇家军队。萨默塞特被杀死，他“与其说是为国王的事业而战，不如说是为自己的目的而战”。白金汉公爵及其子被箭射伤，萨默塞特的儿子多塞特伯爵重伤被俘，被车运送回去。国王本人受了轻微箭伤。他没有逃跑，而是在主街的一个商人家里避难。约克公爵很快来到了国王面前，跪地向国王表示忠诚。在圣奥尔本斯的这场冲突中，有不到三百人阵亡，但其中包括国王阵营的一大部分贵族。人们鼓励普通士兵彼此手下留情，而将领们则要战斗到死。萨默塞特和克利福德曝尸街头数小时，没人敢去给他们收尸。约克派大获全胜，现在国王落到了他们手里。萨默塞特死了，玛格丽特和她的孩子逃难去了。胜利方宣布忠于国王，并且很高兴铲除了佞臣，随后很快以国王的名义召集了议会会议。

历史学家不愿意记录玫瑰战争，大部分记录了这些事件的历史学家也只是留给我们一幅单调而不连贯的图景。然而，从真实记载中，我们还是看到了这场极为激烈和不可调和的冲突。冲突中的每名演员都经过数十年的特权和战争，封建制度为这些特权和战争增添了独特的荣誉感，教会出于斗争需要而向其提供了精神支持。在这场冲突中，个人仇恨登峰造极，所幸未对民众产生重大影响。在人类历史上，一定还有许多类似的动乱，但在历史记载中，没有哪次动乱如此追名逐利和代价昂贵。

我们要避免不必要的混淆，不要将郡名与人名混淆。约克和兰开斯特的殊死斗争并不意味着英国的两个同名的著名郡县间存在任何敌对。实际上，约克郡是兰开斯特派的堡垒，而约克派的大本营则在英格兰中部和南部。命运的起落如此惊人多变，家族世仇如此复杂，危机时刻的国民感情如此难测，所以人们普遍对这一时期看法不佳。只有莎士比亚依据霍尔的《编年史》描绘了这一时期残酷而英勇的画卷。他并未试图下结论，并且为达到戏剧效果，对事件和战役进行了缩写。现在就让我们来还原当时发生的事实。

圣奥尔本斯战役是这场战争中的首次流血事件。约克派控制了国王。但是我们很快就看到了兰开斯特派的固有权力。大多数贵族都站在他们一边，国王也支持他们。几个月后，他们就像以前一样强大了。双方继续较量。国内爆发了几次起义，议会召开了几次残酷斗争的会议。法治、立宪制度和王权的威严受到狂暴而血腥的事件的挑战，但尚未被推翻。约克派和兰开斯特派从1456年至1459年的四年里保持了来之不易的停战状态。所有人看来都意识到自身及其秩序所面临的危险。命运沉重地压在他们身上，他们为和解做出了很大努力。伦敦民众看到，国王被一队人马护送到威斯敏斯特，在队列中，约克公爵和王后玛格丽特并肩行进，后面跟着约克派和兰开斯特派贵族，最为敌对的人都并肩前进。双方互相郑重保证要友好相处，双方领袖共同领了圣餐，所有人都在动荡的局势中寻求和平，甚至在伦敦已达成某种和解时，北方又起波澜。1459年，战斗再次打响。约克派的一支武装部队在伍斯特附近被皇家军队打得四散奔逃，他们的首领也各自散去。约克回到爱尔兰，沃里克回到他接替萨默塞特驻守的加莱。

战争于1460年7月正式爆发。约克仍在爱尔兰，沃里克率领的约克派贵族据守威尔士和加莱的基地，与他们所有的亲戚和党徒一起，在教廷使节和一些主教以及下议院的支持下，在北安普敦与兰开斯特派和国王展开了战斗。亨利六世掘壕据守，还有崭新的大炮防护阵地。但是当约克派发动进攻时，指挥侧翼的格雷·鲁思文勋爵却背弃了国王，帮助约克派越过了临时搭建的矮防护墙。皇家军队慌忙溃逃。国王亨利六世仍待在营帐里，“独自坐着。”胜利方来到他面前，向他鞠躬，像圣奥尔斯本战役后一样，再次将他带回伦敦，再次控制了他，以他的名义进行统治。那时他们尝试达成议会一致同意的所谓妥协。格里高利的《编年史》写道：“约克公爵强行将国王亨利软禁在威斯敏斯特，最后国王因怕死而将王位让给了约克。因为蠢人动辄怕死。”亨利将终生为王，约克则执掌政府，并在亨利死后继任国王。所有希望国家太平的人都为这一安排欢呼。但是这一解决办法忽视了这样一个事实：王后玛格丽特和她的儿子威尔士王子，还自由地待在威尔士的哈莱克堡。被控制的国王剥夺了自己儿子的王位继承权。王后却要继续战斗。

玛格丽特王后依靠她在英格兰北方和北威尔士的军队，为维护其子与生俱来的权利挥师南下。约克公爵不屑于待在安全的桑达尔堡等他的全部军队集结完毕，而是立刻出发迎敌。1460年12月30日，玫瑰战争中的第一场大战在韦克菲尔德打响。趁约克派许多人外出搜寻粮秣，兰开斯特派发动突袭，以优势兵力击败了约克派，杀死了许多人。在这场战斗中，兰开斯特派对普通士兵也毫不放过，数百人被杀，首领就更难逃命了。约克公爵被杀，他的儿子——18 岁的鲁特兰伯爵试图逃跑，但是仍然记着圣奥尔本斯之仇的新一代克利福德勋爵兴奋地杀死了他，同时大喊："上帝作证，你父亲杀死了我父亲，所以我也要杀死你，杀死你全家。"从此，这种做法成了这场战争中的规则。老索尔兹伯里伯爵夜里被俘，立即被白金汉公爵的私生子埃克塞特勋爵砍了头。这种残酷的行为得到了玛格丽特的支持。这三名约克派贵族的头颅被挂在约克郡的城门和城墙上。约克公爵的首级上戴着纸王冠，怒视着大地，呼唤着复仇者。

至此，斗争是在成熟而养尊处优的要人之间进行的，深度涉及国家事务并极力保持克制。而此时，新一代取代了他们。新一代克利福德勋爵、新一代萨默塞特公爵，尤其是还有新一代约克公爵。他们都是二十出头，手握利剑，有杀父之仇要报，英格兰就是目标。当约克的儿子，也就是此前的边界伯爵，得知父亲的事业落到了他的肩上时，他没有退缩。他开始向威尔特郡伯爵和威尔士的兰开斯特派发起进攻，于 1461 年 2 月 2 日，在赫里福郡附近的莫蒂默克罗斯战役中击溃了他们。他急忙报了韦克菲尔德之仇。"绝不宽恕"又成了他的口号。此役后被处决的还有无辜的知名人士欧文·都铎，面对斧头和砧板，他一直不相信自己会被砍头，直到他红色马甲的领子被撕开才如梦初醒。他的儿子贾斯珀活了下来，在众人瞩目之下继续战斗。

此时，获胜的约克派在年轻的约克公爵的率领下进军去援助沃里克伯爵。沃里克已从加莱返回，在伦敦作战面临很大压力。但王后玛格丽特抢先一步，于 2 月 17 日，在第二次圣奥尔本斯战役中给了沃里克沉重的打击。首次成为约克派真正领袖的沃里克，凭借在国外培养的大批军队、最新型的火器及他自己的封建武装，已经挟持被俘的国王并以国王的名义行事。但是玛格丽特的攻击令他措手不及。"他们的轻骑兵（侦察员）没有打探到王后军的距离，只有一个人回来说王后离他们有九英里远。"沃里克和诺福克逃跑了，他们的一半军队被消灭。国王亨利被车运到战场，在一棵大树下目睹了战况，他满意地看着发生的一切，开始还比较含蓄，但很快就难以掩饰了。英法战争中的两位著名骑士，其中一位就是令人敬畏的托马斯·凯瑞爵士，被任命为他的看守。他们的首要任务是要保证国王不受伤害。因此，他们和国王一起待在树下，被胜利方的军队包围了。翌日早晨，在玛格丽特冷血处决的重要将领中，这两位需要特别交待一下。国王亨利六世说，是他要求两位骑士与他待在一起，他们为了他的安全这样做了。王后玛格丽特将她现已七岁的儿子、被国王违心地剥夺了继承权的爱德华带上来，让这个过早残暴的孩子来宣判。她问这个孩子："公正的儿子，该怎样处死这两个骑士呢？""应该把他们的头砍下来"孩子不假思索地答道。当凯瑞被拉出去行刑时，他大喊"愿上帝惩罚教孩子说这样话的人"。所有人都没有了同情心，只剩下杀人报复。

此时玛格丽特已将丈夫安全地弄回她手里，同时带回的还有全部王权。通往伦敦的道路是畅通的，但她并未选择向伦敦进发。她从北方带来的凶猛的游牧部落在行军途中野蛮地劫掠杀戮，早已声名狼藉。他们激起了乡下居民的愤怒。国王的朋友们说："人们认为北方人如果到了伦敦，会大肆掠夺。"伦敦总体上说是坚定的约克派，但也有人说："如果国王和王后率领他们的军队进入伦敦，一切都会如他们所愿。"我们无法完全判断当时的情况。约克公爵爱德华正率领在莫蒂默克罗斯战役中获胜的军队日夜兼程向伦敦进发。沃里克带着圣奥尔本斯的幸存者在牛津郡与他会合了。也许是国王亨利六世请求不应让首都伦敦成为战场，但是无论如何，玛格丽特和她的谋士们没敢在伦敦开战。兰开斯特派因胜利而激动不已，与国王重聚后，满载战利品，经过邓斯特布尔退回北方。他们的撤退掩盖了一个事实：他们的苏格兰雇佣兵已经将所有能带的东西掳掠一空。霍林斯赫德写道："王后玛格丽特对埃塞克斯没有信心，对肯特更没信心，最没信心的还是伦敦……离开圣奥尔斯班到北部乡村，那里才是她的力量所在和避难所。"

这是斗争的转折点。第二次圣奥尔斯班战役九天后，约克公爵爱德华进入伦敦。曾向玛格丽特和国王投降的市民们此时又热烈欢迎着约克派。他们感谢上帝，并说："边界伯爵，让我们在新的葡萄园里漫步，让我们用这美丽的白玫瑰和香草在三月建起一座乐园。"这是一座荆棘丛中的葡萄园。他们这时已经不能再以国王的名义行事了，因为约克派成了赤裸裸的乱臣贼子。

但是在莫蒂默克罗斯战役中取得胜利并屠杀仇敌的年轻勇士对这一指控毫不在意。他认为，他父亲正是由于尊重亨利六世陛下才遭受失败并被杀死。他和他的朋友们不会再接受这一观念了。他立即要求称王，当时伦敦人的情绪和他的军队的实力使他可以得到公众的拥护。他自称为王，并于 1461 年 3 月 4 日在威斯敏斯特以空前隆重的仪式宣布称王。从此，他宣布另一方犯有叛国罪，将给予他们最严厉的惩罚。

他必须说到做到。于是国王爱德华四世亲征北方与亨利六世决战。接近约克时，玛格丽特王后率领兰开斯特派的所有军队，在距塔德卡斯特不远的萨克斯顿和陶顿村附近与他开战。有记载称，有十万人参战，其中约克派四万人，兰开斯特派六万人，但是后来官方大大减少了这些数字。

3 月 28 日，约克派的先锋军在费里桥被小克利福德勋爵击退，沃里克本人也受了伤。但随着大部队抵达，约克派占领了这座桥，克利福德被杀死，约克派军队成功过桥。翌日，英国土地上最残酷的战斗之一打响了。兰开斯特派居高临下，占据了有利地形，其右翼有水流湍急的科克河保护，许多地方都无法通过。尽管爱德华的军队尚未到齐，诺福克公爵率领的侧翼还在路上，爱德华还是决定发起进攻。战斗在使人睁不开眼的暴风雪中开始，暴风雪是吹向兰开斯特派的。在风雪的掩护下，成群的约克派长矛兵冲上了山坡。风使进攻者的弓箭射得更远，却缩短了兰开斯特派的羽箭射程，使他们遭受重创。受形势所迫，兰开斯特派决定冲下山杀敌。双方激战六个小时，各有胜负。据说，在战斗高潮，沃里克跳下马并将马杀死，借以向手下的官兵表明，他已决心破釜沉舟。但胜负一直未决，直到傍晚诺福克公爵率部赶到，攻击兰开斯特派没有屏障的侧翼，整个兰开斯特派大军开始撤退，并且很快变成溃败。

此时，原本是优势的科克河却成了劣势。通往塔德卡斯特的桥挤满了逃跑的官兵。成千上万身着铠甲的官兵涌入湍急的河中，淹死者不计其数，他们的尸体堆成了可怕的尸桥，有些人就从上面逃走了。约克派一直追击到深夜。玛格丽特和她的儿子逃到了约克城，国王亨利六世正在那里举行圣枝主日（复活节前的星期日）仪式。仓皇的王后带上国王后，与其子以及一些长矛兵向北部边境逃窜。数千名官兵陈尸荒野。爱德华在给他母亲的信中隐瞒了自己的损失，只说打死了两万八千兰开斯特派的人。当然，兰开斯特派的贵族和骑士之花倒在了战场上。对于所有战俘，等待他们的也只有死亡。只有德文郡伯爵和“埃克塞特的私生子”得以活命，不过他们只多活了一天。爱德华抵达约克城时，他的首要任务是把他父亲和其他玛格丽特受害者的首级从城墙上拿下来，换上他俘获的最尊贵者的头。三个月后的6月28日，他在威斯敏斯特加冕，约克派看来彻底胜利了。接下来是大规模的放逐和没收财产。1461年11月，议会通过了空前苛刻的《剥夺财产和公民权法案》，对133个名人进行了大清洗。在英格兰，不只是王位，而且三分之一的领地都易了手。这就是以牙还牙。

陶顿战役之后，兰开斯特派的事业就靠王后玛格丽特不可战胜的意志支撑着。从未有任何女人有她那样的不屈不挠，也很少有人经历过她那样的变迁兴衰。除了北方愤怒的兰开斯特军队，她还有两个友好的国家：苏格兰和法国。这二者以前都领教过英格兰的强大武力，也都乐见英格兰当前的分裂和疲弱。苏格兰人对英格兰的仇恨之深仍使外国人感到惊异。1461年，也就是陶顿战役那年，当路易十一继承其父查理七世的王位时，他发现他的国家几乎是一片惨不忍睹的荒漠。田地荒芜，村庄里是一座座损毁的茅舍。昔日的肥沃良田上野草丛生，在废墟中居住的农民过着狼一样的日子，变得像狼那样凶狠。所有这些都是英格兰人入侵造成的。因此，苏格兰和法兰西始终联手行动，他们政策的首要目标就是促动英格兰的内部斗争，并支持弱势一方。

玛格丽特作为英格兰王后和法国公主，是西欧的一位杰出人物。她的勇气和斗志，她的威慑力、说服力，她对将她和她丈夫赶下台的人的愤怒，使她的意志激发出顽强的力量，在大势已去后，还进行了多次殊死斗争，多年以后，一度扭转了形势。她从未考虑过英格兰的国家利益。她用贝里克郡换取了苏格兰的支持，以二万金利弗尔将加莱抵押给路易十一，从而完成了与法国的交易。

玛格丽特经过多次亲自向法国、勃艮第和苏格兰的朝廷请求援助，1462年终于率军登陆英格兰。不知是出于心怀叛意还是软弱畏战，班伯堡、阿尼克和丹斯顿堡这三座最强大的北方堡垒向她打开了大门。路易十一派给她一名优秀的军人，皮埃尔·德·布莱赛。他为她的魅力所惑，为她的事业花掉了大笔财产。这样，1462年冬天，国王爱德华率领他的约克派军队，把新大炮海运到纽卡斯尔，开始围攻这些陷落的要塞。国王本人因患上麻疹留在达拉谟，由沃里克勋爵指挥战斗。个个都有昵称的大炮对城堡的石头城墙造成了极大破坏。围攻进行得非常激烈，以至圣诞节假日都取消了。玛格丽特从贝里克郡赶来企图解救阿尼克，没有成功。三座要塞全部在一个月内陷落。

爱德华此时的行为是对他个性的有力辩护。这位骄奢淫逸的年轻国王对自己的地位很有把握，便表现出了玫瑰战争中从未有过的仁慈。他不仅赦免了在城堡中抓获的兰开斯特派贵族，而且与他们郑重签订了协议，充分信任他们。萨默塞特公爵和拉尔夫·珀西爵士宣誓效忠后，不仅获得了自由，而且恢复了领地。珀西还奉命守卫两座城堡。著名大臣萨默塞特在第一次圣奥尔本斯战役中被杀，但他的儿子得到了更多好处。保证和平后，他在皇家军队中担任要职，并成为皇家军队内部委员会成员。他上任之初就提出了机智的军事建议，国王便赐予他特殊的俸禄。

爱德华的宽宏大量没有得到好报。1463年，玛格丽特带着从法国和苏格兰得到的新援助回来时，珀西向苏格兰人打开了班伯堡的城门，几乎与此同时，阿尼克也被变节的约克派军官拉尔夫·格雷爵士出卖。同时，王后玛格丽特带着国王亨利，亲自包围了贝里克郡附近特威德河畔的诺勒姆城堡。爱德华和约克派再次奔赴战场，把可怕的新大炮也运到了北方。当时，这种大炮就像今天的原子武器一样受到各强国的敬畏。巨型大炮把这些城堡打得土崩瓦解，玛格丽特逃到了法国，亨利则隐居在坎伯兰郡的山谷和宗教机构中。这是国王亨利六世与他的王后最后一次见面。玛格丽特带着王子上路了。这些事情不同寻常。她与埃克塞特公爵、六名骑士以及忠实的皮埃尔·德·布莱赛一起在斯鲁伊斯登陆，恳求勃艮第家族发扬闻名于世的骑士精神。她到那里时“没有王后的威仪”，她和她的七名侍女只有身上穿的衣服。布莱赛为她们付了饭钱。然而，即使在这种怀有敌意的朝廷中，她仍然得到了王后的待遇。勃艮第公爵菲力年纪大了，他的儿子查理绰号是“大胆儿”。英格兰的大使在积极活动。除了旧时的好客风气对于“落难的贵夫人”的礼物和礼貌，玛格丽特从勃艮第家什么都没得到。然而，也就是从这些接触中我们才得以了解玛格丽特所经历的艰险。

勃艮第编年史学家卡斯特兰记载了玛格丽特的故事。因此我们才知道，她同亨利国王和王子曾经五天没有面包，每天只能分食一条鲱鱼。有一次做弥撒时，王后发现自己甚至没有一分钱来捐款，只好请旁边的一名苏格兰弓箭手借给她一点钱。这个弓箭手“有些勉强而遗憾地”从钱包里掏出一个四便士的银币。王后说道，在最近的诺勒姆战斗中，她曾被大肆劫掠的约克派士兵俘获、抢劫，并被带到一名将领面前准备将她斩首。只是因为俘获她的人发生了争执，才耽搁了对她行刑。当时旁边站着一名约克派乡绅，她向他求助，“话音楚楚可怜。”乡绅说：“夫人，请上马，您坐在我后边，王子殿下坐在前边，我是凶多吉少，但我宁死也会救你们。”他们三人骑着一匹马冲向森林。玛格丽特担心儿子的生命，因为她的事业全靠儿子了。这名约克派乡绅现在骑马走了。这个森林据说有强盗出没，玛格丽特母子躲在了森林深处。不久，来了一个丑陋可怕的人，显然是要杀害这对母子并抢劫。玛格丽特再次凭借个人力量获胜了。她说了自己的身份，并将她的儿子，也就是王位继承人交给强盗保护。强盗倒也尽职，使王后和王子最后双双抵达了逃亡国王的避难所。

爱德华的仁慈遭到珀西的背叛，但是他并未因此而不信任萨默塞特。这位国王认为自己是个在受形势所迫时可以做出最血腥行为的人，同时也渴望宽宏大量、坦率地信任他人。他对萨默塞特的信任注定给他带来致命的危险。1463 年初，萨默塞特公爵已成为国王的宠臣。国王对他非常信任，甚至与他共寝多夜。他有时还同国王一起去打猎，国王身边最多不超过六骑，而其中三人都是萨默塞特公爵的人。

1463 年秋，国王爱德华去北方时，萨默塞特和他的两百名亲信担任国王的护卫。在北安普敦，市民们对这里过去发生的惨烈战争记忆犹新，当他们看到可恶的萨默塞特陪伴在他们约克派国王的身边时，先是感到吃惊，继而非常愤怒。要不是国王爱德华极力保护，他的新亲随萨默塞特早已被民众撕成碎片。这件事后，爱德华发现有必要给萨默塞特及其卫队安排别的差事，于是萨默塞特被派到登比郡的霍尔特堡。我们猜想，北安普敦的事一定使萨默塞特确信，即使国王也不能保护他不受约克派敌人的伤害。1463 年圣诞节，萨默塞特背弃了爱德华，回到了兰开斯特阵营。像他这样的大贵族，在自己领地里有磁石一样的吸引力。这位反复无常的公爵本来希望占领纽卡斯尔，而他的许多追随者听说他在附近就投奔他而来。但是他又被赶走了，他的追随者则被逮捕并斩首。

兰开斯特派的旗帜再次举起。萨默塞特加入了国王亨利的阵营。阿尼克和班伯堡仍在抵抗约克派，诺勒姆和斯基普顿也被兰开斯特派夺得。这时，沃里克的兄弟蒙塔古仍率领大部队战斗。1464 年 4 月 25 日，在阿尼克附近的赫赫奇利摩尔，他粉碎了兰开斯特派的叛乱。兰开斯特派的首领们不是死在战场上，就是后来上了断头台。拉尔夫・珀西爵士战死，作为曾接受了国王爱德华的赦免甚至职位的人，他说出了一句不寻常的话："我拯救了心中的鸟。"这个"鸟"指的是什么？是兰开斯特派的事业。这一事业可能被掩盖，在强力下甚至可能被出卖，但它仍然在，一旦时机成熟，它就能成为追随者的指路明星。有许多人虽然心怀此"鸟"，但是都未能创造出珀西这样伟大的词句，也未能像他那样忍辱负重。

爱德华在这场斗争中的仁慈试验到此结束，以前的严酷恢复到了极致。1464 年 5 月 15 日，萨默塞特和他率领的一小队人马在赫克瑟姆战败，翌日早晨被斩首。没出这个月，约克派的每个军营中，兰开斯特派贵族和骑士都被六个一批或十二个一批地处死。这样做的原因不外乎是要平息不安分的情绪。英格兰的统帅、伍斯特伯爵约翰・蒂普托夫特精于内战，以意大利人的经验主持战地军事法庭。他除了严厉的判决外，还没有必要地采取了残酷的手段，从而给敌对方后来留下了报复的理由。

同时，英格兰国王通过外交手段与苏格兰国王达成了十五年的休战协定，对法国和勃艮第朝廷也很强势。玛格丽特仍无助地待在巴勒迪克。追击者在兰开夏郡的克利札罗附近将可怜的国王亨利俘获，并将其押回伦敦。这次没有进城仪式，他的双脚被皮条捆在马镫上，头戴草帽，这个无用却圣洁的人遭受了这样大风暴的打击，被示众三次，最后被关进伦敦塔，塔门在他身后关闭了，然而这次并非永远关闭。

随着阿尼克的陷落，整个王国只有一个堡垒仍在抵抗约克派。西海岸的哈莱克城堡上孤零零地飘扬着红玫瑰的旗帜。哈莱克被包围了七年，1468年投降时，守军实际上只有五十人。除两人外，他们都得到赦免。他们中有个在长期严酷封锁中幸存下来的十二岁孩子。他是贾斯珀的侄子，欧文·都铎的孙子，未来都铎王朝及其统治制度的创建者。他的名字叫里奇蒙，后来成为国王亨利七世。

第二十九章　爱德华四世的冒险生涯

爱德华四世已经通过战争稳定了自己的王位。他是一名军人和一个行动果敢的人，在最危险的时刻表现出非凡的才干。在战争中，他无所畏惧，不知疲倦。长途行军、危险决策、统帅军队、遂行战斗，看起来是他的天赋。情况越艰险，他表现越好，反之亦然。他在战斗中是一名斗士，其他什么都不是，而当战斗停止了，他没有太多热情进行统治。江山如此多娇，年轻的热血在他身上沸腾，所有血债都已讨还，于是他安心而善意地把利剑入鞘了。这把剑为他赢得了王位，现在该享受生活了。

国王爱德华在这些艰难岁月的成就是靠内维尔家族赢得的。沃里克、现在的诺森伯兰伯爵蒙塔古，以及约克的大主教乔治·内维尔，一起掌控着国家机器。国王只参与了某些行动。他甚至因其不当的仁慈而遭到责备，因为正是他的仁慈再次导致内战的不幸。他的宽宏大量最终被他的谋臣和将军们严厉约束。在他统治的前一阶段，英格兰是由沃里克和诺森伯兰伯爵两兄弟统治的。他们确信已将国王推上王位，并希望他一直在位，而由他们执政。国王对此也没有异议。在他整个统治期间，除非被逼急了，他从没有和人争斗过，这是他的高尚之处。有史学家责备这位二十二岁的王子，不具有与其地位相匹配的治国才能和热忱。爱德华具有双重性格，他热爱和平，在战争中他又出类拔萃。但他热爱和平是因为在和平中可以沉迷放纵，而不是因为和平会带来尊严。他的生活充斥着追求女色（在这点上毫无障碍）、打猎和宴饮。这些难道不是胜利应得的奖品吗？让沃里克和诺森伯兰伯爵以及其他渴望权力的贵族担负国政的重担，让国王享乐吧。有一阵子，这令各方都很满意。胜利者各得其所，国王得到了享乐，贵族则得到了权力和想要的政策。

这样，数年过去了，国王尽管时而也管管政务，但主要还是沉迷于享乐中。休姆用精心挑选的词句描写了国王对男人和女人的态度：

“在当前的和平时期，他与臣民，尤其是伦敦人，生活在最亲近友善的气氛中，他外表英俊、言辞殷勤，即使没有君主的尊贵身份，也足以博得女人的青睐。这种放松享乐的生活方式使社会各阶层对他的欢迎与日俱增。寻欢作乐的青年男女都特别喜欢他。英国人的性格是丝毫不嫉妒，他们不会对这些随便的举止感到不悦。他沉溺享乐满足了自己的天性，也出乎意料地变成统治的一种支持和保障。“在这些比较温和的责备后，这位历史学家继续谴责国王的软弱和轻率，这使他从皇家享乐的阳光大道偏离至爱情和婚姻的危险境地。

一天，爱德华国王去打猎，因为追猎物而跑出很远，当晚就在一座城堡里休息了。城堡里有一位美人，是城堡主人的侄女，在此借住。她叫伊丽莎白·伍德维尔，或者怀德维尔，是“在玛格丽特的圣奥尔斯班战役中阵亡的“兰开斯特骑士约翰·格雷爵士的遗孀。她的母亲、卢森堡的雅克塔是著名的贝福德公爵约翰的年轻妻子，约翰死后她嫁给了约翰的管家理查德·伍德维尔爵士，伍德维尔爵士后来被封为里弗斯伯爵。她屈尊下嫁违反了上层社会的规矩，被罚款一千英镑，以儆效尤。然而，她此后生活得非常幸福，为丈夫生了十三个孩子，伊丽莎白就是其中之一。在伊丽莎白的血统中，既有高贵的血脉，也有普通的血统，她是个质朴的女人，正直、无畏、纯洁、多子。她和她的两个儿子都被针对兰开斯特派的《剥夺财产和公民权法》剥夺了财产继承权。得到国王宽恕的机会不可错过。这位寡妇向年轻的征服者爱德华四世国王谦卑地鞠躬请求，并且像法莱斯的皮匠女儿一样，使国王对她一见钟情。莎士比亚的描述尽管有些尖刻，但却是真实的。伊丽莎白女士竭力克制自己，这更增强了国王的激情。他一心爱着伊丽莎白，见她仍然不为所动，便恳求她与他共享王位之尊。他不再审慎地考虑，对世俗智慧的忠告置之不理。如果无法实现心中的愿望，为何要成为战争中的征服者，为何要成为国王？

但他也很清楚自己的决定有很大危险。1464年，他与伊丽莎白·伍德维尔结婚，并对婚事严格保密。身居政府要职的政要们把此事看作一场桃色闹剧，一笑置之，却从未想到，这是一场可怕的结合，会给英国造成极大的震动。

沃里克本来对国王的未来另有安排。西班牙王室的伊莎贝拉，或者最好是法国公主，是可能会促进英格兰利益的新娘。在那个年代，一桩皇家婚姻可能是邻国间的和平纽带，也可能是战场获胜的手段。沃里克提出严肃的主张，要求国王做出决定。爱德华看起来很奇怪地犹豫不决，反复强调他反对的理由，直到他的这位大臣，也是爱德华的老师变得不耐烦。最后，真相大白：他已与伊丽莎白·伍德维尔结婚五个月了。从这一刻起，爱德华和沃里克之间出现了裂痕。沃里克是英勇的国王缔造者，比爱德华年长十四岁，但仍处于人生黄金期。沃里克在英国根深蒂固，加上他对其众多大领地的各阶层人都慷慨好客，因而深孚众望。伦敦人都对他寄予厚望。他掌握着权力。但没有人比他更清楚，在爱德华心中睡着一个杰出的军人，英勇善战、残酷无情，一旦被唤醒，就有能力尝试和做成任何事情。

爱德华国王也开始关心别人的婚事了。王后伊丽莎白有五个兄弟，七个姐妹，以及两个儿子。爱德华颁布诏书，将他们晋升到高阶，或者让他们与名门望族联姻。他甚至让王后二十岁的四弟娶了八十岁的诺福克女公爵。王后家又有了八个新的贵族：她的父亲、五个姐夫或妹夫、她的一个儿子，以及她的兄弟安东尼。人们普遍认为这实在是太过分了。要知道，当时只有六十名贵族，其中只有不到五十人能够有机会参加一次议会。所有这些有权势的人在数量上有严格的限制。一批在战争中没有任何建树的新贵族现在却围绕在懒惰国王的身边，这对沃里克和他傲慢的同僚们不仅是冒犯，而且还是政治上的危险因素。

但是冲突在外交政策上爆发了。在这个悲伤的年代，近年来本已称雄的英格兰，此时却已成为邻国的笑话。英国各派的贵族难民困扰着西欧国家的朝廷。勃艮第公爵某天早晨吃惊地得知埃克塞特公爵和其他几位英格兰上层贵族竟然跟在他的巡行队尾乞讨面包。由于耻于看到本阶级的人受到如此怠慢，勃艮第公爵便给他们提供了适当的住所和生活费。路易十一也对阿金库尔战役胜利者的不幸后裔做过类似的善举。玛格丽特及其随行人员在穷困潦倒、无国可归时，在法国和勃艮第都受到欢迎。随着英国的衰落，这两个国家现在变得十分可怕，他们随时可能积极支持流亡派别，以报五十年前英国入侵之仇。沃里克及其同僚的政策是结好当前较为强大的国家法国，从而使英国获得有效的安全保证。因此，他们希望国王的妹妹与法国联姻。爱德华却表示反对。他寻求让英国与西欧第二强国勃艮第结盟，这一直觉在此后几个世纪对英国影响深远。他无疑会说，作法国的盟友就会受法国的控制，但与勃艮第联手，即使不能控制法国的行动，也会有办法影响它的行动。他在欢宴和狩猎中养成了好胜心理，英格兰永远不应成为臣属国，不应被邻国分裂，而应分裂邻国，从而保持平衡。这些政纲在当时是很新奇的，在英国政府小而激烈的圈子中所产生的影响，现在也很好理解。

1468 年，爱德华将其妹玛格丽特嫁给了 1467 年承袭勃艮第公爵的“大胆儿查理”，这令沃里克懊恼又惊慌。因此，不惜冒着生命危险并且倾尽家财才将爱德华扶上王位的这些大贵族，不仅因新贵族的产生而受到怠慢并遭受物质损失，而且还得忍受他们认为对英国、对约克派、对他们自己都将致命的外交政策。如果法国与兰开斯特派联合入侵英国，勃艮第能给予什么帮助呢？在这种大灾难中，他们本人、他们的大片领地以及依靠他们的人将会怎样？因此，国王和内维尔家族族长的沃里克之间的争执并非小事，更不是有些人往往认为的那样完全是私事。

被激怒的贵族们一起进行了深入的商议。爱德华则继续同王后享受生活，并且时不时地寻觅新欢。他对公共事务的关注主要是针对兰开斯特派的阴谋和活动，但在他背后，正在酝酿一场严重得多的威胁。内维尔家族终于准备好与他摊牌了。沃里克的计划技术高超。他悄悄对国王的弟弟克拉伦斯说，要不是因为暴发户伍德维尔一家，克拉伦斯就可能继承爱德华的王位。通过这个办法，沃里克把克拉伦斯拉拢到他的阵营。他们秘密约定，作为纽带，克拉伦斯将娶沃里克的女儿伊莎贝拉为妻。

一切准备妥当后，沃里克开始行动了。北方发生了暴动，约克郡有几千人在一些年轻贵族的领导下武装抗税。“思雷夫”是一种自阿特尔斯坦时期就收取的税，此时却突然变得不可忍受。其他不满也被煽动起来，特别是国王受了“宠臣们”的蛊惑。与此同时，议会下院在伦敦再次请求治理政府工作中的松懈和浪费。国王此时被迫北上。除了他的小型卫队，他没有自己的军队，但他要求他的贵族带上他们自己的队伍。他于七月赶到诺丁汉，在那里等候彭布罗克伯爵和德文伯爵，这两位都是他新封的，他们已经集结了威尔士和英格兰西部的军队。国王一被有反心的沃里克诱骗北上，一直蛰伏在加莱的克拉伦斯便率领加莱驻军回到了伦敦。沃里克发表宣言支持北方叛军，称他们为“国王的真正臣民”，并敦促他们“哀求国王陛下进行政治改革”。成千上万肯特郡人加入沃里克阵营，沃里克在伦敦也很受尊重。但他和克拉伦斯尚未来得及率领军队进攻国王的后方部队，事件就有了结果。北方叛军在“罗宾·雷德斯戴尔”的带领下，拦住了彭布罗克伯爵和德文伯爵，在班伯里附近的埃奇科特打败了他们，并实施了无情的屠杀。一百六十八名骑士和绅士不是战死沙场，就是战后被处死。彭布罗克和德文伯爵均被斩首。

国王企图在白金汉郡的奥尔尼镇集结他散落的部队，却发现自己被他的大贵族们所控制。他的弟弟格洛斯特公爵理查看起来是他唯一的朋友。据说理查因畸形而被称为“驼子”。他起初企图召唤沃里克和克拉伦斯来履职，但在谈话过程中，他意识到自己已经成为他们的俘虏。沃里克等人举行了仪式，向他鞠躬解释说，他今后的统治必须按照他们的建议施行。他被运往沃里克的米德勒姆城堡，在约克大主教的监视下受到软禁。因此，此刻，沃里克这个国王缔造者实际上关押着两个对立的国王，即亨利六世和爱德华四世，一个在伦敦塔里，另一个在米德勒姆。对于任何臣民来说，这都是非凡的成就。为了更狠地教训对方，沃里克等人将王后的父亲里弗斯勋爵以及王后的兄弟约翰·伍德维尔也逮捕了，并在凯尼尔沃思处决了他们，甚至都没有假装审判一下。老派贵族就是这样对待新贵族的。

但是，沃里克与国王之间的关系并不能这样简单解决。沃里克是突然行动，起初没人意识到发生了什么事。事情的真相传出后，约克派贵族对于他们英勇无敌、战无不胜的国王陛下遭到拘禁，感到又惊又怒；而各地的兰开斯特派则翘首企盼从约克派的内讧中坐收渔利。国王发现自己最好伪装一下，便宣称自己确信沃里克和克拉伦斯是对的。他保证修正他的做法，并签署了对所有参与武装叛乱者的赦免令，然后便被释放了。沃里克和爱德华国王就这样达成了妥协。国王爱德华很快再次成为军队统帅，打败了兰开斯特派叛军，处死了他们的首领，而沃里克及其有权势的亲戚也都官复原职，表示效忠国王，并且似乎受到国王的宠信。但是，这一切只是表面现象。

1470 年 3 月，以镇压林肯郡的暴乱为名，国王召集起他的军队。他在洛斯科特菲尔德击败了叛军，叛军立即四散奔逃。现在每次交战后将战俘处死已成为惯例，在此次战役后的一连串处决过程中，爱德华得到了罗伯特·威尔斯爵士的口供，指控沃里克和克拉伦斯不忠。证据很有说服力，因为沃里克等人此前曾阴谋反对爱德华，不久之后还拒绝执行他让他们与他会合的明确命令。爱德华国王率领刚刚打了胜仗的部队突然转而回击他们。爱德华向他们进军，他们没想到爱德华以其人之道还治其人之身，吃惊地逃跑了。他们到沃里克的加莱基地寻求安全，但沃里克留在加莱的代理人文洛克勋爵拒绝他们进入。当他们炮轰滨海区后，文洛克才给他们一点面子，给克拉伦斯的新娘送去几壶葡萄酒，她在船上刚刚生下儿子。国王缔造者沃里克发现自己被突然扭转的命运剥夺了他本以为很有把握可以依靠的几乎所有资源。这回轮到他向法国朝廷乞求庇护了。

而这正是路易十一闻所未闻的良机。他一定高兴得手舞足蹈，就像他去看前大臣让·巴吕红衣主教时一样。让·巴吕因勾结“大胆儿”查理而被路易十一囚禁在希农的一个铁笼子里。两年前，爱德华作为勃艮第的盟友曾威胁要对他发动战争。现在，长期争斗的英国两派的首脑却都来到了法国。玛格丽特住在其父的安茹伯国。法国的朋友沃里克在本国失败后来到了翁弗勒尔。严厉冷酷、玩世不恭而又处境艰难的路易由衷高兴，尽力使这两支对立力量和解并联合起来。他在昂热见了玛格丽特和她已长成十七岁英俊青年的儿子，以及沃里克和克拉伦斯，并蛮横地提议他们联合起来，在他的支持下推翻爱德华。起初双方都不同意，这并不奇怪，因为他们之间有血海深仇。这些年他们为之战斗的一切都将被他们的联合所葬送。沃里克和玛格丽特都曾蓄意杀害彼此的至亲好友。玛格丽特曾将沃里克的父亲索尔兹伯里斩首，杀害了他的叔叔约克和他的表弟拉特兰。沃里克则处死了萨默塞特父子两人、威尔特郡伯爵，以及玛格丽特的许多忠诚的追随者。在他们的斗争中死去的普通人更是不计其数。1459 年，玛格丽特宣布沃里克为非法之徒，剥夺了他的财产和公民权；1460 年，沃里克说玛格丽特的儿子是私生子或暗中被偷换的孩子。他们彼此进行过人类最残酷的伤害。但是他们有一个共同点，就是他们都恨爱德华并且都想获胜。他们是不甘失败的一代，而事实确实证明，他们联手是迅速取胜的手段。

沃里克拥有一支舰队，由他的侄子、福康伯格的私生子指挥。他在南部沿海所有海港都有水兵。他知道他只能亲自去或派人去向英国的大部分地方发出召集令，号召民众拿起武器听他指挥。玛格丽特则代表着已被打败、被剥夺继承权并丧失合法地位的兰开斯特家族，她一如既往地坚定。他们同意原谅彼此并联手行动。他们在昂热对着一个幸好找到的破损的圣十字架庄严宣誓。玛格丽特的儿子威尔士亲王与沃里克的小女儿安妮的订婚标志着联盟的建立。没人能责备玛格丽特王后，因为她是在事业惨败之时，不得已才捐弃前嫌接受国王缔造者沃里克的重大帮助，而她从未改变过她的立场。但是对于沃里克来说，这笔交易却很反常、玩世不恭而又残酷无情。

而且，他忽略了他给女儿安妮安排的这一新的婚姻对克拉伦斯的影响。这一结合生下的儿子将会很有希望统一分裂而混乱的英国。期望诞生一位承载这些希望的继承人是很合理的。但是，克拉伦斯是因为觊觎兄长的王位才被迫逃亡的，而现在尽管他被指定为排在玛格丽特儿子之后的继承人，但他的机会已经很渺茫了。爱德华对他兄弟的行为感到震惊。然而，他并没有让私人恩怨影响他的行动。克拉伦斯公爵新夫人身边的一位女士是国王谨慎而成功的密使。在克拉伦斯逃离英国后不久，她对他说，他只有重新回到兄长身边，一切才能得到原谅并被忘记。沃里克和玛格丽特之间的新协议使克拉伦斯决定接受这一兄弟间的友好提议，但他不想立即行动。他一定是个大大的伪君子，因为他的兄长过去不能预测他的行动，沃里克今后也不能预测他的行动了。

国王爱德华此时焦虑而警惕，但他几乎无法预见多少支持者会背叛他。

沃里克重复了一年前用过的招术，他的表弟菲茨休在约克郡发起了新的叛乱。爱德华对此并没有太重视，聚集起一些军队，出征平叛。勃艮第公爵查理警告他沃里克可能会登陆，他甚至说希望如此。他看起来信心十足。但他很快就醒悟了。1470 年 9 月，沃里克和克拉伦斯在达特茅斯登陆了。肯特郡和其他南方郡县也随他而起。沃里克挺进到伦敦，把可怜的亨利六世从伦敦塔里放出来，给他头上戴上王冠，带着他在伦敦巡游，将他扶上王位。

爱德华在诺丁汉接到警报，他的王国的大部分地区看来都转而反对他了。他突然又得知，当北方叛军南下向他进发并切断他与威尔士援军的联系，以及沃里克率大军北上的同时，沃里克的弟弟、迄今一直忠诚的诺森伯兰已率部倒向亨利国王。当爱德华听说诺森伯兰背叛并迅速行动来追捕他时，他认为唯一的希望就是飞越大海。他只有一个避难所——勃艮第朝廷。于是他带着不多的随从投奔了妹夫勃艮第公爵。“大胆儿”查理也很谨慎。他不得不考虑英法立即联手进攻的危险。在他确信这是不可避免的之前，他一直对他的难民皇亲虚与委蛇。但当他确信沃里克的政策无疑是与路易十一联合向他进攻后，他便用了明显的计策来自我保护。他给国王爱德华配备了大约一千二百名可靠的佛兰德斯士兵和德意志士兵，以及进攻英格兰必需的船只和金钱。这些部队是在瓦尔赫伦岛秘密召集的。

与此同时，国王缔造者沃里克统治着英国，并且看起来他可能长期统治下去。他将国王亨利六世象傀儡一样玩弄于股掌之间。不幸的亨利只是一个喘气的废物，头戴王冠，手拿王杖， 如同麻袋一般坐在王位上，他曾温和地忍耐命运的嘲弄，如今又以同样的温和与忍耐接受着命运变幻无常的宠爱。以他的名义通过了法令，废止了约克派议会颁布的所有废除继承权和剥夺财产与公民权的法律。英格兰三分之一的土地归还原主，被放逐的贵族或被杀贵族的后人结束了颠沛流离的生活，回到了原来的领地。同时，英法联手进攻勃艮第也一切准备就绪，战争日益迫近。

但是，尽管演员们理解了这些剧变，剧情也明显地顺利推进，英国两方立场坚定的大多数人无法跟上如此迅速的事态发展与和解。几乎所有人都持原来的态度。他们的首领也许缔结了新的组合，但普通人却无法相信红玫瑰和白玫瑰的敌对结束了。要制造一个完全不同的局面，还需要一次推动。重要的是，尽管沃里克反复催促玛格丽特回到伦敦与他以及她丈夫国王亨利会合，并且玛格丽特也拥有有效的兵力，但她仍然留在法国，并将儿子也留在自己身边。

1471 年 3 月，爱德华带着他的人数不多的远征军在约克郡的雷文斯伯港登陆，当时这个港口还因亨利·博林布鲁克 1399 年登陆而闻名，现已被北海的潮水冲得不复存在。国王爱德华在为他的生命而战，与以往一样，处于最佳状态。约克城将他拒之门外。但是，与博林布鲁克一样，他宣称他只是来要回他的私人领地，并且命令他的军队表示拥护国王亨利六世。在这些条件下，他被接纳入城并得到给养，开始向伦敦进发。诺森伯兰以四倍于他的兵力来拦截他，但爱德华以非凡的行军策略躲过了他。他所经之地的所有约克派贵族和追随者纷纷加入他的队伍。对沃里克而言，他强大得足以再次自称为王了。国王缔造者沃里克则因形势的扭转仓皇失措，一面多次发出加急信，要求玛格丽特立刻回来，一面在考文垂堵住了国王爱德华的路。与此同时，他的弟弟诺森伯兰向南尾随爱德华南下，距其只有两天行程的距离。在这种可怕的困境下，爱德华还有一个沃里克不知道的资源，那就是他知道克拉伦斯是沃里克的敌人。克拉伦斯正从格洛斯特郡率领大批部队赶来，表面上是要与沃里克会合。但是，爱德华从沃里克的侧翼溜过，就像他曾机智地甩掉诺森伯兰一样，将自己置于了沃里克和伦敦之间，也正是克拉伦斯可以和他会合的位置。

双方此时都集中了自己的全部力量，英格兰再次出现了大量军队。爱德华进入伦敦，困惑的市民诚挚地欢迎了他。亨利六世曾被要求带领六百骑兵在伦敦街头巡行，现在不用做这些差事了，他被送回伦敦塔中的牢房里。决定性战斗即将在北路打响。1471 年 4 月 14 日，爱德华和约克派为一方，沃里克、内维尔家族，以及艾德蒙·博福特的次子新萨默塞特公爵和兰开斯特派的重要盟友为一方，双方在巴尼特见面了。

在整个英格兰，没人能够看清正在发生什么事情，令他们释疑的巴尼特战斗就是在大雾中进行的。双方的战线相互重叠，沃里克的右翼绕过爱德华的左翼，爱德华的左翼绕过沃里克的右翼。国王缔造者沃里克可能是因为有人污蔑其不勇敢而受了刺激，抛开战马徒步战斗。兰开斯特派杰出的新牛津勋爵——其父在爱德华执政初期被斩首，指挥着重叠的兰开斯特派的左翼，他发现自己的冲锋很成功，但在雾中迷了阵。他不知道国王爱德华的整个后队其实都暴露在他的进攻中，因此尝试回到自己人的阵线中，结果抵达了萨默塞特中阵的背后。他的旗帜上的星条徽章被沃里克的部队误认为是国王爱德华的日条徽章。于是沃里克的弓箭手向他射出羽箭。后来双方发现是误会，但是在背叛行为盛行的时代，这个错误导致了另一个大错。人们以为他是要逃跑。叛变的呼喊声响彻沃里克的主营。牛津勋爵不知所措，纵马向浓雾中逃去。另一侧翼的萨默塞特早已被击溃。沃里克与右翼受到国王爱德华和约克派主力的攻击。在这场战斗中，求饶实在是没有用的。沃里克见敌众我寡，队伍已被打乱，便企图找到他的战马。他本应对别人的讥讽置之不理，按照通常的习惯，在战斗当天走过队列后骑马作战，这才是明智之举。因为如果他得以逃脱，这段曲折的历史可能就会有相反的结局。但是，在战斗最激烈的巴尼特城北面，正当这位国王缔造者就要到达救命的战马旁时，约克派的人追上来把他打死了。他曾是为约克派事业冲锋陷阵的拥护者，他曾成功辅佐国王爱德华，他也曾受到他亲手扶上王位的这位年轻国王的苛待。他为自己的事业杀人无数，却又卑鄙地背弃了这一事业，凭这一点，他的死是罪有应得；而就他那超人的英勇气概而言，他应该光荣地死去。

在巴尼特战斗当天，玛格丽特终于登陆英格兰了。第四任萨默塞特公爵为给其父兄报仇，刚刚经历完巴尼特战斗，便与玛格丽特会合并成了她的军事指挥官。得知沃里克已经被杀，其部被击溃，这位迄今不屈不挠的王后一度感到绝望。她躲在韦茅斯附近的瑟那修道院，考虑回法国去。但是，此时她的儿子、将近十八岁的威尔士亲王说话了，他身上流着亨利五世的血，他说宁死也要为王位而战。玛格丽特再度打起精神，没有被多舛的命运打倒。她的唯一希望就是抵达威尔士边境，在那里，强大的兰开斯特的传统势力已经武装起来。国王缔造者沃里克的影响已被剔除，斗争再次在兰开斯特派和约克派之间展开。爱德华从伦敦附近抄近路，力图阻止玛格丽特抵达威尔士。

双方军队都在马不停蹄地行进。在他们最后的行军中，双方每天都行进四十英里。兰开斯特派首先抵达目的地，但部队却极度疲惫。紧随其后的爱德华继续推进，5 月 3 日，双方在图克斯伯里开战。

战斗进行得很简单。双方按通常的左、中、右三路面对面摆开。萨默塞特指挥玛格丽特的左路，文洛克勋爵和威尔士亲王指挥中路，德文指挥右路。国王爱德华则进行更广泛的指挥。兰开斯特派的阵地占有优势。“在他们的阵地前面有难行的小径、深水沟、众多的篱笆、大树和灌木，要接近他们并进行攻击是很难的。”显然，兰开斯特派的计划是静候约克派急于发动的进攻。然而，萨默塞特发现有机会利用一条“难行的小径”杀入约克派的中路军，于是，他要么是没有与其他将领商议，要么是没有听从他们的意见，便冲向前并取得了暂时的胜利。但国王爱德华预见到了他的薄弱环节。他无畏地抵挡着萨默塞特对其主力的入侵，而用作为侧翼护卫的二百支长枪在决定性时刻、从致命角度向萨默塞特发起攻击。兰开斯特派的这支部队在混乱中撤退。约克派沿线追击，反过来开始攻击敌人没有防备的侧翼。兰开斯特家族最后的部队就此土崩瓦解。萨默塞特四世显然感到，他在关键时刻没有得到支持。在逃离战场前，用他的狼牙棒敲碎了文洛克的头。这种抗议只是给这场战斗增添了一点趣味，但并没有影响到结局。

兰开斯特派被打散或消灭。萨默塞特和其他许多显要人物自认为躲在避难所就很安全，结果还是被拖出来斩首了。玛格丽特也被逮捕，威尔士亲王英勇地战死杀场。据一位编年史家记载，他死前曾徒劳地向他的舅哥、叛变的克拉伦斯求援。爱德华饶了玛格丽特的性命，一方面为了显示他的宽容和胜利，另 一方面也是因为这个疯狂的时代不杀女人，特别是不杀王后。

格洛斯特公爵理查急奔伦敦，他要去伦敦塔里执行一项任务。只要威尔士亲王还活着，国王亨利的生命就是安全的。但是随着亲王——兰开斯特派最后希望的死亡，亨利的生命也将终结。5 月 21 日夜，格洛斯特公爵在国王全权授权下进入伦敦塔，他可能在那里监督杀害了这个可怜的看客，而这个看客正是这场长达 50 年的残酷斗争的中心。

爱德华和他的胜利之师进入伦敦，伦敦一直是约克派的虔诚信徒，尤其是在这样的时刻，约克派的事业大获全胜。

我们重新坐上英格兰皇位，
这是用敌人的鲜血买回的。
强大的敌军如秋天的庄稼，
被我们割掉他们所有骄傲！
三个萨默塞特公爵，三代著名的
英勇战士；
两个克利福德，父亲和儿子，
两个诺森伯兰，两个更加勇敢的男人，
从未在战鼓声中策马逃跑；
与他们一起，还有两个勇猛的大熊，沃里克和蒙塔古，
他们曾用锁链锁住狮王，
他们的呐喊令森林颤抖。
我们扫除了身边的可疑分子，
筑起了我们的安全屏障。
贝丝，到这里来，让我亲亲我的儿子。
年幼的内德，为了你，我和你的叔叔们，
我们身披甲胄冬夜无眠；
我们在夏天的炙烤中徒步行军，
为的是你可以稳坐江山，
我们含辛茹苦，为的是让你收获果实。

爱德华四世此后的统治可以一带而过。国王现在至高无上了，他的敌人和恩人都死了。他此时已是一个成熟稳重的政治家。他已完全拥有了绝对控制王国的力量，过着享乐的生活。他甚至从统治之初，就很少召开议会，因为议会议员们总是找麻烦。但是如果需要钱了，他就不得不召开议会。因此，当时让所有君主头脑清醒的呼声就是“国王应该自力更生”。但是这一说法并没有考虑到政府管理范围不断扩大的因素。国王的经济来源有世袭的领地上的收入和通行税、什一税、十五税以及几种奇怪的按磅收取的税，以及无

遗嘱或无成年继承人的意外死者留下的财产，或者埋藏于地下的宝藏或类似的东西，国王只靠这些微薄的收入怎能维持不断发展的社会所要求的统治呢？在这种情况下，更不可能像人们期待地那样对法国发动有血性的战争，甚至连苏格兰边境实际上都难以保卫。英国政府不得不利用北方好战贵族，他们的世袭职业就是保卫苏格兰边界地区。但是这一切都需要现金。钱是束缚中世纪国王们的绳索，甚至现在在一定程度上仍然如此。

爱德华决心尽可能少地与议会打交道，甚至他还是个二十岁男孩时，在战争的压力下，他都尽力忠实地做到"自力更生"。既然他已取得胜利，而且也没有了对手，他便开始在个人花销之外的各个方面厉行节约，避免任何海外冒险政策，以免可能会被迫向议会乞讨。没收的兰开斯特派领地是他的一个新税源。皇家从玫瑰战争中受益了。新领地很多，每年都有收益。因此，只要是和平时期，国王便可自给自足。但是，贵族和国民想要的更多。他们想要再次征服法国；他们哀叹法国境内属地的丢失；他们从自己的悲惨遭遇想到阿金库尔、普瓦捷和克莱西战役的荣耀。国王是经过考验的勇士，他们期望国王在军事上取得成就。爱德华四世的计划则是尽可能避免战争。他从不喜欢战争，而且受够了战争。然而，他从议会得到了联手勃艮第对法作战的可观经费。

1475年，爱德华四世入侵法国，但只进军到亚眠附近的皮基尼，便在那里与法国展开了谈判。路易十一也同样有远见，他也认为国王在和平中力量强大，地位安全，而在战争中则将成为臣子的猎物和工具。两位国王寻求和平并且如愿以偿。路易十一提议一次性向爱德华四世交纳七万五千克朗，并且以后每年纳贡五万克朗。这笔钱几乎足以维护皇家预算平衡，并使爱德华完全不依靠议会。爱德华接受了这一交易，签署了《皮基尼条约》。但是，他的勃艮第盟友"大胆儿"查理却对这一条约不满意，在贝罗尼的全体大会上，当着所有英国将领的面，他宣称自己被盟友无耻地出卖了。人们由此产生了十分不快的印象，但是国王爱德华忍下了这些指责。他回到英国，因没有骚扰法国而连续七年坐享这一大笔资金；同时，他将议会为入侵法国给予的拨款大部分都收进了自己的腰包。

今天，我们对这些交易的兴趣主要集中于爱德华四世的性格上。我们可以看到，尽管他不得不努力通过疯狂的行径和屠杀登上王位，但他内心是一个小英格兰人和一个喜欢安逸的人。这并不是说他的政策对英国有害。英国需要长久的和平，才能从可怕的内战中恢复元气。法国政府在他身上恐惧地看到了亨利五世的所有才能，为了让他不要发挥这些才能，法国支付了大量的金钱。这正中爱德华国王的下怀。他让自己的政府节俭度日，他是自亨利二世以来，首位去世时没有留下债务只留下财产的国王。他尽力限制人们的民族自尊心，但同时却让国家再次变得强大。他由人们心目中首屈一指的枪尖变成了缓冲器，但在当时是一个很好的缓冲器。有史书为证："他的懒散和享乐只是面纱，在面纱下面，爱德华有着渊博的政治才能。"

终于有一天，他不得不召集议会。但并不是为了向他们要钱。依靠没收的财产、法国的贡奉以及他的私人贸易收入，他仍可进行正常的统治。这次是为了他和其弟克拉伦斯的纠纷。尽管两兄弟在巴尼特和图克斯伯里战役之前达成的密约一直得以严格遵守，但是爱德华再也没有信任过克拉伦斯。什么也无法从他头脑中抹去对克拉伦斯的印象，他认为克拉伦斯就是个曾在决定性时刻背叛了他的事业和家族，并在另一个决定性时刻又被重新收买回来的叛徒。克拉伦斯也知道，这一伤口虽然结痂了，但却没有愈合。但他是个尊贵的亲王，在全国肆无忌惮地胡作非为。他怠慢国王，藐视皇家法庭，因私人恩怨对冒犯他的人处以死刑，而且认为无人敢动他一根毫毛。他可能发现了爱德华与埃莉诺·巴特勒有过所谓的婚约这个秘密，后来格洛斯特公爵理查就利用这个理由篡夺了王位。当然，如果爱德华与伊丽莎白·伍德维尔的婚姻因此被证明无效，则克拉伦斯就成了下一位合法继承人，从而对爱德华四世国王构成了危险。1478 年 1 月，爱德华的耐心耗尽了，他召开议会，不为其他事，只为谴责克拉伦斯。他列举出克拉伦斯有意冒犯国王的累累罪行，这些罪行构成了逆君罪。不出所料，议会接受了国王的观点。依据《剥夺财产经权和公民权法案》，议会判处克拉伦斯死刑，最后由国王执行。议员们因国王没有要求他们增加税收而如释重负地回家了。

克拉伦斯已经在伦敦塔里了。关于他最后是怎么死的存在争议。有人说爱德华国王让他自己选择死法。当然，爱德华并不想造成可怕的公开场面。根据莎士比亚的作品，克拉伦斯是在一大桶白葡萄酒里淹死的。这当然是16世纪人们相信的流行说法。这为什么不能是真的呢？至少无人试图举出其他不同的说法。“虚伪短命、背信弃义的克拉伦斯”离开了人世，他到死都没想到他的兄长那么记仇，那么较真。

格洛斯特公爵理查受到了命运的青睐。亨利六世死后不久，他便与已故的国王缔造者沃里克的女儿安妮结婚了，安妮也是广大的沃里克领地的共同继承人。这一结合并没有引起人们多大兴趣，因为安妮曾被许配给在图克斯伯里战役中牺牲的年轻的亲王爱德华，虽然确实没有真正结婚。尽管如此，重要的利益却结合在了一起。

这些年里，伊丽莎白王后不仅生了五个女儿，还生了两个英俊的男孩，他们正在一天天长大。1483年，他们一个十二岁，一个九岁。王位的继承问题看来简单而又有保障。爱德华国王本人只有四十岁，再过十年，约克派的胜利就可以永远保持下去了。但是，此时命运女神插手了，她严肃地提醒贪图享乐的爱德华，他的故事要结束了。他一心想将王位安全地传给儿子，羽翼未丰的爱德华五世。但是1483年4月，死神突至，以致他没有时间采取必要的预防措施。尽管爱德华始终对伊丽莎白王后一往情深，但他一生荒淫无度。仅仅病了十天，这位强壮的国王就英年早逝了。当时伊丽莎白王后还在英格兰中部。史学家们肯定地说，这是对他放荡生活的惩罚。其实他的死因很可能是阑尾炎，不过现在已无法确定。除了教会外，人们对他的逝世毫无准备，而他忠实的弟弟理查发现自己突然面对着完全崭新的未来。

第三十章　理查三世

爱德华国王死得如此突然，以致所有人都措手不及。国内立即出现了严重的危机。巴尼特和图克斯伯里战役后，老派贵族不得不尽量有风度地接受伍德维尔家族的人重享权力和恩惠的阳光。但是，在英国各地，王后的亲戚们遭到仇视或蔑视，而国王此时正与他漂亮迷人的情妇简·肖尔寻欢作乐。现在，死亡使这一令人质疑的关系得以维系的唯一支柱——皇权不复存在。爱德华四世的长子爱德华住在威尔士边界的勒德洛，由其舅舅、第二代里弗斯勋爵照顾。摄政是不可避免的，摄政王人选毫无疑问。国王的忠实弟弟格洛斯特公爵理查在战争中扬名，举止庄重，精通政务，因沃里克的遗产和其他大片领地而十分富有，并且担任着所有军事要职，脱颖而出，无人匹敌，并且先王爱德华四世早已指定他担任这一职务。大部分老派贵族都支持他。即将即位的国王的外祖父尽管也是个骑士，但只不过是一位贵族的管家。老派贵族们不希望有这样一个国王。他们哀叹此后就要受少数人和一个未经考验、毫无经验的孩子国王的统治了。然而，他们受制于自己的誓言和他们用刀剑创立的约克家族继位规则，不能另有他图。

但是，至少有一件事他们不能忍受：伊丽莎白王后和她的出身卑微的亲戚们不应再有支配地位。另一方面，勒德洛的里弗斯勋爵有许多追随者和家族支持者，他控制着新国王。双方互相观望了三个星期后进行了谈判。四月，双方同意，应尽快让国王到伦敦加冕，但护送的骑兵不得超过二千人。于是，里弗斯勋爵及其侄子格雷率领这支骑兵队，经什鲁斯伯里和北安普敦南下。他们抵达斯托尼斯特拉特福时，获悉格洛斯特和他的盟友白金汉公爵正从约克郡赶赴伦敦，就在他们后面十英里处。于是，他们掉头回到北安普敦去迎接这两位公爵，显然丝毫没有怀疑对方有恶意。格洛斯特公爵理查友善地接待了他们，他们共进晚餐。但是翌日早晨，情况发生了变化。

里弗斯醒来后发现客栈的许多房都锁上了。他询问原因。格洛斯特和白金汉对他怒目而视，指责他“企图离间”国王和他们的关系。里弗斯和格雷立即成了囚徒。理查随后率部赶往斯托尼斯特拉特福，逮捕了那二千骑兵的指挥官，并冲到年轻的国王面前，说他发现里弗斯勋爵等人阴谋夺取政权并压制老派贵族。对这一说法，爱德华五世采取了他统治期间有记载的唯一断然行动：他哭了。他确实该哭。

翌日清晨，理查公爵再次来见爱德华。他以叔叔的身份拥抱他，又以臣子的身份向他鞠躬，并宣布自己为摄政王。他打发二千骑兵回了家，因为已经不再需要他们的服务了。现在，向伦敦进发！举行加冕礼！这支无精打采的队伍就这样出发了。

已在伦敦的伊丽莎白王后没抱幻想。她立即与其他几个孩子到威斯敏斯特教堂避难，在教堂和王宫之间的墙上凿了个洞，以传送她能得到的私人物品。

国王被监禁的消息在首都引起了一阵骚乱。“国王将被送去处死，至于地点，谁也不知道。”但是黑斯廷斯勋爵让政务会放心，一切正常，任何混乱只会延误加冕礼，而英国的太平就靠加冕礼了。约克大主教也是国务大臣，他试图让王后安心。他说：“夫人，高兴起来，如果他们不为现在与他们在一起的王储加冕，而给其他人加冕，我们明天就会为您身边的王子加冕。”他甚至把国玺交给了王后作保证。他没有任何阴谋，只不过是个老傻瓜，首先为了安全与太平而不惜任何代价。不久，他又因自己的做法胆战心惊，设法拿回了国玺。

国王 5 月 4 日才抵达伦敦，而加冕礼正是定于那天举行，因此不得不推迟了。国王被安排住在伦敦主教的宫殿里，所有教俗贵族都在那里向国王表示了效忠。但是摄政王和他的朋友感到，国王成为教士的客人不太合适。于是，当王后的朋友建议国王可以住在克勒肯维尔的圣约翰骑士团驿馆时，理查说，让国王住在自己领地上自己的城堡里更适合皇家的尊严。伦敦塔是个不仅宽敞而且安全的住所，还可以避免民众的骚乱。政务会的贵族一致同意这一决定，少数人要反对要么不容易，要么不安全。在隆重的仪式和效忠的声明后，这个十二岁的孩子被带到了伦敦塔，大门在他身后关闭了。

伦敦暗流涌动，要人们聚集到伦敦，在怀疑和恐惧中互相观望。这场悲剧的下一步涉及黑斯廷斯勋爵。他在爱德华四世的最后几年里担任重要角色。爱德华四世国王死后，他强烈反对伍德维尔家族，但他也是第一个不赞成理查做法的人。所有权力迅速归于理查之手，这并不符合他和其他一些要人的心意。黑斯廷斯因此又开始与仍在威斯敏斯特大教堂避难的王后一党交好。接下来发生的事，我们真正知道的只是，6 月 13 日，黑斯廷斯在伦敦塔召开的政务会上被突然逮捕，并且当天未经审讯即被斩首。托马斯·莫尔爵士在下一代国王统治期间写了一部著名史书。他的书当然是以强大的新政权提供的信息为基础的。他的目的似乎不是进行真实的叙述，而是写一部道德剧。在他的书中，理查是邪恶的化身，而王国的拯救者亨利·都铎则完全和蔼可亲。持对立的观点可能会被判逆君罪。莫尔不仅将各种可能的和一些不可能的罪行加到理查身上，而且还把理查描写成一个怪物，驼背、胳膊萎缩。其实，理查同时代人好像没有人曾描述他有这些畸形，而我们现在通过莎士比亚的剧作，对这些畸形都已耳熟能详了。无庸讳言，都铎王朝一灭亡，理查的维护者便开始着手纠正他的形象了，从那以后，他们日益繁忙。

不过，莫尔的书中也有独到之处。我们从中了解了在伦敦塔里召开的政务会的著名场景。那是 6 月 13 日，星期五，理查大约 9 点到达政务会的会议厅，心情显得很好。他对主教莫顿说："主教大人，你在霍伯恩的园子里的草莓长得真好。让我们吃一顿吧。"政务会开始开会了。理查请求离席片刻，当他十点至十一点间回来时，脸色完全变了。他皱着眉凝视参加政务会的人，同时，一群武士聚集在门口。这位摄政王问道："有人阴谋杀害像我这样与国王关系密切并且负责治理国家的人，他们应该受到什么样的惩罚呢？"在场的人一片惊愕。最后，黑斯廷斯说，他们应受到和逆君者一样的惩罚。理查大喊："那个女巫，我哥哥的妻子，及其同党，看看他们怎样用巫术损害了我的身体。"据说，他一边说，一边露出胳膊给政务会的人看，那只胳膊就像传说中的那样已经萎缩。他接着恶狠狠地提到了简·肖尔。爱德华四世国王死后，黑斯廷斯与她形成了暧昧关系。黑斯廷斯大吃一惊，回答说："当然，如果他们真的做了这么恶毒的事，他们就应受到的严惩。""什么？"驼子理查大叫道："你还跟我用'如果'这样的词吗？我告诉你，他们就是这样做了，而且我会好好对你以牙还牙，叛徒！"他用拳头一砸政务会的桌子，听到这一信号，武士随即冲进来，喊着："叛徒"，逮捕了黑斯廷斯、莫顿主教、约克大主教及其他一些人。理查告诉黑斯廷斯准备立即受死。"我要拿到他的脑袋再去吃饭。"几乎没有时间找神父。在伦敦塔的院子里随便找到的一根木头上，就把黑斯廷斯的脑袋砍了下来。恐怖笼罩了大地。

理查已命令他信任的军官理查德·拉特克利夫爵士率领其在北方的留守部队携带武器赶到伦敦来。在南下途中，拉特克利夫把里弗斯勋爵、沃恩、格雷和二千骑兵的指挥官等人从在押的城堡中提出来，在黑斯廷斯被斩首几天后，在庞弗雷特将他们斩首。这些人被杀是不争的事实。

与此同时，伊丽莎白王后和她的另一个儿子仍在威斯敏斯特教堂里避难。理查觉得，应将国王两兄弟都由他监管更自然，于是他让已被清洗的政务会去要求王后将另一个儿子交给他。政务会计划，如果遭到拒绝就动用武力。王后别无选择，只得服从。于是，九岁的小王子在威斯敏斯特宫被交给了摄政王理查。理查充满爱意地拥抱了他，并将他带进了伦敦塔。兄弟俩从此都再也没有离开那里。

理查的北方部队此时正在大举向伦敦进发，估计人数成千上万。他感到自己的力量已足以采取下一步行动了。爱德华五世的加冕礼已经推迟多次。现在，一位名叫肖的传道士，也就是伦敦市长的弟弟、理查的党羽之一，奉命在圣保罗十字架前进行了布道。他根据多个理由谴责爱德华四世与伊丽莎白·伍德维尔的婚姻，其中包括巫术、违背与埃莉诺·巴特勒的所谓的前婚约，以及声称婚礼是在不圣洁的地方举行的。他从《所罗门智训》中摘取了句子，说："私生子不应深深扎根。"他据此得出结论，称爱德华的孩子们不合法，王位应属于理查。他还提起过去的说法，称连爱德华四世本人都不是其父的儿子。此时，理查在白金汉公爵的陪同下出现了，显然期望众人拥他为王。但是，据莫尔记载，"人民根本不想高呼'理查国王'！他们对这场可耻的布道感到震惊，像石头一样一动不动。"两天后，白金汉公爵出手了。据一位目击者称，他口若悬河，做了充分的练习，都没停下来吐口水。但是人们再一次保持沉默，只有白金汉公爵的一些随从抛起帽子高喊"理查国王！"

然而，6 月 25 日，议会召开了会议。议会收到的一份卷宗称，已故国王爱德华四世与伊丽莎白的婚姻根本无效，因此爱德华的孩子们都是私生子。于是议会请求理查即位。白金汉公爵率领一个代表团去觐见理查，当时理查正在他母亲宫里，他曾诋毁母亲的德行。理查适度谦虚地坚持拒绝了。但白金汉公爵向他表示了他们的决心，他说，决不会让爱德华的孩子统治，如果他不愿为国效劳，他们就会被迫选择其他贵族即位。这样，理查才在公共责任的呼唤中打消顾虑。第二天他就在隆重的仪式中即位了。同时，拉特克利夫从北方派来的部队在芬斯伯里菲尔德接受了检阅。这支部队最后证明约有五千人。"衣衫褴褛……甲胄生锈，既不可用来防御，也无法擦出亮光。"伦敦人发现关于这支部队的力量和数量的消息是夸大的，终于松了口气。

理查三世的加冕礼定于 7 月 6 日举行，盛会和游行转移了公众的不安。作为恩赦，理查释放了约克大主教，并将伊利主教莫顿转由白金汉公爵进行较为宽松的看守。加冕礼十分隆重、对宗教方面给予了特殊的重视。大主教鲍彻给国王和王后戴上王冠，给他们进行了涂油礼以示神圣，他们当众领受了圣餐，最后到威斯敏斯特宫举行了盛宴。国王理查三世现在有了议会承认和确认的头衔，根据爱德华的孩子是私生子的理论，理查是血统上合法的直系继承人。这样，整个计划看起来就全部完成了。然而，就是从此刻起，各阶层都对国王理查三世产生了显著的不信任和敌意，他所有的手腕和能力都无法减轻这种情绪。编年史家费边在其 1516 年出版的书中写道："理查三世咎由自取地引起了英国大部分贵族的仇恨，以致以前爱戴和赞扬他的人现在都……私下抱怨和仇视他，除非是害怕或得到他巨大恩惠的人，很少有人或者根本无人喜欢与他为伍。"

国王理查三世的辩护人辩称，这些都是这些事件的都铎版本。但是当时的英国人一天天地了解到这些事，在都铎家族掌权或真正成为重要势力之前两年就已形成了自己的看法。理查三世掌握着政权，他利用一切可用条件宣扬自己的观点，人们却普遍不相信他，这是自然而然的。确实，全国绝大多数人都确信，理查利用自己的摄政王权力篡夺了王位，王子们消失在伦敦塔里，没有什么比这一事实更无法挑战。要将这一问题提高到历史争议的高度，需要有许多有独创性的著作。

对于理查的登基，没有人比白金汉公爵做出的贡献更大，也没有人从国王那里得到比他更多的赠礼和恩惠。不过，在理查统治的最初三个月内，白金汉公爵就从理查的主要支持者变成了他的死敌。白金汉公爵的动机并不清楚，也许他预见到这次篡位的最终结果，要避免成为同谋；也许他为自己的安全担心，难道他自己不是皇族后裔吗？他是博福特家族和托马斯·伍德斯托克家族的后裔，都是爱德华三世的血脉。据信，国王理查二世曾颁发特许证书承认博福特家族的合法地位，亨利四世也确认了，证书中有一条保留条款，不允许这个家族的人继承王位。但是原始文件上并没有这一规定，它只是在亨利四世统治期间写入的。白金汉公爵因母亲而成了博福特家族的人，他拥有盖有国玺、经议会确认的特许证书原件，上面并没有提及这一禁令。尽管他谨慎地保守着这一秘密，但他此时一定是把自己看作了潜在的王位索取者了，他也一定感到，如果理查三世也这样看自己，那么他并不比别人更安全。白金汉公爵知道，理查即位的仪式和盛况都无法改变他在人们心中的篡位者形象，白金汉公爵因此十分不安。在他的布雷克诺克城堡里，他开始忧郁地向他的囚徒主教莫顿诉说。莫顿主教是个劝说艺术大师和卓越的政治家，他无疑极大地影响了白金汉公爵。

与此同时，国王理查三世开始了从牛津至英格兰中部的巡游。在每个城市，他都努力给人留下最好的印象，纠正冤案，解决纠纷，施予恩惠，希望受到民众欢迎。然而，在感谢和忠诚的表象背后，他无法摆脱自然围绕着他的那种感觉，人们对他的国王身份有一种没有说出的挑战。在南方，这种挑战几乎没有任何隐藏。在伦敦、肯特、埃塞克斯以及伦敦附近各郡，反对他的情绪已甚嚣尘上，所有人都在说应该释放两位王子。理查还没有怀疑白金汉公爵有什么强烈不满，其实白金汉在格洛斯特就已与他分道扬镳了。他担心自己王位的安全。侄子们活着就是给反对他的敌对力量提供了集结的焦点，这样他怎能保住王位？于是我们便看到了此后与理查名字相关的严重罪行。他的利益所在昭然若揭，他的天性残酷无情。可以肯定的是，1483 年 7 月之后，再也没人见过伦敦塔里那两个无助的孩子。但也有人要我们相信，他们在囚禁中日渐憔悴，没人注意，没人记载，又过了两年，被亨利·都铎处死。

根据托马斯·莫尔的书，理查于七月决定彻底解决对他的太平与君权的威胁。他派了一个名叫约翰·格林的特使去给伦敦塔的卫戍长官布拉肯伯里下达命令，让他处死两位王子，但布拉肯伯里拒绝执行。当格林回去报告这一消息时，国王理查三世愤怒地大喊，“我认为最坚定服从我指挥的人却不愿为我做任何事，我还能信任谁？”一个侍从听到这一咆哮，提醒他的主人，理查三世以前的战友詹姆斯·蒂雷尔爵士能为他做任何事。于是，理查三世派蒂雷尔带着授权书去了伦敦塔，让布拉肯伯里将伦敦塔所有的钥匙交给他一夜。蒂雷尔迅即开始执行任务。负责看守王子的四名狱卒中有一个名叫福雷斯特的愿意执行，他与蒂雷尔的仆人戴顿一起下了毒手。趁王子们正在熟睡，这两个杀人犯用枕头使劲压住他们的脸，直到他们窒息而死，然后将他们的尸体埋在伦敦塔里的某个秘密角落里。有证据表明，这三个谋杀者都得到了国王理查三世的相应回报。据说直到亨利七世统治时期，蒂雷尔因另罪躺在伦敦塔里等待执行死刑时，他才忏悔此事。根据他的交代，加上其他很多旁证，我们才知道这一切。

在查理二世统治时期，通往白塔里小教堂的楼梯于1674年改建时，人们发现一堆碎石下埋着两个年轻小伙子的尸骨，看起来与两位王子的年龄相符。御医对尸骨进行了检查，一些考古学家报告称，他们肯定是爱德华五世和约克公爵的尸骸。查理二世接受了这一观点，将尸骨重新安葬在威斯敏斯特的亨利七世的小教堂里，并用拉丁文刻了墓志铭，将所有罪责归于他们不忠的叔叔——“王位的篡夺者”。但这并没有阻止各类学者努力为理查三世洗刷罪名，或者仅凭猜测而没有任何证据地将罪名推给亨利七世，其中著名的有贺拉斯·沃波尔。不过，在我们当代，一项尸体发掘工作证实了国王查理二世统治时期权威人士的公正观点。

白金汉公爵此时已成为英格兰西部和南部密谋反对国王理查三世的核心。白金汉下定决心要维护自己的王位继承权。基于对理查三世的了解，他猜测到，伦敦塔中的王子们不是已经死去就是注定要死。他此时遇到了里士满伯爵夫人玛格丽特，她也是博福特家族的幸存者，他意识到，即使约克家族都被抛到一边，玛格丽特和她的儿子里士满伯爵亨利·都铎的王位继承权也优先于他。玛格丽特以为白金汉公爵仍是理查三世的得力助手，请他劝说国王同意让她儿子里士满伯爵都铎与爱德华四世国王的一个女儿伊丽莎白联姻，伊丽莎白此时仍和她母亲一起在威斯敏斯特教堂避难。理查三世绝不会支持这样一个计划，这确实是与他的利益极其对立的。但是白金汉公爵则看出，这样一场婚姻将把约克家族与兰开斯特家族的王位继承权结合起来，弥合长期分裂英国的裂痕，并促使反对篡位者的强大阵线立即形成。

人民要求释放两位王子的要求却等来了他们死亡的消息。至于他们什么时候死的、怎么死的，以及被谁杀害的，都不得而知。但是，当这个消息如野火一样传开后，许多人顿时义愤填膺。尽管当时的英国人已经习惯于长期内战的残酷，但仍保持着害怕的本能，这种本能一旦受到刺激，他们便久久难忘。拥有科学资源的现代独裁者能够轻易地一天天地哄骗公众，扰乱人们思想和目标的持续性，用每天多样的新闻来模糊人们的记忆，用歪曲事实使人们无法做出正确的判断。但是，在十五世纪，两位年轻王子被负责保护他们的人谋杀这件事，无疑是残暴的罪行，人们永远不会忘记，也永远不会原谅。九月，理查三世巡游到约克时，封他的儿子为威尔士亲王，在他敌人的眼中，这证实了那些最可怕的谣言。

白金汉公爵的所有准备都是为了10月18日举行大规模暴动。他将在布雷克诺克集结他的威尔士军队，所有南部和西部郡县都会参加暴动，并且里士满伯爵亨利将在布列塔尼公爵的协助下率领五千人的军队在威尔士登陆。但是民众听到王子被谋杀的传说后愤怒不已，扰乱了这一精心策划的计划。在预定暴动日期之前十天，在肯特、威尔特郡、苏塞克斯以及德文郡，纷纷发生暴乱。里士满伯爵亨利被迫于10月12日在恶劣天气中从布列塔尼起航，结果他的舰队被风暴打散了；当白金汉公爵在布雷克诺克举起义旗时，同样的恶劣天气也影响了他。可怕的暴风雨使塞汶河谷遭遇洪灾，使他被困在威尔士边境，该地区无法为部队提供给养，也无法按计划与德文郡的起义军会合。

国王理查三世以最大的气势采取了行动，率军前去平叛。南部分散的暴乱被镇压下去，白金汉公爵的部队也逃散了，他本人为免遭报复而躲藏起来。里士满伯爵最后抵达英格兰海岸时只剩下了两艘船，然后向西驶向普利茅斯，等候起义信号，但一直也没有等到。普利茅斯形势不明，他谨慎地进一步打听，结果不得不驶回了布列塔尼。在高额悬赏下，有人将白金汉公爵出卖给了理查三世，理查立即将他杀害了。与以往一样，随后又有很多人被处决。全国各地恢复了秩序，而国王理查三世则似乎巩固了自己的王位。

在新的一年里，理查三世继续在治国的各个方面进行一系列有见地的改革。他恢复了爱德华四世统治时期形同虚设的议会的权力，宣布以“恩税”方式收税为非法行为。在停止了很长时间后，议会再次制定了许多法律，颁布了一系列法案来保护商业贸易，这些法案虽然欠妥，但本意是好的；议会还颁布了土地法来规范土地的“使用”，或者用我们现在的话说，土地的“托管”。理查还努力取悦教会，确定了教会的特权，捐赠了新的宗教基金，发展学术活动。奢华的排场受到限制，对失败的政敌宽宏大量，不幸的请愿者也得到善待。但是这一切都是徒劳。理查的罪行在全国招致的仇恨仍然难以压制。无论是施予恩惠，采取睿智的措施，还是取得治理成就，都无助于这个罪孽深重的国王。

一位名叫科林伯恩、曾任伍斯特郡郡守的冲动绅士，对国王理查愤怒至极，结果写了一首打油诗订在了圣保罗大教堂的门上：

猫、鼠，还有我们的洛弗尔犬，
跟着大公猪
糟蹋英格兰。

理查三世的纹章上正是有一头公猪，他与凯茨比、拉特克利夫、洛弗尔子爵发现自己受到了侮辱[1]。科林伯恩在某个年底痛苦地死去，但并不只是因为这首诗，还因为他无疑是积极参与谋反的叛乱者。

甚至理查自己的内心都起来反对他了。他感到恐惧，梦魇缠身，觉得每个角落都有报应在等着他。托马斯·莫尔爵士写道："我得到可信的秘密消息说，他作恶之后，内心再未得到过安宁，再也没有过安全感。他每次出宫，眼睛乱转，身体暗中作了防护，手中时刻握着佩剑，他的表情和举止像是时刻准备再次战斗一样。他夜里不得安眠，久不能寐，因终日小心戒备而疲惫不堪，与其说他在睡觉，不如说是在蛰伏。受可怕的梦魇困扰，他有时突然惊醒，跳下床在屋里乱跑。他不安的内心因自己最残暴的行径留下了长久的印象和深刻的记忆，因此不断地受到折磨。"

此时，国王理查三世遭到一个沉重的打击。1484 年 4 月，他唯一的儿子威尔士亲王在米德勒姆去世，而理查的妻子——国王缔造者沃里克的女儿安妮的身体已垮，无法再生孩子了。里士满伯爵亨利·都铎此时已成为明显有竞争力的王位继承人。里士满是"兰开斯特派拥有的与皇族关系最近的人"，他是威尔士人，其祖父、1461 年被约克派处死的欧文·都铎如果确实结了婚，娶的便是亨利五世的遗孀——法国的凯瑟琳，其父娶了玛格丽特·博福特。因此，里士满从母系可以追溯为爱德华三世的后裔，从父系说多少有卡德瓦

1 "凯茨比"的前半部的写法和读音与"猫"一样，"拉特克利夫"的前半部与"老鼠"一样，"洛弗尔"指的是洛弗尔子爵。

拉德以及包括亚瑟王在内的传说中的古代不列颠国王的血统，甚至还有法国皇室的血统。他一直生活在无休止的纷争中。童年时期有七年被围困在哈莱克城堡里；十四岁时，兰开斯特派在图克斯伯里战败，他又被迫逃到布列塔尼。此后，他一直过着流亡和贫困的生活。这些磨难在他的性格上留下了烙印，使他变得狡猾多疑。然而，这并没有影响他的高傲气质，没有使他明智多才的头脑变得混乱，也没有给他的面容上留下阴影。据说，他“面带微笑，和蔼可亲，与人交流时尤其如此”。

此时，英国的所有希望都寄托在里士满伯爵身上。显然，如果他像曾经提议的那样与爱德华四世的长女伊丽莎白结婚，将为永远结束这个国家早已厌倦的残酷的王朝斗争带来希望。白金汉公爵暴动失败后，里士满伯爵和他的远征军回到了布列塔尼。对他一直友好的布列塔尼公爵再次为流亡的里士满伯爵及其手下的约五百名英国贵族提供了食宿。但是国王理查三世积极进行外交斡旋，提供大笔金钱以换取敌首里士满。布列塔尼公爵生病期间，他的大臣朗杜瓦企图出卖这个值钱的难民。不过，里士满察觉到了这一危险，及时快马加鞭地逃到了法国，在那里，根据分裂英国的一贯政策，法国摄政王安妮热情地接待了他。同时，布列塔尼公爵康复后责骂了他的大臣，并继续为这些英国流亡者提供避难所。在法国，兰开斯特派的重要幸存者牛津伯爵与里士满会合了，牛津伯爵从十年监禁中逃脱，再次投入了昔日的斗争中。数月后，约克派和兰开斯特派都有许多重要人物摆脱了邪恶的理查，投奔到里士满身边。自此，里士满开始统领这一联合力量，这支力量大有统一英国之势。

里士满的巨大希望在于与伊丽莎白公主的婚姻。但在这方面，理查也没有置之不理。在白金汉公爵发动暴乱前，他就采取了措施防止伊丽莎白溜出避难所和英格兰。1484 年 3 月，他向被称为伊丽莎白·格雷夫人的孀居王后提出和解。不幸的王后没有拒绝他的提议。理查“以他国王的荣誉”郑重承诺，为前王后提供生活费用，并让她的女儿们嫁给绅士。见证这一重要文件的不仅有教俗两界的议员，还有伦敦市长和各郡郡守。尽管往事历历在目，但王后不得不 相信这一诺言。她离开了避难所，放弃了女儿与里士满的联姻，同较大的几个公主在理查的宫里受到接见，得到特殊待遇。1484 年圣诞节，在威斯敏斯特宫举行了盛大活动。人们注意到，伊丽莎白·格雷夫人及其女儿们穿着的裙子有了变化，几乎是皇家的风格和气派。不久前加诸爱德华的孩子们的私生子污名，以及伦敦塔的可怕秘密，烟消云散了。尽管随时都有被入侵的危险，但此时此刻却是歌舞升平。“伊丽莎白夫人”甚至给她初次婚姻所生的儿子、此时在巴黎的多塞特侯爵写信，让他抛弃里士满，回国分享新得到的恩惠。更令人吃惊的是，伊丽莎白公主似乎对篡位者的关心毫无芥蒂。1485 年 3 月，王后安妮去世，可能是自然死亡。有传闻说，理查打算自己娶侄女为妻，以避免她落入里士满之手。如果得到教皇的特许，这一乱伦的结合本来是可以实现的，但理查在政务会上和在公开场合均否认自己有这种意图。而且我们也确实很难看出，如果娶一个他曾宣布为私生子的公主，他的地位怎么能够得到加强。无论如何，里士满因此了却了一件重大的心事。

整个夏天，里士满的远征军都在塞纳河口做准备，仍不断有许多人从英格兰来投奔他。这种悬而不决的状态令理查难以忍受。他觉得自己被仇恨和不信任包围着，为他效劳的人也只是因为害怕或希望得到恩惠。他顽强、不服输的天性决定了他要为他的王冠发动一场一生中最大规模的战斗。他将指挥部设在诺丁汉的正中央地带，几乎每个郡县都接到征召兵员的命令。他违反自己前一年颁布的法令，要求征收一次三万英镑的“恩税”，人们将此称做“歹毒的行为”。他组建了一支纪律严明的常备军，并在交通干线上每隔二十英里设置一批驿兵，以英国此前从未有过的有序和迅捷传递消息和传达命令。在爱德华四世时期，这种驿站制度才开始发扬光大。理查不断率部队在英格兰中部地区巡视，企图靠武力和德政对心怀不满的臣民恩威并施。他以一场言辞激烈的宣言开始了他的事业，他谴责里士满说“……亨利·都铎，艾德蒙·都铎的儿子，欧文·都铎的孙子，他的父亲和母亲身上都有私生子的血液，居然还野心勃勃，贪婪无度，觊觎王位，使英国所有高贵和尊贵的人永远被剥夺继承权并遭到毁灭。”但他的话无人响应。

八月一日，里士满率领包括约克派和兰开斯特派在内的英格兰人以及一队法军在哈弗勒尔登上战船。他的舰队顺风驶过英吉利海峡，躲过“洛弗尔犬”的舰队，绕过地角，于七日在米尔福德港登陆。他跪地唱诵圣歌“上帝啊，求你申我的冤，为我辨屈。”他吻大地，对着自己划了十字，然后下令以上帝和圣乔治的名义进军。他只有二千人马，但却信念坚定，他一上岸，就立即宣称理查是篡位者和反叛者。威尔士人看到他们的本族人有望登上强大的英格兰的王位，非常高兴。因为这是他们几代人的一个民族梦想。古布立吞人的后代就要回到自己的故土了。理查手下的重要酋长和军官里斯·阿普·托马斯起初因自己效忠理查的誓言而不能帮助入侵者。他曾宣称不会让任何叛军进入威尔士，“除非他们从他身上踏过去。”不过，那时他也为自己找到了藉口，没有将自己的独生子送到诺丁汉作人质，他向理查保证，没有什么比他的良心更有约束力。他的誓言此时成了障碍。然而，圣戴维大教堂的主教提议帮他从誓言中解脱出来，并建议说他如果仍然感到不安，可以躺在里士满面前的地上，真的让他从身上跨过去。最后，他们采用了同样令人满意且更体面的办法。里斯·阿普·托马斯站在戴尔附近的莫洛克桥下，里士满伯爵亨利从桥上走过去，这样就避免了违背誓言的尴尬。一些威尔士绅士也投奔到里士满麾下，他不仅打起圣乔治的旗帜，还打出了卡德瓦拉德的赤龙大旗。他率领五千人马经什鲁斯伯里和斯塔福德向东进发了。

尽管理查三世国王设了很多驿站，他还是在里士满登陆五天后才得到消息。他集结部队前去迎敌。此时，斯坦利家族的态度变得具有决定意义。理查国王早就赋予任务，让他们拦截从西部登陆的叛军。但统率数千人马的威廉·斯坦利爵士并没有照办。理查于是召见家族族长斯坦利勋爵，当斯坦利称自己“受流汗病之苦”时，理查便逮捕了斯坦利勋爵的长子斯特兰奇勋爵，用他的命来保证他父亲的忠诚。这并没有阻止威廉·斯坦利爵士和柴郡的兵士们与里士满结好。但是斯坦得勋爵又希望救他的儿子，直到最后一刻态度仍不确定。

此时，约克城支持约克派的事业。诺福克公爵和诺森伯兰伯爵珀西是理查的主要追随者。除非主人得胜，“猫和老鼠”是没有活路的。8 月 17 日，在他们的陪同下，理查国王率军向莱斯特进发。他们分成四路纵队，骑兵在两侧护卫，国王骑着他的大白马走在中间，令人望而生畏。21 日是星期天，这队人马开出莱斯特，到马尔凯特波斯沃斯村附近迎击里士满。一场决战第二天就要开始了。

从表面看，形势对理查国王有利。他依靠皇权拥有上万训练有素的军队，而里士满只有仓促集结的五千人马。威廉·斯坦利爵士和斯坦利勋爵分别率领主要来自兰开夏郡和柴郡的部队，驻扎在距主力部队两侧不远的两个相对的山头上。曾有人说，战场的总体形势就像四个人在打牌。据都铎时期的历史学家记载，尽管理查承认自己做了一夜的噩梦，但还是大义凛然地向他的军官们慷慨陈词。“摒弃一切恐惧吧……只要每个人都给予致命一击，胜利就属于我们了。那一小撮乌合之众怎能战胜我们整个王国呢？至于我本人，我向你们保证，今天，我将大获全胜，否则就战死沙场，流芳百世。”然后，他发出了战斗信号，并向斯坦利勋爵发出消息，如果他不立即发动进攻，他就立刻杀死他儿子。斯坦利被迫做出艰难的抉择，他凛然答道，他还有其他儿子。于是，理查国王下令处死斯特兰奇。但是领受这一命令的军官们认为，为谨慎起见，在战局明朗前应暂缓此事。“陛下，敌人已经越过沼泽地，战斗结束后再收拾小斯坦利吧。”

而直到此刻，里士满还不确定斯坦利勋爵和他的部队站在哪一方。在发射弓箭和进行炮击之后，双方接战，所有怀疑都消除了。指挥理查左翼的诺森伯兰伯爵悠闲地站在远处，斯坦利勋爵的部队则加入了里士满的队伍。理查国王看到大势已去，一边大喊“叛徒！叛徒！”，一边冲到战斗最激烈的地方，绝望的国王企图亲手杀死里士满，他也确实杀死了里士满的旗手威廉·布兰登爵士，并打倒了体力过人的武士约翰·切尼爵士。据说，他甚至冲到了里士满身边，和他厮杀了一番。但在千钧一发之际，威廉·斯坦利爵士“穿着血红色衣服”的三千军队涌向正在作战的约克派。猛烈的冲击把这两位主要人物分开了。里士满被保护起来，而国王理查拒绝逃跑，被打倒杀死，这是他罪有应得。

只要一息尚存，我就决不逃跑。

他是这么说的，也是这么做的。

他虽然死了，却死得像个国王。

人们把理查戴到最后一刻的王冠从灌木丛中捡起来戴在胜利者的头上。诺福克公爵英勇战死，他的儿子萨里勋爵被俘，拉特克利夫被杀，凯茨比获准留下遗嘱，之后被处死在战场上，亨利·都铎成为英格兰国王。理查的尸体裸露着，遍体鳞伤，他的头和长发垂着，血腥而可怕，他被绑在一匹马上，运到莱斯特示众。

博斯沃思战役可以说结束了英国历史上一个冗长的篇章。尽管在下一个王朝里仍有明争暗斗，但红白玫瑰之间的斗争基本上宣告结束。双方无人获胜。双方的幸存者达成了和解办法。里士满伯爵和八面玲珑的伊丽莎白公主结婚，产生了都铎一族，其中约克派和兰开斯特派都有。两代争斗不休的人的报仇幽灵永远平息了。理查三世的死也为金雀花王族画上了句号。三百多年来，这个强大家族的历代国王既有军事本领，又有政治手腕，天赋和罪恶同样超人，他们一直保持着权威和帝国统治，此刻却失去了不列颠岛的眷顾。金雀花王朝及其制度所产生的自负、排他的贵族体系宣告瓦解。大部分贵族都被处死，这些家族的第二代和第三代均被铲除。长期以来，用感情、忠诚和罪恶书写了英国历史的寡头政治受到了抑制。母系或私生子支系的后代与这个已经过去的时代有着说不清的联系。正如“狮心王”对其家族的评语，“我们是魔鬼的后代，也将回到魔鬼身边。”

在博斯沃思，玫瑰战争刻下了最后的里程碑。在下一个世纪里，都铎王朝的臣民愿意认为，中世纪已于 1485 年结束，一个新的时代随着亨利·都铎即位而到来。现代历史学家则指出，我们的这一历史时期并没有明确的分界线，亨利七世继承和巩固了约克派国王的大部分业绩。当然，十五世纪长期的冲突、损耗和动荡使各个阶层都极其渴望有个强大、有序的政府。兰开斯特家族统治下盛行的议会观念扩大了立宪权力，这些权力此时都被长期中止。直到十七世纪，“先陈言后拨款”、“大臣的责任要依照公众意愿”、“国王是国家的仆人而不是主人”等传统原则才重见天日，新时代的光芒随之而来。聪明睿智、饱经风霜、处事谨慎的国王亨利七世开创了都铎王朝的专政，带领英格兰进入了一个新的时代，在这个时代里，文艺复兴的潮水和宗教改革的风暴又给这些迷惑却重获启发的人们带来了新的问题。